JN442495

개인의식의 성장과
중국소설

서울대학교 아시아연구소총서
모노그래프 시리즈 1

개인의식의 성장과 중국소설

四大奇書부터 『紅樓夢』까지

펴낸곳 서울대학교출판문화원
펴낸이 성낙인
지은이 최형섭

초판 1쇄 발행 2014년 5월 30일
초판 2쇄 발행 2015년 9월 10일
출판등록 제15-3호

주소 (08826) 서울 관악구 관악로 1
대표전화 02-880-5252 **팩스** 02-889-0785
마케팅팀(주문상담) 02-889-4424, 02-880-7995
이메일 snubook@snu.ac.kr
홈페이지 www.snupress.com

ⓒ 최형섭 · 2014
지은이와 협의하여 인지는 생략합니다. 잘못된 책은 바꾸어 드립니다.
이 책의 무단 전재나 복제 행위는 저작권법 제98조에 따라 처벌받게 됩니다.

ISBN 978-89-521-1414-3 94820
978-89-521-1413-6 (세트)

이 연구는 서울대학교 아시아연구소 신진학자저술지원사업 연구비에 의해 수행되었음.

서울대학교 아시아연구소총서
모노그래프시리즈 1

개인의식의 성장과 중국소설

四大奇書부터 『紅樓夢』까지

최형섭 지음

서울대학교출판문화원

The Development of Individual Consciousness and Chinese Classical Novel: from *sidaqishu* to *Hongloumeng*

Choi, Hyoung-seob

Seoul National University Press

머리말

중국 사회에서는 개인을 어떻게 바라보고 인식했으며, 개인의식은 어떠한 조건과 상황 속에서 더 두드러지게 자각되고 발현되었는가? 개인과 집단 간의 역학 관계는 어떤 양상을 띠고 있었고 시대에 따라 어떻게 변화되고 있는가? 이와 같은 문제는 문학, 역사, 사상 등과 연관되어 있는 매우 포괄적인 주제라고 할 수 있다. 그뿐만 아니라 특히 동아시아 사회의 독특한 성격을 이해하고 규명하는 데 있어서 매우 본질적인 한 부분이며, 동서양 사회의 같음과 다름을 엿볼 수 있는 중요한 일면이다. 일반적으로 서양이 개인 중심의 사회라면 중국을 비롯한 동양은 집단이 중시되는 사회라고 알려져 있다. 여러 학자들의 자문과 설문조사, 실제적인 실험을 거쳐 2008년 EBS에서 제작·방영한 「동과 서」라는 다큐멘터리에서도 동서양 두 문명권의 인식, 사유 방식의 차이를 다룬 바 있다. 이 다큐멘터리에서 말하고 있는 주요 내용도 교역문화를 기반으로 하는 서양의 경우 개인주의와 개체 중심적 사유가 발달되어 있다면, 농경 문화를 바탕으로 한 동양 사회에서는 집단주의와 관계 중심적 사유가 발달했다는 것이다. 유전적인 요인이 아니라 상이한 사회·문화적인 토대에서 비롯된 이와 같은 동서양의 차이에 대한 지적은 두 문명권을 이해하는 데 있어서 중요한 부분을 밝혀 주고 있다.

하지만 필자는 이런 차이를 어느 정도 인정함에도 약간의 의문을 떨칠 수 없었다. 동서양 두 문명권이 시대에 따라 많은 사회·경제적인 변화를 겪어 왔는데, 과연 그 유구한 역사 전 시기를 통틀어 이렇게 단순화시켜 두 문명권의 차이를 개괄할 수 있을까? 우리는 너무 극단적으로 두 문명권의 차이만을 부각시키면서 더 중요한 공통분모에 대해서는 놓치고 있는 것은 아닐까? 시대에 따라, 사회·경제적인 토대의 변화에 따라 서양에서도 집단이 중시되고, 동양에서도 개인이 부각되는 시기가 있지는 않았을까? 두 문명권의 차이에 대한 개괄적인 지적보다 각 시기에 따라 집단과 개인 간의 역학 관계가 어떻게 변하였는지를 살피는 것이 그 시대를 더 풍성하게 이해할 수 있는 접근 방법은 아닐까?

지금까지 서구 사회를 대상으로 개인이 어떻게 '발견'되었고, 개인주의가 어떤 발전 과정을 거쳤는지에 관해서는 비교적 활발하게 논의가 이루어지고 있는 듯이 보인다. 2000년 초반 이런 서적들이 우리나라에서 많이 번역 출간되었는데, 필자가 알고 있는 것만도 몇 종류이다. 예를 들면 알랭 로랑의 『개인주의의 역사』(한길사, 2001), 아론 구레비치의 『개인주의의 등장』(새물결, 2002), 이언 와트의 『근대 개인주의 신화』(문학동네, 2004), 라하르트 반 뒬멘의 『개인의 발견』(현실문화연구, 2005) 등이 있다.

반면 중국을 비롯한 동양 사회를 대상으로 한 이런 관점의 논의는 거의 찾아보기 어려운데, 그것은 동양 사회가 개인보다는 집단을 중시하는 사회였다는 통념과도 어느 정도 관련이 있을 것이다. 중국에서는 대체로 개별적인 존재로서의 개인보다 사회 구성원으로서 개인의 역할과 의무가 중시되었다. 그렇기 때문에 개인의 자율성보다는 조화로운 인간관계가 더 우선시되었다. 특히 중국은 농경 사회에 바탕을 둔 사회였기 때문에 상호의존적이며 공동체적인 성격이 강할 수밖에 없었다. 이런 사회에서 대결이나 경쟁, 모순보다 화해와 조화가 중시되었던 것은 어쩌면 당연한 일이다. 중국 사회에서 개인의 정체성은 집단에서의 역할과 의무에 의해서 결정되었다. 개인의 욕망이나 개인 자체는 가급적 억제되었던 반면에, 집단적인 윤리의 실천을 통한 조화로운 사회 유지가 더 중시되었던 것이다. 이와 같은 사회에서 개인이 느끼는 만족감은 자신의 욕망을 채웠을 때보다는 집단적인 이념이나 가치를 구현하여 인정을 받았을 때 더 클 수밖에 없었다.

이 책은 바로 이런 일반적인 통념에 대한 작은 '균열'과 '변화'에 관한 내용을 다루고 있다. 기본적인 생각은 동서양 어느 문명권을 막론하고 시대와 사회·경제적인 토대의 변화에 따라 구심력으로 작용하는 집단의 가치와 원심력으로 작용하는 개인의 가치 간의 역학 관계에 끊임없는 변화가 있었다는 사고에 바탕을 두고 있다. 그래서 동서양 두 세계 간에 거리가 멀리 벌어져 있을 때도 있었고, 상당히 비슷한 감각과 인식, 관념을 공유하고 있었을 때도 있었다고 생각한다. 이 책은 원래 2007년 「중국 소설을 통해 본 '개인'에 대한 인식의 변화 — '사대기서(四大奇書)'부터 『홍루몽(紅樓夢)』까지의 변화를 중심으로」라는 필자의 박사학위 논문을 손질한 것이다. 이 논문에서 필자는 '개인'에 대한 인식의 변화에 초점을 맞추어 16~18세기 중국 소설을 새롭게 조망하고 분석해 보고자 하였다. 16세기 전후 중국 사회에서는 상공업과 도시가 발달하고 화폐경제가 본격화되는 등 이른바 '자본주의의 맹아'라고 할 수 있는 다양한 현상들이 나타나기 시작하였다. 이 시기에 발생한 사회·경제적인 조건 및 토대의 변화는 '개인'에 대한 인식에 변화를 가져왔던 것으로 보이는데, 필자는 이에 대한 이해가 근대로의 도약을 준비하는 전환기 중국 사회를 이해하는 중요한 지표이자 열쇠가 될 수 있다고 생각한다. 이때 16~17세기경에 출판되어 큰 인기를 끌었던 '사대기서'가 새롭게 '발견'되어 가는 개인에 대한 다양한 과도기적 모습들을 보여 준다면, 18세기 중엽에 나온 『홍루몽』은 중국 전통 소설 가운데 가장 만개한 개인에 대한 인식을 드러내고 있다는 것이 필자의 가설이다.

논문이란 얼마나 그럴듯한 가설을 세워 그것을 설득력 있게 논증하느냐에 그 성패가 달려 있다. 그렇지만 인문학 논문에서 만고불변의 완벽한 가설을 세우는 것은 거의 불가능한 일이니, 가설 자체가 지니는 위험성과 한계는 존재하기 마련이다. 필자 또한 이 논문이 지니는 한계를 알고 있었기에 논문이 통과된 이후에 어떻게 수정·보완할 수 있을까를 몇 차례 고민해 본 적이 있었다. 그 결과 얻은 결론은 거의 완전히 새로 쓰다시피 하지 않고서는 지금의 상태에서 일부 내용을 빼고 더하는 방식으로의 수정은 불가능하다는 것이었다. 그것은 이 주제에 관한 필자의 연구가 그때 이후로 더 많이 진전되지 않았기에 하는 구차한 변명일 수도 있다. 이 글에서 제시한 관점에 동의하는 사람도 있을 테고 그렇지 않은 사람도 있을 것이다. 하지만 인문학은 반드시 하나의 정답만이 정해져 있는 학문이 아니다. 시대와 현상을 더 풍부하게 이해할 수 있는 새로운 관점과 의미있는 해석이 있다면 그 자체로 존재 가치가 있다고 생각한다. 또한 지금까지 이런 개인과 집단의 역학 관계, 개인의식의 성장이라는 관점에서 중국 사회를 바라본 연구가 거의 없었다는 점도 이 책이 지니는 작은 의미가 될 수 있을 것이다.

처음에 필자가 관심을 가지고 있던 것은 전통 중국 소설 가운데 독보적인 위치를 차지하고 있다고 생각되는 『홍루몽』이란 작품이었다. 그런데 『홍루몽』을 꼼꼼하게 읽어 보면 이 작품이 현실이나 집단보다는 '개인'과 개인의 '내면세계'를 매우 섬세하고 밀도있게 그리고 있음을 발견할 수 있다. 『홍루몽』에서 발견되는 이 독특한 인식과 감성을 어떻게 설명할 것인가? 그냥 외딴 섬처럼 존재하는 불쑥 튀어나온 한 천재적인 작가의 산물로 보아야 하는가? 그래서 그 연원을 추적하다 보니 16세기 전후의 시기까지 거슬러 올라가게 되었다. 그런 과정에서 애초 초점을 맞추어 상세하게 분석했던 『홍루몽』에 관한 논의는 대폭 축소하고, 대신에 '사대기서'와의 비교 분석 작업이 추가되었다. 그리하여 16–18세기, '사대기서'로부터 『홍루몽』에 이르는 시기의 중국 소설을 '개인'에 대한 인식의 변화라는 관점에서 바라보고 해석한 이 논문이 나오게 되었다.

부족하지만 이 논문이 나오기까지 많은 사람들의 충고와 격려가 있었다. 학위논문 심사 과정에서 지도와 격려를 아끼지 않으신 서경호 선생님, 송용준 선생님, 류종목 선생님, 조관희 선생님, 한혜경 선생님께 진심으로 감사드린다. 논문 심사를 받던 당시에는 인고의 시간이라고 생각했는데, 지금 와서 돌이켜 보면 내 자신이 많이 성장하고 성숙한 시기였다. 무엇보다 지도 교수이신 서경호 선생님께 학문적으로 큰 은혜를 입었다. 선생님을 통해 인문학은 '사실'의 나열이 아니라 '해석'이라는 생각, 어떤 현상과 사실을 보다 거시적인 관점에서 바라보고 해석할 수 있는 안목, 파편적인 자료들을 다루는 기술과 방법 등을 배웠다. 오랜 기간 논문을 쓰는 과정에서 끊임없이 토론에 응해 주고 문제 제기를 해 준 재기 넘치고 탁월한 통찰력을 가진 소설 전공 선후배와 동학들에게도 깊은 감사를 드린다. 그들과의 학문적 교류는 언제나 필자에게 풍부한 영감을 주었고, 그들과 함께 공부할 수 있었던 것은 행운이었다고 생각한다.

이 논문이 책으로 출판될 수 있었던 것은 서울대학교 아시아연구소에서 기획한 '신진학자저술지원사업' 덕분에 가능했다. '아시아연구소총서 모노그래프시리즈'로 출간되는 영광스런 기회를 주신 것에 진심으로 감사드린다. 마지막으로 언제나 변함없이 격려와 지지를 아끼지 않았던 고향에 계신 아버님과 벌써 10년이 넘는 세월을 같이해 온 사랑스런 아내, 그리고 예쁜 딸 서연이와 재간둥이 동연이에게도 감사와 사랑을 전하며, 하나님께 모든 영광을 돌린다.

2014년 4월

최형섭

차례

제1장

서론

1. 왜 '개인'의 문제를 제기하는가?

이 책은 '개인'에 대한 인식의 변화라는 하나의 키워드를 가지고 16-18세기 중국 소설, 특히 '사대기서(四大奇書)'로부터 『홍루몽(紅樓夢)』에 이르는 변화를 분석·고찰한 글이다. 여기에서 필자는 '사대기서'가 16세기 전후 개인이 새롭게 '발견'되어 가는 과도기적인 모습을 보여 준다면, 『홍루몽』은 그 정점에 있는 작품이라는 점을 전제하고자 한다.

16세기를 전후한 시기에 중국에서는 상공업과 도시의 발달, 화폐경제의 본격화 등 이른바 '자본주의의 맹아'라고 할 수 있는 다양한 현상이 나타나기 시작하였다. 역사학계에서는 이 시기를 중국 사회가 근대로의 도약을 준비하는 시기로 파악하며,[1] 어떤 학자들은 사상과 문화적인 측면에서 하나의 획기적인 전환기로 보려 한다.[2] 필자는 사회·경제적인 조

1 미조구치 유조 지음, 김용천 옮김, 『중국 전근대 사상의 굴절과 전개』, 동과 서, 1999, 15-65쪽 '서장-중국적 근대의 연원'의 논의를 참고하기 바란다. 한편 중국 역사의 시기 구분에 관해서는 민두기의 『中國史 時代區分論』(창작과비평사, 1984)과 *The Song-Yuan-Ming Transition in Chinese History*(Cambridge: Harvard Univ. Press, 2003)에서 Richard von Glahn이 쓴 "Imagining Pre-modern China"(pp. 35-70)라는 글을 참고하기 바란다.

2 시마다 겐지는 16-17세기에 나타난 중국 사회의 변화를 근대 시기로 접어든

건 및 토대의 변화와 함께 나타난 개인에 대한 인식의 변화가 근대로의 도약을 준비하는 이 전환기 중국 사회를 이해하는 데 있어서 하나의 중요한 열쇠이자 지표가 될 수 있다고 생각한다.

공자(孔子, B.C. 552 - B.C. 479)나 맹자(孟子, B.C. 372 - B.C. 289)로 대표되는 중국의 유가 사상가들은 신(神)과 관련된 종교나 관념적인 철학보다는 사회를 살아가는 인간 자체의 문제에 더 큰 관심을 가지고 있었다. 그렇지만 그들의 인식 속에 오늘날 우리가 생각하는 '개인'이 존재하고 있었다고 보기는 어려운데, 왜냐하면 그들이 규정하는 인간이란 성인(聖人)의 도를 구현하는 것을 공통된 목표와 가치로 삼는 동질적인 성격의 개체였기 때문이다. 오랜 역사 기간 동안 중국에서 개인은 성인의 도를 구현하는 개체로서 집단 공동체의 역할과 의무에 의해서 정체성이 규정되고 존재 가치가 결정되었다. 개인은 항상 존재하고 있었지만 전통 시기 중국 사회에서 개인은 이질적인 성격보다는 동질적인 성격을 가진, 집단을 구성하는 일원으로 파악되었던 것이다. 흔히 중국 사회에서 개인보다 집단이 중시되었다고 알려져 있는 것은 이런 상황과 관련이 있다고 하겠다.

그렇지만 16세기를 전후하여 사회·경제적인 조건과 토대가 변화하면서 개인에 대한 인식의 변화를 감지할 수 있는 다양한 현상이 나타나기 시작했다. 명 왕조의 체제 유학이었던 주자학(朱子學)을 대신하여 새롭게

징후로 파악하며, 양명학에서 발견되는 내적 자아의 확립과 고증학에서 발견되는 외적 세계에 대한 객관적·합리적 파악이라는 두 요소가 중국의 근대를 규정짓는 특징이라고 주장한다. 구체적인 논의는 『주자학과 양명학』(까치, 1986)을 참고하기 바란다. 또한 John B. Henderson은 중국에서 도덕적 이상이 완전히 붕괴되고 경험적이고 실용적인 가치를 중시하는 우주론적 전환기가 16-17세기에 발생했다고 주장한다.(존 헨더슨 지음, 문중양 역주, 『중국의 우주론과 청대의 과학혁명』, 소명출판, 2004, 163-173쪽) Andrew H. Plaks는 1500년부터 1750년 사이가 명청 교체기인 동시에 문화적으로 획기적인 변화가 일어난 시기라고 지적한 바 있다.(Andrew H. Plaks, *The Four Masterworks of the Ming Novel*, Princeton: Princeton Univ. Press, 1987, p. 6)

등장한 양명학(陽明學)은 주자학에 비해 개인의 자율성과 주체성을 인정하고 중시하는 경향을 보이고 있다. 이 시기에 제기된 글쓰기 담론에서는 글쓰기의 공적인 기능보다 사적인 성격이 강조되어, 글쓰기의 본질이 성인의 도를 구현하는 것이 아니라 작자 개인의 진실되고 솔직한 감정의 표현이라는 의식이 두드러지게 나타나고 있다. 또한 작품의 평가에서도 전통적인 규범이나 미학보다 작자의 개성이 더욱 중요한 기준으로 부각되는 경향을 보인다.

아울러 성인의 도를 담아야 한다는 전통 시기 글쓰기의 규범은 이 시기에 상당 부분 깨어지게 된다. 예를 들어 소품문(小品文), 그중에서 척독(尺牘), 일기(日記), 유기(遊記)와 같은 글은 사적인 개인의 일상과 취미, 개인적인 체험과 감회, 자기 성찰적인 내용, 주관적인 서정성이 충만한 성격을 보이고 있다. 또한 이 시기에는 자기 자신을 주제로 삼아 진솔하고 솔직한 자기 내면을 드러내는 글과 자신의 일생을 회고하고 평가하는 자서전적인 글도 지속적으로 증가하는 추세를 보인다. 이와 같은 현상은 중국 문화에서 비교적 지적 수준이 높은 상층 문인 문화의 영역에서 발견되는 변화라고 할 수 있다. 비록 그 변화가 획기적이며 지속적인 증가의 양태를 띠고 있지는 않지만, 당시 문화를 주도한 문인 계층에서 일어난 이러한 변화는 당시 사회를 이해하는 중요한 단서가 될 수 있다. 구체적인 내용과 성격에서는 약간의 차이가 있지만, 필자는 이러한 현상들이 본질적으로 16세기 이후 중국 사회가 개인화되어 가는 모습들을 잘 보여 준다고 생각한다.[3]

3 물론 16세기 이전의 중국 사회에서 여기에서 지적한 것과 유사한 주장이나 현상이 전혀 없었다고 말하기는 어려울 것이다. 그렇지만 그것은 훨씬 더 파편적이고 산발적인 형태를 띠고 있어 어떤 흐름이나 경향이라고 말하기 어려운 경우가 많다. 또한 사회·경제적인 배경과 토대가 다르고 인식론적인 기초가 다른 상황에서는 비슷한 주장이나 현상이라 하더라도 전적으로 동일한 의미와

이러한 현상들을 염두에 둔다고 했을 때, 우리는 16세기 이후 중국 소설의 성격에 대해서 다시 한 번 생각해 볼 필요가 있다. 16세기 이후 중국 소설이 비약적으로 발전하는 데 도시의 발달, 독서 계층의 확산, 상업적인 출판문화의 보급 등과 같은 조건이 중요한 토대가 되었던 것은 분명하다. 필자는 여기에 덧붙여 전반적으로 개인의 가치가 중시되고 개인적인 성향이 강해지는 사회적인 움직임이 그 배경으로 자리잡고 있었다는 사실을 강조하고 싶다. 16세기 전후에 출판된 장단편 소설 작품이 그 제재나 형식에 있어서 상당 부분 이전 시기의 문화유산을 계승하고 있다는 사실을 부정할 생각은 없다. 다만 필자가 여기에서 강조하고 싶은 점은 그럼에도 불구하고 16세기 이후 중국 소설은 보다 개인화된 사회를 배경으로 성장·발전했다는 점에서 전 시기와는 구별하여 새롭게 조명될 필요가 있다는 것이다.

오늘날 우리가 소설이라고 알고 있는 작품들은 당송원(唐宋元) 시대에는 대체로 공연을 매개로 향유되었다. 그 시기에 청중들은 이야기꾼이 들려주는 이야기를 여러 사람이 함께 모여 집단적인 방식으로 수용했다. 그것은 대개 반복되지 않는 일회적인 공연의 형태로 전달되었고, 청중들은 공연자가 들려주는 이야기를 따라가며 즉흥적이면서 직관적으로 반응하는 수동적인 소비자였다.

그러다가 16세기를 전후하여 중국 소설은 공연이나 필사본 형태로 유통되던 단계에서 벗어나 출판사에서 대량으로 인쇄된 서면화된 책을 통해 작품을 접하게 되는 단계로 들어서게 된다. 이 시기에 소설 작품은 출판 시장의 메커니즘 속에서 생산되고 소비되는 성격을 분명하게 띠기 시작하는 것이다. 작가는 잠재적인 독자들의 기호와 취향을 고려하여 작품을 쓰고, 독자는 자신의 기호와 취향에 따라 서점에 진열되어 있는 수

가치를 지닌 것으로 받아들이고 해석하기는 어렵다고 생각한다.

많은 작품 중 하나를 선택해서 읽었다. 자신의 취향과 기호에 따라 작품을 선택하고 구입하는 것이나 밀폐된 공간에서 혼자 눈으로 묵독하는 방식으로 반복해서 분석적으로 사유하며 작품을 읽는 독서 형태는 이 시기 개인화된 소설 독자의 성격을 말해 준다.

소설 작가의 성격도 점차 개인화되는 경향을 보여 익명(匿名)에서 실명(實名)으로 바뀌었고, 집단적인 가치와 의식을 대변하던 작가에서 개인의 특수한 관점과 의식을 작품 속에 투영한 작가까지 출현했다. 이와 더불어 떠도는 다른 사람의 이야기가 아니라 작가 개인의 특수한 경험을 소설화한 작품까지 등장하게 되었다.

그렇지만 소설 독자와 작가의 성격이 16세기를 전후하여 갑작스럽게 전부 개인화된 인식과 성향을 드러낸 것은 아니었다. 그런 경향은 점진적인 흐름과 발전의 과정 속에서 강화되는 모습을 보이고 있다. 이는 중국 소설이 집단적으로 창작되고 향유되던 공연문화의 전통 속에서 탄생했고, 소설 작품이 출판되기 시작하던 초기 단계에는 그런 작품이 위주가 되었다는 사실과 관련이 있다.

그러다가 출판문화가 정착해 가면서 온전히 읽고 쓰는 문화 속에서 작품이 탄생하게 되고, 독자와 작가의 성향도 점차 개인화되는 경향을 보이게 되었던 것이다. 이런 측면에서 볼 때 16세기 이후 중국 소설은 당송대에 비해서는 분명 훨씬 개인적인 성향이 강한 사회를 배경으로 하고 있었으며, 역으로 그런 사회의 성격과 취향에 적합했기에 소설이라는 장르가 비약적으로 발전할 수 있었다고 말할 수도 있다.

소설 작품은 어떤 시공간을 배경으로 주인공이 등장하여 벌어지는 사건을 다루고 있어, 다른 문학 장르보다 변화하는 개인의 모습을 잘 보여 주는 장르라고 할 수 있다. 특히 장편 소설은 방대한 편폭에 당시 사회와 문화를 세밀하게 묘사하고 있어서 당대의 현실을 담아내기에 유용했다. 중국 소설이 본격화되기 시작하던 16세기경의 소설 작품을 대변하는 것은 아마도 '사대기서'일 것이다. '사대기서'에 포함되는 작품은 대체로 개인이 새롭게 '발견'되어 가는 과도기적인 모습을 보여 주고 있다. 이에 비해 18세기에 나온『홍루몽』은 작가 개인의 주관적인 경험과 의식을 소설화한 자전적 소설로, 전통 시기 소설 중에서 상당히 개인화가 진행된 모습을 보여 준다.

필자는 이 글에서 개인에 대한 인식의 변화, 혹은 개인화라는 용어를 사용하고 있는데, 이 말 속에는 복잡하고 다양한 의미가 내포되어 있다. 사회적인 측면에서 이 말은 집단의 구속과 통제에서 벗어나 자유를 추구하려는 개인의 태도나 지향, 혹은 사회를 이루고 있는 개인이 점차 분자화되어 개인적인 성향이 강해지는 현상을 가리키는 것으로 볼 수 있다. 사상적인 측면에서 이 말의 의미 속에는 개인의 욕망과 이익을 긍정하고 공(公) 속에 사(私)를 포용하거나 공보다는 오히려 사를 중시하려는 경향이 내포되어 있는 것으로 보면 될 것이다. 문학적인 측면에서 그 양상은 매우 다양하면서도 복잡한 형태로 나타나고 있는데, 대체로 자기자신을 표현하려는 작가의 욕구가 강해지고 작품 창작에서 개성이 강조되며, 주체적이고 비판적인 의미 생산자로서 독자의 성격이 부각되는 현상 등을 지적할 수 있다. 소설 작품에 재현된 개인에 대한 인식의 문제를 다루면서 필자는 다음과 같은 점을 중시하였다. 공적인 성격이 강한 개인인가, 아니면 사적인 성격이 강한 개인인가? 도덕적인 이상을 구현하는 전형적인 인물인가, 아니면 그런 전형성을 탈피하여 개성과 가치를 구현하는 인물인가? 인물의 내면과 행동의 방향성이 충분히 예측 가능하도록 그려지고 있는가, 아니면 복잡하고 독특한 자기만의 내면세계를 갖춘 인물로 그려지고 있는가? 이러한 기준은 전반적으로 집단의 구속과 통제에서 얼마만큼 멀리 벗어나 있는 개인을 그려내고 있는가 하는 문제와 관련된 것이다.

이와 같은 인식과 관점을 바탕으로 하고 있는 이 책은 다음과 같은 몇 가지 점에서 기존 연구와 변별되는 새로운 시각을 제공해 줄 것이다.

첫째, 이 책은 16세기부터 18세기에 이르는 시기에 나온 주요 소설 작품을 개인에 대한 인식의 변화라는 하나의 키워드를 가지고 거시적으로 조망하고 분석하고 있다는 점에서 새로운 시각을 제공한다. 지금까지 명청(明淸) 시기 소설, 특히 이 시기에 출현한 장편 소설의 흐름을 설명하는 방식에는 몇 가지 관점이 존재해 왔다. 그중에서 가장 두드러진 것은 역사소설, 영웅전기(英雄傳奇)소설, 신마소설(神魔小說), 인정소설(人情小說), 풍자소설 등과 같이 제재의 유형에 따라 설명하는 방식이다. 중국에서 나온 거의 모든 소설사는 노신(魯迅, 1881-1936)이 『중국소설사략(中國小說史略)』에서 시도했던 이와 같은 설명 방식에서 아직까지도 크게 벗어나지 못하고 있다.[4] 예를 들면 강사(講史)의 전통을 이어받은 역사소설에

4 魯迅은 북경대학에서 학생들을 가르칠 때의 강의노트를 수정하고 보충하여, 1923년과 1924년에 북경대학 新潮社에서 『中國小說史略』이라는 제목으로 上下卷을 출판했다. 이후 1925년에 북경 北新書局에서 한 권으로 통합되어 출판되었으며, 1931년에 같은 곳에서 수정본이 나왔다.(노신 지음, 조관희 옮김, 『중국소설사략』, 살림, 1998, 15쪽 참조) 이후에 나온 중국 소설사나 연구서에서 魯迅의 영향을 어렵지 않게 찾아볼 수 있는데, 예를 들면 齊裕焜 主編의 『中國古代小說演變史』(敦煌文藝出版社, 1990), 李悔吾의 『中國小說史漫稿』(湖北敎育出版社, 1995), 孟昭連·寧宗一의 『中國小說藝術史』(浙江古籍出版社, 2003) 등에서도 제재의 유형에 따라 중국 소설의 흐름을 파악하고 분석하는 방식을 취하고 있다. 다음과 같은 陳平原의 증언도 참고할 만하다. "중국의 소설사 연구는 노신이 지은 『중국소설사략』에서 기본적인 골격을 마련했으며 학계는 대부분 그의 이론적인 구상을 답습하여 몇 가지 소설 유형의 변화 및 발전으로 명청 양대 소설의 발전 맥락을 파악했다. 그러나 '강사소설', '신마소설', '인정소설' 따위의 개념은 아직까지 진지하게 정리되거나 정의된 바가 없다."(진평원 지음, 이보경·박자영 옮김, 『중국소설사: 이론과 실천』, 이룸, 2004, 234쪽. 보다 구체적인 논의는 '제14장 중국 고대 소설 유형 개념'을 참고) 魯迅을 비롯한 중국 소설사의 서술 방식이나 소설 유형론에 관한 보다 자세한 논의는 다음 논문을 참고하면 도움이 될 것이다. 진평원, 「魯迅의 中國小說類型 硏究」, 오순방 등 공역, 『中國語文論譯叢刊』 Vol. 3, 1999; 조관희, 「중국소설의 본질과 중국소설사의 유형론의 기술에 대하여」, 『중국어문학논집』 제9집, 1997; 「魯迅의 中國小說史學에 대한 비판적 검토-그의 『中國小說史略』을 중심으로」,

는 역사적인 사건과 영웅적인 인물이 등장하며, 송대 은자아(銀字兒)[5]와 유사한 성격의 이야기인 인정소설에는 평범한 개인이 등장하고 일상적인 삶을 다루고 있다는 것과 같은 서술 방식이 그것이다. 이렇게 제재의 기원과 그 역사를 중심으로 소설의 흐름을 파악하다 보면, 제재의 범주를 뛰어넘어 통시적인 시각에서 변화를 파악하고 설명하는 데는 한계를 보일 수밖에 없다. 중국에서 나온 상당히 많은 소설사나 연구서에서도 영웅적인 인물과 평범한 개인, 도덕적인 전형과 개성적인 인물, 역사적 사건과 자잘한 일상 등에 대한 언급을 찾아볼 수 있다. 그렇지만 그것은 제재에 따른 작품의 성격을 지적하는 말일 뿐, 중국 사회의 전반적인 개인에 대한 인식의 변화를 통시적인 시각에서 바라보고 이해하는 개념으로 사용되고 있는 것은 아니다.

한편 석창유(石昌渝)는 지금까지 중국에서 나온 소설사 기술 방식과는 약간 다른 시각에서 장회소설(章回小說)의 발전을 세 단계로 구분하여 설명하고 있다.[6] 초급 단계의 작품은 평화(平話)로 강사류(講史類) 제재를 기록·정리하기 시작하는 단계이다. 중급 단계는 몇백 년 동안 여러 세대에 걸친 누적과 수정을 거쳐 최종적으로 한 작가에 의해 완성된 누적형 소설로 『삼국연의(三國演義)』, 『수호전(水滸傳)』, 『서유기(西遊記)』 등이 대표적인 예이다. 고급 단계는 한 작가의 독창적인 소설로 『금병매(金瓶梅)』,

『중국소설논총』 제6집, 1997; 이등연, 「주요 중국문학사의 소설 장르 서술관점 분석: 초기 중국문학사 二種의 경우」, 『中國語文論叢』 제15집, 1998.

5 송대 설화인이 구연하던 이야기의 일종으로, 일설에는 구연할 때 오늘날 피리와 비슷한 銀字管으로 반주를 하여 그런 명칭이 붙었다고 한다. 송대 耐得翁의 『都城紀勝·瓦舍衆伎』에는 이런 기록이 있다. "설화 四家가 있는데 첫째는 소설로 은자아라고도 한다. 煙粉, 靈怪, 傳奇와 같은 이야기이다.(說話有四家, 一者小說, 謂之銀字兒, 如煙粉, 靈怪, 傳奇.)"(孟元老 等著, 『東京夢華錄外四種』, 中國商業出版出版社, 1982, 11쪽)

6 石昌渝, 『中國小說源流論』, 三聯書店, 1994. 특히 '第6章 章回小說' 부분 참고.

『홍루몽(紅樓夢)』, 『유림외사(儒林外史)』 등이 그 예이다. 석창유의 관점은 작품이 집체 창작이냐 개인 창작이냐 하는 문제가 소설 발전의 중요한 요소로, 우선적으로 고려해야 한다는 인식을 드러내고 있다. 아울러 그는 작품의 구조나 '말하기'에서 '보여주기'로의 변화와 같은 서술 방식의 차이를 소설사 서술에서 중요한 부분으로 간주하고 있다.

다른 한편 서경호는 '작가'를 중심으로 명청 소설의 흐름을 설명한 바 있다. 명대의 '사대기서'가 중간층 문인의 산물이라면, 청대의 『홍루몽』과 『유림외사』는 중간층이 문인 계층과 거의 융합된, 더욱 날카롭고 심화된 의식을 보여 준다는 것이 그의 관점이다. 그는 작가의 소설 구성 능력과 이야기 뒤에 숨어 있는 의식의 날카로움을 분석함으로써 그것을 증명하고 있다.[7]

중국 소설의 흐름을 설명하는 또 하나의 시각이 있다면, 그것은 탈역사화의 관점에서 설명하는 방식일 것이다. 마틴 황(Martin W. Huang)은 『삼국연의』와 『수호전』, 『금병매』의 흐름을 그런 시각에서 분석하고 있으며,[8] 루샤오펑(Sheldon Hsiao-Peng Lu)이나 홍상훈은 구체적인 작품을 다루고 있지는 않지만, 서사 이론의 측면에서 역사적인 사실성에서 벗어나 점차 허구적인 인식이 자리를 잡아 가는 과정을 추적하고 있다.[9]

이런 거시적인 관점이 아니라 보다 세부적인 시각에서 16세기 이후 장·단편 소설을 다루고 있는 논문을 살펴보면, 인성(人性)이나 욕망(慾

7 서경호, 『중국소설사』, 서울대학교출판부, 2004; 『중국 문학의 발생과 그 변화의 궤적』, 문학과지성사, 2003, 621-690쪽과 730-754쪽 참고.

8 마틴 황 지음, 홍주연 옮김, 「탈역사화와 상호텍스트화: 중국 전통 소설 발전에서의 '선례의 불안'」, 『중국소설연구회보』 제52호, 2002.

9 루샤오펑 지음, 조미원·박계화·손수영 옮김, 『역사에서 허구로』, 도서출판 길, 1997; 홍상훈, 「전통 시기 중국의 서사론에 관한 연구」, 서울대 박사학위논문, 1999.

望)의 해방이라는 주제, 또는 부각되고 있는 여성 인물 형상에 초점을 맞추고 있는 논문들을 많이 발견할 수 있다. '삼언(三言)', '양박(兩拍)', 이어(李漁)의 소설, 재자가인 소설을 비롯하여 『금병매』, 『성세인연전(醒世姻緣傳)』, 『홍루몽』, 『경화연(鏡花緣)』 등에 관한 연구에서 그런 현상은 더욱 두드러진다.[10] 개인에 대한 인식의 변화를 다루고 있는 필자의 논의에서 이

10 이른바 擬話本 小說 중에는 『型世言』·『石點頭』 등과 같이 비교적 도덕설교적인 관점이 강한 작품도 있고, 『歡喜寃家』·『弁而釵』 등과 같이 인간 욕망의 해방을 극단적으로 추구하는 작품도 있다. 그렇지만 '三言'과 '兩拍'을 비롯한 대부분의 작품에는 이 두 가지 성격이 뒤섞여 있으며, 특히 세부적인 묘사에서 보여 주는 세계는 이른바 '酒色財氣'로 대변되는 욕망의 세계라고 할 수 있다. 그렇기 때문에 '三言'과 '兩拍', 李漁의 소설 등에 관한 연구는 대체로 人性과 욕망의 해방, 여성의 해방 등에 초점을 맞추고 있는 듯이 보인다. 일일이 다 거론할 수 없지만 몇몇 예를 들면 다음과 같다. 王鴻泰, 『三言兩拍的精神史研究』, 國立臺灣大學文史叢刊, 1994; 陳永正, 『市井風情: 三言二拍的世界』, 中華書局, 1988; 胡元翎, 『李漁小說戲曲研究』, 中華書局, 2004; 胡士瑩, 『話本小說概論』, 丹靑圖書有限公司, 1983; 김원동, 「三言 愛情故事의 作品 分析: 愛情으로서의 欲求와 現實의 갈등면」, 서울대 석사학위논문, 1986; Chen Yuanyuan, 「『靑邱野談』과 『三言』의 女性人物 比較研究」, 서울대 석사학위논문, 2005; 양숙평, 「『古今小說』中的女性形象與女性觀」, 이화여대 석사학위논문, 2002; 방영인, 「『拍案驚奇』 研究: 主題別 分析을 中心으로」, 단국대 석사학위논문, 1989; 김진곤, 「중국백화 단편소설에 나타나는 여성상에 대한 일 고찰」, 『중어중문학』 제27집, 2000 등. 이 밖에 재자가인 소설이나 『金瓶梅』, 『紅樓夢』 등에 관한 연구에서 욕망에 대한 긍정, 여성 존중 사상이나 여성 인물 형상, 페미니즘적 경향, 情에 대한 강조 등에 초점을 맞추고 있는 논문도 적잖이 발견할 수 있다. 최수경, 「淸代 才子佳人小說의 연구」, 고려대 박사학위논문, 2001; 이지원, 「金瓶梅의 여성 재현 연구—개인 욕망의 발현 양상을 중심으로」, 서울대 석사학위논문, 2003; 심정수, 「젠더(Gender)의 관점에서 본 '金瓶梅': 賢母良妻 이미지를 중심으로」, 이화여대 석사학위논문, 2004; 조미원, 「『금병매사화』의 현실인식—욕망과 윤리의 대립 세계를 중심으로」, 연세대 석사학위논문, 1993; 이무진, 「『금병매』의 양면성 고찰」, 고려대 석사학위논문, 1997; 정경자, 「『홍루몽』에 나타난 페미니즘적 경향」, 숙명여대 석사학위논문, 2003; 조미원, 「『紅樓夢』에 나타난 情의 서사화 양상 연구」, 연세대 박사학위논문, 2004; 최용철, 「紅樓夢의 女性尊重 意識 研究」, 『亞細亞女性研究』 제35집, 1996; 한혜경, 「『홍루몽』에 대한

러한 내용은 집단의 구속과 통제에서 벗어나 개인적인 성향과 가치가 중시되어 가는 사회에서 나타난 중요한 '하나의 특징'으로, 필자가 논의하는 내용의 일부분을 차지하고 있다.

이 글에서 필자는 보다 더 방대한 분야의 자료를 거시적인 관점에서 다루고 있다. 문인을 중심으로 이루어진 여러 형태의 담론과 글쓰기에서 발견되는 경향을 통해 새롭게 변화된 당시 사회의 분위기와 성격을 분석하고, 아울러 16세기 전후 출판문화의 보급과 함께 소설 독자와 작가의 성격이 어떻게 점차 개인화되어 가는지를 밝히고자 한다. 또한 '사대기서'부터 『홍루몽』까지의 소설 작품에서 발견되는 개인에 대한 인식이 점차 어떻게 성숙해 가는지를 살펴보고자 하는데, 이런 포괄적인 자료와 시각을 가지고 이 시기를 다루고자 하는 시도는 지금까지는 없었던 새로운 것이라고 할 수 있다.

둘째, 필자의 논의는 보다 세부적인 측면에 있어서 16세기 이후 중국소설의 비약적인 성장이 전 시기와는 구별되는 개인화된 사회를 배경으로 하고 있다는 시각을 제공하고 있다. 최근 들어서 이 시기 출판문화에

페미니즘적 조명」, 『성평등연구』 제3집, 1999; 고민희, 「『紅樓夢』에 대한 페미니즘적 고찰」, 『中國語文論叢』 제12집, 1997 등. 또한 Martin W. Huang의 "Sentiments of Desire: Thought on the Cult of Qing in Ming-Qing Literature"(*CLEAR*, 20, 1998)〔이 논문은 이지원에 의해 번역되어 『중국소설연구회보』(제50호, 2002)에 실려 있음〕, Maram Epstein의 *Competing Discourses: Orthodoxy, Authenticity, and Engendered Meanings in late Imperial Chinese Fiction*(Cambridge: Harvard Univ. Press, 2001), Louise P. Edwards의 *Men and Women in Qing China: Gender in the Red Chamber Dream*(Leiden and New York: E.J.Brill, 1994) 등도 情이나 여성성 등에 초점을 맞추고 있는 연구이다. 권혁찬은 「중국고전 소설은 여성차별적인가?-섹슈얼리티와 젠더에 중점을 둔 최근 북미학자들의 중국고전소설연구 동향에 대한 소고」(제63회 한국중국소설학회 정기학술발표회논문집 『한중 고전소설의 비교연구』, 2005)에서 이런 관점에서 이루어진 북미 학자들의 연구를 간단하게 정리하고 있어 참고할 만하다.

대한 연구가 속속 그 성과를 드러내고 있고, 필자의 논의도 그들의 연구에서 많은 도움을 받고 있다.[11]

그렇지만 필자는 이 글에서 소설 장르를 둘러싸고 있는 전반적인 사회의 경향과 흐름 속에서 이 시기 소설 장르가 개인화된 사회를 배경으로 하고 있음을 지적하고자 하는데, 이는 지금까지 중국 소설과 관련된 논의에서 거의 자각하지 못했고, 따라서 깊이 있게 다루어지지 못했던 부분이라고 생각된다.[12] 또한 소설 작품의 성격과 평점을 통해 소설 독자의 성격을 분석하고 있다는 점에서도 지금까지의 연구와는 변별점을 가지고 있다.

또 다른 측면에서 이 책은 전통 중국 소설의 최고봉이라고 평가받는 18세기 『홍루몽』의 의미와 성취를 16세기 이후 '사대기서'와 같은 작품을 통해 새롭게 개인이 '발견'되어 가는 과정의 정점에 위치하고 있는

11 黃鎭偉, 『坊刻本』, 江蘇古籍出版社, 2002; 李瑞良, 『中國古代圖書流通史』, 上海人民出版社, 2000; 張紹勛, 『中國印刷史話』, 商務印書館, 1997; 大木 康, 『明末江南における出版文化の研究』, 廣島大學文學部, 1992; Robert E. Hegel, *Reading Illustrated Fiction in Late Imperial China*, Stanford: Stanford Univ. Press, 1998; Cynthia J. Brokaw and Kai-wing Chow (eds.), *Printing and Book Culture in Late Imperial China*, Berkeley, L.A., and London: Univ. of California Press, 2005; Lucille Chia, *Printing for Profit: The Commercial Publishers of Jianyang, Fujian(11th-17th Centuries)*, Cambridge and London: Harvard University Asia Center, 2002; 문성재, 「명말 희곡의 출판과 유통-강남지역의 독서시장을 중심으로」, 『중국문학』 제41집, 2004; 홍상훈, 「전통 시기 강남지역에서 독서 시장의 형성과 변천」, 『중국문학』 제41집, 2004; 박소현, 「텍스트의 생산과 인쇄, 그리고 독서 관습의 관계에 관하여-包公 이야기를 중심으로」, 『중국소설논총』 제21집, 2005.

12 이 부분과 관련하여 필자는 다음의 논저에서 많은 계발을 받았다. 이언 와트 지음, 전철민 옮김, 『소설의 발생』, 열린책들, 1988; 마에다 아이 지음, 유은경·이원희 옮김, 『일본 근대 독자의 성립』, 이룸, 2003; 알베르토 망구엘 지음, 정명진 옮김, 『독서의 역사』, 세종서적, 2000; 로제 샤르티에·굴리엘모 카발로 엮음, 이종삼 옮김, 『읽는다는 것의 역사』, 한국출판마케팅연구소, 2006.

작품으로 바라보고 파악할 수 있는 시각을 제공하고 있다. 1921년 호적(胡適, 1891-1962)이 「홍루몽고증(紅樓夢考證)」에서 이 작품이 작가의 '자전(autobiography)'이라는 설을 제기한 이후 지금에 이르기까지 상당히 많은 연구자들은 역사와 소설을 동일시하여 작가의 실제 경험과 작품 내용이 얼마나 정확히 일치하는가를 증명하고자 노력해 왔다.[13] 그런 이유 때문인지 '자전적 소설(autobiographical novel)'이라고 할 수 있는 이 작품의 성격을 개인의식의 성장이나 개인에 대한 인식의 변화와 관련지어 다루려는 시도는 지금까지 거의 찾아볼 수 없다.[14] 구체적인 분석을 통해 드러나겠지만 필자가 보기에 『홍루몽』은 '사대기서'보다 오히려 욱달부(郁達夫, 1896-1945)의 자전적인 소설과 더 가까운 거리에 있는 듯 보이는데, 이런 관점에서 『홍루몽』을 바라보고 분석함으로써 전통 소설과 근대 소설 간의 괴리감을 어느 정도 극복하는 계기가 마련될 수 있으리라 기대한다.

셋째, 당시 사회를 반영하고 있는 주요 소설 작품에서 발견되는 개인에 대한 인식의 변화를 추적함으로써 제한적인 모습이기는 하지만, 어렴풋이 전통 시기 중국에서 개인이 어떤 세계관을 가지고 어떤 가치를 지향하며 사회 속에서 존재해 왔으며, 개인과 집단 간의 역학 관계가 어떻게 변화되어 왔는지에 대한 단서를 발견할 수 있다. 상당히 오랜 세월 동

13 이 문제에 관한 보다 구체적인 논의는 필자의 「자전적 소설로서 『홍루몽』의 성격과 의미」(『중국문학』 제43집, 2005)를 참고하기 바란다. 『紅樓夢』에 관한 그동안의 연구 동향에 관해서는 다음 논문을 참고하면 도움이 될 것이다. 최병규, 「中國紅學硏究의 動向把握」, 『中語中文學』 제29집, 2001; 조미원, 「미국의 홍루몽 연구 개황」, 『중국어문학논총』 제23호, 2003; 한혜경, 「『홍루몽』의 다의적 연구양상에 관한 고찰」, 『중국소설논총』 제20집, 2004; 姜其煌, 『歐美紅學』, 大象出版社, 2005.

14 자전적인 소설로서 이 작품의 성격을 문인의 자의식, 정체성의 문제와 관련지어 파악하고 그러한 시각에서 접근한 문헌으로는 Martin W. Huang의 *Literati and Self-Re/Presentation: Autobiographical Sensibility in the Eighteenth-Century Chinese Novel* (Stanford: Stanford Univ. Press, 1995)을 거론할 수 있다.

안 중국 사회에서 개인은 집단적 가치와 규범을 아무런 의심 없이 자기화하여 살아왔던 것으로 보인다. 그러다가 16세기를 전후하여 집단과 개인 간에 일치와 조화보다는 균열과 갈등이 점차 두드러지게 나타나기 시작하는데, 우리는 '사대기서'로부터 『홍루몽』까지의 소설 작품을 통해 그런 모습을 확인할 수 있다. 그리고 이를 통해 근대로 이행해 가는 시기에 중국 내에서 자생적으로 성장한 개인의식이 어떤 형태로 드러나고 있고, 그것이 서구와는 어떤 다른 특징을 보이고 있는지에 대해서도 유추해 볼 수 있을 것이다.

2. 논의 방법과 전략

이 책은 대략 16-18세기 중국 소설에서 개인에 대한 인식이 어떻게 변화하고 있는지를 고찰하기 위한 목적으로 쓴 글이다. 이를 위해서는 어떤 단계를 설정할 필요가 있다고 생각하였고, 크게 '사대기서'로부터 『홍루몽』에 이르는 변화 양상을 고찰함으로써 이 문제에 접근하고자 하였다.

우리가 흔히 『삼국연의』, 『수호전』, 『서유기』, 『금병매』를 통칭하여 '사대기서'라고 부르지만, 사실 현존하는 판본만을 놓고 본다면 『삼국연의』로부터 『금병매』까지는 거의 1백 년에 가까운 시간적 간격이 존재하며, 작품의 성격도 상당히 복잡한 양태를 띠고 있다. 앞서 거론한 세 작품은 몇백 년에 걸쳐 점진적으로 축적되어 완성된 적층문학(積層文學)적 성격을 띤 작품으로 볼 수 있다.[15] 이들 작품의 작가와 성서(成書) 연대에 대

15 『三國演義』는 『三國志平話』를 바탕으로 다양한 민간의 전설과 역사서, 그리고 잡극의 내용을 종합하여 만들어진 작품이며, 『水滸傳』은 『宣和遺事』와 민간에 떠도는 이야기, 그리고 독립적으로 존재하던 話本과 잡극 등을 취합하여 완성한 작품이다. 『西遊記』 역시 『大唐西域記』, 『大唐大慈恩寺三藏法師傳』, 『大

해서는 아직까지도 논쟁이 계속되고 있는데, 대부분의 중국 학자들은 『삼국연의』와 『수호전』이 원말 명초에 만들어졌다는 가설을 지지하고 있는 듯이 보인다.[16] 반면에 극히 소수의 학자들에 의해서 16세기 전반기에 완성되었다는 설이 제기되고 있다.[17] 그렇지만 현존하는 작품의 판본을 놓고 볼 때 『삼국연의』의 가장 이른 판본은 1522년에 나온 것이며, 가정(嘉靖, 1522-1566) 연간 이전에 나온 『수호전』의 판본은 아직까지 발견되지 않고 있다. 최근 연구에 따르면 『수호전』은 『삼국연의』보다 약간 뒤인 1522-1540년경에 완성된 것으로 추정되고 있다.[18] 따라서 이들 작품은 대략 16세기 전반기 이전의 개인에 대한 인식을 드러내는 소설로 간주할 수 있다.

『서유기』의 작가가 오승은(吳承恩, 1500?-1582?)인지에 대해서는 아직도 논쟁 중이지만, 만약에 그가 이 작품의 최종적인 작가라는 사실을 받

唐三藏取經詩話』, 元 雜劇 등 역사적인 사실과 민간에 떠돌던 여러 전설을 종합적으로 흡수하여 재구성한 작품으로 볼 수 있다.

16 특히 중국에서 나온 거의 모든 문학사나 소설사는 이 작품이 元末 明初에 출현했다는 사실에 근거하여 기술하고 있는데, 다음 저서를 예로 들 수 있다. 章培恒·駱玉明 主編, 『中國文學史』, 復旦大學出版社, 1996, 173-176, 183-186쪽; 齊裕焜 主編, 앞의 책, 146-148, 209-211쪽; 黃霖·楊紅彬, 『明代小說』, 安徽教育出版社, 2001, 16-17쪽; 孟昭連·寧宗一, 앞의 책, 244쪽 참조.

17 중국의 학자 중에서 石昌渝는 『三國演義』나 『水滸傳』이 원말 명초에 나왔을 가능성에 대해 회의적인 태도를 보이는 가장 대표적인 사람일 것이다. 구체적인 논의는 그의 『中國小說源流論』 295-305쪽과 319-331쪽을 참고하기 바란다. 또한 『水滸傳』의 판본과 관련된 논쟁은 그의 「『水滸傳』成書于嘉靖初年考」(『明代小說面面觀』, 學林出版社, 2002) 215-217쪽을 참고하기 바란다. Andrew H. Plaks 같은 서구 학자는 이 두 작품을 전적인 16세기 문인 문화의 산물로 보려 한다. 이 두 작품에 성서 연대와 판본에 관한 구체적인 논의는 그의 *The Four Masterworks of the Ming Novel*(Princeton Univ. Press, 1987, pp. 279-303, 361-378)을 참고하기 바란다.

18 石昌渝의 「『水滸傳』成書于嘉靖初年考」를 참고하기 바란다.

아들인다면 이 작품은 대략 16세기 중반에 완성된 것으로 볼 수 있다. 보다 엄밀히 현존하는 판본을 가지고 말하자면 『서유기』는 더 늦은 16세기 말, 즉 만력(萬曆) 20년(1592)에 이르러서야 처음으로 그 온전한 모습을 드러낸다.

『금병매』는 '사대기서' 가운데 가장 늦게 출현한 작품으로, 이 작품 또한 정확히 언제 완성되었는지 현재로서는 단정하기 어렵다. 다만 대략 17세기를 전후하여 필사본 상태로 유통되고 있었다는 증거가 확인되고 있으며,[19] 현존하는 가장 이른 판본은 1617년에 나온 것이다. 이 작품이 단일한 작가의 산물인지에 대해서도 아직까지 논쟁이 계속되고 있다. 그렇지만 최소한 오랜 기간에 걸쳐 축적된 자료를 바탕으로 형성된 작품은 아닌 것이 분명한데, 대략 17세기를 전후한 시기에 작가 한두 명의 손을 거쳐 완성된 것으로 추정해 볼 수 있다.[20]

따라서 '사대기서'는 16세기 전후부터 17세기 초까지의 개인에 대한 인식을 반영하고 있는 것으로 볼 수 있다. 필자는 '사대기서'를 전반적으로 개인이 새롭게 '발견'되어 가는 과도기적인 단계로 파악했으며, 논의의 과정에서는 네 작품의 성서(成書) 시기에 따른 미묘한 변화들을 포착하고자 노력했다.

한편 18세기 중엽에 나온 『홍루몽』은 '사대기서'에 비해 분명 하나의 커다란 도약을 보여 주는 작품이라고 할 수 있다. 이 작품은 작가의 자의식이 등장인물 속에 깊이 투영되어 있는 자전적인 소설로, 동시기 그 어떤 소설과도 비교할 수 없을 정도로 개인에 대한 인식에서 진보된 모습을

19 1596년에 袁宏道(1568-1610)가 董其昌(1555-1636)에게 보낸 서신에 『金瓶梅』가 언급되고 있는 것으로 보아, 당시 필사본의 상태로 소수의 문인들 사이에서 유통되고 있었던 것으로 보인다.(이지원, 앞의 논문, 7쪽)

20 『金瓶梅』의 성서 연대와 작가의 문제에 대한 다양한 논자들의 이견에 대해서는 Andrew H. Plaks, *op. cit.*, pp. 55-72를 참고하기 바란다.

보여 주고 있다. 따라서 '사대기서'로부터 『홍루몽』까지의 작품을 통해 우리는 대략 16-18세기에 이르는 소설 작품에서 발견되는 개인에 대한 인식의 변화를 살펴볼 수 있을 것이다. 그리고 여기에서의 논의는 어떤 과정과 단계를 거쳐 결국 『홍루몽』에 이르게 되었는가를 보여 주고 설명하는 방식으로 전개될 것이다.

필자는 중국 소설에서 발견되는 개인에 대한 인식의 변화를 다루고자 할 때 먼저 전반적인 사회·경제적 토대 및 사상·문학적 흐름과 경향 속에서 이를 파악하고 설명할 필요가 있다고 생각했다. 왜냐하면 소설을 통해 드러나는 개인에 대한 인식의 변화는 보다 포괄적인 사회·사상적 변화의 일부분일 가능성이 크기 때문이다. 그래서 필자는 제2장에서 16세기 이후 사회·경제적 토대의 변화가 개인의식의 성장에 어떤 영향을 끼쳤고, 그것이 여러 형태의 담론과 글쓰기 영역에서 어떻게 나타나고 있는지를 살펴볼 것이다.

이 시기에 나타난 가장 대표적인 사상적 변화로는 양명학의 출현을 들 수 있다. 필자는 여기에서 주자학과 양명학을 비교 서술하는 방식으로, 양명학이 주자학에 비해 개인의 자율성을 더욱 중시하고, 개인의 사적인 이익과 욕망을 긍정하는 당시 사회 인식의 변화를 반영하고 있음을 증명할 것이다. 다음으로 양명학적 주장과 깊은 관련이 있는 것으로 보이는 여러 형태의 글쓰기 담론을 통해 개인에 대한 인식의 변화를 살펴보고자 한다. 여기에서 필자는 주로 공안파(公安派)의 성령설(性靈說), 이지(李贄, 1527-1602)의 동심설(童心說), 서위(徐渭, 1521-1593)의 본색론(本色論), 탕현조(湯顯祖, 1550-1616)의 지정론(至情論), 풍몽룡(馮夢龍, 1574-1646)의 정교론(情教論) 등을 통해 드러나는 개인에 대한 변화된 인식을 추적할 것이다. 마지막으로 당시 문인들의 글쓰기를 통해서 드러나는 개인에 대한 인식의 변화를 고찰하고자 한다. 여기에서 필자는 무엇보다 명말 청초에 유행했던 이른바 '소품문(小品文)', 그중에서도 특히 일기, 서신, 유기(遊

記)라는 문체에 주목할 것이다. 아울러 이 시기에 점차 증가하는 양상을 보이는 자전적인 글을 통해 개인에 대한 인식의 변화가 글쓰기에서 어떻게 나타나고 있는지를 살펴볼 것이다.

이후에 구체적인 논의가 이루어지겠지만, 여기에서 발견되는 변화가 전반적이고 획기적인 성격을 띠고 있다고 말하기는 어렵다. 그렇지만 사상적인 담론이나 시문(詩文)과 같은 글쓰기는 당시 중국의 문화 지형도에서 비교적 지적 수준이 높은 문인들의 영역에 속하던 것으로, 이러한 모습들을 통해 당시 사회의 중요한 흐름과 경향을 들여다볼 수 있을 것으로 판단된다. 이 장의 논의는 앞으로 다루게 될 16세기 이후의 소설이 어떤 성격의 사회를 배경으로 하고 있으며, 소설 작품을 통해서 드러나는 개인이 소설에만 한정되어 나타나는 현상이 아니라 보다 포괄적인 사회적 현상과 밀접하게 연관되어 있음을 보여 주려는 것이다.

제2장의 논의를 토대로 제3장과 제4장에서는 중국 소설에서 개인에 대한 인식의 변화가 어떻게 나타나고 있는지를 다루고자 한다. 필자는 이 문제를 다룸에 있어 독자와 작가, 작품이라는 세 가지 측면을 모두 고려할 필요가 있다고 생각했다. 왜냐하면 특히 16세기 이후 중국 소설은 출판 시장을 매개로 독자와 작가가 상호 긴밀히 영향을 주고받는 메커니즘 속에 놓여 있었기 때문이다. 다시 말하면 소설 작품은 작가의식의 산물이지만 동시에 작품의 성격은 독자의 기호나 취향과 뗄 수 없는 관련을 맺고 있었다.

제3장에서는 작품을 향유하는 주체인 독자와 창작의 주체인 작가의 성격이 어떻게 점차 개인화되어 가는지에 초점을 맞추어 논의를 전개하고자 한다. 소설 독자와 작가의 문제를 다루면서 필자는 작품의 성격뿐만 아니라 당시의 출판 시장, 독서 관습, 작가와 출판업자의 관계 등을 두루 고려했다. 그것은 앞서도 언급했듯이 당시 작가와 독자는 출판 시장을 매개로 상호 영향을 주고받는 관계였으며, 이와 같은 여러 요소들이

독자와 작가의 성격을 결정짓는 데 복합적으로 작용했다고 생각되기 때문이다. 여기에서 필자는 출판문화의 보급이 본격화되면서 소설 독자층이 어떻게 점차 개인화되어 가는지를 '사대기서'부터 『홍루몽』까지 작품의 성격 변화를 통해 추정해 보고자 하며, 아울러 소설 평점을 통해 독자층의 성격이 어떻게 변화되고 있는지를 살펴볼 것이다.

소설 작가의 성격 변화와 관련하여 필자는 16-17세기에서 18세기로 이행하면서 익명과 필명으로 존재하던 작가가 점차 자기 이름을 내걸고 작품 활동을 하게 되고, 집단적인 관념이나 가치를 대변하던 작가에서 점차 개인적인 감성과 목소리가 분명해지는 개인화된 작가로 변하고 있음을 보여 주고자 한다. 그리고 이와 같은 변화는 소설 작품이 역사 이야기나 떠도는 이야기를 다루던 것에서 작가의 개인적인 특수한 경험을 바탕으로 한 작품이 출현하고, 작가 자신을 작품 속에 투영시키려는 경향과 서로 맞물려 있다는 사실을 지적할 것이다.

소설 작품을 통해 드러나는 개인에 대한 인식의 변화를 고찰하기 위해 제4장에서는 주로 작품에서 그려지고 있는 인물 형상에 초점을 맞추고자 한다. 여기에서 필자는 '사대기서'부터 『홍루몽』까지의 작품에 등장하는 인물이 대체로 영웅에서 평범한 인물로, 공적인 개인에서 사적인 개인으로 변하고 있음을 증명할 것이다. 또한 집단적인 이념이나 가치를 구현하는 전형적인 인물 형상에서 점차 개인의 사적인 욕망과 가치를 추구하며 살아가는 평범한 인물로 그 성격이 변화하고 있음을 지적할 것이다. 아울러 주로 외면적 행동을 통해서 혹은 전형적인 형상으로 인물을 그려내던 것에서 예측할 수 없는 복잡하고 독특한 내면세계를 가진 인물이 등장하는 과정을 보여 주고자 한다. 여기에서 필자는 크게 '사대기서'와 『홍루몽』을 구분하여 논하고자 한다. 이때 '사대기서'를 통해서는 개인이 새롭게 '발견'되어 가는 과도기적 단계의 다양한 측면을 드러내는 데 주력하고, 『홍루몽』을 통해서는 보다 세밀한 분석을 통해 개인을 그려내는 깊이와 밀도를 보여 주는 데 초점을 맞추고자 한다.

마지막으로 제5장 결론 부분에서는 지금까지의 논의를 정리하는 한편 이러한 논의가 중국 소설사에서 지니는 의미를 검토하고자 한다. 그리고 나아가 중국 소설을 통해 드러나는 개인의식의 성장과 한계, 집단과 개인의 역학 관계 등을 통해 근대로 이행해 가는 과도기 중국 사회의 성격과 특징을 추론해 보고자 한다.

제2장

16-18세기 담론과 글쓰기에 나타난 개인의식

16세기 전후 중국에서는 상공업과 도시의 발달, 화폐경제의 본격화 등 이른바 '자본주의의 맹아'라고 할 수 있는 다양한 현상이 나타나기 시작했다.[1] 이 때문에 중국 역사의 분기를 어떻게 설정할 것인가에 대한 다양한 이견들이 여전히 존재하지만, 상당히 많은 학자들은 이 시기를 중국 사회가 근대 사회로 이행하는 하나의 전환기로 보는 데 동의하고 있다.[2] 예를 들어 시마다 겐지(島田虔次)는 16세기부터 17세기에 이르는 중국 사회의 변화를 근대 시기로 접어든 징후로 파악하려 한다. 그는 양명학에서 발견되는 내적 자아의 확립과 고증학에서 발견되는 외적 세계에 대한 객관적·합리적인 파악이라는 두 요소가 중국이 근대로 들어섰음을 보여 주는 중요한 특징이라고 주장한다.[3] 존 헨더슨(John B. Henderson)은 중국에서 도덕적 이상이 완전히 붕괴되고 경험적이고 실용적인 가치를 중시하는 우주론적 전환기가 16세기부터 17세기에 이르는 시기에 발생했다고 주장한다.[4] 앤드류 플락스(Andrew H. Plaks)도 1500년부터 1750년 사

1 이 책의 제1장 각주 1(3쪽)을 참고하기 바란다.

2 이 책의 제1장 각주 1, 2(3-4쪽)를 참고하기 바란다.

3 미조구치 유조 지음, 김용천 옮김, 『중국 전근대 사상의 굴절과 전개』, 동과 서, 1999, 47쪽.

4 존 헨더슨 지음, 문중양 역주, 『중국의 우주론과 청대의 과학혁명』, 소명출판,

이가 명청 교체기이면서 동시에 문화적으로 획기적인 변화가 일어났던 시기라고 지적한 바 있다.[5] 이와 같이 각자의 관심 분야와 접근 방식은 다르지만, 이들은 대략 16-17세기를 새로운 문화적 전환기 혹은 중국의 근대가 시작되는 시점으로 파악한다.

필자는 이 장에서 이 시기 새롭게 변화된 사회·경제적 조건과 토대가 사람들의 인식과 관념에 어떤 변화를 몰고 왔으며, 그것이 어떤 모습으로 표출되고 있는지를 고찰하고자 한다. 이때 필자가 주목하고자 하는 것은 개인에 대한 인식의 변화이다. 이런 인식의 변화는 당시 상업과 도시의 발달, 화폐경제의 본격화, 출판문화의 보급 같은 보다 포괄적인 물리적 조건 및 토대의 변화가 야기한 결과로 봐야 할 것이다. 이후에 구체적으로 논의하겠지만, 필자는 개인에 대한 인식의 변화가 16세기 이후 중국 사회와 문화를 이해하는 데 있어서 하나의 중요한 키워드가 될 수 있다고 생각한다. 이러한 관점을 전제로 이 장에서는 당시의 사상과 문학적 담론, 그리고 시문(詩文)을 중심으로 하는 문인의 글쓰기를 통해 이 전환기 중국 사회를 이해할 수 있는 하나의 실마리를 찾아보고자 한다.

2004, 163-173쪽 '제5장' 참고. Henderson은 제5장 각주 4(324쪽)에서 17세기를 지적 전환기로 보는 Willard J. Peterson과 Benjamin Elman에 관해서도 소개하고 있다. 그에 따르면 Peterson은 *Bitter Gourd: Fang I-chih and the Impetus for Intellectual Change*(New Haven: Yale Univ. Press, 1979, p. 2)에서 보다 구체적으로 1630년대를 사상의 새로운 전환기로 파악하고 있다. 또한 Elman은 Yamanoi Yu의 견해를 따라 17세기 청대의 위대한 학자들이 도덕적 수양으로부터 고증학적 연구의 학풍으로 변화한 것은 명왕조의 붕괴에 대한 한족 지식인들의 대응이었다고 보고 있다.(Elman의 견해에 대해서는 그의 논문 "Ching Dynasty Schools of Scholarship", p. 6 참고) 이 밖에 William Theodore de Bary가 편집한 *The Unfolding of Neo-Confucionism: Proceedings* (New York: Columbia Univ. Press, 1975)는 17세기 사상사를 주제로 한 논문들을 모아 놓고 있어 참고할 만하다.

5 Andrew H. Plaks, *The Four Masterworks of the Ming Novel*, Princeton: Princeton Univ. Press, 1987, p. 6.

사상적인 담론이나 시문은 중국 문화에서 비교적 지적 수준이 높은 상층 문인 문화의 영역에 속한다고 볼 수 있다. 문인은 당대의 문화를 주도하는 계층이었기에 그들에게서 발견되는 변화는 당시 사회를 이해하는 데 있어서 중요한 단서가 될 수 있을 것이다. 그들 내부에서 발생한 개인에 대한 인식의 변화를 구체적인 자료를 통해 입증하는 것은 어렵겠지만, 간접적인 방법으로 문인의 담론과 글쓰기를 통해 적어도 당시 사회의 대략적인 분위기를 파악하는 것은 가능할 것이다.

우선 사상적인 담론에 있어서 당시의 인식을 가장 잘 대변하는 것으로는 양명학을 거론할 수 있다. 양명학은 16세기 직후부터 본격적으로 그 영향력을 확대하기 시작하여, 명대 중기까지 체제 유학으로 자리를 잡고 있던 주자학의 권위를 위협하였다. 여기에서는 양명학이 주자학과 어떻게 구분되며 개인에 대한 인식에서 어떤 변화를 보이는지에 초점을 맞추어서 논의를 전개하였다.

다음으로 글쓰기와 관련된 논의는 크게 두 가지 방향에서 접근하였다. 먼저 무슨 생각을 가지고 어떤 내용을 쓸 것인가에 대한 글쓰기 담론을 통해서 나타나는 개인에 대한 인식의 변화를 다루었는데, 여기에서 다루어질 내용은 성령설(性靈說), 동심설(童心說), 지정론(至情論), 본색론(本色論), 정교론(情敎論) 등이다. 마지막으로는 보다 구체적으로 문인의 글쓰기를 통해서 발견되는 변화를 살펴보고자 한다. 이 시기에 나타난 개인에 대한 인식의 변화를 잘 보여 주는 글로는 소품문(小品文)이 있는데, 필자는 여기에서 특히 일기, 서신, 유기(遊記)를 중심으로 논의를 전개하고자 한다. 소품문과 더불어 개인에 대한 인식의 변화를 잘 보여 주는 글로는 자전적인 글을 들 수 있다. 필자는 이 시기에 쓰인 여러 형태의 자전적인 글을 통해서 문인의 글쓰기에서 발견되는 변화를 추적하고자 한다. 이 장의 내용은 제3장과 제4장에서 다룰 소설과 관련된 논의에 하나의 거시적인 배경과 맥락을 제공해 줄 것이다.

1. 개인의 자율성과 주체성에 대한 강조: 양명학

유가 사상은 주지하다시피 공자와 맹자의 사상을 기본 골격으로 한 것이었다. 한대(B.C. 206-A.D. 220) 이후 유가 사상이 중국의 통치 이데올로기로 자리를 잡게 되면서 인간에 대한 공자의 생각은 중국 사회에서 상당한 영향력을 행사하게 되었다. 공자의 인간관과 관련하여 윌리엄 시어도어 드 배리(William Theodore de Bary)는 "공자의 인격주의는 개인을 인류라는 커다란 유기체의 일원으로 보며, 사람과 사회를 분리하지 않고 타자들과의 역동적인 관계 속에서 삶을 영위해 나가는 존재로 본다."[6]라고 말한 바 있다. 이것은 다음과 같이 해석될 수 있을 것이다. 즉 중국에서는 사람이 개인으로서 중요한 것이 아니라 사회의 구성원으로서 중요한 것이다. 그렇기 때문에 개인의 자율성보다는 조화로운 인간관계를 우선시했다. 특히 중국은 농경을 바탕으로 한 사회였기 때문에 상호의존적이며 공동체적인 성격이 강했다. 이런 사회에서 대결이나 경쟁, 모순보다는 화해와 조화가 중시되었던 것은 어쩌면 당연한 것이었다. 중국 사회에서 개인의 정체성은 집단에서의 역할과 의무에 의해서 결정되었다. 개인의 욕망이나 개인 그 자체는 가급적 억제되었던 반면에, 집단적인 윤리의 실천을 통한 조화로운 사회 유지가 더 중시되었던 것이다. 이와 같은 사회에서 개인이 얻는 만족감은 자신의 욕망을 채웠을 때보다는 집단적인 이념이나 가치를 구현하여 인정을 받았을 때 더 클 수밖에 없었다.

주자학적 세계관은 바로 이와 같은 개인에 대한 인식을 잘 보여 주고 있다. 맹자의 성선설(性善說)에 바탕을 둔 주자학적 세계관에서 볼 때, 인간의 본성은 선하며 누구나 도덕적인 인간이 될 자질을 갖추고 있다. 여기

6 윌리엄 시어도어 드 배리 지음, 표정훈 옮김, 『중국의 자유 전통』, 이산, 1998, 92쪽.

에서 개인이 가진 독특한 기질이나 차이는 큰 문제가 되지 않았으며 중시되지도 않았다. 개인은 기질의 차이와는 무관하게 자기 수양과 자기 절제를 통해 누구나 '본연의 성'을 회복해야 하는 대상으로 인식되었던 것이다. 이렇게 개인이 '본연의 성'을 회복하려고 할 때 그 모델은 바로 성인이었는데, 성인은 때 묻지 않고 사사로움이 없는 인간 본연의 성이 회복된 가장 이상적인 인간상이었다. 개인은 보편적인 인간상을 대변하는 성인을 모델로 삼아 하늘이 부여한 도덕성을 자기 안에 구현하고, 그것을 통해 우주 질서와 합일을 추구함으로써 온전한 존재의 목적에 다다를 수 있었다.[7]

이와 같은 사회에서는 개인에 대한 인식이 표면적으로 드러나기가 어렵다. 개인의 욕망을 억누르고 집단적인 가치와 이념에 부응하도록 요구받는 사회에서 개인의 존재와 가치는 매몰되지 않을 수 없었다. 오히려 중국 사회에서 개인은 "자기 억제를, 일정 정도의 구속을 기꺼이 받아들임으로써 결과적으로는 그 구속을 초월하고 자기와 타인들 사이의 차별을 극복해 도덕적·정신적 공동체에 자발적으로 참여"[8]했다고 말할 수 있다. 이처럼 주자학적 세계관이 장악하고 있는 세계에서는 개인에 대한 인식이 전면적으로 드러나기가 어려웠다.

그런데 16세기를 전후하여 개인에 대한 인식의 변화가 나타나기 시

7 이혜경은 중국 사회 내에서 개인의 존재를 이렇게 규정한다. "孝悌라는 가정 내의 덕에서 출발하여 '천하를 태평하게 함(平天下)'에 이르는 유가의 修身, 평천하의 구조는 萬物一體 세계관을 전제로 한다. 내 마음이 만물과 동일한 본질이기 때문에 천하를 사랑하는 일이 자발적으로 이루어진다는 이론이 성립된다. 세계는 '나' 밖에 있는 대상이 아니라 나의 본질 자체이기 때문에 아무런 대가를 바라지 않고도 세계를 사랑하는 일이 가능하다. […] 유가가 그리는 사회 질서에 순응하는 것은 자연적 성질의 당연한 발로라고 주장된다. 그 질서에 참가하지 않는 것은 단순히 사회적 혹은 정치적 비판의 대상이 되는 것이 아니라 인간의 본질을 잃는 존재라고 존재론적 차원에서 부정된다."(이혜경, 『천하관과 근대화론: 양계초를 중심으로』, 문학과지성사, 2002, 20-21쪽)

8 윌리엄 시어도어 드 배리, 앞의 책, 67쪽.

작한다. 그 변화의 이면에는 앞에서 언급한 바 있는 상공업과 도시의 발달, 화폐경제의 보급 같은 물질적 토대의 변화가 자리를 잡고 있었다. 역사학계에서는 이런 사회·경제적인 변화를 이른바 '자본주의의 맹아'로 부른다. 이런 사회·경제적인 변화는 당시 사회 구조를 지탱하고 있던 사농공상(士農工商)을 기본으로 하는 신분 제도를 위협했던 것으로 보인다. 예를 들어 과거에는 엄격하게 구별되던 신사층(紳士層)과 상인 간의 구별이 모호해지기 시작했다. 막대한 부를 축적한 상인층은 문인을 후원하고 문인 문화를 모방했으며, 부유한 경제적 조건을 바탕으로 관료층으로 진입하는 사례도 점차 늘어났다.

한편 신사층은 경제적인 여건의 차이에 따라 분화되어 평민과의 구별이 모호한 경우도 많았다. 지식인 계층의 전반적인 증가로 과거 시험에서 경쟁이 더욱 치열해져 신사층에서 평민이나 상인이 되는 경우도 비일비재했다. 사회·경제적인 토대의 변화로 야기된 신분제의 와해를 비롯한 여러 현상들은 그 사회를 살아가는 사람들의 인식과 관념에도 커다란 변화를 가져왔던 것으로 보인다.[9] 특히 이 과정에서 문인 계층은 자신의 정체성에 상당한 위기의식을 느끼게 되는데, 티모시 브룩(Timothy Brook)은 "정덕(正德, 1506-1521) 연간으로부터 신분의 도덕적 구분이 경제적 구분으로 대체"[10]되었다고 지적한다. 그는 심지어 가족 윤리와 같은 인륜 질서

9 Timothy Brook의 *The Confusions of Pleasure: Commerce and Culture in Ming China*(L.A.: University of California Press, 1998)는 명대 상공업의 발달과 그것이 사회 전반에 걸쳐 야기했던 다양한 인식의 변화를 다루고 있는 탁월한 저서라고 할 수 있다.(티모시 브룩 지음, 이정·강인황 옮김, 『쾌락의 혼돈』, 이산, 2005)

10 티모시 브룩, 위의 책, 199쪽. 미조구치 유조 또한 정덕 연간을 중국 봉건시대를 구분하는 전환기로 파악하는데, 송 이후의 중국 사회를 봉건 시대라고 했을 때 이 시기를 전후하여 전기와 후기로 명확하게 구분된다는 것이 그의 관점이다.(미조구치 유조, 앞의 책, 52쪽 참고)

조차 혼란스러울 만큼 당시 사회에서 예법은 경제적인 욕망의 추구 앞에서 그 의미를 상실해 갔다고 말한다.[11] 이와 같은 변화가 중국 사회 구조 전체의 완전한 붕괴로 이어진 것은 아니었다. 그러나 적어도 당시 사회를 살아가는 사람들의 가치관이나 인식에, 그리고 특히 개인에 대한 인식에 커다란 변화를 가져온 것은 분명해 보인다.

이 시기에 출현한 양명학은 혼란스러운 당시 사회와 개인에 대한 인식의 변화를 잘 보여 주는 사상 체계라고 할 수 있다. 왕양명의 주장이 당시 강남 지역의 문인들에게 전반적으로 영향을 끼치기 시작한 것은 대략 정덕 연간인 1510년 전후였던 것으로 추정된다.[12] 양명학은 이후 더 큰 호응을 얻어 융경(隆慶, 1567-1572) 이후로는 과거 시험 답안지에서도 주자의 주석을 비판하고 양명학적 견해를 인용하여 자신의 논거를 펴는 상황에까지 이르게 되었다.[13]

왕양명(王陽明, 1472-1528)의 학설이 주희(朱熹, 1130-1200)의 주장과 본질적으로 큰 차이가 있는 것은 아니었다. 그러나 왕양명의 주장은 명

11 티모시 브룩, 위의 책, 197-204쪽 참고.

12 顧炎武(1613-1704)는 이와 관련하여 『日知錄·舉業』에서 이렇게 기록하고 있다. "정덕(1506-1521) 말에 이단의 학설이 일어나서 후생들을 꾀어 그 학문을 따르게 하고 先儒를 비방하게 하고 주자의 傳注를 부정케 하는데, 아마도 젊은 이들뿐만이 아니다. 이로 인해 학자들이 어리둥절하여 따를 바를 알지 못하니, 옛 학설을 따르고자 하면 혹시나 새 학설을 위주로 할까 걱정하고, 새 학설을 따르자니 또 차마 주자의 전주를 버리지 못한다."(백광준, 「변화의 시대, 변화의 글쓰기 – 明代 隆慶, 萬曆 年間의 八股文」, 『중국문학』 제45집, 2005, 38쪽에서 재인용)

13 "가정 연간에 양명의 저서가 세간에 성행했지만 선비들의 팔고문은 아직 程朱를 고수했고 감히 선학으로 성학을 찬탈하려 하지도 않았다. 興化, 華亭 두 집정이 양명학을 떠받들자, 융경 무진년(1568)에 『논어』 程義가 처음으로 문호를 열었고, 그 이후 폐해는 그치지를 않았다. 과거 시험의 글은 대부분 양명학파 문인의 말을 표절하고 정주를 비판하였다."(顧炎武, 『日知錄·舉業』)(백광준, 앞의 논문, 38-39쪽에서 재인용)

왕조의 체제 유학으로 배타적 권위를 누리던 주자학에 대한 도전과 반발로 인식되었다. 주자학과 비교해 볼 때 양명학에서는 엄격한 집단적 구속과 통제에서 벗어나 자율성을 갖춘 존재로서의 개인이 중시되고 있다는 점에서 인식의 변화를 발견할 수 있다. 필자는 여기에서 두 가지 논점을 중심으로 주자학과 양명학에서 발견되는 개인에 대한 인식의 차이를 지적하고자 한다.

먼저 주자학은 '성즉리설(性卽理說)'을, 양명학은 '심즉리설(心卽理說)'을 주장한다. 애초에 주자학은 맹자의 성선설을 기초로 하여 인륜의 기초를 심성의 고유한 도덕성에 두어 '외(外)'의 기초로서의 '내(內)'를 중시했다. 그러나 예학(禮學)으로의 발달과 더불어 점차 주자학의 '성즉리설'에서 '성(性)'과 '이(理)'는 현저하게 형식화되는 경향을 보인다. 그리고 형식화된 '성'과 '이'는 유교의 전통적 덕목과 결합하여 현실을 지도하는 규범으로 자리를 잡았다.[14] 이와 같은 상황에서 결국 개인은 집단에서 규정한 기준과 규범에 따라 행동하는 수동적인 객체로 전락하였다.

양명학은 수동적이고 강제적인 대상으로 전락한 객체를 능동적인 도덕 실천의 주체로 회복시켜 주자학의 폐단을 바로잡으려는 사유와 인식을 반영하고 있다. 양명학의 '심즉리설'은 '심'에 내재하는 '양지(良知)'의 가능성을 중시했다. '양지'는 '심'에 내재하고 있는 일종의 도덕적 충동, 선한 의지라고 할 수 있다. 왕양명에 따르면 천리는 외부에서 찾을 것이 아니라 개인의 마음속에 내재하고 있는데, 그 통일체가 앞서 말한 '양지'이다. 개인은 내재적인 '양지'를 따르기만 하면 모든 말과 행동이 천리와 일치하게 된다. 왕양명은 이처럼 도덕률을 개인의 내재적 도덕 의식과 융합시키려고 시도하였다.[15]

14 이범학, 「송대 주자학의 성립과 발전」, 『강좌중국사』 III, 지식산업사, 1989, 231-232쪽.

15 양국영 지음, 김형찬 외 옮김, 『陽明學』, 예문서원, 1994, 28-29쪽 참고.

이를 통해서 우리는 주자학과 양명학에서 나타나는 개인에 대한 인식의 차이를 발견할 수 있다. 우선 주자학에서는 도덕적 기준인 천리가 절대적인 기준으로 제시되는 반면, 양명학에서 도덕적 기준은 개인에 따라 상대적인 성격을 띨 수밖에 없다. 또한 주자학적 세계관에서 개인은 외부적으로 선포된 도덕률을 실천하는 수동적인 존재였다면, 양명학적 세계관에서는 개인의 자발적인 실천을 중시하였다. 이런 측면에서 볼 때 양명학적 세계관에서는 개인의 상대적인 차이를 인정하고, 개인을 자율적인 도덕 실천의 주체로서 이해하고 있음을 알 수 있다.

다음으로 사회 구조적 측면에서 볼 때 주자학은 사농공상의 차별화된 계급을 합리화했다. 주자학에서는 먼저 사(士) 계층을 각성시킨 후에 그들이 나머지 삼민(三民)을 교화시켜야 한다고 생각하였다. 주자학에서 중시하는 '독서궁리(讀書窮理)', '거경궁리(居敬窮理)' 등의 개념을 통해 볼 때, 이 담론은 본질적으로 학문을 통해 천리를 깨달을 수 있는 능력을 가지고 있는 지식인 계층을 대상으로 한다는 사실을 발견하게 된다. 주자학에서는 사만을 주체적이고 자율적인 각성과 도덕적 실천의 주체로 파악하고, 나머지 삼민은 수동적인 교화의 대상으로 간주하고 있는 것이다.

반면에 왕양명은 '사민평등론(四民平等論)'을 주장했다. 양명학에서는 '사민' 전체를 동일하게 도덕 실천의 대상이 아닌 자발적인 실천 주체로 파악했다. 때문에 양명학자들의 담론은 사 계층에 국한된 것이 아니었다. 이와 관련하여 미조구치 유조(溝口雄三)는 양명학의 보급이 종래에 사상적 주체로 간주되지 못했던 계층까지 광범위하게 유교 사상에 참여하는 확산 과정이자, 기존 유가적 가치관을 내면화하는 과정이었다고 말한다.[16] 이를 통해 볼 때 양명학적 세계관은 사에서부터 일반 백성 전체까

16 미조구치 유조 외 지음, 동국대동양사연구실 옮김, 『중국의 예치 시스템』, 청계, 2001, 206쪽.

지를 모두 자율적이고 자발적인 도덕 실천의 주체로 간주하는 당시 사회의 인식을 반영하고 있다.

양명학에서는 또한 개인의 욕망과 이익을 긍정하였다. 양명학자들은 사회의 질서와 조화를 훼손하지 않는 범위 안에서 개인의 이익과 욕망을 추구하는 것을 인정하였다.[17] 이 시기에 이르러 개인의 사(私)는 공(公)과 완전히 대립되는 것으로 인식되지 않게 된 것이다. 미조구치 유조는 중국 역사상 처음으로 개인의 욕망과 이익 추구가 긍정적인 의미로 해석된 획기적인 전환기였다고 할 정도로 이 시기의 변화를 높이 평가한다.[18]

양명학자들의 담론에 표명된 이와 같은 인식의 변화는 당시 사회 전반에 걸쳐 퍼져 있던 개인에 대한 인식의 변화를 어느 정도 반영한 결과로 볼 수 있다. 이 시기 개인이 전 시기에 비해 얼마만큼 다르게 인식되고 있었는가 하는 것은 시어도어 드 배리가 이지(李贄, 1527-1602)를 두고 한 논평을 통해서 분명하게 드러난다.

> 양명좌파로 분류되는 태주학파의 인물들 가운데 가장 격렬한 인습타파주의자이며 개인주의자이고 자유론자였던 이지는 개인이 기성의 인습과 권위로부터 자유로워야 한다는 것을 매우 노골적이고 솔직하게 주

17 중국 학자들은 William Theodore de Bary의 지적대로 해방사관의 영향으로 李贄 등 泰州學派의 주장에서 발견되는 天人, 天理와 人欲 사이의 대립적인 성격을 지나치게 강조하는 경향이 있다. 하지만 일본이나 구미의 일부 학자들은 이 시기 양명학자들의 담론은 전체적으로 인욕과 私를 理 속에 포용하는 방향으로 진행되었다는 주장을 한다. 다시 말해 천리, 즉 봉건 질서 속에 개인의 私와 情, 欲을 흡수하여 재조정하는 과정이었다고 보는 것이다. 이지를 비롯한 태주학파를 어떻게 바라볼 것인가에 관한 다양한 논자들의 입장은 이토 타가유키(伊東貴之)의 「중국 근세사상사에서의 동일성과 차별성-주체 자유 욕망과 그 통제」(위의 책, 206-207쪽)를 참고하기 바란다.

18 위의 책, 34쪽.

장했다. […] 개인들 각자의 마음에는 스스로의 힘으로 도를 발견할 수 있는 자율성을 갖추고 있다는 신념은 물론 자존감, 자애, 심지어 사욕의 추구도 윤리의 기반이 된다는 생각(이는 王艮의 주장이기도 하다), 그리고 인류를 구제하기 위해 도의 발양에 기꺼이 몸 바치는 도덕적 영웅에 대한 열렬한 숭배 등이 그것이다.[19]

전반적으로 말하자면 주자학에 비해 양명학적 세계관이 자리를 잡고 있는 시대에는 개인을 장악하고 통제하던 집단의 구속력이 약간 느슨해져 있음을 발견할 수 있다. 주자학과 비교해 볼 때 양명학적 담론에서는 개인의 자발성과 주체성을 더 많이 강조하고 있으며, 개인의 상대적인 차이를 상당 부분 인정하고 있다. 또한 양명학자들은 사회의 질서와 조화를 깨뜨리지 않는 범위 내에서 개인의 이익과 욕망 추구를 긍정적으로 받아들였다. 이를 통해 볼 때 16세기 전후의 중국 사회는 집단 내 개인을 어떤 존재로 규정하고 바라볼 것인가 하는 개인에 대한 인식에 있어서 하나의 전환기였다고 할 수 있다.

2. 글쓰기 담론에서의 자아 표현과 개성에 대한 중시

사상적인 영역에서 양명학에서 발견되는 것과 유사한 개인에 대한 인식의 변화는 당시 글쓰기에 대한 담론을 통해서도 찾아볼 수 있다. 필자는 이 절에서 당시 새롭게 제기된 몇 가지 글쓰기 담론을 살펴보고자 하는데, 그 가운데서 먼저 주목하고자 하는 것은 '성령설(性靈說)'[20]이다. 중국

19 윌리엄 시어도어 드 배리, 앞의 책, 150-151쪽.

20 필자는 여기에서 公安派, 竟陵派에서부터 袁枚에 이르는 이들을 포괄하여 '性

문인을 대변하는 문학 양식은 시라고 할 수 있다. 성령설은 바로 시의 본질을 어떻게 볼 것인가와 관련된 논의로, 당시 문인들의 변화된 인식을 잘 보여 주고 있다. 필자는 공안파(公安派)와 경릉파(竟陵派)를 거쳐 18세기 원매(袁枚, 1716-1797)에 이르기까지 하나의 지속적인 흐름으로 자리잡고 있던 성령설이 당시 시단의 변화를 이해하는 데 중요한 부분임을 감안하여 별도로 구분하여 다루고자 한다. 그리고 비슷한 시기에 나왔던 이지(李贄)의 '동심설(童心說)', 서위(徐渭)의 '본색론(本色論)', 탕현조(湯顯祖)의 '지정론(至情論)', 풍몽룡(馮夢龍)의 '정교론(情敎論)' 등 희곡이나 소설과 관련된 글쓰기 담론을 한데 묶어 거기에서 발견되는 개인에 대한 인식의 변화를 고찰하고자 한다.

1) 성령시파에서 발견되는 개인의식

사상적인 영역에서 왕양명의 논리가 주희의 주장에 대한 반발에서 성숙한 것이었다면, 글쓰기의 영역에서 성령시파는 복고주의(復古主義)를 제기했던 칠자파(七子派)에 대한 비판에서 나온 것이었다. 따라서 성령파를 정확히 이해하기 위해서는 칠자파와의 대비가 필요하다. 필자는 여기에서 보수와 진보의 관점에서 이해될 수 있는 이들의 상이한 글쓰기 담론을 통해 개인에 대한 인식이 어떻게 변화되고 있는지를 살펴보고자 한다.

명대 중·후기의 중국 시단은 거칠게 전후칠자파에서 공안파·경릉파로 이행되는 과정으로 파악할 수 있다. 이몽양(李夢陽, 1472-1530),[21]

靈派' 혹은 '性靈詩派'라고 불렀다.

21 『明史·李夢陽傳』에는 그에 대해 이렇게 기록하고 있다. "李夢陽의 재주와 사상은 걸출하고 뛰어났으며 복고를 사명으로 생각했다. 弘治 年間에 재상이었던 李東陽이 문단의 주도권을 장악하니 세상 사람들이 모두 그를 받들었다. 그렇지만 李夢陽만은 홀로 그 쇠약한 문풍을 비판하고 문장은 반드시 秦漢의 문장

하경명(何景明, 1483-1521)을 중심으로 한 전칠자(前七子)[22]는 홍치(弘治, 1488-1505) 연간에 진사에 급제한 문인들로 홍치, 정덕(正德, 1506-1521) 연간에 주로 활동하였다. 왕세정(王世貞, 1526-1590)과 이반룡(李攀龍, 1514-1570)을 중심으로 하는 후칠자(後七子)[23]는 대부분 가정(嘉靖, 1522-1566) 시기의 진사 출신으로 가정 후기부터 융경(隆慶, 1567-1572) 시기에 활동하였다. 그러니까 전후칠자가 문단에서 영향력을 발휘하던 시기는 대체로 15세기 말부터 16세기 중·후반이라고 볼 수 있다. 이들은 출신 지역은 달랐지만 대개 진사에 급제한 고위 관료 출신으로 수도인 북경을 중심으로 활동하였다.[24] 전후칠자는 피상적이고 현실도피적이며 형식적인 화려함을 추구하던 명대 전기의 대각체(臺閣體)에 반대하며, 시문에 있어서 복고주의를 주장하였다. 그들이 내건 슬로건은 "문장은 반드시 진한대의 문장을 본받아야 하고, 시는 반드시 성당을 본받아야 한다(文必秦漢, 詩必盛唐)."라는 것이었다. 그들은 글 속에 반드시 성인의 도를 담아야 한다고 주장했는데, 그것은 글쓰기의 사적인 성격보다 공적인 기능을 강조한 것으로 해석할 수 있다.

이어야 하고 시는 반드시 盛唐의 시여야 하니 이것이 아니면 말하지 않겠다고 주장했다.(夢陽才思雄鷙, 卓然以復古自命. 弘治時, 宰相李東陽主文柄, 天下翕然宗之, 夢陽獨譏其萎弱, 倡言文必秦漢, 詩必盛唐, 非是者弗道.)"(許嘉璐 主編, 『明史』, 漢語大詞典出版社, 2004, 5850쪽)

22 이 밖에 王九思(1468-1551), 王廷相(1474-1544), 康海(1475-1540), 邊貢(1476-1532), 徐禎卿(1479-1511)이 전칠자에 포함된다.

23 이 밖에 謝榛(1495-1575), 徐中行(?-1578), 宗臣(1525-1560), 梁有譽(1521-1556), 吳國倫(1524-1593) 등이 후칠자에 포함된다. 謝榛을 제외하고는 모두 嘉靖(1522-1566) 시기의 진사 출신이며 徐中行, 宗臣, 梁有譽, 吳國倫은 모두 가정29년(1550) 진사 동년배들이다.

24 이들은 서신으로 서로 의견을 교환하기도 하고, 특히 후칠자의 경우는 詩社를 결성하여 서로 간의 유대감을 강화하고 문단에서의 영향력을 넓혀 갔다.

칠자파가 시문에서의 복고주의를 강조했지만, 전반적으로 그들의 주장은 문론보다는 시론에 치중되어 있었다. 그들은 송시(宋詩)를 비판하며 엄우(嚴羽)가 그의 시론에서 추존했던 성당시(盛唐詩)를 모델로 삼아 형식적 기교, 격조와 풍격을 모방할 것을 주장하였다. 중국 지식인들이 언제나 요순(堯舜) 시대를 되돌아가야 할 가장 이상적인 시대로 설정했던 것처럼, 이들의 시선도 '과거〔古〕'에 맞추어져 있었다. 명대의 문인들은 전 시기 문인들의 높은 예술적 성취에 대한 해럴드 블룸(Harold Bloom)의 유명한 말처럼 "영향의 불안(the anxiety of influence)"을 느끼고 있었는지 모른다.[25] 그들은 시대를 거듭해 '현재'에 가까워질수록 문학이 속화되고 퇴화된다고 생각하였다. 그래서 그들은 이전 시기 작품의 성취를 모방함으로써 현재의 빈곤을 극복하려고 했다. 그렇게 볼 때 칠자파가 오랜 시적 경험을 통해 축적된 보편적이고 절대적인 미학 기준을 설정하는 것은 어쩌면 당연한 것인지 모른다. 결국 이들에게 고인(古人)의 작품은 추구하고 본받아야 할 획일적인 기준으로 간주되었던 것이다. 그들의 관점에서 개인 작품의 우열은 당연히 그러한 미학적 기준에 부합하느냐에 따라 결정된다. 칠자파의 시론은 전반적으로 '같음'을 추구하려는 경향이 강한 반면에 개성이나 '다름'은 훨씬 덜 중시되고 있다고 볼 수 있다.

16세기 말에 이르러 전후칠자의 권위와 영향력은 상당히 미약해지

25 미국의 문학비평가 Harold Bloom은 *The Anxiety of Influence: A Theory of Poetry*(New York: Oxford Univ. Press, 1973)에서 작가가 선배, 스승에 대한 영향의 불안에서 벗어나 자기 존재를 확인하려는 마음에는 Sigmund Freud가 말한 부친살해의 심리가 깔려 있다고 언급하였다. Martin W. Huang은 그의 논문 "Dehistoricization and Intertextualization: The Anxiety of Precedents in the Traditional Chinese Novel"(*CLEAR*, 12, 1990)에서 Harold Bloom이 썼던 용어를 사용하여 중국 소설의 탈역사화 과정과 상호텍스트성에 대해 논의하고 있다. 이 논문은 홍주연에 의해 「탈역사화와 상호텍스트화: 중국 전통 소설 발전에서의 '선례의 불안'」이라는 제목으로 번역되어 『중국소설연구회보』(제52호, 2002)에 실려 있다.(자세한 내용은 25쪽, 특히 각주 13 참조)

는 것으로 보이는데, 그것은 후술하게 될 칠자파에 대한 공안파의 비판을 통해서도 확인된다. 또한 이 시기에는 다양한 주장과 기준에 따른 선집들이 출현하는데,[26] 그러한 선집은 전후칠자의 문학론에 입각한 것이 아니었다. 다양한 문학 유파와 주장들이 범람했던 대략 16세기 말부터 18세기에 이르는 시기를 다원화의 시대, 비평의 시대라고 불러도 좋을 것이다. 이 시기는 "어떤 비평가가 비평을 위한 이론적 기초를 세우기만 하면 그 즉시 다른 비평가의 교정을 받아야만 하는"[27] 시기로, 획일적인 절대 기준 대신에 다양한 기준과 가치가 공존하던 시대였다.

이처럼 독특한 안목과 다양성이 중시되어 가는 사회에서 공안파는 중요한 전환점에 위치하고 있다고 말할 수 있다. 잘 알려져 있다시피 공안파란 호북성 공안(公安) 출신의 원종도(袁宗道, 1560-1600), 원굉도(袁宏道, 1568-1610), 원중도(袁中道, 1570-1623) 삼형제를 일컫는 말이다.[28] 필자가 공

26 袁宏道를 중심으로 하는 公安派, 鍾惺(1574-1624)과 譚元春(1586-1637)을 중심으로 하는 竟陵派, 陳子龍을 중심으로 하는 雲間派, 錢謙益을 중심으로 하는 虞山派 등의 출현은 17세기 시단에 다양성을 불어넣었다. 18세기에 이르러서는 다시 王士禎의 神韻說, 沈德潛의 格調說, 翁方綱의 肌理說, 袁枚의 性靈說 등 시를 둘러싼 다양한 관점이 제시되지만 어떤 주장도 절대적인 가치 기준으로 자리잡지는 못했다. 이와 같은 문학 파벌주의는 詩壇에서뿐만 아니라 詞와 戲曲 등 다양한 장르에서도 동일하게 발견되는 현상으로, 17세기 후반 詞壇은 陳維崧(1625-1682)을 중심으로 하는 陽羨派와 朱彝尊(1629-1709)을 중심으로 하는 浙派가 대립하게 된다. 양선파가 호방한 蘇軾과 辛棄疾의 사를 모방해야 할 최고의 작품으로 추존했다면, 浙派는 字句를 다듬고 溫厚하고 典雅한 풍격을 추구한 남송 姜夔와 張炎의 사를 추존했다. 그리고 뒤이은 18세기 후반에는 張惠言(1761-1802)을 중심으로 하는 常州詞派가 출현하여 절파를 비판했다. 희곡계의 상황도 마찬가지여서 湯顯祖(1550-1617)를 중심으로 하는 臨川派가 文辭를 중시했다면, 沈璟(1533-1610)을 중심으로 하는 吳江派는 文辭보다 音律을 더욱 중시하여 서로 대립하게 된다.

27 마틴 황 지음, 이성현 옮김, 「전통시기 중국소설 평점에서의 작가(권위)와 독자(1)」, 『중국소설연구회보』 제51호, 2002, 84쪽.

28 公安이나 이후에 언급할 竟陵은 모두 湖北省에 속하는 지명으로, 학설 제창자

안파의 출현을 중요하게 생각하는 이유는 그들이 제기한 성령설이 이전의 칠자파에서 볼 수 없었던 개인에 대한 새로운 인식의 변화를 드러내고 있기 때문이다.

공안파의 시론은 비슷한 시기를 살았던 서위(徐渭, 1521-1593), 이지(李贄, 1527-1602), 탕현조(湯顯祖, 1550-1616) 등과의 상호 교류 속에서 싹트고 성숙한 것으로 보인다. 공안파는 16세기 말부터 영향력을 행사하고 있었지만 그들의 주장이 성숙되고 진정한 영향력을 발휘한 시기는 17세기에 들어와서였을 것으로 추정된다.[29] 그러니까 공안파와 뒤이어 나온 경릉파는 16세기 서위, 이지 등과 18세기 원매(袁枚)를 이어주는 중간 지점에 위치하고 있는 셈이다.

공안파의 주장은 "오직 진실한 성정을 표현하고 정해진 격식에 구속되어서는 안 된다."[30]라는 원굉도의 말에 집약되어 있다. 공안파는 칠자파의 복고주의에 반대하며 칠자파가 "표절을 복고라 하고 자구를 모방함에 억지로 끌어다 합치는 데 힘썼다. 눈앞의 경치는 버려두고 진부하고 쓸

의 출신 지역을 근거로 하여 공안파니 경릉파니 하는 명칭을 붙인 것이다. 따라서 그 명칭 때문에 지역적인 편협성을 떠올릴 수도 있다. 하지만 공안파나 경릉파가 반드시 그 지역 내에서 형성되고 그 지역 안에서만 영향력을 행사했다고 보아서는 안 될 것이다. 일례로 袁宏道만 하더라도 그의 사상은 李贄 등과의 교류 속에서 형성된 것으로 보이며, 또한 그는 장기간 北京이나 江蘇省 지역에서 관직 생활을 한 적이 있기 때문이다. 또한 그 시기에 강소성과 호북성 사이의 교류도 활발했던 것으로 보인다.(李忠明, 『17世紀中國通俗小說編年史』, 安徽大學出版社, 2003, 14쪽 참조)

29 李忠明은 袁宏道의 「敍小修詩」와 「與馮琢庵師」가 각각 萬曆 24년(1596)과 萬曆 27년(1599)에 쓰였다는 점과 袁宏道와 袁中道 등이 만년에 자신의 이론에 커다란 수정을 했다는 점 등을 고려하여, 17세기에 들어와서야 그들의 이론과 창작이 성숙되었고 영향력을 발휘했다고 보고 있다.(위의 책, 13-14쪽)

30 獨抒性靈, 不拘格套.(「敍小修詩」)(袁宏道, 『袁中郎全集』, 臺北: 偉文圖書出版有限公司, 1976, 177쪽)

데없는 언사만을 즐겨 사용하였다."[31]라고 비판하였다. 그들이 말하는 오직 진실한 성정을 표현한다는 것은 단순히 시가 표현할 내용만을 언급하는 것이라기보다는 시의 본질에 대한 언급으로 볼 수 있다. 여기에서 말하는 '성령'이란 '성정', '정감', '영감', '상상력' 등 다양한 의미로 해석될 수 있는데, 성령설의 핵심적인 내용은 작자의 '진실한 감정'과 '자아의 개성'을 표현하는 것이 시의 가장 중요한 본질이라는 것이다. 그것은 원굉도의 다음과 같은 말을 통해서도 잘 드러난다. "문장의 참신함에는 정해진 규칙이 없다. 단지 다른 사람이 표현해 내지 못한 것을 표현할 수 있으면 구법, 자법, 조법이 일일이 자기 가슴속에서 흘러나오니 이것이 진정한 참신함이다."[32]

공안파의 주장은 당시 시단에 큰 반향을 불러일으켰지만, 막상 작품을 창작한다고 했을 때 따를 만한 학습 방법을 제시하지 못하고 있었다. 이런 상황에서 경릉파가 등장하여 성령설을 계승하면서 그들의 주장에 부합하는 고인의 작품을 선집한 시집을 출판함으로써 새롭게 주목받았다.

공안파와 마찬가지로 호북성 경릉 출신인 종성(鍾惺, 1574-1624)[33]과 담원춘(譚元春, 1586-1637)이 『시귀(詩歸)』 계열, 즉 『고시귀(古詩歸)』 15권과 『당시귀(唐詩歸)』 36권의 주요 부분을 완성한 것은 만력 42-43년(1614-1615) 사이였다.[34] 그러니까 경릉파가 영향력을 행사하기 시작한 시

31 以剿襲爲復古, 句比字擬, 務爲牽合. 棄目前之景, 摭浮濫之辭.(「雪濤閣集序」)(위의 책, 183쪽)

32 文章新奇無定格式, 只要發人所不能發, 句法字法調法, 一一從自己胸中流出, 此眞新奇也.(「答李元善」)(위의 책, 1148쪽)

33 鍾惺은 萬曆 38년(1610) 진사이다. 경릉파는 공안파와 깊은 관련이 있었는데, 鍾惺이 진사가 되던 해에 袁宏道는 사망했지만, 鍾惺은 이후 袁中道와 친분 관계를 유지하고 있었다.

34 袁震宇·劉明今, 『明代文學批評史』, 上海古籍出版社, 1991, 529쪽.

기는 대략 1610년대로 볼 수 있다.[35] 경릉파는 공안파의 성령설을 계승하면서 그들의 주장에 부합하는 고인의 시 작품을 선별하여 하나의 학습 대상을 제공했다는 점에서 공안파와 구별된다. 다시 말하면 경릉파는 막연하게 제시된 공안파의 '사심(師心)'에 대한 지나친 강조를 인식하고, '학고(學古)'를 적절히 결합함으로써 공안파의 부족한 부분을 보완하고자 했던 것이다.

종성은 「시귀서(詩歸序)」에서 "내가 선집한 책을 보기 바라는 자는 고인을 귀착점으로 생각해야 한다. 고인의 정신을 이끌어내어 후인의 이목(耳目)에 덧붙인 것이다."[36]라고 말하고 있다. 칠자파가 주장하는 '복고'에서 모방의 대상인 '고'의 내용은 구체적으로 형식이나 격조에 치중되어 있었다. 반면에 경릉파는 시 작품 속에서 발견되는 '고인의 정신'을 모방의 대상으로 삼아야 한다고 주장하여 보다 포괄적이고 추상적인 측면을 강조하고 있다. 복고파가 설정한 이상적인 시가 보편적인 미학적 특성을 띠고 있다면, 경릉파에서 설정한 모델은 훨씬 개성적이고 독특한 미학적 특성을 지니고 있는 작품이었다. 그것은 종성의 「시귀서」에도 잘 나타나 있다. "진실한 시는 정신을 통해 지어지는 것이다. 고인의 그윽하고 쓸쓸한 정서를 살피고 고고한 행동을 시끌벅적함 속에 고요히 기탁하며 마음

35 袁震宇·劉明今의 『明代文學批評史』에서는 萬曆 38년(1610)부터 萬曆 48년(1620) 사이에 경릉파가 흥기했다고 설명하고 있고, 李忠明은 鍾惺과 譚元春이 『詩歸』를 선집한 萬曆 42년(1614) 전후부터 경릉파가 영향력을 행사하기 시작했다고 말한다.(李忠明, 앞의 책, 14쪽) 명청 교체기인 17세기 문단의 영수였던 錢謙益(1582-1664)은 『詩歸』의 영향력에 대해 이렇게 진술했다. "『시귀』가 세상에 성행하게 되면서 학문을 계승한 선비들은 집에 한 부씩 두고 공자가 『시경』을 편찬한 것처럼 받들었다.(詩歸盛行於世, 承學之士, 家置一編, 奉之如仲尼之刪定.)"(『列朝詩集小傳』)(차상원, 『중국고전문학비평사』, 범학도서, 1975, 448쪽에서 재인용)

36 庶幾見吾所選者, 以古人爲歸也. 引古人之精神, 以接後人之心目.(鍾惺·譚元春, 『唐詩歸』, '續修四庫全書·集部·總集類', 521쪽)

을 비우고 기운을 가라앉혀 홀로 하늘 밖으로 가서 고요히 떠돈다."[37]

종성과 담원춘이 선집한 시는 지금까지 비평가와 선시가(選詩家)가 주목하지 않았던 전혀 새로운 "심원하고 괴팍한(深幽孤峭)" 풍격(風格)의 시들이었다. 종성은 "이 책은 비록 고인의 시를 선집한 것이지만 사실은 스스로 책 한 권을 저술한 것이다."[38]라고 말하며, 자신의 독창적인 선시 기준에 대한 자부심을 드러낸다. 담원춘 역시 "우리는 다른 사람이 취한 것은 빼버리고 다른 사람들이 제외한 것을 선택했다."[39]라면서 자신이 독창적인 안목을 지니고 있는 사람임을 강조한다. 이들은 괴자(怪字)를 사용하거나 험운(險韻)으로 압운하고 있는 특이하게 표현된 구절을 중시하는 독특한 풍격의 시를 좋아하였다. 경릉파는『시귀』에 수록된 특이한 풍격의 시들이 시인의 성령을 표현하고 있는 작품이라고 생각하였다. 독창적이고 개성적인 색채가 가득하여 심지어 괴기하다고 할 정도의 독특한 시 선집이라는 점에서 '고시로의 회귀(古詩歸)', '당시로의 회귀(唐詩歸)'는 칠자파의 보편적인 미학관과는 상당한 차이점을 드러내고 있다.

지금까지의 논의를 통해 볼 때 16-17세기 칠자파에서 공안파, 경릉파로 넘어오는 과정에서 그들의 주장과 미학관 이면에는 당시의 변화하고 있는 개인에 대한 인식이 반영되어 있음을 확인할 수 있었다. 공안파와 경릉파를 거쳐 18세기 원매로 이어지는 이른바 성령시파의 주장을 통해 볼 때, 그들은 우선 글쓰기의 공적인 성격보다는 사적인 성격을 강조하였다. 그들에게 있어서 글쓰기의 목적은 무엇보다도 '나'를 표현하는 데 있었다. 따라서 공안파는 작품의 형식적인 예술적 성취보다도 작자의

37 眞詩者, 精神所爲也. 察其幽情單緒, 孤行靜寄於喧雜之中, 而乃以其虛懷定力, 獨往冥遊於廖廓之外.(위의 책, 522쪽)

38 此雖選古人詩, 實自著一書.(鍾惺,「與蔡敬夫」)(袁震宇·劉明今, 앞의 책, 529쪽에서 재인용)

39 彼取我刪, 彼刪我取.(譚元春,「奏記蔡淸憲公」)(위의 책, 530쪽에서 재인용)

진실한 감정 표현을 더욱 강조하였다. 칠자파가 보편적인 심미적 아름다움을 추구했다면, 성령시파는 작자의 진실한 감정과 개성의 차이를 더 강조한 것이다. 독특한 사고와 표현을 통해 드러나는 개성의 중시는 집단에서 벗어난, 타인과 구별되는 개인의 차이를 긍정하려는 태도에서 비롯된 것으로, 역시 당시 개인의식의 성장을 보여 준다.

2) 동심설 등 몇 가지 주장에 나타난 개인의식

시의 본질을 어떻게 볼 것인가와 관련이 있는 성령설은 구체적인 내용에서는 차이가 있지만, 사실 이지의 '동심설(童心說)'이나 서위의 '본색론(本色論)'과도 일맥상통하는 부분이 있다. 그것은 앞서 언급했던 것처럼 공안파 인식의 상당 부분이 서위, 이지, 탕현조 같은 문인들 간의 상호 교류 속에서 싹트고 성숙한 것이었기 때문이다. 이를 다른 말로 하면 당시 문인들 사이에는 상당히 유사한 인식을 공유하고 있었고, 그것이 개인에 따라 다른 용어와 개념으로 치환되어 표현되었다고 말할 수 있다. 탕현조의 '지정론(至情論)'이나 풍몽룡의 '정교론(情教論)'도 결국 넓은 의미에서는 이 시기 개인에 대한 변화된 인식을 반영하는 담론으로 해석이 가능하다. 필자는 서로 상통되는 부분이 있다고 생각되는 '동심설'과 '본색론'을 하나의 범주로 묶고, '지정론'과 '정교론'을 또 하나의 범주로 묶어 여기에서 발견되는 개인에 대한 인식의 변화를 살펴보고자 한다.

원래 이지의 '동심설'은 그의 사상을 대변하는 주장이기도 하지만 동시에 문학론을 포함하고 있다. 체제 유학이었던 주자학의 위선과 가식에 날카로운 비판을 가했던 그는 "옷 입고 밥 먹는 것"과 같은 자잘한 일상을 소중히 여기고, 인간의 내면에 자리잡고 있는 사적인 욕망을 있는 그대로 인정해야 함을 주장했다. 그에 따르면 "동심은 진심이며" "동심이란 거짓된 것과 단절된 순수한 진심이며 최초의 한 가지 생각에 대한 본심이다."[40] 사실 이지가 말하는 '동심'이 원굉도가 말한 '성령'과 그 성격에서 큰 차이가 있는 것 같지는 않다. 그가 강조하는 것도 글쓰기에서 중요한 것은 가식적인 감정이나 수사적인 표현이 아니라 작자 자신의 진실한 감정이기 때문이다. 그에 따르면 자기 안에서 글로 표현하지 않으면 안 되는 사상과 감정이 충분히 축적된 이후에 진실한 글은 쓰여지게 된다.[41] 그는 "천하의 지극한 문장은 동심에서 나오지 않는 것이 없다."[42]라고 말하며, 인간의 진실한 감정을 반영하고 있는 원(元)의 잡극(雜劇), 『서상기(西廂記)』, 『수호전』 같은 통속 문학을 높이 평가한다.[43] 그의 주장을 통해 볼 때 글쓰기에서 중요한 것은 전통적인 규범과 관습, 미학의 구현이 아니라 가식적이지 않은 순수하고 진실한 작자의 감정 표현이라고 할 수 있다.

서위(徐渭)[44]는 작자의 개성과 예술적 독창성을 강조했던 사람으로, 특히 희곡과 관련하여 '본색론'을 주장했다. 그의 주장은 작품의 통속성과 진실성을 강조하고 있다는 점에서 이지의 '동심설'과 유사한 측면이

40 夫童心者, 眞心也. […] 絶假純眞, 最初一念之本心也.(「童心說」)(張建業·張岱 注, 『李贄全集注·焚書注』, 社會科學文獻出版社, 2010, 276쪽)

41 且夫世之眞能文者, 比其初皆非有意於爲文也. 其胸中有如許無狀可怪之事, 其喉間有如許欲吐而不敢吐之物, 其口頭又時時有許多欲語而莫可所以告語之處, 蓄極積久, 勢不能遏. 一旦見景生情, 觸目興嘆.(「雜說」)(위의 책, 272쪽)

42 天下至文, 未有不出於童心焉者也.(「童心說」)(위의 책, 276쪽)

43 又變而爲傳奇, 變而爲院本, 爲雜劇, 爲西廂曲, 爲水滸傳, 爲今之擧子之業, 皆古今至文.(「童心說」)(위의 책, 277쪽)

44 浙江省 山陰(지금의 紹興) 사람으로 한 살 때 부친, 열세 살 때 모친을 각각 여의고 형수 밑에서 성장했다. 나이 스무 살에 秀才에 합격했으나 그 후 여덟 번에 걸친 향시에서 번번이 낙방했다. 嘉靖 37년(1558) 37세 때 浙閩總督 胡宗憲의 막우가 되었다가 胡宗憲이 閹黨으로 몰려 죽자(1563) 연루될 것을 염려하여 미친 척했다고 전해진다. 여러 차례 자살 기도를 한 적이 있고 후처를 의심하여 살해한 죄목으로 7년 동안 옥살이를 했다. 시문은 물론 그림으로도 유명했다.

있다. 그는 "대체로 곡본은 사람들의 마음을 감동시킬 수 있는 것을 취하고, 노래했을 때 심부름하는 아이, 여자들도 다 알아들을 수 있어야 요체를 얻은 것이다."[45]라고 말했다. 그는 고상하고 수사적인 언어를 쓰는 것에 반대하여 "일상적이고 통속적인 언어"[46]를 중시하였다. 그는 또한 문학 작품에서 기존의 윤리도덕을 형상화하는 것에 반대하며 억압받는 여성의 현실을 고발하고 여성의 재능을 부각시킨다. 수사적인 언어로 가식적인 내용을 쓰기보다 통속적이고 일상적인 언어로 진실한 내용을 써야 한다는 생각은 결국 작자의 진심과 개성을 드러낸 작품을 써야 한다는 것을 의미한다. 그는 문학 작품은 "자신에게서 나와야지 다른 사람에게서 나와서는 안 된다."[47]라며 글쓰기의 개성을 중시한다. 주군(周群)은 "서위의 『사성원(四聲猿)』은 미친 자가 구속 없는 자유를 마음껏 누리는 것으로 그의 경력과 성격의 재현이다."[48]라고 말했다. 부효항(傅曉航)도 "하나의 틀에 얽매이지 않고 작가의 주관적 개성을 발휘하고 예술적 독창성을 강조해야 한다는 것이 서위 본색론의 또 하나의 중요한 내용이다."[49]라고 지적하였다.

자유로운 정신, 남과 다른 개성을 추구하려는 풍조는 이 시기에 '신(新), 기(奇), 광(狂), 벽(癖)'과 같은 단어가 애호되고 중시되었다는 점에서도 찾아볼 수 있다. 기존 질서와 규범을 무시한 거침없는 행동으로 유명한 이지나, 정신질환의 증세에 자해 소동을 벌이며 의처증으로 아내를 살해한 서위는 오히려 당대에 높은 평가를 받으며 추앙되었다. 이들에게 붙

45 夫曲本取於感發人心, 歌之使奴童婦女皆喩, 乃爲得體.(『南詞敍錄』)(傅曉航, 앞의 책, 121쪽에서 재인용)

46 常言俗語.(『南詞敍錄』)(위의 책, 124쪽에서 재인용)

47 由乎己而不由於人.(위의 책, 128쪽에서 재인용)

48 周群, 『儒釋道與晩明文學思潮』, 上海書店出版社, 2000, 104쪽.

49 傅曉航, 앞의 책, 127쪽.

여진 '광사(狂士)'라는 말은 명말에 천재적인 예술적 재능을 가졌지만 세상으로부터 인정받지 못하고 자유로운 정신을 추구하며 살아가는 문인으로 이해되었다. 명말에 어떤 한 분야에 광적으로 집착하고 몰두하는 것은 명사의 필수적인 조건이 되다시피 했다.[50] 백광준은 "벽(癖)을 추구하는 광사(狂士)[51]에 대한 지향은 기존 질서 안에서 안주하며 변화를 거부하는 일반 신사들과의 차별의 정서에서 비롯된 것"으로, "차별을 꾀하고자 했던 고급 문사들이 넓혀진 신사 계층을 넘어서 쉽게 흉내내기 어려운 독특한 취향의 자기 세계를 갖춘 고급의 지향으로서 광사를 발견해 낸 것이라 추측된다."[52]라고 말한다. 뇌라거 거사(磊砢居居士)가 서위와 그의 희곡 작품인 『사성원』을 소개하는 다음과 같은 언급은 그러한 당시 사회의 인식을 잘 드러내고 있다. "서위는 세상에 둘도 없는 기이한 사람이다. 행동도 특이하고 경력도 특이하고 시도 특이하고 산문도 특이하고

50 명말 聞道人이 지은 『癖顚小史』는 산수벽, 도박벽, 결벽증 등 하나의 대상에 매달려 몰두하는 다양한 性癖의 일람표를 묘사하고 있는 이 시기 하나의 사유 경향을 드러내는 독특한 성격의 책이다. 이 책에 평을 달았던 袁宏道는 이렇게 말한다. "일반적으로 사람들이 한 가지에 치우치기 쉬운 경향을 벽이라 하는데 그 현상은 어리석은 것처럼 보이기도 하고 미친 것처럼 보이기도 한다. 顚이란 옛사람들이 말하는 狂에, 癖이란 옛사람들이 말하는 狷에 해당될지도 모른다. 그러나 이러한 사람들 모두는 각자 뜻하는 바가 있어 그리 행동하는 것이다. 다만 그 뜻을 헤아리지 못한 세상 사람들이 그것을 벽이라 부르는 것이다."(오다 스스무 지음, 김은주 옮김, 『동양의 광기를 찾아서』, 르네상스, 2004, 175-176쪽)

51 袁宏道는 「與潘景昇書」에서 "세상사람 중에 단지 독특한 벽을 갖고 평생 고치지 않으면 바로 명사이다.(世人但有殊癖, 終身不易, 便是名士.)"(吳承學·李光摩, 「晩明心態與晩明習氣」, 『晩明文學史思潮硏究』, 湖北敎育出版社, 2002, 352쪽)라고 말하며, 陳平原은 일반 사람과 다른 '벽'을 추구하는 것이 공안파 문인의 일대 바람이었다고 지적한다.(陳平原, 「晩明小品論略」, 『晩明文學思潮硏究』, 湖北敎育出版社, 2002, 307쪽)

52 백광준, 앞의 논문, 43쪽.

그림도 특이하고 글씨도 특이하고 사와 곡은 더욱 특이하다. […] 원컨대 천하의 후세 사람들 가운데 특이함을 좋아하는 문인들은 이 책을 읽고 함께 그 특이함을 감상하기를 바란다."[53] 이를 통해 볼 때 서위가 높이 평가되었던 것은 전통적인 규범과 집단적 획일성에서 벗어난 그의 특이함 때문이었으며, 당시 특이하다는 것은 개성이요, 칭찬을 의미했음을 알 수 있다.

특이함을 선호하는 당시 사람들의 취향은 출판업계에서도 찾아볼 수 있다. 예를 들어 '사대기서(四大奇書)'라든가 『금고기관(今古奇觀)』과 같이 선집본을 출간하면서 '기(奇)' 자를 쓴 것은 당시 독자들의 수요를 자극하려는 하나의 전략이었을 가능성이 크다.

이와 같은 담론을 통해서 공적인 성격에서 벗어나려는 글쓰기 경향을 발견할 수 있다. 지금까지 언급한 몇몇 문인들은 문학이 '성인의 도를 담는 도구'라는 생각에서 벗어나 그 본질이 가식적이지 않은 작자의 진실한 자기 표현에 있음을 주장하려 한다. 때문에 이들은 형식이나 수사와 같은 전통적 규범과 미학을 추구하기보다 통속적인 언어로 있는 그대로의 세상을 그리고 진솔한 자기 감정을 작품에 담으며 글쓰기에서 작자의 개성을 중시한다.

또한 이 시기의 사람들은 지금까지 억압되어 온 인간의 욕망에 대한 해방을 추구하기 시작하였다. 이 시기에 이르러 욕망과 이익을 추구하는 존재로서의 개인이 긍정되기 시작했던 것이다. 인간의 욕망은 매우 다양한 모습으로 나타날 수 있지만, 이 시기의 많은 작가들이 주목한 것은 남녀 간의 사랑에 대한 욕망이었다. 탕현조의 '지정론'이나 풍몽룡의 '정교론'에서 말하는 '정(情)'의 함의는 매우 다양하지만, 역시 남녀 간의 사랑

53 徐山陰, 曠代奇人也. 行奇, 遇奇, 詩奇, 文奇, 畵奇, 書奇, 而詞曲爲尤奇. […] 愿與天下後世好奇之士讀是書而共賞其奇也.(周群, 앞의 책, 100쪽)

의 감정이 중요한 부분을 차지하고 있다. 이들의 담론이 주로 희곡과 소설에 한정된 것이기는 하지만, 그들은 한결같이 글쓰기를 통해 '정'을 드러내야 한다고 주장한다.

탕현조(湯顯祖)[54]가 『모란정환혼기(牡丹亭還魂記)·제사(題詞)』에서 작품의 여주인공 두여랑(杜麗娘)의 유몽매(柳夢梅)에 대한 지극한 사랑을 예찬하고 있는 부분은 약간 극단적이라는 생각마저 들게 한다. "천하의 여자들이 정이 있다지만 두여랑만 한 사람이 있겠는가? […] 정이 어디서 일어나는지 모르지만 한 번 생기면 깊어져 살아 있는 자가 죽을 수도 있고 죽은 자도 살아날 수 있다. 살아 있으면서 죽은 자와 함께할 수 없고 죽어서 다시 소생할 수 없는 것은 모두 정의 지극함이 아니다."[55] 정은 탕현조 문학 사상의 핵심으로, 그가 세상에 남긴 '임천사몽(臨川四夢)'에서 발견되는 일관된 주제이기도 하다. 사실 그가 말하는 정의 함의는 다양하다. 어떤 경우 그가 말하는 정은 작품의 예술적 매력의 원천이며 사람들을 감동시키는 원동력이기도 하다. 그가 말하는 정은 그리움과 즐거움, 노여움과 근심 등 인간이 살아가면서 느끼는 자연스러운 감정 전체를 포함하

54 江西省 臨川 출신으로 사대부 가문에서 태어났다. 隆慶 5년(1571)부터 수차례 北京에 가서 진사에 응시했으나 번번이 낙방했고, 張居正이 죽은 지 2년째 되던 해인 萬曆 11년(1583) 34세라는 늦은 나이에 진사에 합격하여 南京에서 관직 생활을 했다. 강직한 성격으로 張居正의 초대를 거부한 이유로 진사에 불합격했다는 풍문이 있다. 1591년 정치권의 폐단을 지적하는 글을 올린 일로 廣東 지역으로 貶謫되었다. 萬曆 26년(1598) 그의 나이 49세 때 관직을 사임하고 고향에 기거하며 희곡 창작과 연출에 참여하여 희곡계에서 중요한 인물이 되었다. 그의 나이 52세 때에 이부에서는 '경박스럽다'는 이유로 그의 관직을 박탈했다. 羅汝芳, 李贄, 친구였던 達觀 大師를 존경했다고 하며 불교에도 큰 관심이 있었다.

55 天下女子有情寧有如杜麗娘者乎! […] 情不知所起, 一往而深, 生者可以死, 死者可以生. 生而不可與死, 死而不可復生者, 皆非情之至也.(傅曉航, 앞의 책, 157쪽에서 재인용)

고 있지만, 그는 특히 남녀 간의 사랑의 감정을 강조하고 예찬한다. 이처럼 그가 정을 강조하는 이면에는 봉건 윤리로 억압되어 왔고 그동안 가식적으로 표현되어 왔던 인간의 진실한 감정에 대한 해방의 의미가 담겨 있다고 볼 수 있다.

풍몽룡(馮夢龍)[56]은 탕현조와 마찬가지로 정에 열광적인 집착을 보인다. 그가 편찬한 문언 소설집인 『정사(情史)』는 정의 범주를 설정하여 전문적으로 '정'에 관한 이야기를 수집하여 엮어낸 작품이다.[57] 그는 또 『산가(山歌)』와 『괘지아(掛枝兒)』 등 민간가요를 수집하여 편찬했는데, 그 목적이 "남녀 간의 진실한 감정을 빌려서 명교(名敎)의 위선과 구속을 드러내려는 것"[58]이었다고 말한다. 이처럼 그는 그동안 억압받아 왔던 인간의 정, 그 가운데서도 특히 남녀 간의 진실한 사랑의 감정에 대해 계속해서 강조한다. 그는 남녀 간의 자연스런 사랑의 감정과 그것에 대한 표출이 당

56 강소성 長洲(지금의 蘇州) 사람으로 연이어 과거에 실패한 후 중년에 서당을 차려 학생을 가르쳤다. 萬曆 말년에는 田氏의 요청으로 『春秋』를 강론하기도 했다. 崇禎 3년(1630)에 공생이 되었으며 1634년 61세의 나이로 壽寧縣令이 되었다. 崇禎 11년(1638)에 고향에 돌아와 소설과 희곡의 창작과 개편, 정리 작업에 몰두했다. 천계 연간에 그는 '三言', 『古今談槪』, 『智囊』, 『情史』 등을 편찬했으며 다수의 희곡 작품을 창작 개편하였다. 吳 지방의 民歌를 수집·정리한 『掛枝兒』, 『山歌』라는 작품집도 있다.

57 이 작품은 情에 관한 870개의 이야기를 24개의 범주로 분류하여 수록하고 있다. 루샤오펑은 이 작품에 대해 이렇게 말한다. "이 책의 두 개의 서문과 많은 이야기들에는 '情史氏'로 시작하는 평론으로 결론을 장식하고 있는데, 이를 통해 馮夢龍은 情을 이 세상에서 영원하고 모든 세대에 걸쳐 있으며 모든 것을 포용하는 힘으로 만들었다."(루샤오펑 지음, 조미원·박계화·손수영 옮김, 『역사에서 허구로』, 도서출판 길, 1997, 215쪽)

58 "만약 남녀 간의 진실된 감정을 빌려서 명교의 위선과 구속을 드러내려고 한다면, 그 공은 『괘지아』 등에 있으니, 고로 『괘지사』를 편찬했고 다음으로 『산가』를 편찬하였다.(若夫借男女之眞情, 發名敎之僞藥, 其功於掛枝兒等, 故錄掛枝詞而次及山歌.)"(馮夢龍, 「敍山歌」, 『山歌』, 東方文化供應社, 1935, 1쪽)

시 사회 현실에서 이미 제도나 이념적으로 더 이상 억압할 수 없는 상황이라는 점을 일단 인정하는 듯이 보인다. 그것은 그가 고상하지 않은 백화로 온갖 세속적인 내용과 남녀 간의 사랑 이야기를 담고 있는 소설을 쓰게 된 동기를 설명하고 있는 『고금소설(古今小說)』의 서문을 통해서 어느 정도 엿볼 수 있다. 그는 "세상 사람들 가운데 문인들의 미감을 가진 자는 적고 천박한 귀를 가진 자는 많으니, 소설이 수사적인 언어에 바탕을 둔 것은 적고 통속적인 것에 바탕을 둔 것은 많을"[59] 수밖에 없다고 말하고 있다.

그러나 그는 이와 같은 인간 욕망의 해방에 대한 지나친 강조가 사회 전체를 동요시키고 혼란을 야기할 수 있음도 간파하고 있었다. 때문에 그는 정의 교화적인 성격을 강조하는데, 그가 주장하는 이른바 정교론은 정을 봉건 윤리인 이(理) 속으로 끌어들이려는 시도로 읽을 수 있다. 『삼국연의』에 대해 언급하면서 그가 이 작품에서 "효를 이야기하면 효성스럽게 되고, 충을 이야기하면 충성스럽게 되고, 절개와 의리를 이야기하면 절개 있고 의리 있게 될 수 있다."[60]라는 점을 강조한 것은 이와 같은 이유에서이다. 이런 측면에서 그가 주장하는 정교론은 인간의 해방을 기존 사회 질서 속으로 끌어들여 그것을 더 이상 일탈로 보지 않고 어떤 사회에서든지 흔히 있을 수 있는 일로 만들려는 논리라고 할 수 있다.

이를 통해서 볼 때 탕현조의 지정론과 풍몽룡의 정교론은 당시 욕망을 추구하는 존재로서의 개인에 대한 긍정적인 인식을 반영하는 것으로, 전반적으로 집단의 구속과 통제에서 벗어난 개인에 대한 변화된 인식을 보여 주고 있다.

59 天下文心少俚耳多, 則小說資於選言者少, 而資於通俗者多.(黃霖·韓同文 選注, 『中國歷代小說論著選』 上, 江西人民出版社, 2000, 225쪽)

60 說孝而孝, 說忠而忠, 說節義而節義.(「警世通言敍」)(위의 책, 230쪽)

3. 개인의식의 성장과 글쓰기에 나타난 변화

사상적인 담론과 글쓰기 담론을 통해서 발견되는 개인에 대한 인식의 변화는 당시 문인들의 구체적인 글쓰기를 통해서도 확인할 수 있다. 하지만 문인들의 글은 그 형식이나 내용에서 전통적인 규범에 얽매일 수밖에 없었기 때문에 획기적인 변화가 나타나기는 어려웠다. 따라서 여기에서 논의하고자 하는 몇 가지 글쓰기 형식을 살펴보더라도 기존의 형식적 틀은 거의 그대로 유지한 채 그 안에 새로운 내용을 담은, 이른바 '헌 부대에 새 술'을 담는 형태를 보여 주고 있다. 이 시기 개인에 대한 인식의 변화를 드러내고 있는 글쓰기 가운데 우선 주목할 것은 소품문(小品文)이다. 필자는 소품문 가운데 주로 서신, 일기, 유기(遊記)가 이 시기에 나타난 인식의 변화를 잘 보여 준다고 판단하여 이들 문체를 중심으로 살펴보고자 한다. 필자가 여기에서 두 번째로 다루고자 하는 것은 '자전적인 글'이다. 자전적인 글은 특히 16-18세기에 점차 늘어나는 경향을 보이는데, 작자의 자의식을 담고 있다는 점에서 주목할 만한 가치가 있다.

1) 소품문: 서신, 일기, 유기를 중심으로

시보다는 형식적 구속에서 자유로웠던 소문품(小品文)[61]에서 우리는 정치적인 색채를 배제하고 개인의 진솔한 감정을 표현하고 있는 많은 작품들을 만나볼 수 있다. 주작인(周作人, 1885-1966)은 유평백(俞平伯, 1900-1990)의 산문집 『잡아반(雜兒拌)』 발문(跋文)에서 "공안파(公安派) 사람들은 고문의 전통을 무시하고 서정적인 태도로 모든 문장을 썼다. 비록 후대

61 '小品文'이라는 용어의 개념과 그 의미의 변천에 관해서는 이제우의 「명·청·현대 '小品' 語詞의 개념과 語義의 변천」(『중국학연구』 제10집, 1995)을 참고하기 바란다.

의 비평가들이 그들을 비판하여 깊이가 얕고 직설적이고 공허하다고 하지만 실제로는 정말로 진실하고 개성적인 표현이다."[62]라고 말한 바 있다.[63]

일반적으로 소품문은 명말 청초 시기 일련의 작자와 작품을 지칭하는 말로 사용되지만, 사실 '소품문'의 범위와 성격을 규정하는 일은 간단하지 않다. 진만익(陳萬益)은 『성령지성-명청소품(性靈之性-明清小品)』에서 소품문의 갈래를 서(序), 전기(傳記), 문론(文論), 서신(書信), 일기(日記), 유기(遊記), 소화(笑話), 우언(寓言), 청언(淸言)으로 구분하였다.[64] 이 가운데에서 사적인 성격이 비교적 강하게 드러나는 글로는 서신, 일기, 유기 등을 들 수 있다. 이런 글을 통해서 발견할 수 있는 것은 비공식적이고 사적인 글쓰기에 대한 선호, 자기 고백적인 성격의 글쓰기, 개인적인 감정의 솔직한 표현, 자잘한 일상과 개인적 취미에 대한 관심 등이다. 이를 통해서 사적인 개인의 가치와 의미가 중시되어 가는 당시 사회의 변화된 인식

62 陳文新 譯注, 『日記四種』, 崇文書局, 2004, 178쪽에서 재인용.

63 1930년대 周作人(1885-1967)과 林語堂(1895-1976) 등은 5.4 정신과 문학의 기원을 중국적 전통 속에서 찾고자 했는데, 그렇게 해서 새롭게 재발견된 것이 명말 청초 시기의 '소품문'이었다. 이처럼 '소품문'은 전통 시기 중국의 글쓰기 전통에서 상당히 근대적인 감각의 글쓰기 형태로 주목을 받아 왔다. 짧은 서정 산문을 지칭하는 소품문은 주로 1920-1930년대에 쓰여졌다. 근대 소품문의 황금기는 1930년대 초로 周作人, 林語堂 등 論語派를 중심으로 유머, 性靈, 閑寂을 위주로 하는 소품문 운동이 전개되었다. 그리고 이 시기에 袁宏道 등 만명 시기 소품문이 소개되고 그들에 대한 재평가가 이루어졌다. 그들은 만명 小品 작가의 소탈한 생활형태와 평담한 문장풍격이 진정한 문학의 발로라고 평가하였다. 이들의 주장은 문학이 사회적 행위라는 등 좌익작가연맹과의 논쟁을 불러일으켰다. 魯迅 등은 소품문의 소극적인 성격과 閑適과 隱逸을 추구하는 무능력한 현실도피적 성격을 과대 포장하고 있다고 비판했다.(송태명, 「원굉도 척독 연구」, 고려대 박사학위논문, 2001, 2쪽 각주 2) 보다 자세한 내용은 이우일의 「30년대 공안파와 소품문논쟁」(『중국현대문학연구』 3·4합집, 1995)을 참고하기 바란다.

64 陳萬益 編撰, 『性靈之性-明清小品』, 臺北: 時報文化, 1998.

을 엿볼 수 있을 것이다.

(1) 서신(書信)

글쓰기가 널리 보급되는 시점과 맞물려 서신류의 글은 비교적 이른 시기에 발견된다.[65] 일찍이 춘추시대(B.C. 770-B.C. 403)에 쓰인 서신을 찾아볼 수 있는데, 이때의 서신은 주로 공식적인 문건의 성격을 띠고 있었다. 그러다가 대략 한대(漢代, B.C. 206-A.D. 220)에 이르러 개인 상호 간의 의사소통의 도구로 서신이 활용되기 시작했다.[66] 서신류의 글을 세분하면 복

65 전통 시기 중국에서 서신에 해당하는 글은 매우 다양하다. 徐師曾의 『文體明辯序說』에서는 고문 문체를 127류로 세분하고 있는데, '書記'류에는 '書, 奏記, 啓, 簡, 狀, 疏, 牋, 劄'이 포함된다. "이상의 여섯 가지(書, 奏記, 啓, 簡, 狀, 疏)는 秦漢 이래로 모두 친지가 주고받는 문답 사이에 쓰였는데 書, 啓, 狀, 疏는 進御하는 데에도 사용되었다." 같은 책 「牋」조의 풀이에 따르면 "옛날에는 군신 간의 글을 모두 '書'라고 했는데, 동한 시대에 처음 태자나 제왕 또는 대신에게 공식으로 올리는 글을 '전'이라고 한 이래로, 군주에게는 '표', 황후나 태자에게는 '전'이라는 전용 명칭이 사용되었음을 알 수 있다."라고 되어 있다. 曾國藩의 『經史百家雜鈔』는 고문 문체를 3문 11류로 분류하고 있는데, 書牘은 "비슷한 연배끼리 서로 주고받는 글"로 "윗사람이 아랫사람에게 알리는 글"인 詔令이나 "아랫사람이 윗사람에게 알리는 글"은 '奏議'와 구별된다고 하면서, '書, 啓, 移, 牘, 簡, 刀筆, 帖' 등을 함께 열거하고 있다. 대체로 書는 광의의 개념으로는 문자를 가지고 기록한 모든 전적이나 서적을 총칭하는 말이고, 협의의 개념으로는 군주에게 아뢰거나 친척, 친구 간에 주고받던 글을 가리킨다고 볼 수 있다.

한편 '尺牘'은 서신의 代稱으로 글을 남길 공구와 재료가 마땅하지 않던 고대 중국에서 한 자 정도의 편목을 사용해 글을 새기거나 적은 데서 유래했다. 고대 서신을 나타내는 이름 중 척독은 가장 초기 형태로, 적거나 새기는 재료에 따라 '簡'(죽간), '帖'(비단), '牘'(목편), '札'(목판), '牒'(목판), '箋'(종이), '函'(봉투를 사용한 것) 등의 다른 명칭으로 불렸다. 그러니까 척독은 결국 書, 啓, 狀, 疏, 箋 등과 유사한 뜻을 가진다고 볼 수 있다. 척독은 公文과 私文의 성격을 동시에 가지고 있는 경우가 많고 용례도 매우 다양하여 그 구분이 명확하지 않다.(송태명, 앞의 논문, 46-50쪽 참고)

66 姜濤, 『古代散文文體概論』, 山西人民出版社, 1990, 65-68쪽.

잡해질 수 있지만 대체로 길고 논쟁적인 성격이 강한 서(書)와 송대(宋代, 960-1279) 이후에 출현한 일상적인 감회를 짤막하게 적은 척독(尺牘)으로 구분이 가능하다.

'척독'이 독립적인 표제어로 문집에서 사용되기 시작한 것은 대략 송대까지 거슬러 올라갈 수 있다.[67] 그러나 비교적 짧은 편폭의 간결하고 서정적인 '척독'[68]이 장편의 논쟁적인 성격의 서와 구별되어 문단에서 부각되기 시작한 것은 명말에 이르러서였다. 물론 명대에도 여전히 '서'를 쓰는 사람이 있었고 그 명칭도 사용되고 있었지만, 만명(晩明)의 소품 선집에는 '척독'을 하나의 독립적인 체제로 편입시키고 있으며, 출판된 서적의 표제어로 사용된 예도 점차 증가하는 양상을 보인다.[69] '척독'이라는 명칭

67 『四庫全書叢目』을 통해 볼 때 척독에 관한 서적으로 가장 최초의 것은 송대에 간행된 『范文正公尺牘三卷』과 『山谷刀筆二十卷』이다. 『山谷刀筆二十卷』의 경우 刀筆이 일종의 公牘文인 것을 감안하면 엄격한 의미의 척독 선집이라고 하기엔 다소 무리가 있다고 하겠다.(송태명, 앞의 논문, 49쪽 각주 13 참고) 구체적인 내용은 趙樹功의 『中國尺牘文學史』(河北人民出版社, 1999) 66-67쪽을 참고하기 바란다.

68 '척독'과 '서'를 구분하려는 인식은 비슷한 시기 우리나라의 상황을 살펴보아도 마찬가지였음을 알 수 있다. 당시 문인들은 기존의 장황한 편지인 '書'와 감성적 짧은 편지인 '尺牘'을 구분하여 문집에 실었는데, 예를 들어 朴趾源의 문집에는 '煙湘閣選本', '孔雀館文稿'에는 書를 싣고 『映帶亭賸墨』이란 50편의 척독을 모은 척독집을 따로 수록했다. 南公轍의 경우도 자편문집 권10에서 書와 尺牘을 구별하여 수록했다. 따로 척독만을 수집하여 단행본으로 꾸미는 일도 적지 않았다. 趙熙龍은 『壽鏡齋海外赤牘』 60편, 『又峯尺牘』 51편 등의 척독집을 남겼고, 구한말의 작가 李定稷은 아예 짤막한 척독을 엮어서 『寒暄小品』이란 題名을 붙이기도 했다. 이상의 내용에 대해서는 안대회의 「조선후기 소품문의 성행과 글쓰기의 변모」(『한국한문학연구』 제28집, 2001) 113쪽 각주 23을 참고하기 바란다.

69 예를 들면 鄭元勳이 편집한 『媚幽閣文娛』(일명 『時賢雜作小品』)와 陸雲龍이 편집한 『翠娛閣評選十六明家小品』(일명 『皇明十六家小品』), 陳繼儒의 『晚香堂小品』, 王思任의 『文飯小品』, 潘之恒의 『鸞嘯小品』, 衛泳의 『氷雪携』 등에는 '尺牘'

은 이처럼 척독 선집이 성행하던 당시의 분위기를 타고 문인들 사이에서 '서'를 대칭(代稱)하는 하나의 유행어로 사용되었던 듯이 보인다.

우선 이 시기에 척독은 20-30자 정도의 짧은 글에서부터 1천 자가 넘는 비교적 긴 글에 이르기까지 편폭에서 자유로운 성격을 보여 주고 있다. 또한 척독은 당시 엄격하게 지켜지던 서간문 형식에 구애받지 않았고 상투적인 표현도 대부분 생략했으며, 속어와 백화를 사용하여 표현하는 경우도 있었다. 고문은 대개 문체에 따라 써야 할 내용과 형식, 표현에 있어서 어떤 규범이 정해져 있었다. 원매의 제자였던 홍석예(洪錫豫)는 이렇게 말한다. "아마 고문의 문체가 가장 엄격할 것이다. 모든 수식어, 해학적인 말, 대구, 사부(詞賦)의 표현, 이학(理學) 용어, 불교 용어, 고증, 주소(注疏), 안부를 묻고 응답하는 말 등 한 글자라도 붓끝을 범해서는 안 된다. 하지만 선생이 지은 척독은 마음대로 쓰고 마음대로 생략한다."[70]

명말 이후의 척독에 주목할 필요가 있는 것은 무엇보다도 이 시기의 척독이 송대에 비해서 개인적인 일상사나 감정을 표출하는 경우가 늘어났기 때문이다. 천리 밖에서 "마치 서로 얼굴을 보고 이야기하는 것처럼"[71] 상대방을 대하듯 편안하고 간결하게 자신의 심중을 이야기하는 척독은 기존의 논변적인 성격이 강한 서와 구별되는 것이었다. 척독에서는 시시콜콜한 일상적 경험을 통해 보고 느낀 것을 소탈하게 적기도 하고, 그림과 글씨에 관한 안목과 감상을 적기도 하고, 친구에 대한 그리움을 표현하기도 했다.[72] 척독은 서에 비해서 좀 더 비공식적이고 사적인 성격

혹은 '書札'을 체제의 하나로 편입시키고 있다. 그리고 그 후 점차 척독이 고유의 표제어로 사용되는 예가 증가했는데 陳仁錫의 『尺牘奇賞』, 陳繼儒의 『尺牘雙魚』 등이 그 예이다.(송태명, 앞의 논문, 49쪽, 각주 14 참고) 보다 자세한 내용은 陳少棠의 『晩明小品論析』(香港: 波文書局, 1981), 31쪽 참고.

70 『小倉山房尺牘·序文』.(趙樹功, 앞의 책, 33쪽에서 재인용)

71 후술하겠지만 鍾惺의 척독 선집명 가운데 하나가 바로 '如面談'이다.

을 띠고 있었다. 명말 문인들 간의 교류가 빈번해지면서 척독은 비공식적이고 비정치적이며 사적인 감회와 일상을 표현하는 문체로 부각되었던 것이다.

예를 들어 정섭(鄭燮, 1693-1765)[73]은 시와 그림, 글씨에 있어서 전통에 구애받지 않는 독창적인 풍격을 개척한 개성이 강한 문인이자 화가이다. 그는 산동에서 지현(知縣)으로 있을 당시 16통의 편지를 수록한 『판교가서(板橋家書)』(1749)와 친구들과 주고받은 55통의 척독을 수록한 『척독(尺牘)』(1752)을 출판하였다. 그는 『척독』의 서문에서 이렇게 말하고 있다. "나의 척독은 고문도 팔고문도 아니다. 말하고 싶은 것을 말하고 마음 내키는 대로 쓴 것이니 척독은 그저 척독일 뿐이다. 친구와 주고받은 편지는 붓 가는 대로 마음대로 쓴 것이다."[74] 그에게 있어서 척독의 출판은 명예를 얻기 위한 것이라기보다는 자기만족적인 성격의 것이었다. 그의 척독 작품은 백화체에 가까울 뿐만 아니라 심지어 자신이 직접 쓴 서문[75]까지도 백화체로 되어 있다. 『척독』의 서문을 통해서 우리는 그가

72 물론 이 시기의 모든 척독 작품을 비공식적이고 사적인 글쓰기로 보기는 어렵다. 李贄, 袁宏道의 일부 작품, 魏禧, 方苞, 姚鼐 등의 척독은 '書'와 같이 논쟁적이고 학문적인 성격을 띠고 있어, 문집에 남기고 공개를 전제로 한 공식적인 성격의 작품이라고 할 수 있기 때문이다.

73 자는 克柔, 호는 板橋이며 江蘇省 揚州 興化 사람이다. 44세라는 늦은 나이인 乾隆元年(1736)에 進士에 급제하여 山東의 范縣, 濰縣의 知縣을 지냈다. 재임 기간 중 기근 구제 정책에 있어서 상관과 의견이 대립되었고, 결국 60세 되던 해인 건륭 17년(1752)에 면직되었다. 그는 고향인 揚州로 돌아와 글씨와 그림을 팔아서 생계를 유지했다. '揚州八怪' 가운데 한 사람으로 난과 대나무 그림이 특히 유명하며, '古籀狂草'라는 독특한 풍격의 글씨로도 유명하다. 「墨竹圖屛風」 등의 그림과 『板橋詩鈔』, 『道情』 등의 시문집이 전해진다.

74 鄭板橋, 『板橋家書』, 學林出版社, 2002, 20쪽.

75 당시에는 문집을 출판할 때 유명한 문인의 서문을 앞에 덧붙이는 것이 일반적인 관행이었다. 하지만 그는 이런 세태에 대해 비판적이다. 『十六通家書』 小引에서 그는 이렇게 말한다. "나의 시문집에 대해서 다른 사람을 찾아가 서를 써

세상 사람들의 부정적인 평판과 조롱의 시선에도 불구하고, 자신과 자신의 행동에 대해 강한 자부심을 가지고 있음을 발견할 수 있다.[76] 그가 쓴 가서(家書)는 교훈과 권고를 담고 있는 내용도 많지만, 노년에 아들을 얻은 것에 대한 기쁨, 어린 조카딸의 사망 소식을 듣고 보낸 위로와 격려 등 개인적인 감정을 표현하거나[77] 자잘한 일상생활과 거기에서 느끼는 감회를 표현하고 있는 작품도 적지 않다.[78]

우리는 당시 문인의 내면을 표현하는 사적인 글쓰기로서 척독의 중요한 성격을 원굉도의 예에서 찾아볼 수 있다. 원굉도는 그의 생애에서 어쩌면 가장 갈등과 고민이 많았던 시기인 오현(吳縣) 현령으로 재직하던

달라고 하는 것을 가장 싫어한다. 왕공이나 대인을 찾아가 그들의 명성을 빌리니 부끄러운 일이다."

76 鄭板橋는 『尺牘·自序』에서 이렇게 적고 있다. "봄날은 길고 할 일은 없어 새로 베껴 한 권으로 만들어 집에 보관해 두며 장래에 자손들에게 보도록 하고 인쇄할 생각은 없었다. 『板橋家書』를 2년 전에 인쇄했을 때도 본 사람들은 모두 좋지 않다고 말했다. 『家書』가 좋지 않았으니 『尺牘』이 반드시 좋을 필요는 없다. 만약 책으로 인쇄하여 글자를 모르는 자들은 가져다가 창이나 벽을 바르고, 글자를 아는 사람들은 혐오하고 탄식하며 또 좋지 않다고 한다면 벌 받을 짓! 벌 받을 짓! 굳이 그럴 필요가 있었는가! 차라리 책을 인쇄하는 비용을 아껴 술이나 사 먹는다면 나한테도 득이 되리라!"

77 「濰縣署中與舍弟墨第二書」는 52세에 아들을 얻은 기쁨과 자부심, 교육에 대한 걱정과 당부의 내용을 서술하고 있고, 「范縣署中寄舍弟墨」은 둘째 조카딸이 어린 나이에 죽었다는 소식을 듣고 사제를 위로하고 희망을 주려는 편지이다.

78 예를 들어 「范縣署中寄舍弟墨第四書」에는 새로 산 전답에서 오백곡의 소출을 얻은 것에 대한 기쁨과 절구, 저울, 키 등 자잘한 일상적 생활에 대한 내용이 담겨 있다. 또 「范縣署中寄四弟墨」에는 관사가 옛 건물이고 낮고 협소하고 습기가 많아 질환이 잘 생겼는데 관아 뒤쪽 등씨의 화원으로 이사하게 되어 기쁘다는 내용과 매달 월세가 얼마라는 내용, 열일곱 차례에 걸쳐 심문한 도덕 사건이 성에서 다시 반송되어 왔다는 관직 생활의 고달픔, 그림을 그려 달라고 찾아오는 사람으로 인한 번거로움, 나이가 곧 오십이 될 터인데 여자아이가 하나 있으니 남자아이를 하나 더 갖고 싶다는 등의 내용이 기술되어 있다.

때에, 주로 척독과 시를 통해 당시 자신의 절실한 내면을 토로하고 있다.[79] 그는 29세(1596)부터 43세(1610)까지 대략 281통의 척독을 남기고 있는데, 오현 현령으로 있던 2년 정도의 짧은 기간에 쓴 편지가 138통 정도로 절반을 차지하고 있다. 그에게 척독은 자신의 내면적 갈등과 번민을 토로하는 가장 중요한 글쓰기 가운데 하나였던 것이다. 만력 25년(1595) 원굉도는 구탄(丘坦, 字는 坦之, 號는 長儒)에게 보낸 척독에서 그의 내면적 고충을 이렇게 털어놓고 있다.

> 저는 오현의 현령으로 있으면서 온갖 추악한 꼴을 다 겪었으니 말로 표현할 수 없을 정도입니다. 대체로 상관을 만나면 노비처럼 해야 되고, 과객을 모실 때는 기녀처럼 해야 하며, 돈과 곡식을 관리할 때면 창고지기 노인이 되어야 하고, 백성들을 깨우칠 때면 중매하는 노파가 되어야 합니다. 하루 사이에도 백 번은 따스해졌다 추워졌다 하고 순식간에 어두워졌다 밝아졌다 인간 세상의 악취를 온몸으로 모두 다 맛보았습니다. 고통스럽습니다. 지독합니다.[80]

강영과(江盈科, 1553-1605)는 원굉도의 척독에 대해 이렇게 평가한다. 그의 "척독은 한 마디 한 글자, 말이 진실되고 표현이 매우 직설적인 까닭에 작품마다 심묘하다. […] 아마 감정이 진실되고 정경이 사실적이어서 가슴을 열어 남에게 보여 주니, 사람들이 그것을 보면 감동하지 않을 수

79 袁宏道의 산문 작품은 총 593편이며, 그 가운데 척독은 275편으로 가장 큰 비중을 차지하고 있다.(김혜진, 「원굉도의 유기문 연구」, 서울대 석사학위논문, 2005, 3쪽 각주 3 참고)

80 弟作令備極醜態, 不可名狀. 大約遇上官則奴, 候過客則妓, 治錢穀則倉老人, 諭百姓則保山婆. 一日之間, 百煖百寒, 乍陰乍陽, 人間惡趣, 令一身嘗盡矣. 苦哉, 毒哉.(「丘長儒」)(원굉도 저, 심경호 등 역주, 『역주 원중랑집』 2, 소명출판, 2004, 140-141쪽을 바탕으로 약간 수정함)

없는 것이다. 원중랑의 척독은 긴 것은 수백 자이고 짧은 것은 수십 자인데, 모두 진실된 감정과 사실적인 정황에서 흘러나온 것이다."[81]

명말 이후의 척독과 관련하여 우리가 또 한 가지 생각해 볼 문제는 척독 작품의 출판이 크게 성행했다는 사실이다. 서신은 원래 특정한 사람을 대상으로 사적으로 쓴 것이었다. 하지만 논쟁적인 성격의 서는 문집에 포함되어 공개되는 경우가 많았다. 때문에 서에는 사적인 감회나 일상과 같은 자잘한 내용을 담을 수 없었다. 척독은 대체로 자유로운 형식에 사적인 내용을 가감없이 표현한 글로 오랫동안 문집에 포함되지 못했다. 그러다가 송대에 이르러 일부 척독이 문집에 수록되거나 단독으로 간행되는 예가 나타나기 시작하였다.[82] 그렇지만 '문이재도(文以載道)'를 주장하는 정통 문인들에게 척독은 여전히 주변적이고 비공식적인 장르로 천시되었다.

척독에 대한 그와 같은 인식은 척독 선집의 출판이 엄청나게 성행한 명말[83]에 이르러서도 마찬가지였던 것으로 보인다. 각각 세 권의 척독 선

81 若夫尺牘, 一言一字, 蓋所以欲言信筆直盡, 種種入妙. […] 蓋其情眞而境實, 揭肺肝示人, 人之見之, 無不感動. 中郎諸牘, 多者數百言, 少者數十言, 總之自眞情實境流出.(『解脫集』 序二)

82 『四庫全書總目』에 따르면 가장 이른 시기의 척독 작품집은 『范文正公尺牘』(북송 元佑 연간, 11세기), 『山谷刀筆二十卷』(남송 때 편찬)이다. 淸人 桂馥은 『顔氏家藏尺牘』 題辭에서 이렇게 말한다. "고인의 척독은 본집에 수록되지 못했다. 李翰이 『昌黎集』을 편집하고 劉禹錫이 『河東集』을 편집할 때 모두 거기에 척독은 없었다. 歐陽修, 蘇軾, 黃庭堅, 呂坤 및 方秋崖, 盧柳南, 趙淸曠부터 비로소 전집에 있게 되었다." 하지만 趙樹功은 이미 남조 齊나라 때부터 문집에 '書' 문체를 수록했다고 말한다.(趙樹功, 앞의 책, 65-66쪽)

83 예를 들어 正德 6년(1511) 壯元 출신인 楊愼(1488-1559)은 『赤牘淸裁』를, 嘉靖 연간(1522-1566) 後七子의 영수였던 王世貞(1526-1590)은 『尺牘淸裁』를, 凌迪知는 『名公翰藻』를 편선하여 출판했다. 萬曆 연간(1573-1620) 郁開之의 『明朝瑤箋』, 沈佳胤의 『翰海』, 鍾惺(1574-1624)의 『文學大尺牘』·『文辭大尺牘』·『如面談』, 陳臣忠의 『尺牘雋言』, 梅鼎祚(1549-1615)의 『書記洞詮』, 蕭士琦의 『牘雋』,

집을 간행한 종성(鍾惺)은 척독을 '위대한 고문 작품(鴻裁大篇)'과 구분했고, 주양공(周亮工, 1612-1672)도 저작과 무관하다면서 자신의 척독 편선 작업을 평가절하했다. 요내(姚鼐, 1731-1815)는 "배우는 사람들은 글을 지을 때 주소(注疏), 어록(語錄), 척독(尺牘)의 어투가 있어서는 안 된다."[84]며, 고문의 글쓰기에 척독의 어투를 사용하지 말 것을 요구하였다. 또한 '사고전서(四庫全書)'에도 척독 작품의 목록은 일부 열거하고 있지만 작품 자체는 수록하고 있지 않다.[85]

자잘한 일상과 감회를 적은 사적인 글쓰기의 하나였던 척독이 문인들로부터 크게 인정받지 못했음에도 불구하고, 명말에는 척독 작품의 출판이 성행하였다. 물론 이 같은 척독 선집의 과열 현상은 당시 시문 선집, 과거 모범 답안지, 경전 주석서, 수많은 소설, 희곡 작품 등 출판문화의 전반적인 성행과 맞물려 나타난 현상이었다.[86] 척독의 선집가나 선집에 서문을 쓴 사람이 당시 유명한 문인 명사라는 점은 출판업자들 간의 경쟁

徐士俊의 『尺牘新語』 등이 있다.(趙樹功, 앞의 책, 76쪽) 청초의 유명한 문인인 李漁(1610-1680)와 周亮工은 모두 세 권의 척독 선집을 간행했다. 李漁는 『尺牘初徵』(1660), 『二徵』, 『古今尺牘大全』(1662)을 周亮工(1612-1672)은 『尺牘新抄』(1662), 『二徵』, 『三徵』을 연이어 편선했다. 康熙(1662-1722) 초 常熟 출신 王元勛 등이 편찬한 『明人尺牘小引』 서문에는 "명 이래로 척독을 선집한 사람은 수십 명인데 善本은 극히 적다."라고 기록되어 있다.(趙樹功, 앞의 책, 72쪽)

84 學者爲文不可有注疏語錄及尺牘氣.(趙樹功, 앞의 책, 38쪽에서 재인용)

85 趙樹功, 앞의 책, 37-38쪽.

86 명말의 수집열은 문학 작품이나 서적, 골동품 등에서 공히 나타나는 현상이다. 趙樹功은 이를 '한가로움(閑)'과 연관짓는다. 그는 "한가로운 사람들의 존재와 수요"가 척독 선집의 번영과 관련이 있다고 주장하며, "중국 역대로 다른 어떤 시기도 이렇게 강렬하게 '한'에 대해 관심을 보인 적이 없었다."라고 말한다. "관직을 지냈던 적이 있거나 현재 관료로 있거나 관료에 뜻이 없는 문인들은 시간도 있고 자산도 있어 먹고 사는 것을 걱정하지 않았고 취미가 없는 것을 걱정하였다." 고상한 문인들이 한가롭게 되면서 시, 서, 화, 차, 꽃, 산, 수, 비석, 帖, 글과 같은 고상한 취미에 관심을 보이게 되었다는 것이다. 이러한 문인의

과 관련이 있을 것이다.[87] 이들이 선집한 척독 작품은 전대의 작품도 있었지만 상당 부분은 당대(當代) 문인 명사의 작품들이었다. 통신수단과 교통이 발달하지 못하여 당대의 작품을 수집하는 것이 쉽지 않은 상황에서 이루어진, 이와 같은 당대 문인 작품의 선집 열기는 당시 독자층의 관심, 취향과 연관이 있어 보인다. 조수공(趙樹功)은 이어(李漁, 1611-1680)와 주양공의 척독 선집이 거의 비슷한 시기에 나왔지만 이어가 그 경쟁에서 밀린 원인에 대해서 그의 작품에 수록된 "관원과 문사가 대부분 청대에 새롭게 등장한 인물로, 이런 점에서 사람들이 명사의 은밀한 부분을 추구하는 사람들의 감상 심리와도 맞지 않았던"[88] 데 원인이 있었다고 진단한다. 이를 통해 볼 때 당시 척독 출판의 성행은 일면 은밀하고 사적인 개인의 면모를 알고자 하는 독자들의 욕망과 관련이 있었음을 알 수 있다.

척독의 출판에서 지적할 만한 또 한 가지 중요한 점은 이 시기에 사적인 내용과 목소리를 담은 글이 단순히 개인적으로 소장하는 차원에 그치지 않고 출판되어 독자들에게 공유될 수 있는 성질의 것으로 변화되었다는 사실이다. 전통 시기 문인들에게 일상적이고 소소한 개인적 감회를 적은 척독은 지극히 사적인 것으로 문집에 넣어 전할 만한 글이 아니었다. 하지만 이 시기의 상황은 척독과 같은 글이 전해질 만한 가치가 있는 글로 여겨졌음을 보여 준다. 또한 나아가 그러한 성격의 글이 출판되어 더 많은 독자들에게 전파되는 것을 자연스럽게 받아들일 만큼 사람들의 인식과 사회적 분위기가 바뀌어 있었음을 증거한다.

한가로움은 당시 고상한 문인 문화의 번영에 기여한 하나의 요인일 수 있다.(趙樹功, 앞의 책, 76쪽 참고)

87 일례로 周亮工의 『尺牘新鈔』에 서문을 쓴 사람은 청초에 시와 사, 문에 명성을 떨치던 陳維崧이었다. 물론 앞서 거론한 選集家들도 대부분이 당대의 유명한 문인 명사였다.

88 趙樹功, 앞의 책, 73쪽.

(2) 일기(日記)

일기는 형식적으로 자유롭고 사적인 관심과 생활에서 느끼는 감회를 적는 비공식적인 성격의 글쓰기이다.[89] 중국에서 일기의 기원은 당대(唐代) 이고(李翶, 772-841)의 『내남록(來南錄)』이라는 것이 공인된 견해이다. 이 작품은 당(唐) 헌종(憲宗) 원화(元和) 4년(808)에 지어졌는데 모두 840여 자이다. 처자식을 데리고 동도(東都)인 낙양(洛陽)에서 광주(廣州)로 가는 여정과 길을 따라가며 보고 들은 것들을 날짜에 따라 기록하고 있다. 송대에 이르러 문인들의 일기에 대한 관심은 점차 늘어나 비교적 많은 문인들이 일기를 남기고 있다.[90] 오백익(吳百益, Pei-yi Wu)은 송대에 이르러 일기가 광범위하게 문인들 사이에서 습관으로 자리를 잡게 되는데, 그것은 신유가(新儒家)와 연관이 있을 수 있다고 말하였다.[91]

89 전통 시기 중국에서 일기는 통일된 용어가 아니라 매우 다양한 명칭으로 사용되었다. 매일매일 보고 듣고 경험한 것을 기록하는 경우에는 日錄, 日歷, 日譜, 日誌, 日談, 日注, 計日이라는 명칭이 사용되었으며, 유람하고 느낀 것을 기술한 일기에서는 紀游, 紀程, 行記, 游錄, 旅話, 行程記, 紀行錄, 紀程集, 驛程記, 旅行記 등이 사용되었다. 독서나 고증 일기에서는 대체로 隨筆, 筆錄, 雜錄, 筆記, 筆略, 載筆, 叢談, 庸談, 筆記 등의 명칭을 사용했고, 업무 일기에서는 侍行記, 于役志, 扈從記, 隨使記 등의 명칭을 사용했으며, 전란 일기에는 北征錄, 備嘗記 등의 명칭이 사용되었다.(鄒振環, 「日記文獻的分類與史料價値」, 『古代中國-傳統與變革』 第一輯, 復旦大學出版社, 2005, 308-309쪽)

90 예를 들면 司馬光(1019-1086)의 『鄞縣經歷記』(1047), 歐陽修(1008-1072)의 『于役志』, 黃庭堅(1045-1105)의 『宜州乙酉家乘』(1105), 趙抃(1008-1084)의 『御試備官日記』(1061), 陸游(1125-1210)의 『入蜀記』 6권, 范成大(1126-1193)의 『攬轡錄』(1170)·『驂鸞錄』(1172-1173)·『吳船錄』(1177), 呂祖謙(1137-1181)의 『入越記』(1174), 辛棄疾(1140-1207)의 『南燼紀聞』(1126) 등을 거론할 수 있다. 陳左高는 『中國日記史略』(上海飜譯出版公司, 1990)에서 唐代부터 淸末까지 200여 종에 이르는 역대 名人의 일기에 대해 평술하고 있다. 그는 당대 4명, 송대 21명, 원대 5명, 명대 전기 6명, 명대 후기 17명, 청대 전기 25명, 청대 후기 86명 등의 일기 작품을 언급하고 있다.

91 Pei-yi Wu, *The Confucian's Progress: Autobiographical Writings in Traditional*

그렇지만 송대의 일기는 의외로 자잘한 일상에 대한 기록은 많지 않으며, 대부분 공적인 성격을 강하게 드러내고 있다.[92] 가장 사적인 글쓰기의 한 형태일 수 있는 일기조차도 남에게 보이기 위한 공적인 성격을 띠고 있는 것은 완무명(阮無名)의 지적대로 "봉건 질서가 개인을 억압하고 억누르며 개성의 자유로운 표현을 억제"[93]했기 때문인지 모른다. 개인에 대한 집단의 구속력은 일기까지도 사적인 성격보다 공적인 업무 일지와 같은 성격을 띠게 만들었던 것이다.[94]

하지만 명말 이후에 나온 일기 가운데는 여기저기에서 전 시기의 일기와는 다른 면모를 찾아볼 수 있는데, 우리는 거기에서 개인에 대한 인

China, Princeton: Princeton Univ. Press, 1990, p. 93.

92 唐代에는 사신들의 기행 일기와 사관들의 記事 일기가 남아 있다. 일기가 크게 늘어났던 송대에는 사신의 일정, 폄적 생활, 과거 제도에 대한 경험, 여행의 일정 등 다양한 내용으로 확장되고 있기는 하지만 대체로 공적인 성격이 강하여 자잘한 일상에 대한 기록은 많지 않은 편이다. 각 시대별 일기의 특징에 관한 보다 구체적인 내용은 陳左高의 『中國日記史略』(上海飜譯出版公司, 1990)과 鄒振環의 「日記文獻的分類與史料價值」(310쪽)을 참고하기 바란다. 송대의 일기 가운데 黃庭堅의 『宜州家乘』은 자잘한 개인적 일상을 기록하고 있는 대표적인 작품이라고 생각된다. 이 일기는 그의 나이 59세 되던 해 宜州(지금의 廣西 宜山縣)로 유배되었을 당시 쓰여진 것으로, 날짜와 날씨, 차와 음식, 친구와 바둑을 두고 나누었던 담소 등 지극히 사소한 개인적 일상을 두세 줄 정도로 간결하게 기록하고 있다. 하지만 이 일기는 그의 전집에 수록되지 못한 채 민간에서 전해지다가 근래에 들어서 발견되었는데, 이는 당시 이와 같은 내용을 적은 글이 그다지 가치 있는 것으로 받아들여지지 않았음을 단적으로 보여주는 사례이다.(陳文新, 앞의 책, 1-34쪽 참조)

93 Jaroslav Průšek, "Subjectivism and Individualism in Modern Chinese Literature", *The Lyrical and the Epic: Studies of Modern Chinese Literature*, Bloomington: Indiana Univ. Press, 1980, p. 18.

94 사신의 기행 일기나 학술적인 성격이 짙은 독서 일기, 當代의 정치나 군사 활동을 기록한 일기 등을 가리킨다. 『四庫全書總目提要』에 목록이 소개된 일기 중에서 주로 '經'과 '史'에 분류된 작품이 여기에 속한다고 볼 수 있다.

식의 변화를 발견할 수 있다. 이 시기에는 우선 어떤 특정한 일이 있을 때에만 일기를 썼던 것이 아니라 오랜 기간에 걸쳐 꾸준히 쓴 장편의 일기가 많아졌다는 특징을 보여 주고 있다. 또한 이 시기의 일기는 공적인 성격보다 사적인 성격을 강하게 드러내고 있다는 특징을 보인다. 이 시기의 일기 가운데는 정원이나 건축, 골동품 등 예술을 논한 일기, 여행을 하며 보고 들은 것을 기록한 기행(紀行) 일기 등 비교적 사적인 취미와 감회를 기록한 작품이 많이 보인다. 또 명청 교체기 망국의 슬픔과 고통을 공적인 차원이 아닌 사적인 차원에서 기록한 일기도 발견된다.[95] 이처럼 공적인 사건이나 업무와는 무관한 사적인 관심과 취향, 평범한 일상적 삶에서 느끼는 감회와 예술적 체험 등을 기록하고 있는 일기는 개인에 대한 이 시기의 변화된 인식을 반영하고 있다.

예를 들어 가정(嘉靖) 41년(1561) 진사 출신인 반윤단(潘允端, 1526-

95 아래에서 직접적으로 언급하지는 않았지만 명청 교체기에 살았던 葉紹袁(1589-1648)의 일기나 그의 문집은 이 시기 사적인 개인의 글쓰기의 성격을 잘 보여 준다. 江蘇省 吳江 사람인 그는 天啓 4년(1624) 진사로 청나라 군대가 강남 지역을 점령하고 변발령을 내리자 승려가 되어 은거했다. 그의 『甲行日注』 8권은 명이 멸망한 이후 은거하던 시기에 쓰인 일기로 1645년 가을부터 1648년 9월까지, 3년 1개월간의 기록이다. 이 일기는 명청 교체기라는 역사의 소용돌이 속에서 명대의 유민으로서 은거하는 생활의 고통과 비참함, 청조에 대한 분노와 저항을 기록하고 있는 그의 삶의 역사라고 할 수 있다. 여기에서 그는 일찍 죽은 어린 딸 小鸞(瓊章)에 대해 여러 차례 언급하고 있다. 『午夢堂集』은 崇禎 9년(1636)에 간행된 葉紹袁 집안의 시문집이다. 이 문집에는 먼저 죽은 자식과 아내에 대한 그리움과 기억 등 이전 시기의 문집에서는 찾아볼 수 없는 개인적인 감회와 사건에 대한 글들로 가득하다. 그는 아내와 자식들을 애도하는 詩, 祭文, 傳 등의 작품을 남겼으며 『午夢堂集』에 수록된 수많은 작품의 評語에도 그들에 대한 기억과 그리움이 배어 있다. 당시 보수적인 정통 문인들에게는 아내와 자식에 대한 지나치게 사적인 감정을 시문으로 표현한다는 것 자체가 약간은 경박한 행동으로 비쳤을지 모른다. 하지만 葉紹袁은 그러한 세상적 편견에 전혀 개의치 않고 자신의 슬픔과 그리움의 감정을 솔직하게 드러내는 글을 썼다.

1601)이 쓴 『옥화당일기(玉華堂日記)』[96]는 지금까지도 남아 있는 상해(上海) 예원(豫園)에서의 만년의 생활을 기록하고 있다. 정월에 등(燈)을 구경하고 손님이 찾아와 연극과 잡극을 감상하며, 제석(除夕)이나 생일에 가족들과 모임을 갖는 등 명말 사대부 문인의 일상적인 생활을 묘사하고 있다.

이일화(李日華, 1565-1635)는 명대 만력 연간의 진사로 장서가이자 문인 화가로도 유명한데, 그의 『미수헌일기(味水軒日記)』[97]는 서화에 대한 평론과 감정법, 문예계의 야사에 대한 내용이 거의 대부분을 차지하고 있다. 이처럼 문인의 고상한 취미와 일상을 주로 기록한 일기는 청대에도 어렵지 않게 찾아볼 수 있다. 건륭 시기 오석기(吳錫麒, 1746-1818)의 『유정미재환경일기(有正味齋還京日記)』와 『남귀기(南歸記)』는 그가 항주(杭州)에서 북경으로 돌아오는 과정에서 화가, 시인과 교류하며 시를 짓고 서화를 감상한 내용을 주로 기록하고 있다.[98] 특히 이 시기는 강남의 주요 도시를 중심으로 문인들 간의 교류가 활발했고, 아울러 고상한 취향의 문인 문화가 그 어느 때보다 발달했던 시기였다. 산수 유람, 정원, 건축, 골동품, 연극 공연, 축제, 서화, 화초 등 평범한 일상적 생활 속에서 고상한 취미와 예술적 체험을 즐기는 삶은 당시 문인다움을 규정하는 징표였다. 부유한 상인, 문인 관료 등은 다투어 정원을 건축하고 서적과 서화, 골동품을 수집했으며 그것에 대한 전문가적인 안목을 중시하였다. 이 같은 당시 문인의 취향과 관심, 평범한 일상 속에서 예술적 체험을 즐기는 삶을 기록한 일기는 이 시기의 사적인 개인과 개인화된 글쓰기를 보여 준다.

96 萬曆 14년(1586) 元旦부터 萬曆 29년(1601) 5월 11일까지 총 16년간의 일상을 기록하고 있다.

97 '味水軒'은 그가 거주하던 곳을 가리킨다. 『味水軒日記』 8권은 萬曆己酉年(1609) 3월부터 丙辰年(1616) 11월까지 총 8년간의 기록이다.

98 陳左高, 앞의 책, 36-41쪽; 鄒振環, 앞의 논문, 317쪽 참고.

이와 같은 일기는 공적인 성격보다는 사적인 취향과 관심을 보여 준다는 점에서 중요하지만, 여전히 글쓴이의 외면적인 활동을 기록하는 데 그치고 있다. 이 시기에 나온 일기 중에는 여기에서 한 걸음 더 들어가 개인의 내면세계를 표현하고 있는 일기도 발견된다.

예를 들어 아직까지 작자의 이름이 확인되지 않은 다음과 같은 명말의 일기는 서정적인 기행문과 같은 느낌이 들게 하는 작품으로, 문인의 내면이 서정적인 풍경과 잘 조화를 이루고 있다.

> 9월 4일 새벽 오경(3시부터 5시) 해가 뜨자마자 나는 노를 저어 여정을 시작하였다. 다시 비가 내렸다. 나는 석문(石門), 무너진 벽, 황폐해진 울타리를 지났다. 모든 것은 파괴되었고 황폐해져 있었다. […] 전쟁으로 초토화된 시골의 풍경은 내 가슴속에 큰 충격을 주었다. 당서(塘西)에 이르자 거기에서 다시 오랑캐의 배들과 마주쳤다. 운 좋게도 비가 쏟아지고 오랑캐들이 한치 앞도 볼 수 없을 만큼 강한 바람이 불었다. 나는 피곤해 죽을 지경이었다. 나는 길을 잃었고 머리는 깨질 정도로 아팠다. 저녁 안개 속에서 갈가마귀는 둥지로 돌아가고 갈대는 고요하였다. 나에게는 마치 비오는 날 남방의 정글 속에 있는 듯하였다. 폭우가 끊임없이 쏟아져 내렸다. 둑이 내 앞에 나타났을 때 나는 이미 정신을 잃었다. […] 나는 배를 묶어두고 둑에 올랐다. 승려의 우두머리인 사명(嗣明)은 내가 물가에 있는 사찰에서 밤을 지내도록 허락해 주었다. 푸른 수초가 작은 호수를 뒤덮고 있었고 녹색의 버드나무가 둑을 따라 심어져 있었다. 안개가 시골을 덮으며 비를 뿌리고 있었고 둥근 달은 차갑고 생기가 없어 보였다.[99]

99 阮無名, 『日記文學叢選』.(Jaroslav Průšek, *op.cit.*, p. 20에서 재인용. 이 글은 원문을 찾을 수 없어 영어 번역을 옮긴 것임.)

황순요(黃淳耀, 1601-1644)[100]의 『갑신일기(甲申日記)』는 만주족이 강남을 완전히 점령하기 직전인 1644년 1월부터 3월까지의 기록인데, 작자의 내면세계를 잘 보여 주는 자기 분석적인 성격이 강한 일기로 주목할 만하다. 이 일기는 식사하고 차를 마시고 꿈을 꾸고, 책을 읽고, 친구와 교제를 나누고, 편지를 주고받으며, 친척들의 결혼으로 분주한 나날을 보내는 것과 같은 지극히 평범하고 자잘한 일상을 묘사하고 있다. 여기에서 우리가 발견할 수 있는 중요한 점은 이와 같은 일상을 기록하면서도 작자의 시선이 끊임없이 그의 내면으로 향하고 있다는 사실이다.

정월 19일 일기에서 그는 이렇게 적고 있다. "옛사람이 이런 말을 하였다. '천성은 편벽된 점에서부터 고쳐 나가야 된다.' 나의 편벽됨은 이기기를 좋아하는 데 있으며, 나의 편벽됨은 어려움을 두려워하는 데 있고, 나의 편벽됨은 집중하여 일을 하지 않는다는 점과 의지가 굳세지 않다는 점에 있다."[101] 외적인 조건과 상황 속에서 그의 눈은 끊임없이 자신의 내면세계를 분석한다. 내성화(內省化)된 그의 시선은 죄책감과 부끄러움, 근심과 우려와 같은 그의 내면세계를 독자들에게 드러내 보여 준다.

> 정월 3일, 늦게 일어났으니 첫 번째 잘못이다. 관유안(管幼安)은 스스로 이렇게 자책하였다. "나는 전에 하루는 상투를 틀지 않은 상태로 있었고 삼일 동안은 늦게 일어났으니, 이는 잘못된 것이다." 그러니 오늘 내가 어떻게 나쁜 습관을 규칙으로 삼겠는가? 성인도 사람인데 나이 사십이 되어서는 의혹이 없으셨다. 그런데 지금 나는 아직 홀로 서는 단계에

100 자는 蘊生, 호는 陶庵이며, 崇禎年間의 진사로 江蘇 嘉定(지금의 上海) 사람이다. 그는 마지막까지 청조에 저항하다 결국 자살하였다. 『甲申日記』는 그가 죽기 몇 개월 전에 쓰였다. 문집에 『山左筆談』과 『陶庵集』이 있다.

101 昔人有云, '性從偏處克將去'. 吾偏在好勝, 吾偏在畏難, 吾偏在不專, 吾偏在不毅.(鄧選深 選注, 『歷代名人日記選』, 花城出版社, 1984, 237쪽)

도 이르지 못했으니 이는 첫 번째 두려운 일이다. 안연(顔淵)은 잘못을 두 번 다시 범하지 않는다 하였는데, 지금 나는 잘못을 하고 나서도 다시 저지르니 이는 두 번째 두려운 일이다. 공자는 "아침에 도를 깨달으면 저녁에 죽어도 좋다."라고 하였는데, 오늘 나는 죽을 수 있는가? 이것이 세 번째 두려운 일이다. 옛사람들은 어려서 교육을 받아 세상과 나라를 다스릴 수 있는 재능을 갖추었다. 그런데 지금 나는 수시로 잘못을 범하고 나서야 배우니 지금까지의 세월을 다 쓸모없이 내버린 것은 아닌가? 이것이 네 번째 두려운 일이다. [···] 저녁에 희맹(熙孟)한테 가서 술을 마셔 정신이 반은 맑고 반은 혼미한 상태였다. 옛사람들은 매일 밤 반드시 향을 사르고 하늘에 기원했는데, 만약 조금이라도 허물이 있으면 하늘에 고하지 못했다고 한다.[102]

황순요가 이 일기를 쓰던 당시 그가 거주하던 강남 지역은 전쟁 상황이었다. 특히 그는 청조에 항거하여 마지막까지 싸우다가 자결하여 명에 대한 절개를 지킨 열사였다. 하지만 그의 일기에서 그런 거대한 역사적 사건은 찾아보기 어려우며, 다만 평범한 일상 속에서 끊임없이 내면으로 향하는 그의 시선을 느낄 따름이다.

내면에 대한 분석, 자기 고백적 성격을 띠고 있는 그의 일기는 물론 서구 기독교적 전통 속에서 흔히 볼 수 있는 거룩한 신 앞에 선 타락한 인간이 느끼는 죄책감과는 차이가 있다. 이 일기에서 볼 수 있는 것은 신유

102 三日, 晏起, 是一過. 管幼安自訟曰, "吾嘗一朝科頭, 三晨晏起, 過必在此." 今豈可習以爲常也? 聖人亦人也, 四十而不惑. 今我尙未到立境界, 一可懼也. 顔子不貳過, 今有過皆復犯, 二可懼也. "朝聞道, 夕死可矣." 今此身可以死乎? 三可懼也. 古人蒙養時, 便有天下國家之具, 今時過而後學, 從前歲月, 皆棄擲於無用之地, 四可懼也. [···] 晩, 赴熙孟飮, 心境在半淸半濁之間. 古人每夜必焚香告天, 使略有穢滓, 便不堪告天矣.(鄧選深, 앞의 책, 235쪽)

학적 전통 속에 놓여 있는 자기 수양, 즉 양심이라는 잣대를 통해 자신을 돌아보고 반성하고 다짐하는 자기 성찰적 자아의 모습이다.

오백익은 이와 같은 자기 성찰적인 시선, 자기 내면의 움직임을 드러내고 있는 글이 쓰일 수 있었던 배경에는 16세기 이후에 영향력을 끼치기 시작한 양명학이 자리잡고 있었다고 지적한 바 있다.[103] 그는 일기 쓰기가 송대에 폭넓게 자리를 잡았지만 현존하는 송대의 일기 가운데 작자의 내면세계를 포착할 수 있는 작품은 발견할 수 없다고 말한다.[104] 그에 따르면 15세기에 활동하던 오여필(吳與弼, 1392-1469)의 일기에 이르러서야 비로소 자기 반성과 자기 수양에 관한 성찰을 담은 주관적인 개인의 내면을 발견할 수 있다.[105]

지금까지의 내용을 종합해 볼 때 전통 시기 일기는 산발적이고 제한적인 모습이기는 하지만, 16세기를 전후하여 점차 사적인 성격이 분명해지고 내성화하는 경향을 보이고 있음을 알 수 있다. 그리고 보수적인 문인 내부에서 일어난 이러한 글쓰기의 변화는 당시 개인에 대한 변화된 인식을 보여 주는 징표로 간주할 수 있다.

(3) 유기(遊記)

전통 시기 중국의 고문 문체 가운데 유기는 당대(唐代) 유종원(柳宗元, 773-819)의 유명한 '영주팔기(永州八記)' 이래 송대에 이르러 크게 성행한 문체였다. 당송대 유기와 명말 유기의 서로 다른 성격은 앞서 언급했던 서와 척독의 차이와 유사한 것이라고 말할 수 있다. 명말의 유기는 당송대

103 Pei-yi Wu, *op.cit.*, p. 235.

104 이와 관련하여 Jaroslav Průšek은 이렇게 말한다. "전 시대에 유가 철학은 인간은 천성적으로 선하고 인간의 본성의 복잡성과 모순을 무시할 수 있다고 주장함으로써 그 문제를 매우 단순화시켰다."(Jaroslav Průšek, *op.cit.*, p. 23)

105 Pei-yi Wu, *op.cit.*, pp. 93-95.

유기에 비하여 약간의 속어와 백화를 흡수하여 기존 고문법에서의 변화를 시도하고 편폭에서도 상당히 자유로움을 추구하는 경향을 보인다.

하지만 이보다 내용적인 측면에서 나타난 변화가 더 중요하다. 당대의 유기가 서경과 서정, 의론이 잘 결합되어 있는 특징을 보여 준다면, 명말에 나온 유기는 의론적인 성격이 상당히 감소되는 경향을 보인다. 명말에 나온 유기는 이성보다는 감성을, 이념이나 가치의 전달보다는 풍부한 서정성을 추구하는 경향을 나타내고 있다. 명말의 유기에서는 유가적인 이념과 같은 공적인 내용보다 개인의 일상적 생활과 취미, 개인의 서정과 같은 사적인 내용이 보다 중요하게 다루어지고 있다.

유기는 대체로 여정에 따라서 보고 듣고 경험한 것을 기록한 글로, 자기 체험을 기록하려는 욕망은 개인의 가치, 개인의식의 성장과 무관하지 않다.

이처럼 여행의 경험을 기록한 글은 유기뿐 아니라 일기에서도 흔히 찾아볼 수 있는데, 오백곡(王百穀, 1535-1612)의 『객월지(客越志)』(1566)와 『형계소(荊溪疏)』(1583)를 비롯하여 유명한 서홍조(徐弘祖, 1586-1641)의 『서하객유기(徐霞客遊記)』[106] 등을 거론할 수 있다. 또한 어떤 척독은 유기와 상당히 흡사한데, 이는 당시 서로 상이한 문체라 하더라도 내용상으로는 상호침투하는 현상을 보여 준다. 일례로 원굉도가 북경에서 국자감조교(國子監助教)로 있을 때 절친한 친구였던 매국정(梅國楨)에게 쓴 글은 마치 서정적인 유기를 읽는 듯한 착각을 들게 한다.

> 봄 내내 추위가 심하여 서직문(西直門) 밖의 버드나무에는 여전히 싹이 돋지 않았습니다. 화조절(花朝節, 2월 15일) 저녁에 달은 휘영청 밝지만

106 萬曆 35년(1607)부터 崇禎 14년(1641)까지 30여 년이 넘는 오랜 기간에 걸쳐 쓴 전형적인 기행 일기이다.

차가운 바람이 눈을 찌르는데, 아우와 함께 한가로이 동직문(東直門) 길을 걷자니 흥겨움을 가눌 길 없기에 드디어 북안문(北安門)을 지나 약왕묘(藥王廟)에 이르러 어하수(御河水)를 구경하였습니다. 때는 얼음이 아직 녹지 않아 온통 보이는 것은 흰색뿐이고 차가운 빛은 달빛과 서로 어울려 한기가 뼈를 시리게 하였습니다. 숭국사(崇國寺)에 도착하니 적막하여 한 사람도 보이지 않고 풍경소리만이 강아지의 울음소리와 서로 화답하고 있었습니다. 대전에 걸려 있는 편액과 옛 비석의 글자들은 분명하여 하나하나 읽을 수 있었습니다. 나무 위의 추운 까마귀는 나무를 쳐도 놀라지도 않고 돌멩이를 던졌으나 역시 꼼짝 않고 있어서 마치 얼어붙은 것 같았습니다. 그때 홀연히 큰 바람이 쉬웅 소리를 내며 처마로 불어왔고 뿌연 모래가 사방에서 날아와 쌓였습니다. 얼굴을 감싸고 빨리 뛰었으나 입 안에 들어온 모래가 꺼끌꺼끌 소리를 내니 즐거움은 잠시뿐이고 고통이 이미 백 배나 되었습니다. 수일 후에 다시 아우와 만정(滿井)을 한번 구경하였더니 말라죽은 가지들만 서너 줄기 붙어 있어 도무지 이른 봄의 참신한 맛이 없었습니다.[107]

원굉도의 산문 작품은 척독 다음으로 유기가 많은 부분을 차지하고 있다.[108] 원굉도의 『해탈집(解脫集)』[109]에 수록되어 있는 유기 가운데 첫 번

107 萬曆 27년(1599)에 北京에서 쓴 글이다. “一春寒甚, 西直門外, 柳尙無萌蘖, 花朝之夕, 月甚明, 寒風割目, 與舍弟閒步東直道上, 興不可遏, 遂由北安門至藥王廟, 觀御河水. 時冰皮未解, 一望浩白, 冷光與月相磨, 寒氣酸骨. 趨至崇國寺, 寂無一人, 風鈴之聲, 與猧吠相應答. 殿上題額及古碑字, 了了可讀. 樹上寒鴉, 拍之不驚, 以礫投之, 亦不起, 疑其僵也. 忽大風吼簷, 陰沙四集, 擁面疾趨, 齒牙澀澀有聲, 爲樂未幾, 苦已百倍. 數日後, 又與舍弟一觀滿井, 枯條數莖, 略無新意.”(「答梅客生」)(원굉도 저, 심경호 등 역주, 『역주 원중랑집』 5, 소명출판, 2004, 268-269쪽의 내용을 약간 수정함)

108 袁宏道의 산문은 모두 593편인데 이 가운데 尺牘이 275편, 遊記가 87편, 序跋

째 작품인 「유혜산기(遊惠山記)」는 "내 성격은 소탈해서 얽매이고 갇히는 것을 참지 못한다."[110]라는 '나'에 대한 이야기로 시작된다. 병이 나은 직후 작자의 평범한 일상을 묘사하면서 산수에 대한 그의 남다른 열정을 이야기하는 것이 이 작품의 중심 내용이다. 「용정(龍井)」이나 「혜산후기(惠山後記)」도 여정이나 풍경은 간략하게 묘사된 반면 작자 자신에 대한 이야기가 중심을 이룬다. 이 두 작품의 중심 내용은 작자 자신의 차에 대한 전문가적인 안목과 취향, 차를 즐기는 멋과 여유에 대한 것이다. 원굉도의 대표적인 유기 작품 가운데 하나로 언급되는 「호구(虎丘)」[111]는 일곱 번에 걸쳐 호구산 유람을 다녀온 후에 쓴 글이다.[112] 이 글에는 여정이나 시

이 79편이다.(김혜진, 「원굉도의 유기문 연구」, 서울대 석사학위논문, 2005, 3쪽, 주 3) 袁宏道의 유기 작품은 크게 네 시기로 구분된다. 첫째, 吳縣 縣令으로 재직하거나 사직한 직후에 쓴 작품으로 주로 오월 지방을 유람하면서 지은 작품이다. 『錦帆集』에 20편, 『解脫集』에 38편이 수록되어 있다. 둘째, 北京 順天府敎授로 있으면서 北京 교외를 유람하며 지은 작품으로 『甁花齋集』에 8편이 수록되어 있다. 셋째, 사직 후 그는 고향인 公安의 柳浪湖에 은거하며 유람했는데 『瀟碧堂集』에는 이 시기에 지은 11편의 유기가 수록되어 있다. 넷째, 陝西의 主試官으로 부임하여 그 주변을 유람하면서 지은 작품 10편이 『華嵩遊草』에 수록되어 있다. 그의 유기는 오월 시기를 전기로 그 나머지 시기를 후기로 보는데 작품의 성격도 차이를 보인다. 총 87편의 유기 작품 가운데 오월 시기의 작품이 58편으로 전체 3분의 2를 차지하고 있다.(김혜진, 앞의 논문, 4-5쪽 참조)

109 萬曆 25년(1597) 2월 사직을 허락받은 후 1598년 다시 順天府敎授로 부임받아 가기 직전까지 산수를 유람하면서 쓴 글이 수록되어 있다.

110 余性疎脫, 不耐羈鎖.(원굉도, 『역주 원중랑집』 3, 285, 288쪽)

111 『錦帆集』에 수록되어 있는 遊記 가운데 첫 번째 작품이다. 『錦帆集』은 萬曆 24년(1596)부터 萬曆 25년(1597)까지 그의 나이 29, 30세 때 지어진 작품을 수록하고 있다. 참고로 袁宏道는 1595년 3월에 오현 현령으로 부임했고 1596년 3월에 사직서를 제출했으며, 1597년 2월에 사직을 허락받았다.

112 "오현 현령으로 있는 2년 동안 호구산에 오른 것이 여섯 번이다(吏吳兩載, 登虎丘者六)."라는 말과 "소주 지방의 나그네(吳客)"의 신분으로 오른 것까지를 합

간의 순서에 상관없이 사계절과 밤낮의 다양한 정경이 교차 표현되어 있다. 이 글은 원굉도의 기억 속에 남아 있는 풍경을 기록하고 있는 회고적인 성격의 작품이다. 작자는 자연 경물(景物)에 대한 객관적인 묘사나 여정에 관해서는 간결하게 묘사한다. 대신에 그는 중추절 날 밤 호구산에 운집한 유람객들의 모습을 집중적으로 세밀하게 묘사하고 있는데, 이는 그 광경이 그의 기억 속에 가장 선명하게 남아 있었기 때문일 것이다. 이런 측면에서 이 작품은 작자의 주관적인 색채를 강하게 드러내고 있다고 볼 수 있다. 일반적으로 기존의 유기 작품이 대개 시간에 따른 여정과 산수 자연에 대한 객관적이고 세밀한 묘사에 초점을 맞추고 아울러 의론을 첨가하는 방식이었음을 기억할 때, 이 작품은 그런 유기의 틀을 깨뜨리고 자유롭게 내용을 구성하고 있음을 알 수 있다.

장대(張岱, 1597-1680)[113]는 공안파와 경릉파의 장점을 두루 갖추고 있다고 평가되는 만명 시기의 대표적인 소품문 작자이다. 그가 지은 유명한 유기 소품 문집인 『도암몽억(陶庵夢憶)』과 『서호몽심(西湖夢尋)』은 어찌 보면 당시의 풍경을 객관적으로 생생하게 묘사한 유기 작품처럼 보인다. 『서호몽심』은 계절에 따라 바뀌는 서호의 다양한 풍경과 정취, 별장과 누각, 사찰과 도관 등이 한 폭의 산수화처럼 묘사되어 있다.[114] 『도암몽억』에서 묘사하고 있는 것은 주로 명말에 가장 번화한 대도시였던 항주(杭州), 남경(南京), 소주(蘇州), 양주(揚州), 소흥(紹興) 등의 풍경으로, 거기에는

쳐 그가 총 일곱 차례에 걸쳐 호구산을 유람했음을 알 수 있다.(원굉도, 『역주 원중랑집』 2, 33-34쪽)

113 張岱의 생졸 연도에 대해서는 여러 가지 이견이 있으나 필자는 비교적 최근에 나온 精緻한 張岱 연구서인 胡益民의 『張岱硏究』(安徽教育出版社, 2004)에서 논증한 내용을 받아들였다.

114 전체 5권 72칙으로 總記, 北路, 西路, 中路, 南路, 外境의 다섯 부분으로 나누어 기술하고 있다. 이 작품은 康熙10년(1671), 그의 나이 75세 때 지어졌다.

산수 자연과 풍습을 비롯하여 인정세태도 있고 문학과 예술도 있다.[115]

하지만 제목을 통해 암시되고 있듯이 이들 작품은 "꿈속에서 찾은 서호"이며 "꿈결 같은 나(장대)의 화려했던 지난날에 대한 이야기"이다. 『서호몽심』은 장대가 75세 때 지은 작품으로, 젊은 시절 수년 간에 걸쳐 유람했던 서호에 대한 종합적인 영상에 대한 기록이라고 할 수 있다. 작자는 서문에서 이렇게 말한다. "나의 일생은 불운하여 서호와 이별한 지도 오랜 시간이 흘러 28년이 되었다. 하지만 서호가 내 꿈에 나타나지 않은 날은 하루도 없었다. 꿈속의 서호는 나와 하루도 헤어진 적이 없었다."[116] 그는 지금은 그 모습을 찾아볼 수 없어 다만 기억 속에 남아 있는 아름다운 서호의 풍경을 간직하기 위해 이 글을 쓰게 되었다고 말한다.[117] 『도암몽억』의 서문에서 우리는 노년에 접어든 작자가 자신의 지난날을 돌아보며 추억에 잠겨 있는 모습을 발견할 수 있다. 그는 "번화하고 화려

115 『陶庵夢憶』은 張岱의 50세 때 쓰인 글이다. 여기에 수록된 120편의 글에는 元宵節의 폭죽과 장식등 축제, 단오절 전후의 龍船 놀이, 仲秋節 밤 虎丘山의 풍경, 7월 중순의 西湖의 풍경, 성대한 廟會의 풍경을 비롯하여 장서가, 배우, 장인, 예인 등에 대한 이야기, 희곡, 원림, 회화, 서법, 전각, 음식, 차, 골동품, 원예 등 다양한 내용이 포함되어 있다.

116 余生不辰, 闊別西湖二十八載, 然西湖無日不入吾夢中, 而夢中之西湖, 未嘗一日別余也.(『西湖夢尋·自序』)(張岱, 『陶庵夢憶·西湖夢尋』, 作家出版社, 1995, 171쪽)

117 "갑오년과 정유년에 두 번 서호에 갔는데 湧金門 商氏의 樓外樓, 祁氏의 별장, 錢氏와 余氏의 별장, 우리 집 기원과 그 일대의 마을 집들은 겨우 기왓장과 자갈만이 남아 있을 뿐이었다. […] 나는 황급히 그것을 피하며 나 자신에게 말하였다. 서호 때문에 왔지만 지금 내가 본 것이 이와 같으니, 오히려 아직 완전한 내 꿈속의 서호를 간직하는 것이 낫겠구나. […] 이에 『西湖夢尋』 72則을 지어 후세에 남겨 서호의 그림자로 삼고자 한다.(前甲午丁酉兩至西湖, 如涌金門商氏之樓外樓, 祁氏之偶居, 錢氏余氏之別墅, 及余家之寄園, 一帶湖莊, 僅存瓦礫, 則是余夢中所有者, 反爲西湖所無. […] 余及急急走避, 謂余爲西湖而來, 今所見若此, 反不如保我夢中之西湖尙得安全無恙也. […] 因作夢尋七十二則, 留之後世, 以作西湖之影.)"(『西湖夢尋·自序』)(위의 책, 171-172쪽)

했던 내 일생을 돌아보니 순식간에 모든 게 사라지고 50년 만에 모든 것이 한바탕 꿈이 되었구나."[118]라고 말한다.

그는 글쓰기를 통해 자신의 지난날을 재생하고자 한다. 그의 글은 "연대순을 따르지 않고"[119] "분야를 나누지도 않은"[120] 채 "기억나는 대로 쓴"[121] 기억의 파편들이다. 따라서 이 글을 작자의 젊은 시절의 기억을 적은 한 편의 회고록으로 보아도 좋다.[122] 작자가 객관적으로 묘사하는 듯이 보이는 풍경은 사실은 작자의 기억에 의해 주관적으로 재생된 풍경인 것이다. 작자는 자신의 글이 "우연히 한 항목을 골라 읽어 보면 마치 옛길을 걷는 듯하고 친구를 만난 듯한"[123] 그런 느낌을 줄 수 있기를 기대한다. 따라서 이 글은 일차적으로는 장대가 자신의 아름다운 기억을 영원히 간직하기 위해 쓴 글이면서, 동시에 그 기억을 공감할 수 있는 독자들을 대상으로 하고 있다. 이 작품집에서 그려내고 있는 것은 작자의 아름다웠던 지난날의 풍경이다.

그러나 이 작품에 대한 보다 온전한 이해는 고통스럽고 참혹한 현실과 글 속에서 재현되고 있는 번화하고 아름다운 과거의 풍경을 대조시켰을 때 비로소 가능해진다. 그는 글쓰기를 통해, "나라가 망하고 가정이 파괴되어 의지할 곳이 없어 산발을 하고 산속으로 들어가"[124] 야인으로

118 因想余生平, 繁華靡麗, 過眼皆空, 五十年來, 總成一夢.(『陶庵夢憶·序文』)(위의 책, 20쪽)

119 不次歲月.(『陶庵夢憶·序文』)(위의 책, 20쪽)

120 不分門類.(『陶庵夢憶·序文』)(위의 책, 20쪽)

121 憶即書之.(『陶庵夢憶·序文』)(위의 책, 20쪽)

122 여기서 묘사하고 있는 풍경은 명이 멸망하기 직전 天啓(1621-1627)와 崇禎年間(1628-1644), 즉 張岱가 20대부터 40대까지 보고 들었던 풍경이라고 할 수 있다.

123 偶拈一則, 如遊舊徑, 如見故人.(『陶庵夢憶·序文』)(위의 책, 20쪽)

124 國破家亡, 無所歸止, 披髮入山, 駭駭爲野人.(『陶庵夢憶·序文』)(위의 책, 19쪽)

살면서 굶주림으로 고통받고 있는 현실을 벗어날 수 있었다. 작자가 과거와 기억 속으로 침잠했던 것은 현실을 잊고 그 속에서 안식과 위안을 얻기 위한 목적이었던 것이다. 따라서 서문에서 장대가 "부처 앞에 나아가 하나하나 참회하였다."[125]라고 한 것은 화려한 나날을 보냈던 지난 세월에 대한 진심어린 후회와 반성으로 받아들이기 어렵다. 그의 글 어디에서도 그런 감정을 찾아볼 수 없으며, 오직 지나온 자신의 세월에 대한 애착과 아쉬움만을 발견할 수 있기 때문이다.

글 속에 성인의 도를 담아야 한다는 '문이재도(文以載道)'의 이념 대신에, 이 시기 작자들은 "글이란 특이한 꽃, 아름다운 새가 사람들의 눈과 귀를 즐겁게 하는 것과 같아서 사람의 성정을 기쁘게 해야 한다."[126]라고 말한다. 진계유(陳繼儒, 1558-1639)는 "새싹이 새롭게 돋아난 듯하고 매우 다채로워 법외법(法外法), 미외미(味外味), 운외운(韻外韻)이 있는"[127] 작품을 높이 평가한다. 비교적 가볍고 서정성이 충만한 느낌을 주는 이 시기의 유기는 전 시기에 비해 작자의 주관적인 서정과 경험이 더욱 중시되어 가는 경향을 보여 주고 있다.

2) 자전적인 글

지금까지 살펴본 소품문 이외에도 전통 시기 문체 분류법 어디에도 포함시키기 어려운 자전적인 성격의 글이 있다. 그러니까 필자가 여기에서 다루고자 하는 글은 전통 시기 중국에서 독립적인 문체로 그 영역을 차지하

125 向佛前, 一一懺悔.(『陶庵夢憶·序文』)(위의 책, 20쪽)

126 鄭元勳, 『媚幽閣文娛·自序』.(이제우, 「'晩明小品' 창작의 이론 배경과 실천」, 『중어중문학』 제33집, 2003, 449쪽에서 재인용)

127 이제우, 「晩明小品關係 主要著述 版本攷」, 『중국학연구』 제9집, 1994, 263쪽에서 재인용.

고 있지 않았다는 것이다.[128] 필자가 여기에서 '자전적(自傳的)인 글'이라고 했을 때 염두에 두고 있는 것은 거칠게 '작자가 자기 자신에 대하여 쓴 글' 정도를 의미한다. 전통 시기 중국에서 이와 같은 성격의 글에 포함시킬 수 있는 것으로는 자찬묘지명(自撰墓誌銘), 자서(自序), 자찬연보(自撰年譜) 등이다.

사실 중국의 고전 문학 작품, 특히 시문을 읽어 본 사람은 그 내용이 상당히 사실적인 체험에 근거하고 있다는 인상을 받는다. 가와이 코오조오(三合康三)는 『중국의 자전문학』에서 중국의 고전 문학 전체가 서구에 비해서 훨씬 강한 자전적인 성격을 띠고 있다고 주장한다.[129]

그렇지만 필자가 여기에서 다루고자 하는 글은 보다 직접적으로 자기 자신을 대상으로 하고 있는, 일반적인 시문에 비해서는 더욱 분명하고 뚜렷하게 자의식이나 내면을 드러내고 있는 작품들이다.

128 서구에서 자서전은 비교적 일찍 출현하여 일정한 흐름을 형성하면서 발전하였다. 서구에서 자전적 글쓰기는 5세기 Augustinus의 종교적 성격의 『고백록』에서 시작되었다. 이후 절대자 앞에 선 인간의 신앙 고백적인 자기 성찰을 담고 있는 종교적 성격의 자전적 글쓰기는 서구 문화 속에서 일정한 흐름을 형성해 왔다. 18세기 Jean-Jacques Rousseau의 『고백록』은 순수하게 개인의 내적인 고백과 경험을 고백체 형식으로 기록한 작품으로 유명하다. 이 작품의 출현은 서구에서 종교적 성격에서 벗어난 새로운 형태의 자전적 글쓰기 전통이 자리잡기 시작했음을 의미하는 것이었다. 근대 시기 서구에서 자서전이 성행하게 된 것은 흔히 개인에 대한 가치의 제고와 개인의식의 성장으로 설명된다. 근대 중국의 문인들은 서구 문학의 유입과 함께 자서전에 대해서 새롭게 주목하게 되는데, 晩淸 시기 王韜(1828-1897)의 「韜園老民自傳」은 흔히 중국 자서전의 효시로 간주된다. 왕도를 뒤이어 梁启超(1873-1929)의 「三十自述」(1902), 胡適(1891-1962)의 『四十自述』(1931), 郭沫若(1892-1978)의 『沫若自傳』, 沈從文(1902-1988)의 『從文自傳』(1932), 郁達夫(1896-1945)의 『達夫自傳』(1936), 巴金(1904-2005)의 『巴金自傳』(1934), 馮玉祥(1882-1948)의 『我的生活』(1939) 등 근대 중국의 문인들은 대부분 자서전을 자아 표현의 중요한 양식으로 중시하였다.

129 가와이 코오조오 지음, 심경호 옮김, 『중국의 자전문학』, 소명출판, 2002, 18쪽.

전통 시기 중국에서 자신의 문집에 작자 자신이 직접 서문을 쓴다든가, 자신을 위한 전을 짓는다든가, 자기 자신을 위해 묘지명을 쓰는 것은 일반적인 관습이 아닌 매우 예외적인 변체라고 할 수 있다. 원래 전이나 연보, 묘지명은 해당 인물이 사망한 후 다른 사람에 의해 쓰여지는 것이 일반적이었기 때문이다. 따라서 자기 자신을 위해서 전, 연보, 묘지명을 쓴다는 것 자체가 당시의 일반적인 통념을 조롱하는 약간은 불손하고 이단적인 행위로 비쳤을 수 있다.

그렇지만 다른 한편으로 자신의 이야기를 직접 쓴다든가, 자신의 역사를 기록으로 남기려는 욕망과 의지는 자의식의 발동 혹은 자의식의 성장으로 해석할 수 있다.

(1) 묘지명(墓誌銘)

묘지명[130]은 죽은 이의 친구나 친척이 쓰는 경우가 많았고, 부유한 가문인 경우 유명한 문인이나 명사를 찾아서 후한 사례비를 주고 써 달라고 하는 것이 남북조 시기를 거치면서 하나의 관습으로 자리를 잡았다. 따라서 고인을 애도하고 고인의 덕행을 찬양하는 틀에 박힌 내용이 대부분이었다.

자찬묘지명(自撰墓誌銘)은 일반적인 묘지명의 예외적인 형태로, 대체

130 일반적으로 지하에 묻은 것을 墓誌銘, 墓誌, 壙銘, 壙記, 埋銘이라고 했으며, 땅 위에 세우는 것을 墓碑, 墓表文이라고 하였다. 梁代에 이르러 墓誌는 돌에 새기는 경우가 많았으며 두 개의 돌을 붙여서 사용하였다. 하나는 銘辭를 새기고, 다른 하나는 죽은 이의 성명과 관직을 새겨 영구 앞에 놓았다. 梁代에 이르러서 이와 같은 前誌後銘의 형식이 정립되었다. 애초 묘지명은 무덤의 주인을 확인시켜 주는 증거물이라는 실용적인 목적도 있었겠지만, 남북조 시기에 이르면 죽은 이의 공덕을 찬양하는 수단으로 사용된다. 묘지명에 관한 보다 상세한 연구로는 呂海春의 「長眠者的自畫像-中國古代自撰類墓誌銘的歷史變遷及其文化意義」(『中國古籍與文化』 1999年 3期)를 참고하기 바란다.

로 작자 자신이 이미 죽었다는 것을 전제로 하고 자기 자신의 일생을 회고하며 자신을 애도하는 내용을 담고 있다.[131] 16-18세기에 특히 앞에서도 언급한 바 있는 광사(狂士)나 기인(奇人)들이 자찬묘지명을 많이 썼는데, 이는 개인의 자의식을 드러내는 글쓰기의 한 형태로 주목할 필요가 있다.

이 시기에 서위, 장대, 진계유,[132] 모기령(毛奇齡, 1623-1716)[133] 등이 쓴

131 自撰墓誌銘은 흔히 보이지는 않지만 산발적으로 그 전통이 이어졌다. 西漢 杜鄴이 가장 먼저 자찬묘지명을 지은 것으로 알려져 있으며, 東晉 시기에 陶淵明은 자신을 위해서 「自祭文」을 지었다. 唐代에는 王績(590-644), 白居易(772-846), 杜牧(803-853), 韓愈의 아들인 韓昶 등이, 송대에는 周密(1232-1298), 王義山(1214-1287) 등이 자찬묘지명을 남기고 있다.(자세한 내용은 가와이 코오조오의 『중국의 자전문학』과 呂海春의 앞의 논문을 참고하기 바란다.) 明代 劉蓝는 스스로 자신을 위한 묘지명을 지은 이유를 이렇게 적고 있다. "옛사람들은 묘지명을 명필에 가탁했으니 문집에 덧붙여 영원토록 전하려는 것이었다. […] 또 스스로 挽歌나 祭文을 짓는 자도 있었는데, 그 일은 올바르지 않지만 감정은 솔직하니 나는 그것을 취하였다."(「秋佩生作墓誌銘」, 『明文海』 권454. 呂海春이 88쪽에서 인용하고 있는데, 원서를 확인해 본 결과 작자의 이름이 잘못되어 있었다.)

132 만명 시기에 관료가 되는 것을 포기한 자유로운 문인으로 문학과 예술에서 다양한 재능을 보였던 陳繼儒의 묘지명인 「空靑先生墓誌銘」(『續修四庫全書 · 集部 · 別集類』(1380), 上海古籍出版社, 2002, 216-217쪽)은 그의 정체성에 대한 고민과 죽음을 앞둔 슬픈 상황을 코믹한 소설적 설정으로 처리하고 있는 점이 인상적이다. 그의 글은 집안에 대한 언급 없이 자신의 일생에 대한 간략한 기술로 시작된다. 이어서 그는 문답 형식을 통해 유가도 불가도 도가도 신봉하지 않고 한 발은 사회에 한 발은 山林에 둔 채 근엄한 신사도 무식한 평민도 아닌 정체성이 애매한 사회의 주변인으로 살아온 자신의 인생 가치에 대한 자기변명을 한다. 뒤이어 그는 죽기 직전 가족들과 친구들을 불러 모아 놓고 마지막 축제를 즐기는 장면을 묘사하고 있다. 죽음을 애도하는 슬프고 엄숙한 분위기를 반전시키며 그는 노래와 춤이 어울어진 흥겨운 잔치 분위기를 만들어 낸다. 그는 "즐거워서 일어나 춤을 추며 모자에 꽃을 꽂고 빙빙 뛰놀며(喜而起舞, 簪帽以花, 婆娑挑達)" 여유와 웃음으로 죽음을 맞이한다. 陳繼儒의 이 자서전적인 글을 통해 기성 사회의 기준과 가치에 구속받지 않은 채 사람

자찬묘지명에서 우리는 자신의 인생과 삶에 대한 애착, 각성된 자아 인식을 발견할 수 있다.

예를 들어 자살을 시도하고 아내를 살해하여 옥살이를 한 서위는 유가적인 가치 규범에서 보면 반사회적인 이단자임에 분명하다. 상당히 개성적인 인물로 알려져 있는 그는 자신의 초상화에 다음과 같이 자신의 모습을 묘사하고 있다. "나는 태어나면서부터 뚱뚱했으나 스무 살이 되어서는 말라서 옷도 못 입을 정도였다. 서른 살이 되어서는 다시 점점 살이 찌더니 그 모습이 바보 같기까지 했다. 어쩌면 나이 오십이 되어 오늘날의 뚱뚱보 바보 같은 모습이 다시 빼빼 말라 산택에 은거하는 말라깽이에 가깝게 될 줄 어찌 알겠는가? […] 아! 용인가, 돼지인가? 학인가, 오리인가?"[134] 우리는 서위의 자신에 대한 이와 같은 묘사에서 자기변명과 애착에서 벗어나 자조적인 태도로 자신을 관망하는 또 하나의 시선을 발견하게 된다.

들과 다른 자기만의 가치를 발견하며 살아온 인생에 대한 자기변명의 목소리를 들을 수 있다. 또한 "인간 세상에서 방랑하며 자신의 성정에 따라(浪遊人間, 稱性而出, 率情而止)" 사회의 주변인으로 살아온 개성과 자부심이 강한 한 인간을 만나볼 수 있다. Pei-yi Wu, *op.cit.*, pp. 164-165에서도 陳繼儒의 묘지명에 관한 언급을 찾아볼 수 있다.

133 본문에서 毛奇齡의 「自爲墓誌銘」에 대한 분석은 생략하였다. 進士 출신으로 청초의 유명한 학자였던 毛奇齡의 묘지명은 사건이나 인물을 기록할 때 小注를 덧붙인다거나 개인을 역사적인 맥락에서 파악하고 있다는 점에서 史家의 관점을 드러내고 있다. 보통 묘지명이 1천 자 내외의 분량인 데 비하여 8천 자가 넘는 엄청난 분량에서 기존 문체의 양식적인 관습에서 완전히 벗어나 있다. 그의 묘지명은 일종의 연보 형태로 자신이 청조에 귀순하게 된 우여곡절을 상세하게 기술하고 있다. 보다 자세한 분석은 Pei-yi Wu, *op.cit.*, pp. 173-186을 참고하기 바란다.

134 吾生而肥, 弱冠而羸不勝衣, 旣立而復漸以肥, 乃至於若斯圖之痴痴也. 蓋年以歷於知非, 然則今日癡癡, 安知其不復羸羸, 以庶幾於山澤之癯耶? […] 噫, 龍耶豬耶? 鶴耶鳧耶?(「自書小像二首(其一)」)(徐渭, 『徐渭集』 第2冊, 中華書局, 1982, 585쪽)

자신을 바라보는 서위의 시선은 가정 44년(1565), 그의 나이 45세 되던 해에 쓴 자찬묘지명에도 나타난다.[135] 이 글은 자신의 유품을 어떻게 처리해야 하는지까지를 상세히 언급하고 있는 것으로 보아, 호종헌(胡宗憲, 1512-1565)의 사건에 연루되어 죽게 될 것을 예감하고 쓴 유서와 같은 성격의 글로 보인다. 죽음에 임박해 그는 자신의 지난 생애를 회고하고 평가하며 정리하는 한 편의 글을 썼던 것이다. 그는 자신이 "신분이 낮고 게으르면서 강직하여 신분이 높은 사람들과의 교류를 기피하니 사람들에게 오만한 듯이 보였고, 사람들과 함께 있을 때 어쩔 수 없이 웃옷을 벗으면 자신들을 조롱하는 것처럼 생각하였다. 사람들은 다 그것을 병폐로 생각하였다."[136] 사람들과 어울리지 못하는 그의 성격과 성향은 자신이 이해받지 못하고 있다는 생각으로 이어졌고, 그것은 그에게 고독감을 느끼게 했으며, 자기 비하와 자기 조소의 감정으로 연결되었던 것으로 보인다.

하지만 세상에서 홀로 서야 했던 상황은 자신의 내면적 가치를 견고히 다지는 계기로 작용했던 듯하다. 때문에 그의 자기 비하 감정은 곧바로 자신에 대한 변명과 자부심으로 만회된다. "나는 옳은지를 판단하여 거리끼는 것이 없으면 그때마다 내 생각대로 행동하고 유가적인 가치의 구속을 받지 않았다. 의롭지 않은 일에 관여하고 부끄러운 짓을 하고 추잡한 일에 개입하는 것은 나를 죽인다 해도 할 수 없는 일이다. 그러니 나의 죽음은 친척들도 제지할 수 없고 친구들도 이해할 수 없다."[137]

135 徐渭가 남긴 또 다른 자전적인 성격의 글은 그의 연보라고 할 수 있는 「畸譜」이다. 이 글은 그가 죽기 1년 전에 쓴 것으로 연월에 따라 간략하게 자신의 생애를 더듬고 있다.

136 賤而懶且直, 故憚貴交似傲, 與衆處不免袒裼似玩, 人多病之.(「自爲墓誌銘」)(徐渭, 앞의 책, 638쪽)

137 渭爲人, 度於義, 無所關時, 輒疏縱不爲儒縛. 一涉義所否, 干恥詬, 介穢廉, 雖斷頭

『명사(明史)·서위전(徐渭傳)』[138]에 묘사되어 있는 서위는 권세에 빌붙어 오만한 행동을 하다가 결국 죽음이 두려워 미친 척하며 살기를 도모했던 비열한 인물이다. 하지만 그가 직접 쓴 묘지명에 기술된 내용을 통해 볼 때 그는 세상과 친척들로부터 이해받지 못하는 상황 속에서도 자신에 대해서 떳떳하다. 아마도 그것은 자신의 선택과 추구하는 가치에 대해 확신하는 강한 내적 자아가 그를 떠받치고 있었기 때문일 것이다. 그의 자찬묘지명을 통해서 우리는 자의식이 강한 내적 자아의 모습을 발견할 수 있다.

장대는 그의 나이 69세에 자찬묘지명을 남겼는데, 이 글도 지난날 자신의 인생을 회고하며 쓴 한 편의 자서전적인 글이다. 이 글을 통해 볼 때 그의 기억 속에는 상반되는 두 개의 과거가 존재한다. 하나는 화려한 붉은색의 과거이고 다른 하나는 침울한 잿빛의 과거이다. 전자는 아득히 먼 젊은 날의 과거이고, 후자는 현재를 포함하는 가까운 과거이다. 그에게 있어 전자는 아름다운 꿈결 같은 나날이었고, 후자는 고통스런 현실이다.

그는 하룻밤 꿈과 같았던 아득히 먼 자신의 젊은 시절을 이렇게 회상한다. "어려서 부귀한 집안의 자제로 화려함을 매우 좋아하였고, 정사(精舍)를 좋아하였고 예쁜 여종을 좋아하였고 미소년을 좋아하였고 아름다운 의복을 좋아하였고 좋은 음식을 좋아하였고 준마를 좋아하였고 아름다운 등을 좋아하였고 불꽃놀이를 좋아하였고 연극을 좋아하였고

不可奪. 故其死也, 親莫制, 友莫解焉.(「自爲墓誌銘」)(위의 책, 639쪽)

138 『明史』의 기록에 따르면 徐渭는 袁宏道와 陶望齡에 의해 발견되어 새롭게 평가를 받게 된 인물이다. 이들의 노력에 의해 徐渭의 문집이 출판되었으며 이들은 각각 「徐文長傳」이라는 동일한 제목의 徐渭를 위한 전기를 지었다. 『明史』의 내용은 이들의 전기를 바탕으로 하고 있다. 이 외에도 沈德符의 『萬曆野獲編』 권23에도 「徐文長傳」이 있다.

음악을 좋아하였고 골동품을 좋아하였고 꽃과 새를 좋아하였다. 또한 차와 귤을 미치도록 좋아하였고 책벌레이자 시에 빠져 반평생을 바쁘게 보냈으니 모두 꿈인 듯하다."[139] 이 글을 통해 우리는 지나온 과거의 자신과 살아온 날들에 대한 장대의 사랑과 애착을 느낄 수 있다. 그가 기억하는 모든 것은 온통 흥겹고 아름답다. 장대는 자신의 과거를 도덕적인 기준으로 재단할 생각이 전혀 없어 보인다.

하지만 아름다운 그의 기억은 1644년 명조가 패망하고, 1646년 그의 고향이 청조에 점령당해 집을 떠나 산 속에서 야인과 같은 삶을 살게 되면서 단절된다. 50세의 노년에 그는 가산은 몰수되고 노비들은 도망가고 끼니도 제대로 먹지 못하는 처절한 가난과 고통의 날들을 보내게 된다. 지금 그에게 "남아 있는 것은 부서진 침상과 깨진 책상, 갈라진 솥과 고장난 거문고, 책 몇 권과 한쪽이 떨어져 나간 벼루뿐이다. 베옷에 채소 반찬도 항상 떨어지곤 한다."[140] 그는 귀천, 빈부, 존비가 완전히 뒤바뀐 자신의 일생을 돌아보며 사회 속에서 이해받지 못한 존재였던 자신과 그가 추구했던 인생의 가치에 대해 이야기한다. 그는 세상 사람들이 자신을 "패배자, 폐물, 멍청이, 미련한 수재, 잠벌레, 늙은 도깨비"[141] 등 어떻게 불러도 상관없다고 말한다. 우리는 여기서 자기 비하와 자긍심이라는 상반된 감정이 그의 내면에 혼재되어 있음을 발견할 수 있다. 자기 비하는 사회로부터 제대로 인정받지 못한 지식인들이 느꼈던 피해의식을 반영하고

139 少爲紈絝子弟, 极愛繁華, 好精舍, 好美婢, 好孌童, 好鮮衣, 好美食, 好駿馬, 好華燈, 好烟火, 好梨園, 好鼓吹, 好古董, 好花鳥, 兼以茶淫橘虐, 書蠹詩魔, 勞碌半生, 皆成夢幻.(「自爲墓誌銘」)(張岱 著, 屠友祥 校注, 『陶庵夢憶』, 上海遠東出版社, 1996, 240쪽)

140 所存者, 破床碎几, 折鼎病琴, 與殘書數帙, 缺硯一方而已. 布衣疏莨, 常至斷炊.(「自爲墓誌銘」)(위의 책, 240쪽)

141 任世人呼之爲敗子, 爲廢物, 爲頑民, 爲鈍秀才, 爲瞌睡漢, 爲死老魅也已矣.(「自爲墓誌銘」)(위의 책, 241쪽)

있다. 하지만 그는 세상 사람들의 평판으로 의기소침하지 않는다. 그의 자기 비하는 전적으로 진심에서 우러나온 것으로 볼 수는 없는데, 왜냐하면 그것은 동시에 자신에 대한 강한 내면적 자긍심을 포함하고 있기 때문이다. 장대는 자신에 대한 세상의 시선과 평판이 어떠하든지 상관없이 자신의 성향과 취미, 자신이 추구해 온 가치를 바꿀 생각이 없으며, 하고 싶은 것을 하면서 살아온 자신의 일생에 대해 후회하기보다 오히려 자부심을 느끼고 있다.

(2) 연보(年譜)

연보는 일반적으로 송대에 출현한 것으로 알려져 있다.[142] 전기(傳記)의 한 형태로 간주될 수 있는 연보는 연월의 순서에 따라서 인물의 출생과 경력을 기술한다는 점에서 다른 글쓰기 형태와 구별된다. 연보는 역사적으로 유명한 문인, 학자, 정치가를 대상으로 당사자가 아닌 타인이 편찬하는 것이 일반적인 형태이다. 송대에 시작된 연보는 명청대에 이르러 수량이 엄청나게 증가할 뿐만 아니라 내용도 풍성해지며 대상도 여성에까지 확대되는 경향을 보인다.[143] 남송 말에 문천상(文天祥, 1236-1283)은 처음으로 자기 자신을 위해 연보를 지은 사람으로 알려져 있다. 이와 같은 자찬연보[144]는 명청대, 특히 청대에 이르러서 급격하게 늘어나는 양상을 보인

142 연보에 대한 간략한 연구로는 倉修良·陳仰光의 「年譜散論」(『史學史硏究』 2001年 第2期(總102期), 浙江大學 歷史系)이 있다.

143 楊殿珣이 편찬한 『中國年譜總錄』에는 처음에 3,015명의 연보가 수록되어 있었는데, 1996년에 나온 增訂本에는 4,450명으로 늘어났다. 송대 90종(실제로는 65종), 원대 21종, 명대 230종, 청대 1,233종, 근대 이후 2,872종이다. 趙士哲이 편찬한 『建安年譜』 2권에는 명말 여성의 연보가 수록되어 있다.

144 자찬연보는 자신이 직접 기술하는 경우도 있고 구술한 내용을 다른 사람이 대필한 경우도 있었다.

다.[145] 작자 자신이 과거의 자신의 역사를 세세하게 작성하기 시작한 것은 분명 사적인 개인의 역사, 개인의 가치에 대한 인식의 제고와 무관하지 않아 보인다. 예를 들어 명청 전환기를 살았던 섭소원(葉紹袁, 1589-1648)은 엄청난 분량의 자찬연보 3편을 남기고 있다.[146] 그의 연보는 어떤 부분에서는 마치 일기처럼 날씨와 풍경, 자신이 느꼈던 감정까지도 상세하게 기술하고 있어 거의 완벽에 가까운 그 개인의 역사라고 할 수 있다.

(3) 자서(自序)

자서는 원래 작자가 독자 대중에게 자신과 책의 내용을 소개하는 글쓰기 형태였으나 나중에는 책과 무관하게 독립적으로 쓰이기도 했다. 17세기의 왕개(汪介, 1603?-1682?)는 자서의 형식을 빌려 자신의 자서전을 쓰고 있다. 거의 만 자에 이르는 그의 '자서'는 전통 시기에 쓰여진 자서 중에서 다른 예를 찾을 수 없을 정도로 엄청난 분량이다.[147] 대부분의 자전적인 성격의 자서에서 작자가 연대기적인 순서를 따르고 있다면 왕개는 연대기를 폐지함으로써 일반적인 역사 기술에서 벗어나 있다. 이 글의 주요 내용은 자기 자신에 대한 일화이며 자신에 대한 관찰 기록이다.[148]

145 楊殿珣의 통계에 따르면 청대의 연보 가운데 자찬연보는 전체의 25퍼센트 정도를 차지할 만큼 증가하는 양상을 보인다. 이 시기 유명한 자찬연보로는 「黃梨洲自撰年譜」, 「竹汀居士(錢大昕)年譜」, 「漁洋山人(王士禎)自撰年譜」, 「葵園(王先謙)自定年譜」 등을 들 수 있다.

146 「葉天寥自撰年譜」, 「年譜續纂」, 「天寥年譜別記」.(葉紹袁, 冀 勤 輯校, 『午夢堂集』 下, 中華書局, 1998, 821-906쪽)

147 汪介는 1635년 縣試에 합격한 것을 제외하고 무수히 과거에 응시했다가 낙방하였다. 그는 생애의 대부분을 幕友 생활을 하면서 보냈으며, 湖南과 嘉定의 지방지를 편찬하는 데 참여하기도 했다.

148 한 부분을 인용하면 이렇다. "나는 도박을 좋아한 적이 있었다. 사람들이 술과 게임을 위해 모일 때마다 나는 항상 큰돈을 내기에 걸었고 어김없이 이겼다. 나는 또한 창녀와 교제를 즐기곤 했다. 유명한 미인조차도 나에게 돈을 요구

정섭(鄭燮)의 「판교자서(板橋自敍)」(1749)는 그가 관직 생활에 염증을 느끼고 관직을 사퇴하려는 생각이 싹트고 있을 무렵인 57세 되던 해 가을에 쓴 자전적인 성격의 글이다. 이 글은 마치 자전과 같이 성명과 출생지를 기술하는 것으로 글을 시작한 후, 이어서 교양 있는 가문에서 태어난 어머니와 서당 선생이었던 아버지에 대해서 이야기한다. 그는 자신의 어린 시절을 이렇게 회고하고 있다. "어렸을 때는 특별히 남과 다른 점이 없었다. 키는 약간 큰 편이었고 몸집은 컸지만 외모가 못생겨서 사람들이 모두 업신여겼다. 또 호언장담하기를 좋아했고 자부심이 너무 지나쳤으며 가리지 않고 함부로 욕을 하였다. 여러 어르신들은 다 곁눈질하며 교제하지 못하도록 주의를 주었다."[149] 그는 자신의 내적인 욕망과 감추고 싶은 치부를 포장하지 않고 독자에게 솔직히 드러내 보여 준다. 그는 "나는 산수를 지독히 좋아하였다. 여색도 좋아했는데, 특히 미소년이나 시첩과 즐기는 일이 많았다. 하지만 나 자신이 늙고 못생겼다는 것을 알고 있었으니, 이들은 내 돈을 탐내어 온 것일 따름이다."[150]라고 솔직히 고백한다. 원만하지 못하고 모난 그의 성격은 점차 성장하면서 남을 모방하고 뒤따라가기보다 자기 나름의 세계를 개척하는 방향으로 발전하였다. 시문과 그림, 글씨 등에서 보여 주는 그의 독특한 풍격은 일반적인 세상의

하지 않았다. 반대로 그녀들은 종종 학비에 쓰라고 나를 도와주었다. 이 두 활동 모두 나에게 유익했는데 그것에 깊이 몰입하게 된 데는 분명한 이유가 있었다. 어느 날 나는 문득 그런 무분별하고 건달 같은 행동이 고상한 취미를 가진 사람들에게 불쾌하게 느껴질 수 있으며, 나 자신도 그런 나쁜 쾌락에서 벗어나야 한다는 사실을 깨달았다. 일단 내가 그것을 그만두려고 결심하자 나는 다시 타락의 길로 들어서지 않았다."(「三儂贅人廣自序」)(Pei-yi Wu, *op.cit.*, p. 167. 원문을 찾을 수 없어 영어 번역을 옮긴 것임.)

149 幼時殊無異人處, 少長, 雖長大, 貌寢陋, 人咸易之. 又好大言, 自負太過, 漫罵無擇. 諸先輩皆側目, 戒勿與往來.(鄭板橋, 앞의 책, 1쪽)

150 酷嗜山水. 又好色, 尤多余桃口齒, 及椒風弄兒之戲. 然自知老醜, 此輩利吾金幣來耳.(위의 책, 3쪽)

평판이나 인식에 구속받지 않고 자신만의 세계를 발전시킨 데서 나온 결과물이라고 할 수 있다.

명청 교체기를 살았던 모양(冒襄, 1611-1693)[151]이 그의 나이 사십에 쓴 『영매암억어(影梅庵憶語)』는 어떤 고문 문체에도 포함시킬 수 없는 독특한 성격의 글이다. 이 글은 작자 자신이 일인칭 서술자로 등장하여 자신의 생생한 경험을 진술하는 회고록과 같은 글이다. 어떤 면에서 이 글은 아내의 죽음을 애도하기 위해 쓴 일종의 애사(哀辭)처럼 보이지만 애사로 볼 수도 없다. 왜냐하면 모양은 "나는 이미 수천 자의 애사[152]를 지어 그녀를 애도했지만, 운율의 규칙에 제한을 받아 다 표현하지 못하여 다시 그 개략적인 상황을 기록하게 되었다."[153]라고 말하고 있기 때문이다. 그렇다고 이 글을 전(傳)이나 사략(事略), 사술(事述) 등으로 보기도 어렵다.

따라서 중국 학자들은 전혀 새로운 성격의 애도문(哀悼文)이라든가, 제목의 표현을 이용하여 아예 '억어체(憶語體)' 산문으로 별도로 취급하기도 한다. 심지어 『청사고(淸史稿) · 예문지(藝文志)』에서는 이 작품을 소설로 분류하고 있다. 정실이 아닌 첩을 위해 지은 글이었기 때문에 모양은 애사나 전과 같은 기존의 고정된 스타일의 글쓰기에서 자유로울 수 있었고, 그것이 전혀 새로운 방식의 글쓰기를 가능하게 했는지도 모른다. 이 작품은 동소완(董小宛)[154]을 처음 만나 알게 된 후부터 그녀를 아내로 맞

151 字는 辟疆, 自號는 巢民이며, 朴巢라는 號도 있다. 江蘇省 如皐 사람이다. 崇禎 15년(1642) 副貢이었고, 方以智, 冒襄, 陳貞慧, 侯方域과 함께 復社 '四公子'라 불렸다. 청조가 들어선 후 여러 차례 부름을 받았지만 출사하지 않았다. 如皐城 동쪽에 水繪園을 건축하고 독서를 즐기며 사방의 문사들과 교류하며 일생을 보냈다. 『水繪園詩文集』, 『朴巢詩文集』 등이 있다.

152 「亡妾董小宛哀辭」를 가리킨다. 이 작품은 모두 2,400字, 240韻이다.

153 余業爲哀辭數千言哭之, 格於聲韻不盡悉, 復約略紀其槪.(冒襄, 『影梅庵憶語』)(宋凝 編注, 『閑書四種』, 崇文書局, 2004, 10쪽)

154 그녀는 원래 秦淮의 기녀였는데 후에 蘇州로 이사한 것으로 묘사되어 있다. 秦

이하여 생활했던 9년간의 기억들을 기록하고 있는데, 오늘날의 자서전이나 회고록에 가까운 글이다. 중국에서 애도의 글은 "슬퍼하되 감정이 상할 정도여서는 안 될(哀而不傷)" 만큼 적당한 선에서 표현하는 것이 일반적이었지만, 그는 자신의 감정을 절제하지 못하고 이렇게 표현하고 있다. "애통하는 마음으로 아내의 일생과 그녀와 함께했던 9년의 정경을 생각할 때마다 눈물이 왈칵 솟구쳐 눈을 가린다. […] 구구절절이 눈물로 쓰지만 무미건조하고 생기없는 글이어서 그녀에 대한 사랑을 전할 수 없으니 어찌 가식이 있겠는가?"[155] 그는 아내에 대한 사랑과 그리움, 슬픔의 감정을 진술하고 솔직하게 드러낸다. "나는 아내가 죽으면 나도 죽는 것임을 알지 못했다."[156] "나의 일생에서 그녀와 함께한 9년이 제일 행복한 시간이었는데, 그 세월과 함께 지금은 다 사라져 버렸다."[157] "나의 남은 인생은 그녀를 그리워하는 세월이겠구나!"[158] 유가적인 가치와 규범이 지배하던 사회에서 부부 간의 사랑의 감정을 노골적으로 표현하는 것은 금기시되었지만, 글을 쓰고 있던 모양은 그런 이성적인 사고보다 감성의 지배를 받고 있는 듯이 보인다.

중국 문인들에게 집안에서 부부 간에 일어난 일들과 자잘한 일상은 기록할 만한 가치가 없는 하찮은 것으로 간주되었다. 그러나 모양은 동소완과 함께했던 일상적인 삶을 마치 영화의 한 장면처럼 생생하게 복원한다. 그는 그녀과 함께했던 여행, 문학과 서화 등에 관해 나누었던 이야기,

淮는 南京의 秦淮河 가로, 역대로 유명한 명승지였으며 기루가 운집해 있던 곳이다.

155 每冥痛沉思姬之一生, 與偕姬九年光景, 一齊湧心塞眼. […] 區區淚筆, 枯澀黯削, 不能自傳其愛, 何有於飾?(宋凝 編注, 앞의 책, 10쪽)

156 余不知姬死而余死也.(위의 책, 10쪽)

157 余一生淸福, 九年占盡, 九年折盡矣.(위의 책, 38쪽)

158 余有生之年, 皆長相憶之年.(위의 책, 61쪽)

요리·차·향 등에 대한 그녀의 재능과 안목 등 자잘한 기억들을 세세하게 묘사하고 있다. 생생한 묘사와 대화, 이야기가 있는 이 글은 마치 한 편의 소설을 읽는 듯한 느낌을 준다.

이 글은 명청 교체기에 청병(淸兵)이 강남을 점령하던 전란을 배경으로 하고 있고, 모양은 복사(復社)의 일원으로 활동했던 정치적인 성향의 인물이었다. 그렇지만 이 글에서 역사와 정치, 왕조의 교체와 같은 거대한 사건은 아득한 배경으로 처리되고 있을 뿐이다. 최소한 이 글을 쓰는 동안 모양은 주술에 걸린 듯 기억 속의 과거 세계, 곧 그의 자아 세계 속에 갇혀 있는 것처럼 보인다. 이 글을 통해 드러나는 것은 가정에서의 부부간의 일상, 동소완과의 아름다운 기억들, 그리고 그녀에 대한 사랑과 슬픔의 감정 등 사적인 일상과 개인적인 감정들뿐이다. 모양의 일생에서 동소완과 함께했던 9년의 세월은 작은 부분일 수 있지만, 주관적인 기억 속에서는 그의 전 생애라고 할 수 있을 만큼 크게 자리잡고 있는 것이다.

이 글에서 주로 묘사하는 인물이 동소완인 까닭에 독자들은 그녀에 더 주목할는지 모른다. 하지만 이 글을 읽을 때 놓쳐서는 안 되는 점은 바로 이 글이 작자 모양의 회고록이라는 점이다. 이 글은 작자인 '나'가 들려주는 '나'에 대한 기억이며 '나'의 경험이다. 작자는 죽은 아내를 위해서 이 글을 쓰고 있는 듯이 보이지만, 동시에 이 글은 자기 자신을 위해서 쓴 글이다. 즉 그는 자신의 소중하고 아름다운 기억을 영원토록 간직하기 위해서 이 글을 썼던 것이다.

이처럼 자신의 전 생애를 대상으로 하고 있지는 않지만, 아내와의 만남과 결혼, 그리고 사별의 아픔 등 자신의 생애에서 가장 기억이 남는 일정한 시간을 회고하는 방식으로 쓴 글은 이후 19세기를 전후하여 근대에 이르기까지 꾸준히 이어지는 하나의 전통으로 자리를 잡게 되는데,[159] 이

159 한 편의 자전적 소설이라고 할 수 있는 沈復(1763-1825)의 『浮生六記』를 비롯

러한 글을 통해서 우리는 개인에 대한 인식의 변화를 읽을 수 있다.

전통 시기 중국에서 쓰여진 자서전적인 글을 대상으로 삼아 연구했던 오백익은 중국의 자서전적인 글이 몇 단계의 변화를 보이고 있다고 주장한다. 먼저 그는 전기(傳記)의 하위 장르였던 자서전적인 글의 초기 단계는 '억압된 자아'의 형태를 띠고 있다고 말한다. 다음으로 그는 13세기 말에 이르러 불교도의 자서전적인 글에서 개인의 삶에 나타난 변화를 이야기하려는 경향이 강해지며, 마지막 단계인 16세기 중기부터 17세기 후반, 보다 정확하게는 1566년부터 1680년까지가 중국 자서전의 황금기라고 주장한다. 지나치게 단순화한 독단적인 견해로 비칠 수도 있겠지만 그는 등활거(鄧豁渠, 1498-1570?), 호직(胡直, 1517-1585), 고반룡(高攀龍, 1562-1626), 왕개(汪介, 1603?-1682?), 진계유(陳繼儒, 1558-1639), 모기령(毛奇齡, 1623-1716), 왕시민(王時敏, 1592-1680) 등의 글을 분석 대상으로 삼아 자신의 주장을 논증하고 있다.

> 내가 중국 자서전의 황금기라고 말한 것은 다음과 같은 증거 때문이다. 즉 인간의 사악한 본성에 대한 깊은 자각, 그런 본성을 대적해서 이겨내야 된다는 절박한 필요성, 기꺼이 자아를 드러내 보이려는 태도, 자신의 잘못된 행동으로 인해 느끼는 처절한 고통 등. 지금까지 중국 역사상 없었던 이런 경향들이 광범위하면서도 강렬하게 나타났다. 이 시대의 이런 모습을 보여 주는 글은 다양한 형태로 나타났는데, 더 좋은 이름이 없기에 나는 이를 속죄의 텍스트라고 부르고자 한다. 어떤 것들은 「자성(自省)」, 「자책(自責)」이라는 제목이 붙어 있다. 또 어떤 것들은 신에게 용서를 구하는 호소문, 하늘에 변화를 약속하는 맹세문, 고해 의식에 대한 규정,

하여 19세기 전반에 나온 陳裴之(1794-1826)의 『香畹樓憶語』, 蔣坦(1818?-1863?)의 『秋燈瑣語』, 王韜(1828-1897)의 『眉珠庵憶語』, 陳宗藩의 『偶然室憶語』 등이 그것이다.

후회하는 마음으로 자신의 잘못된 행동을 보고하는 짧은 회상록의 형태를 띠고 있다. 이들 텍스트 중 어떤 것도 전통 중국 문학의 주요 장르에 속하지 않으며, 규범적인 철학적 담론의 일부분으로 간주되지도 않았다. 하지만 이런 내용의 글들이 상대적으로 짧은 기간에 빈번하게 출현했다면, 그것은 어쩌면 도덕적인 풍조에서의 태도 변화나 새로운 경향을 반영하는 것일 수 있다.[160]

그의 주장과 분석에 전적으로 동의하지는 않지만, 그가 거론하고 있는 몇 편의 자서전적인 글은 정신적인 성장 과정, 내면적 자아에 대한 분석, 죄악에 대한 인식과 갈등의 내용을 포함하고 있는 중국 글쓰기의 중요한 변화의 징후로 해석할 수 있다.[161]

160 Pei-yi Wu, *op.cit.*, p. 207.

161 이 시기의 화가들이 자신의 개성과 경력, 정체성을 포함하는 내용의 자화상을 그리고 있다는 사실을 통해서도 자신에 대한 관심, 자기를 표현하려는 욕구를 발견할 수 있다. Richard Vinograd는 1600년부터 1900년 사이에 그려진 초상화에 관한 전문적인 연구서를 펴 내기도 했다.(Richard Vinograd, *Boundaries of the Self Chinese Portraits, 1600-1900*, Cambridge and New York: Cambridge Univ. Press, 1992) 그는 여기에서 陳洪綬(1598-1652), 項聖謨(1597-1658), 曾鯨(1564-1647), 禹之鼎(1647-1716?) 등과 '揚州八怪'로 불리는 金農(1687-1764), 羅聘(1733-1799) 등이 그린 초상화와 자화상을 대상으로 화가의 심리와 정체성 등을 분석하고 있다. 吳百益도 그가 말하는 자서전의 황금기에 그려진 자화상에 대해 분석하고 있다. 가정 연간 진사 출신으로 萬曆 시기 吏部尙書까지 올랐던 張瀚(1510-1593)이 관직에서 물러나 고향으로 돌아와 그가 죽던 해 완성한 『松窗夢語』는 그의 경력과 평생 보고 들은 것을 기록한 잡다한 내용의 필기이다. 그림과 글씨로 유명했던 그에게서 발견되는 중요한 특징은 그가 관직에 오르는 과정을 예증하는 일련의 자화상을 그렸다는 점이다. 吳百益은 그에 대해 이렇게 말한다. "張瀚이 자화상 시리즈를 그린 첫 번째 사람일 것이다. 자전을 초상화와 융합시킨 것은 분명 혁신이었다. 더구나 발전의 연속적인 단계 속에서 자아를 관찰하는 것은 새로운 것으로, 張瀚이 정신적인 자서전을 썼던 동시대인들과 공유했던 감각이었다."(Pei-yi

지금까지 다룬 자전적인 글은 대체로 작자가 과거의 지난날을 돌아보며 회고하는 방식으로 쓰인 글이다. 이러한 글은 대개 작자가 죽음을 얼마 남겨 놓지 않은 노년에 이르러 지난날을 돌아보며 자신을 평가하는 내용을 담고 있다. 죽음을 앞둔 상황에서 이들이 자신에 대한 글을 썼던 것은 세상에서 이해받지 못한 자신의 고독을 극복하고 자신을 변명하고 싶은 욕망이 컸기 때문일 것이다. 이러한 글에는 작자의 현재와 과거, '과거의 나'와 과거의 나를 바라보는 '현재의 나'가 뒤섞여 있다. 이러한 글쓰기는 본질적으로 작자가 '기억 속에 있는 과거의 나'를 복원하는 성격을 띠고 있다. 그리고 이는 작자 자신과 자신의 삶에 대한 애착, 다른 말로 표현하면 자아의 가치에 대한 각성과 관련이 있다. 우리는 이와 같은 자서전적인 성격의 글을 통해 사회의 평판이나 기준에 개의치 않고 자신의 가치관에 따라 인생을 살았던 개성과 자의식이 강한 인물들과 만나게 된

Wu, *op.cit.*, p. 197) 陳洪綬(1598-1652)와 같은 시기에 활동했던 萬壽祺(1603-1652)는 張瀚과 마찬가지로 권문세가에서 태어났다. 만주족에 대한 저항 운동의 지도자로 유명한 그는 1645년의 폭동에 참여하기도 했다. 그리고 그 이듬해 그는 陳洪綬와 마찬가지로 불가에 귀의하였다. 그는 자신의 정체성과 관련된 일련의 자화상을 그렸는데 현재 그림은 전해지지 않지만, 문집인 『隰西草堂文集』의 「自記」에 6편의 자화상에 대한 메모가 남겨져 있다. 會試에 응시하는 젊은 지원자로의 그의 모습에서부터 청조에 대한 저항 활동으로 체포되어 죽게 되었다가 풀려난 사건, 호수를 항해하는 자신을 그린 이유, 마지막으로 불교에 귀의하게 된 이유에 대한 설명 등은 일련의 자아상에 붙여진 주석과도 같은 메모이다. 그는 그림과 텍스트를 이용해 자신의 자아상을 표현하고 있는 것이다. 청초의 개성주의적인 화가로 유명한 石濂(1633-1702?)은 당시 문단의 거두였던 吳偉業(1609-1672), 王世貞(1634-1711)과 시를 교환하기도 했다. 그의 그림은 거의 남아 있지 않지만 34장의 초상 목판화가 『離六堂集』이라는 그의 시집 앞부분에 수록되어 있다. 초상과 그림 위의 텍스트를 통해 다양한 역할과 능력을 묘사하고 있는 그 초상 목판화는, 전체적으로 평범한 규범을 뛰어넘는 문인의 자유정신을 추구하는 독특한 개인을 묘사하고 있다. 이와 같은 자화상은 자서전과 함께 자아에 대한 관심, 개인의식의 성장을 의미하는 징후로 해석될 수 있다.

다. 한 개인의 내면적 가치는 사회와 순조롭게 화해할 때보다 서로 모순과 갈등을 일으켰을 때 더 분명해지고 견고해지는 법이다. 여기에서 다룬 자전적인 성격의 글은 전반적으로 그러한 개인의 내면적 가치를 보여 주고 있다.

4. 소결

지금까지 필자는 이 장에서 문인들의 담론과 글쓰기를 통해 발견할 수 있는 16세기 이후 개인에 대한 변화된 인식을 살펴보았다. 전반적으로 명말 이후 상공업과 도시가 발달하고 화폐경제가 보급되면서 개인은 점차 엄격한 집단적 통제와 구속에서 벗어나는 경향을 보이기 시작하였다.

사회에서는 욕망과 이익을 추구하는 존재로서의 개인이 긍정되었고, 구속과 통제의 대상이라기보다 자율적인 주체로서 개인의 성격이 더욱 강조되었다. 양명학은 그와 같은 인식의 변화를 잘 보여 주고 있다. 글쓰기에 나타난 변화를 통해서도 개인에 대한 인식의 변화를 읽을 수 있다. 글쓰기의 공적인 성격보다 사적인 성격이 강조되어 글쓰기의 본질이 성인의 도를 구현하는 것이 아니라, 작자 개인의 솔직하고 진실된 생각과 감정의 표현이라는 생각이 두드러지게 나타났다. 글의 목적이 전통적인 규범과 미학의 추구에 있는 것이 아니라 작자의 목소리를 표현하는 데 있다는 생각이 강조되었다. 이렇게 글쓰기에서 '나'의 표현이 강조되면서 남과 다른 개성이 더욱 중시되었다. 성령설이나 동심설 등과 같은 글쓰기 담론은 글쓰기에 대한 이러한 변화된 인식을 잘 보여 준다. 그리고 이를 통해서 우리는 당시 사적 개인이 중시되고 개인 자체의 특성이 중시되기 시작하는 인식의 변화를 읽을 수 있다.

글에는 성인의 도를 담아야 한다는 전통 시기의 글쓰기 규범은 명말에 나타난 소품문을 통해서 상당 부분 깨어진다. 특히 척독, 일기, 유기류에 속하는 글들은 사적인 개인의 일상과 취미, 개인적인 체험과 감회, 자기 성찰적인 내용, 주관적인 서정성 등을 잘 드러내고 있다. 또한 이 시기에 자기 자신을 주제로 삼아 보다 진솔하고 솔직하게 자신을 드러내는 글과 자신의 지나간 일생을 회고하고 평가하는 자서전적인 글도 지속적으로 증가하는 추세를 보인다. 그리고 이는 개인화된 글쓰기의 성격과 자의식의 성장을 보여 주는 현상이라고 할 수 있다.

지금까지 이 장에서 살펴보았던 그 구체적인 내용과 성격은 약간 차이가 있지만, 본질적으로 개인에 대한 새로운 '자각'과 '발견'을 의미하는 이런 현상들은 16세기 이후 새로운 사회의 성격과 가치를 보여 주고 있다. 16세기 이후 중국 소설이 비약적으로 발전하게 된 것은 출판문화의 보급이나 독자층의 확대 같은 조건도 중요한 토대가 되었다. 이와 함께 이른바 이 '소설의 시대'는 이전 시기에 비해 보다 더 개인적인 가치가 중시되고 개인적인 성향이 강한 사회였음을 기억할 필요가 있다.

이 장에서는 주로 상층 문인 사회 내부에서 발생한 몇 가지 새로운 변화에 관해 다루었지만, 사실 소설 작가나 평점가들과 여기에서 다룬 문인 간의 거리는 그다지 멀리 떨어져 있지 않았으며, 어떤 문인들의 활동은 상당 부분 겹치기도 했다.[162] 이 장의 논의는 후술하게 될 16세기

162 먼저 소설 독자층 가운데는 상당수의 문인층이 포함되어 있었는데, 일례로 『水滸傳』을 비평했거나 언급한 문인으로는 崔銑, 汪道昆, 李開先, 徐渭, 李贄, 張鳳翼, 葉晝, 袁宏道, 袁中道, 胡應麟, 徐復祚, 沈德符, 謝肇淛, 陳繼儒 등이 있었다.(周群, 앞의 책, 338쪽) 또한 鍾惺, 李贄, 陳繼儒 등은 소설에 서문을 쓰거나 평점과 관련된 일을 한 사람으로 추정되고 있다. 현재로서 그 진위 여부를 명확히 확인하기는 어렵지만, 積慶堂刊本 『鍾伯敬先生批評三國志』가 전해지고 있으며, 陳繼儒도 『唐書演義』, 『列國志傳』, 『東西兩晉演義』 등에 비평한 것으로 알려져 있다. 李贄는 『忠義水滸傳』에 서문을 남기고 있고, 『李

이후 소설 장르의 성격, 소설 작가와 독자, 작품의 성격 변화를 이해하는 데 거시적인 배경을 제공할 것이다.

卓吾先生批評忠義水滸傳』 등과 같은 작품도 전해진다. 金聖嘆과 같은 문인은 시문에 대한 편집과 주석 작업을 했을 뿐만 아니라, 소설 작품에도 평점을 달았던 사람으로 알려져 있다.

제3장

16세기 이후 소설 독자와 작가의 성격 변화

16세기 이후 중국 소설은 당시 그 어떤 문학 양식보다 두드러진 성취와 도약을 보여 주는 장르로 성장하였다. 이 시기에 출판된 소설은 장·단편을 막론하고 그 제재나 양식적 특성에 있어서 당송대(唐宋代) 공연문화와의 깊은 연관성 속에서 파악되고 이해되어 왔다. 필자 역시 그 사실을 부정하는 것은 아니지만, 오히려 16세기 이후의 중국 소설이 당송대와는 명백히 구분되는 새롭게 변화된 사회·경제적 토대와 문화적 조건 속에서 존재하고 있었다는 사실이 강조될 필요가 있다고 생각한다.

필자가 이 시기의 소설을 굳이 이전 시기와 구별하여 이해할 필요가 있다고 주장하는 것은 소설을 둘러싸고 있는 조건 및 환경의 변화와 깊은 관련이 있다. 16세기 전후에 성행하기 시작한 백화소설(白話小說)의 텍스트는 당송대 공연예술의 전통에서 기원한 것으로 알려져 있다. 인쇄술이 대중적으로 보급되기 이전에 사람들은 훗날 백화소설이라고 불리는 이야기를 공연을 통해서 즐겼던 것이다. 송원 시기에 필사본 상태로 유통되던 소설 판본이 있었을 가능성이 있고, 인쇄물로 출간된 평화(平話)도 찾아볼 수는 있다. 그렇지만 당송원대까지 대중적인 오락물은 역시 공연이라는 매체를 통해 전달되었다고 말하는 것이 옳을 것이다. 이 시기의 소설 작품이 주로 공연의 형태로 유통될 수밖에 없었던 데에는 여러 가지 이유가 있겠지만, 출판문화가 대중적으로 보급될 조건이 아직 충분히 갖추어지지 않았다는 사실과 관련이 있을 것이다. 또한 다른 한편으로는 글을 통해서 소설 작품을 향유할 폭넓은 독자층이 자리잡고 있지 않았다는 반증으로도 읽을 수 있다.

그러다가 명대 중·후기에 이르러 상업적인 이윤을 추구하는 일부 출판업자들이 전 시기에 공연되던 이야기들을 책으로 엮어 출판하였다. 그리고 이러한 작품들이 점차 인기를 끌고 상당한 독자층을 형성하면서, 책을 통해서 이야기를 수용하는 독자의 수가 증가하기 시작하였다. 16세기 이후 특히 강남의 주요 도시를 중심으로 상업적인 출판문화의 보급이 본격화되고, 활자화된 서적을 향유할 수 있는 통속적인 독자 계층이 형성되면서 소설의 비약적인 발달이 가능해졌다고 할 수 있다. 16세기를 전후하여 중국 소설은 필사본 형태로 소수의 애호가들에 의해 제한적으로 유통되던 형태에서 벗어나, 출판업자들에 의해 대량으로 인쇄되어 독자들에게 본격적으로 공급되는 새로운 단계로 접어들었던 것이다.

이 시기에 들어서 작가는 잠재적인 독자층의 기호와 취향을 고려하여 작품을 창작하고, 독자는 서점에 진열되어 있는 수많은 작품 가운데 하나를 선택하여 구매하고 서재에서 혼자 읽는 방식으로 그것을 향유하게 되었다. 이는 작품을 베껴서 읽거나 모임에서 교유(交遊)의 목적으로 작품을 주고받았던 시문(詩文)의 작가-독자와는 완전히 다른 차원의 작가-독자의 개념이 형성되었음을 의미한다. 그리고 이와 같은 형태의 출판 시장과 독서 형태는 16세기 이전의 중국 사회에는 존재하지 않았던 새로운 것이었다.

이런 상황을 고려해 볼 때 16세기에 이르러 소설을 둘러싸고 있는 조건과 환경은 전 시기와는 상당히 달라져 있었음을 알 수 있다. 필자는 이 시기 소설의 비약적인 성장이 도시의 발달, 독서 계층의 확산, 상업적인 출판문화의 보급 등과 깊은 연관이 있지만, 다른 한편으로 개인화되어 가는 사회가 그 전반적인 배경에 자리잡고 있었음을 지적하고 싶다. 16세기 이후 중국 소설은 당송대에 비해서 여러 가지 조건과 환경에 있어서 뚜렷하게 개인적인 성향이 강해진 사회를 배경으로 하고 있으며, 역으로 그런 사회에 적합한 형태의 문학 장르가 소설이었다고 생각하는 것이다.

이런 관점을 바탕으로 필자는 이 장에서 출판문화가 보급되고 독서물로서의 소설이 정착되는 과정에서 소설 독자와 작가의 성격이 어떻게 개인화되어 가는지를 고찰하고자 한다. 소설의 작가와 독자가 개인화되어 가는 현상을 살펴보면서, 필자는 크게 16－17세기부터 18세기에 이르는 변화에 주목했으며, 주로 '사대기서'와 『홍루몽』을 중심으로 논의를 진행하였다. 필자는 18세기 중엽에 나온 『홍루몽』은 충분히 개인화된 면모를 보여 주고 있고, 명말에 출간된 '사대기서'는 개인화가 진행되는 과정에 있는 작품이라고 생각한다. 그렇기 때문에 '사대기서'부터 『홍루몽』에 이르는 과정을 살펴보면 이 시기에 작가와 독자의 성격이 어느 정도 개인화되고 있는지를 이해할 수 있을 것이다.

1. 출판문화의 보급과 소설 독자층의 성격 변화

중국에서 '관각(官刻)', '방각(坊刻)', '사각(私刻)'의 세 가지 각서(刻書) 체계가 어느 정도 갖추어지기 시작한 것은 송대(宋代, 960－1279)까지 거슬러 올라갈 수 있다. 그렇지만 송원대까지만 하더라도 도서 출판은 정부의 심사와 비준을 거치는 절차를 밟아야 했기에 자유롭게 발전하는 데 한계가 있었으며, 또 유통되는 도서 가운데 필사본이 차지하는 비중도 적지 않았다. 중국에서 정부의 간섭 없이 자유롭게 상업적인 도서 출판이 성행하기 시작한 것은 훨씬 후대인 16세기 전후에 이르러서였다.[1] 경전 주

1 홍상훈, 「전통 시기 강남지역에서 독서 시장의 형성과 변천」, 『중국문학』 제41

석서, 팔고문 선집, 시문 선집, 달력, 관광 안내서, 의약서 등을 취급하던 출판업자들은 당시 필사본 상태로 유통되던 소설 작품에 주목하게 되었고, 그들이 예측한 대로 이후 소설 작품의 출판은 성장을 거듭하게 된다. 중국 소설은 16세기를 전후하여 상업적 출판문화가 일반 대중들을 대상으로 광범위하게 보급될 수 있는 조건이 갖추어지기 시작하면서 두드러진 성장과 발전을 하게 되었던 것이다.

그런데 여기에서 한번 생각해 봐야 될 점은 책을 통해 이야기를 수용하는 독자와 공연을 통해 이야기를 즐기던 청중 사이에는 몇 가지 측면에서 커다란 차이가 존재한다는 사실이다. 첫째, 공연을 통해서 이야기를 향유하는 청중들은 공연자가 정해 놓은 시간에 맞추어 공연 장소에 가서 공연 내용을 보고 듣는 수동적인 소비자였다. 반면에 책을 통해 이야기를 즐기는 독자들은 자신의 기호와 취향에 따라 서점에 진열되어 있는 작품 중 하나를 선택하여 구매하고, 원하는 시간에 적당한 장소에서 그것을 읽으면 되는 능동적인 소비자였다. 둘째, 공연적인 상황에서 공연자가 들려주는 이야기는 반복되지 않는 일회적인 성격의 것이었다. 청중들은 공연되는 이야기를 따라가며 즉흥적이고 직관적으로 반응하는 소비자들이었다. 반면에 서면화된 텍스트를 반복해서 읽을 수 있었던 독자들은 내용을 꼼꼼히 따져 보고 분석할 수 있는 사유 능력을 발휘할 여지가 있었다. 셋째, 공연을 즐기던 청중들은 여러 사람이 함께 모여 집단적인 방식으로 공연물을 수용한 반면, 책을 통해서 이야기를 수용하는 독자들은 집단적인 방식이 아니라 개인적인 독서를 통해 이야기를 받아들였다.[2]

집, 2004, 132-137쪽 참조. 최근 들어 중국의 출판문화와 관련된 연구가 중국과 일본은 물론이고 구미에 있는 학자에 이르기까지 상당히 관심 있는 영역으로 부각되고 있으며, 이미 상당한 연구 성과가 드러나고 있다. 이에 관해서는 본고 '제1장 서론' 각주 10에 제시되어 있는 서지 사항을 참고하기 바란다.

2 두 번째와 세 번째에서 언급한 집단적인 형태로 즉흥적으로 이야기를 수용하

이러한 변화는 구연(口演)이나 음독(音讀)과 같은 독서 관습에서 묵독(默讀)으로 점차 이행되는 과정과도 깊은 관련이 있다.[3] 앤 매클라렌(Anne E. McLaren)이 지적했듯이 청말(淸末)에 이르기까지 구연이나 음독은 여성이나 문맹층이 소설 텍스트를 수용하는 중요한 방식으로 남아 있었다.[4] 그럼에도 불구하고 필자는 삽화라든가 평점이 본격화되고, 색정소

는 청중은 작품을 이해하고 파악하는 데 있어서도 수동적이고 피동적인 성격을 띠게 된다. 그들은 주로 이야기를 통해서 구연자가 전달해 주는 사회의 보편적인 이념과 가치, 공동체적인 유대감을 확인하게 된다. 반면 개인적인 독서는 더 많은 사유 능력과 분석 능력이 작동하게 됨으로써 일방적인 가치와 이념의 수용에서 벗어날 가능성이 커진다.

3 중국 소설과 관련하여 이런 문제가 본격적으로 논의된 적은 없는 듯하다. 그렇지만 口演이나 音讀에서 默讀으로의 이행과 그것이 지니고 있는 의미에 관해서 지금까지 여러 사람이 주목했고 다양한 각도에서 논의한 바 있다. 예를 들어 마에다 아이는 음독에서 묵독으로의 변화를 일본에서 근대 독자가 탄생하게 되는 것과 밀접하게 연관지어 파악하고 있다.(마에다 아이 지음, 유은경·이원희 옮김, 『일본 근대 독자의 성립』, 이룸, 2003, 162-220쪽) 서구에서도 15세기에 인쇄술이 발명된 후 18세기를 거치면서 점차적으로 음독에서 묵독으로 독서 방식이 변했고, 독자의 성격도 내면 지향적인 독자로 변했다. 이에 관한 보다 구체적인 내용은 다음을 참조하라. 알베르토 망구엘 지음, 정명진 옮김, 『독서의 역사』, 세종서적, 2000; 로제 샤르티에·굴리엘모 카발로 엮음, 이종상 옮김, 『읽는다는 것의 역사』, 한국출판마케팅연구소, 2006; 월터 J. 옹 지음, 이기우·임명진 옮김, 『구술문화와 문자문화』, 문예출판사, 1995. 한국 소설의 상황과 관련하여 이 문제를 검토하고 있는 논저로는 다음을 참조할 수 있다. 이기훈, 「독서의 근대, 근대의 독서-1920년대의 책읽기」, 『역사문제연구』 제7호, 역사문제연구소, 2001; 이기훈, 「근대적 독서의 탄생」, 『역사비평』 2003년 봄호, 2003; 천정환, 「1920-30년대 소설 독자의 형성과 분화과정」, 『역사문제연구』 제7호, 역사문제연구소, 2001; 천정환, 『근대의 책 읽기』, 푸른역사, 2003 등.

4 Anne E. McLaren, "Constructing New Reading Publics in Late Ming China", *Printing and Book Culture in Late Imperial China* (ed. by Cynthia J. Brokaw and Kai-wing Chow), Berkeley, L.A., and London: Univ. of California Press, 2005, pp. 167-172.

설(色情小說)이 출현하는 현상 등으로 미루어 볼 때,[5] 이 시기를 기점으로 소설 읽기가 점차 서재와 같은 은밀한 공간에서 개인적으로 사유하며 읽는 방식으로 변해 가고 있었다고 생각한다. 따라서 당시 중국에서는 구연이나 음독의 방식으로 작품을 수용하던 독자층과 함께 출판문화의 보급으로 묵독의 방식으로 작품을 읽는 독자층이 생겨나면서 소설을 향유하는 독자층에 분화가 발생하게 되었다고 이해할 수 있다.

여기서 또 한 가지 지적하고 싶은 점은 출판문화의 보급이 본격화되면서 청중과는 별도로 독자 계층이 출현하게 되었지만, 그들의 성격이 전부 어떤 시기를 전후하여 일시에 그리고 갑작스럽게 청중과는 다른, 필자가 앞서 지적했던 독자의 성격을 가지게 된 것은 아니라는 사실이다. 출판문화의 보급과 더불어 출현한 독자층은 오랜 세월 동안의 점진적인 과정과 단계를 거치면서 청중의 성격에서 점차 벗어나 고독한 내면 지향적 독자가 되어 갔던 것으로 보인다. 그것은 당시에 출판된 소설 작품에서 여전히 이야기꾼을 가장한 수사법을 모방하고 있고, 운문과 산문을 혼용하여 이야기를 전개하며, 긴 이야기를 회(回) 단위로 끊어서 작품을 구성하는 방식을 통해서도 알 수 있다. 소설 작품이 읽는 텍스트가 된 이후에도 작가는 의도적으로 구연적 요소를 상당 부분 흡수하여 작품을 구성하고 있는 것이다. 출판문화가 정착되어 가는 단계에서 작가는 전혀 새

5 소설 텍스트에 삽입되어 있는 그림이나 평점은 출판업자들의 경쟁이 더욱 심화되는 17세기 이후에 본격화되기 시작하였다. 이는 한편으로는 경쟁에서 우위를 차지하고자 하는 출판업자들의 기획에서 비롯되었을 가능성이 크다. 그렇지만 다른 시각에서 볼 때 이는 눈으로 보고 읽는 소설 작품이 정착되어 가는 현상을 보여 주는 하나의 증거로 읽을 수 있다. 또한 李忠明에 따르면 17세기 전반기에 이르러 주로 蘇州와 杭州를 중심으로 색정소설이 성행하기 시작하였다.(李忠明, 『17世紀中國通俗小說編年史』, 安徽大學出版社, 2003, 56쪽) 그런데 색정소설에서 그려지고 있는 성 행위 장면과 성적인 공상을 통해 대리만족을 느끼는 행위 등 인간의 성적 욕망과 관련된 것은 타인과 공유될 수 없는 지극히 개인적인 것일 수밖에 없다.

로운 어떤 것을 만들어 냈다기보다 독자에게 친숙한 기존 구연문화의 양식과 틀을 충분히 재활용하는 방식을 택했던 것이다.[6] 이는 다른 측면에서 출판문화의 초기 단계에서 작가나 독자는 구연문화의 자장권에서 크게 벗어나 있지 않았다는 것으로 해석할 수 있다. 필자가 보기에 비교적 이른 시기에 출판되어 나온 『삼국연의』와 『수호전』 같은 소설은 오랜 세월에 걸쳐 누적된 자료를 바탕으로 성립된 작품으로, 구연문화적인 요소와 성격을 보다 강하게 드러내고 있다. 바꿔 말하면 초기의 소설 독자는 구연되는 이야기를 듣던 청중에 더 가까운 감각과 성향을 가지고 있었다고 말할 수 있다.

그러다가 인쇄된 서적을 읽는 방식으로 소설 작품을 수용하는 출판 시장과 독서 관습이 점차 자리를 잡아 가고, 전적으로 읽고 쓰는 문화 속에서 탄생한 작품이 출현하게 되면서, 작품의 공연문화적인 성격과 요소는 점차 탈색되고 읽는 텍스트로서의 성격이 강화되는 경향을 보인다. 16세기를 지나 17세기로 접어들면서 출판시장은 더욱 넓어졌고, 소설을

6 마에다 아이는 그의 책에서 커뮤니케이션 역사의 관점에서 문화의 발전 단계를 세 가지로 구분하여 볼 수 있다는 David Riesman의 견해를 소개한다. 그에 따르면 "첫 번째는 口話 커뮤니케이션에 의존하는 문화, 두 번째는 인쇄된 문자 커뮤니케이션에 의존하는 문화, 즉 활자문화, 세 번째는 라디오·영화·텔레비전 등의 시청각적 미디어에 의존하는 소위 대중문화이다. David Riesman의 문제의식은 활자문화에 의해 형성된 내재 지향형의 인간을 대신하여, 영화·텔레비전 등의 영상문화에 의해 만들어진 타인 지향형의 인간이 등장하는 과정에 그 초점이 맞춰져 있는데, 우선 여기서 언급하고 싶은 것은, 그가 첫 번째와 두 번째 단계의 과도기, 즉 활자가 구화 커뮤니케이션을 복제하는 수단으로 병용되던 시대를 지적하고 있다는 점이다."(마에다 아이, 앞의 책, 178-179쪽) 일찍부터 문자로 기록을 남기는 전통이 자리를 잡고 있던 전통시기 중국에서 구연문화와 문자문화의 경계를 명확하기 구분하기는 어렵다. 다만 여기서 필자가 지적하고 싶은 점은 16세기를 전후하여 전 시기에 구연되던 이야기들이 대량으로 인쇄 출판되어 소비적인 독서물이 되어 가는 과정에서 전 시기의 작품들을 복제 재생산하는 과도기적 단계를 거쳤다는 사실이다.

읽는 문인 독자층도 점차 확대되는 추세를 보인다. 그리고 문인 독자층이 가담하면서 소설은 단순히 흥미로운 읽을거리가 아니라 작가의 진지하고 심각한 의식과 사유를 담은 작품으로 해석되기 시작하였다. 문인 독자들 가운데 일부는 개인적인 사유를 통해서 깨달은 소설 작품을 읽는 방법, 즉 '독법(讀法)'을 평점(評點)이라는 방식을 통해 구체화하였다. 특히 17세기 중·후반에 김성탄(金聖嘆, 1608–1661)을 비롯한 평점가들의 출현은 소설 독자가 개인화되어 가는 경향을 잘 보여 주고 있다. 이들에게 있어서 소설 읽기는 타인의 시선과 간섭을 배제한 상태에서 고독하게 작품 속의 인물과 작가를 만나는 것을 의미하였다. 이제 소설을 읽는다는 것은 문장의 뜻을 이해하고 작중인물의 성정(性情)을 간파하고 전체적인 맥락 속에서 부분적인 요소를 논리적으로 파악해야 하는 종합적인 사유를 의미하는 것이 되었다.[7] 이들은 마치 경전을 읽을 때와 같이 소설 작품을 반복적이고 꼼꼼하게 읽고 사유하며 의미를 캐내려 하면서도, 비개성적이고 획일적인 읽기가 아니라 독창적인 사유와 안목을 중시하는 개성적인 면모를 보여 준다.[8] 이는 소설 독자가 점차 주체적이고 능동적이며 내

7 "여기서 츠보우치 쇼오는 […] 새로운 독서술인 '논리적 독서법'을 제창하고 있다. 그 원칙은 '문장의 깊은 뜻을 천착하고(비평), 아니 오히려 그 문장의 작가 혹은 (각본이면) 그 인물의 성정을 간파하고(해석), 독자 스스로 그 작가 혹은 그 인물이 된 마음'으로 읽어야 하는데, 음독할 때는 어쨌든 간에, '묵독할 때는 반드시 그렇게 해야 된다는' 것이었다."(마에다 아이, 앞의 책, 181쪽)

8 경전 읽기와 소설 읽기는 여러 측면에서 차이가 있을 수 있다. 경전 읽기는 눈으로 보고 입으로 읽으며 귀로 듣고 최종적으로 암기해야 하는 반복적인 읽기와 精讀을 특징으로 하고 있으며, 궁극적으로는 집단의 이데올로기를 담고 있는 텍스트의 내용을 자기화하는 것을 의미하였다. 반면 소설 읽기는 소비적인 성격의 多讀을 특징으로 하고 교양과 쾌락을 목적으로 하는, 기본적으로 지극히 개인적 성격을 띠고 있다고 볼 수 있다. 18세기 말 정독에서 다독으로의 변화와 관련하여 언급하고 있는 다음 진술은 이 같은 차이를 이해하는 데 도움이 될 것이다. "즉 잘 알려진 규범적인 소수의 책—성서를 위주로 한 신앙서가 대부분—을 일생 동안 몇 번이나 읽는 집중적이고 반복적인 독서가,

면 지향적인 성격을 띠어 가고 있음을 말해 준다. 필자는 『금병매』를 거쳐 『홍루몽』이 출현하던 시기에 이르러 소설 독자가 점차 이런 성향과 성격으로 변해 갔다고 생각한다.

지금까지의 내용을 간략히 다시 요약하면 16세기 이후 출판문화가 널리 보급되면서 이야기를 귀로 듣는 청중과는 달리 눈으로 소설 작품을 읽는 독자가 출현하게 되었다. 초기의 독자는 구연되는 이야기를 집단적으로 수용하던 청중에 더 가까운 성격을 띠고 있었는데, 점차 논리적이고 통합적으로 사유하며 고독하게 작가와 작중 인물을 만나는 내면 지향적인 개인화된 독자로 변하였다.

대략 이와 같은 관점에서 필자는 이 절에서 소설 작품과 평점에 대한 분석을 통해 당시 소설 독자층의 성격을 유추해 보고자 한다.

1) 작품을 통해 본 독자층의 성격

아직 출판 시장이 홍성하기 이전에 공연을 통해 이야기를 수용하던 청중의 규모가 어느 정도였고, 그들이 공연물에 대해 어떻게 반응했는지에 관한 기록은 찾아보기 어렵다. 그것은 소설 작품이 인쇄물로 출판된 이후에도 마찬가지여서 16세기 이후 소설 독자층의 성격이나 규모를 짐작할 만한 정확한 자료를 우리는 가지고 있지 않다. 이와 같은 상황에서 필자는 대략 16-18세기에 나온 작품을 통해 독자층의 성격을 추론해 보는 방식을 택하였다.[9] 정도의 차이는 있겠지만 소설 작가는 잠재적인 독자층

지식을 얻을 수 있고 특히 개인적으로 기분전환을 할 수 있는 새롭고 잡다한 책에 대한 현대적이고 세속적이고 개인적인 형태의 다독으로 대체되었다는 것이다."(로제 샤르티에·굴리엘모 카발로, 앞의 책, 469쪽)

9 여기에서 필자는 주로 『西遊記』를 제외한 채 『三國演義』와 『水滸傳』에서 『金瓶梅』에 이르는 변화, 그리고 다시 『紅樓夢』에 이르는 변화에 주목하였다. 이는

의 기호와 취향, 그들의 수준을 고려하지 않을 수 없다. 그것은 특히 16세기 이후 작가와 독자가 출판 시장을 매개로 상호 긴밀한 영향 관계에 있었다는 사실을 상기하면 더욱 그러하다.[10]

이때 중국 소설이 발전하는 과정에서 비교적 초기에 나온 『삼국연의』, 『수호전』, 『서유기』 등은 작품의 성격상 여러 측면에서 공연적인 성격과 요소를 드러내고 있다.[11] 이에 반하여 17세기 전후에 완성된 것으로 알려져 있는 『금병매』나 18세기 중엽에 나온 『홍루몽』은 읽고 쓰는 문화적 전통이 어느 정도 자리를 잡은 상태에서 나온 작품이라고 할 수 있다. 16세기 전후부터 18세기로 들어서면서 소설 작품은 점차적으로 구연성보다는 텍스트성을 더욱 중시하게 되었고, 구연되던 공연물을 집단적으로 향유하던 청중에 가깝던 초기 소설 독자는 점차 개인적으로 혼자서 사유와 분석을 통해 작품을 눈으로 읽는 독자로 변해 갔던 것이다. 이런 가정하에 필자는 '사대기서'와 『홍루몽』에 나타나는 서술자, 운문(韻文)

작품의 성격을 가지고 독자층을 유추한다고 했을 때, 『西遊記』는 『三國演義』, 『水滸傳』과 거의 유사한 성격을 드러내고 있어, 그 예로 제시되는 것이 지나치게 중복되어 논의가 번잡해지는 것을 피하기 위해서이다.

10 다음 천정환의 진술은 16세기 이후 중국 소설의 작가와 독자, 작품을 둘러싸고 있던 새로운 환경과 시스템을 이해하는 데 도움이 될 것이다. "문학 작품의 의미는 출판과 매체 담당자들의 중개에 의해 수용자들에게 전해지고, 수용자들의 독서 과정을 통해서만 실현된다. 이러한 과정을 통해서만 온전한 사회적 의미를 획득할 수 있다. 따라서 문학 작품의 의미 실현에서 수용자인 독자나 매개자가 하는 역할은 결코 부차적이거나 수동적인 것이 아니라, 문학의 장(literary field)은 작가들뿐만 아니라 비평가, 출판업자, 교육자 등과 수용자들이 함께 하나의 사회적 '제도'로서 정립하고 유지하는 세계이기 때문이다."(천정환, 앞의 논문, 75쪽)

11 몇백 년의 세월을 거치며 점층적으로 완성된 이들 작품은 역사서, 민간 전설, 문인의 詩詞 작품 등 다양한 문화 전통에서 자료를 취해 왔다. 그 가운데서 元代 雜劇을 비롯한 宋元代에 공연되던 다양한 문화적 전통은 작품의 양식이나 인물 형상, 이야기의 줄거리 등에 중요한 영향을 끼쳤던 것으로 보인다.

과 회(回), 등장인물의 성격에 대한 분석을 통해 당시 독자층의 성격을 추론해 보고자 한다.

(1) 서술자의 성격 변화: 능동적인 독자로의 변화

모든 소설은 서술자의 중개를 통해서 이야기가 전개되기 마련이다. 그런데 중국 백화소설은 장편이나 단편이나 정도의 차이가 있을 뿐, 한 사람의 이야기꾼이 다수의 청중을 대상으로 이야기를 들려주는 형태의 서술자가 등장하고 있다는 공통점을 보인다.[12] 이는 아마도 종래에 공연을 통해 이야기를 수용하던 사람들에게 급격한 변화를 주지 않고 글로 된 텍스트를 친숙하게 수용하도록 하기 위해 의도적으로 채택되었을 가능성이 있다. 이를 통해 작가는 서면화된 텍스트 속에서 어느 정도 생생한 공연의 현장성을 재현할 수 있었고, 자신의 목소리를 효과적으로 전달할 수도 있었다. 물론 사어(死語)인 문언(文言) 대신에 구어에 가까운 백화를

12 예를 들어 『三國演義』나 『水滸傳』에서 이야기를 시작할 때는 언제나 '話說'이라는 상투어를 사용하고, 화제를 전환하여 다른 사건이나 인물에 대해 이야기할 때면 '却說'·'且說' 등의 상투어를 사용하고 있다. 작품의 끝 부분에서는 예를 들어 "결국 동탁의 생명이 어떻게 되었을는지는 다음 이야기를 들어보시라.(畢竟董卓性命如何, 且聽下文分解.)" 혹은 "임충이 오용에게 무슨 말을 했는지는 다음 이야기를 들어보시라.(林冲對吳用說出甚言語來, 且聽下文分解.)"와 같은 상투어로 끝이 난다. 단편 백화소설에서만큼 자주 출몰하지는 않지만, 이는 분명 한 이야기꾼이 다수의 청중을 대상으로 어떤 이야기를 들려준다는 인상을 준다. 『三國演義』에 비해 『水滸傳』에서 이야기꾼의 어투는 보다 두드러져, "여러분들, 이 이야기를 잘 기억해 두시오.(看官牢記話頭.)"(제4, 31, 94회 등) 라든가 "여러분들 다음 이야기를 들어보시오.(看官聽說.)"(제23, 24, 49, 70, 71회 등)와 같이 독자에게 말을 건네는 서술자가 등장한다. 그와 같은 서술자는 『金瓶梅』 '崇禎本' 제2회('詞話本' 제1회)와 3, 4, 5회 등에서도 찾아볼 수 있다. 자주 보이지는 않지만 『紅樓夢』에도 제1회에 "여러분들 이 작품이 어디에서 나왔는지 아세요? 유래를 이야기하자면.(列位看官, 你道此書從何而來? 說起根由.)"이나 제120회에 "看官聽說"과 같은 것은 청중에게 이야기를 들려주던 이야기꾼의 어투를 모방하고 있는 서술자의 모습을 드러내고 있다.

사용하고 있다는 점도 생생한 삶의 현실을 재현하는 데 긍정적인 요소로 작용했을 것이다.[13]

그런데 '사대기서'부터 『홍루몽』까지에 나타난 서술자를 살펴보면 그 역할과 성격에서 차이가 있음을 발견할 수 있다. 작가는 서술자를 통해 독자에게 얼마나 많은 것을 한꺼번에 보여 줄 것인지, 아니면 어떤 것은 보여 주고 어떤 것은 보여 주지 않을지를 조절하게 된다. 그렇다고 했을 때 『삼국연의』나 『수호전』의 작가는 독자의 지적 수준을 신뢰하지 못하고 있는 듯이 보인다. 여기에서 작가는 전지적 성격의 이야기꾼과 거의 비슷한 서술자를 등장시켜 인물의 속마음까지도 세세하게 기술하여 보여 주며 인물이나 사건에 대해서도 적절한 논평을 제시한다.

일례로 『삼국연의』에서 적벽대전(赤壁大戰)을 다루고 있는 제43회부터 제50회 정도까지의 내용을 보면, 여기에서 조조(曹操, 155-220), 주유(周瑜, 175-210), 제갈량(諸葛亮, 181-234) 등 여러 등장인물의 속마음까지를 서술자는 친절하게 다 드러내 보여 준다. 또한 전반적으로 이 부분에 등장하는 모든 인물은 제갈량이 예측하는 범위 내에서 생각하고 반응하도록 서술되어 있다. 『수호전』 제11회에서 임충(林冲)이 양산박(梁山泊) 왕윤(王倫)과 대면하는 장면에서 임충을 받아들이기를 꺼리는 왕윤의 속마음을 장황하게 기술한 다음에 "영웅호걸들은 대부분 임충을 추천하니

13 章培恒과 駱玉明은 그들이 공동으로 편찬한 『中國文學史』(復旦大學出版社, 1996)에서 다음과 같이 말하였다. "『수호전』은 중국 백화문학의 하나의 이정표라고 할 수 있다. […] 『수호전』의 작가는 매우 높은 문화적 수양으로 유창하고 성숙한 백화를 운용하여 인물의 성격을 그려내고 각종 장면을 묘사했는데 매우 생동감 있고 생기 있다. 특별히 인물의 대화를 표현할 때 그의 소리를 들으면 그 사람을 보는 듯하여 그 효과는 문언이 도달할 수 없는 것이었다."(191쪽) 최근에 나온 이소영의 「전통시기 중국의 서면어와 글쓰기의 상관성 연구」(서울대 박사학위논문, 2005)에서는 당시 새로운 삶의 리얼리티를 담아내는 도구로서의 백화 언어에 관하여 깊이 있는 논의를 하고 있다.(특히 107-138쪽과 163-226쪽 참고)

현명한 사람을 잘 천거했던 시진도 견주기 어렵다네. 옹졸한 왕윤의 도량을 비웃을 만하니, 한사코 물리치며 붙잡으려고 하지 않네."[14]라며 시구를 통해 그 장면을 친절하게 논평하고 있다.

『금병매』에서도 서술자가 전면에 나서서 인물과 배경을 소개하기도 하고 사건과 인물에 대해 논평하거나 인물의 속마음을 드러내는 경우가 있다. 그렇지만 이 작품에서는 전반적으로 앞의 두 작품에 비해 서술자의 역할과 비중이 줄어드는 경향을 보인다. 이 작품에서 서술자는 종종 뒤로 숨은 채 관찰자적인 시각에서 장면에 대한 묘사만 하거나 어떤 장면에서는 거의 전적으로 대화만으로 이야기를 전개하는 경향을 보인다. 제3·4회 왕노파(王老婆)가 서문경(西門慶)을 위해 반금련(潘金蓮)을 꾀어 연결시켜 주는 장면에서 서술자의 서술이나 개입은 매우 제한되어 있다. 어떤 장면에서는 서문경의 시선을 통해 본 반금련의 모습을 관찰자적인 시점에서 묘사만 하고 주로 대화를 중심으로 이야기를 전개하고 있다. 서문경이 반금련과 맺어 준 대가를 왕노파에게 지불하는 장면은 이렇게 묘사되어 있다. "왕노파가 서문경에게 자리를 권하더니 얼른 차를 내와서 마셨다. 서문경이 옷소매 속에서 은 열 냥을 꺼내어 왕노파에게 건네주었다. 세상의 평범한 사람들은 재물로 그 마음을 움직일 수 있는 법이다. 왕노파의 검은 눈동자는 눈꽃같이 흰 은을 보자 얼굴 가득 기쁜 빛을 띤 채 받아들고 연이어 만복을 빌었다."[15]

석창유(石昌渝)는 『금병매』에 이르러 서술 방식이 '말하기'에서 '보여주기'로 전환되었다고 주장한다. "명 만력 연간에 지어진 『금병매』는 완

14 英勇多推林敎頭, 遷賢柴進亦難儔. 斗筲可笑王倫量, 抵死推辭不肯留.(施耐庵·羅貫中, 『水滸傳』, 人民文學出版社, 1990, 83쪽)

15 王婆讓坐, 連忙點茶來吃了. 西門慶便向袖中取出一封十兩銀子來, 遞與王婆. 但凡世上人, 錢財能動人意. 那婆子黑眼睛見了雪花銀子, 一面歡天喜地收了, 一連道了兩个萬福.(蘭陵笑笑生 著, 清 張道深 評, 『金瓶梅』, 齊魯書社, 1991, 82쪽)

전하지는 않지만 청중들에게 이야기를 들려주던 형태에서 어느 정도 벗어나 있으며, 표현 방식에서는 '듣는' 것에서부터 '읽는' 것으로의 변화를 완성하고 있기에 문체에 있어서 획기적인 작품이다."[16] 『금병매』는 앞의 두 작품에 비해 서술자의 역할과 비중이 줄어든 반면, 독자의 역할과 몫은 점차 늘어나는 경향을 보인다.

『홍루몽』에서도 독자에게 말을 건네는 이야기꾼을 가장한 서술자가 등장한다. 그렇지만 이 작품에서는 이러한 서술자가 이따금씩 서술의 표면에 출현할 때를 제외하고, 전체적으로 서술자의 역할은 미비하며 거의 숨겨져 있다. 제1회에 등장하는 서술자는 지금부터 하려는 이야기가 사적이고 개인적인 경험임을 표명한다. 이 작품에 등장하는 서술자는 인물에 대해 가능한 한 관찰자적인 태도를 견지하며, 기존 서술자의 역할은 다른 등장인물에게 분산되는 경향을 보인다. 다시 말하면 서술자가 전지적인 관점에서 어떤 사건과 인물을 그려내는 것이 아니라 소설 속 인물의 시선과 눈을 통해 그것을 묘사하고 있는 것이다. 예를 들면 한 인물을 평가하는 전지적인 서술자의 독단적인 해설 대신에 상대적인 관점에서 다수의 시선과 관점이 제시된다.[17]

『홍루몽』에서 작가는 자신과 대등한 지적 수준과 예술적 감각을 가

16 이에 관한 단적인 예로 그는 『水滸傳』과 『金瓶梅』에서 西門慶에 대해 묘사한 부분을 비교 분석하고 있다. 이를 통해서 그는 『金瓶梅』에 이르러 西門慶에 대한 부정적인 이미지가 상당히 희석화되어 표현되고 있고, 작가의 평가와 감정도 표면적인 서술 이면에 숨겨져 있다고 주장한다.(이 부분에 대한 구체적인 논의는 石昌渝, 『中國小說源流論』, 三聯書店, 1994, 344-349쪽 참고)

17 일례로 서술자는 주인공 賈寶玉에 대한 논평을 자제하고, 다만 그를 바라보고 평가하는 다양한 시선을 제시할 뿐이다. 이 작품에서는 할머니 史太君과 어머니, 아버지뿐만 아니라 林黛玉과 그녀의 어머니(제3회), 劉 노파(제39·41회), 傅氏댁 할멈(제35회), 하인 興兒(제66회) 등 그를 바라보는 다양한 시선을 제시하고 있다.

진 독자를 대상으로 설정하고 있다. 서경호의 표현을 빌리면 『홍루몽』의 작가는 독자와 마치 두뇌 게임을 즐기려는 듯하다.[18] 작가는 작품에 등장하는 수많은 사람과 사물, 장소의 이름에서부터 공간의 배치, 인물의 대화와 행동, 꿈과 징조 등에 다양한 복선과 상징적 의미를 숨겨 놓는다. 작가는 자신이 숨겨놓은 코드를 독자 스스로 찾아내도록 내버려둔다. 작가가 숨겨놓은 코드를 찾아내는 것은 전적으로 독자의 몫일 따름이다. 작가는 서술자를 통해 힌트를 제공하지도 않을 뿐만 아니라, 때로는 다중적인 의미로 해석될 빌미를 제공하여 독자를 더욱 혼란스럽게 만든다. 작가는 독자에게 모든 것을 친절히 설명하고 논평해 주기보다 오히려 독자를 속이려 한다. 지연재(脂硯齋)는 그의 평어(評語)에서 수시로 작가에게 속아 넘어가지 말 것을 충고하고 있다.[19] 이전의 소설가들이 독자들의 취향과 요구, 그들의 기대 수준을 반영하는 글쓰기를 했다면 조설근(曹雪芹, 1715-1763)은 독자들의 기대를 깨뜨린다. 그는 사랑하는 재자(才子)와 가인(佳人)의 처참하고 비극적인 결말을 통해 독자들의 기대를 깨뜨림으로써 그들에게 충격을 준다. 여기에서 우리는 『홍루몽』의 작가가 의미의 자율적인 생산자이자 작품을 해석하는 주체로서의 독자의 몫을 그 어떤 작가보다 중시하고 있음을 발견할 수 있다. 서술 방식을 통해 엿볼 수 있는 이와 같은 특징은 전반적으로 반복해서 읽고 내용을 재구성하고 그것을 통해 어떤 의미를 창출할 수 있는 개인화되고 수준 높은 독자층의 출현을 의미하는 것으로 볼 수 있다.

18 서경호, 『중국 문학의 발생과 그 변화의 궤적』, 문학과지성사, 2003, 735쪽.

19 몇 가지 예를 들자면 다음과 같다. "다만 작가에게 속아서는 안 된다(只不要被作者瞞過)."(제5회 甲戌本 夾批)(陳慶浩, 『新編石頭記脂硯齋評語輯校』, 中國友誼出版公司, 1987, 112쪽) "만약에 이를 정말로 그렇다고 생각한다면 또 작가에게 속는 것이다(若眞以爲然, 則又被作家瞞過)."(제5회 甲戌本 夾批)(陳慶浩, 앞의 책, 115쪽) "독자 여러분은 작가에게 속아서는 안 된다(看官勿被作家瞞過)."(제25회 庚辰本 夾批)(陳慶浩, 앞의 책, 464쪽)

'사대기서'로부터 『홍루몽』까지에서 발견되는 서술자의 성격 변화와 관련하여 또 한 가지 지적할 수 있는 것은 서술자의 성격이 개인화되고 있다는 사실이다. '사대기서'에 등장하는 서술자는 찬탄하거나 자신의 감정을 드러내기도 하며 인물과 사건을 논평하기도 한다. 그렇지만 전반적으로 여기에 드러나 있는 서술자의 감정과 판단은 독특한 개인적인 것이라고 보기 어렵다. 이들 작품에 등장하는 서술자는 공적이고 집단적인 가치를 대변하는 성격을 띠고 있다고 볼 수 있는데, 독자는 서술자의 논평을 통해 보편적으로 인식되고 있는 도덕적 가치나 세계관을 재확인할 따름이다.

한편 『홍루몽』에 등장하는 서술자는 비교적 개인화된 인식과 관점을 서술의 층위에 침투시키고 있다. 서술자는 임대옥의 눈에 비친 가보옥을 이런 방식으로 묘사한다. 그가 "시선을 옮길 때면 정이 많아 보였고, 말을 할 때면 언제나 웃는 모습이었다. 타고난 듯한 풍류의 끼를 온전히 눈썹에서 느낄 수 있었고, 평생 겪을 온갖 심사가 모두 눈초리에 담겨 있었다."[20] 또한 이 작품에서 서술자는 서술 속에 자신의 주관적인 관점을 교묘하게 침투시키고 있는데, 이러한 부분은 『삼국연의』와 『수호전』에서

20 轉盼多情, 語言常笑. 天然一段風騷, 全在眉梢, 平生萬種情思, 悉堆眼角.(曹雪芹·高鶚 著, 其庸 等 校注, 『紅樓夢校注』 1, 里仁書局, 1984, 53쪽) 인물에 대한 이와 같은 묘사는 『三國演義』나 『水滸傳』은 말할 것도 없고 『金瓶梅』와도 차이를 보인다. 『金瓶梅』 제2회에 나와 있는 반금련에 대한 다음과 같은 묘사는 매우 전형적이며 상투적이다. "그녀의 모습을 보니 까마귀에 견줄 만한 검고 윤기 있는 머리카락, 초승달같이 굽은 비췻빛 눈썹, 맑은 살구 같은 눈, 향기로운 복숭아 같은 입, 곧게 솟은 아름다운 코, 분 짙게 바른 선홍색의 뺨, 애교 넘치는 은쟁반 같은 얼굴, 하늘거리는 꽃송이 같은 몸매, 파처럼 아름답고 가는 손, 비비 꼬는 버들가지 같은 허리 […].(但見他黑鬒鬒賽鴉鴒的鬢兒, 翠彎彎的新月的眉兒, 清冷冷杏子眼兒, 香噴噴桃口兒, 直隆隆瓊瑤鼻兒, 粉濃濃紅艷腮兒, 嬌滴滴銀盆臉兒, 輕嫋嫋花朵身兒, 玉纖纖葱枝手兒, 一捻捻楊柳腰兒 […].)"(蘭陵笑笑生, 앞의 책, 52쪽)

쉽게 발견되지 않는 점이다. "그중에서 임대옥(林黛玉)과는 가모(賈母)를 따라 한 곳에서 기거했기 때문에 다른 자매들에 비해 좀 더 허물없이 지냈다. 허물없이 지내다 보면 더욱 친밀하게 느끼게 되고, 친밀하게 느끼게 되면 일순간 완벽하게 행동하려던 것이 뜻하지 않은 결과를 가져와 사이가 벌어지는 일도 생겼다."[21] 이처럼 『홍루몽』에서 발견되는 개인화된 서술자의 시각과 관점은 그것을 받아들일 준비가 되어 있는 개인화된 독자를 염두에 둔 것이라고 볼 수 있다.

이와 같이 『삼국연의』에서 『홍루몽』까지를 보면 서술자의 몫과 역할은 점차 줄어드는 대신, 독자의 역할과 부담은 늘어나 인물의 대화나 묘사를 바탕으로 스스로 인물을 파악하고 전체적인 내용을 구성하지 않으면 안 된다. 이는 이야기꾼의 지시와 인도에 따라가던 청중에 가깝던 초기 독자가, 점차 분석하고 사유하는 능력을 바탕으로 작품을 능동적으로 이해하는 독자로 변해 가고 있음을 말해 준다. 또한 '사대기서'로부터 『홍루몽』에 이르면서 서술자의 성격도 집단적인 의식과 공적인 가치를 대변하던 서술자에서 점차 개인화된 의식과 관점을 대화와 묘사 속에 투영시키는 방향으로 바꾸고 있다. 그리고 이는 다른 측면에서 개인화되어 가는 독자의 취향과 성격을 반영하고 있는 것으로 보인다.

(2) 운문과 회의 성격 변화: 통합적으로 사유하고 분석하는 독자로의 변화

운문의 성격 변화

중국 백화소설은 정도의 차이는 있지만 장·단편을 막론하고 다수의 운문이 삽입되어 있다는 특징을 보인다. 예를 들면 이야기를 시작하고 마

21 其中因與黛玉同隨賈母一處坐臥, 故略比別個姊妹熟慣些. 既熟慣則更覺親密, 既親密則不免一時有求全之毀不虞之隙.(曹雪芹·高鶚, 앞의 책, 81쪽)

치는 부분에 놓여 있는 개장시(開場詩)와 산장시(散場詩), 인물의 외모와 복장, 경치, 그리고 중간에 삽입되어 있는 논평적인 성격의 시사(詩詞) 등이 그것이다.[22] 16세기 이후 소설 작품이 읽는 독자를 대상으로 출판된 후에도 공연 예술에서 기원했을 이와 같은 운문은 여전히 소설의 일부분을 구성하고 있다. 이는 앞에서 언급했듯이 구연 전통에 익숙한 독자들에게 보다 친숙하게 다가가기 위한 목적에서 나온 것일 수도 있고, 산문의 단조로움을 운문을 통해 보완하려는 의도에서 나온 것일 수도 있다.[23]

그런데 '사대기서'의 판본 변화를 살펴보면 운문이 점차적으로 삭제되는 경향을 발견할 수 있다. 예를 들어 『금병매』는 '사화본(詞話本)'에서 '숭정본(崇禎本)'으로 오면서 운문이 삼분의 일 정도 삭제되었다.[24] 『수호전』도 마찬가지로 '용여당본(容與堂本)'에서 '김성탄본(金聖嘆本)'으로 오면서 운문의 대대적인 삭제가 이루어졌다.[25] 이를 통해 보면 읽는 것에 점차 익숙해진 독자들에게 공연되었을 때 더욱 생생한 효과를 거둘 수 있는

22 중국 소설에 삽입된 운문에 관한 구체적인 논의는 다음 문헌을 참고하기 바란다. 石昌渝, 앞의 책, 163－170, 250－259쪽; 孟昭連·寧宗一, 『中國小說藝術史』, 浙江古籍出版社, 2003, 258－261쪽; 張敬, 「詩詞在中國古典小說戲曲中的應用」, 『中外文學』 3卷 11期, 1974; Jaroslav Průšek, "The Realistic and Lyric Elements in the Chinese Medieval Story", *Chinese History and Literature*, Dordrocht: Reidel, 1970.

23 Jaroslav Průšek은 중국 소설에 삽입되어 있는 운문에 대해 이렇게 말한다. "독립적인 시들은 기교적으로 아무리 텍스트와 연결되어 있다 하더라도 이질적인 요소로 남아 있다. 시들은 이야기가 실질적으로 구연될 때만 충분히 효과적일 수 있다. 그때 운율적으로 읊조리거나 때로 악기의 반주에 맞춰 노래 불려진 이런 서정시의 간주곡들은 다소 단조로울 수밖에 없는 산문 서사에 활력을 불어넣을 수 있다."(Jaroslav Průšek, *op.cit.*, p. 394)

24 譚帆, 『中國小說評點研究』, 華東師範大學出版社, 2001, 215쪽.

25 일례로 동일한 내용의 '容與堂本' 제11회와 '金聖嘆本' 제10회를 비교해 보면 '容與堂本'에는 운문이 모두 10수가 나오는데, '金聖嘆本'에서는 이를 2수만 남기고 모두 삭제하고 있다.

운문은 점점 더 불필요한 것으로 느껴졌을 수 있다. 삭제된 운문에는 어떤 광경이나 풍경을 장황하게 읊은 시도 있고, 앞에 서술된 내용을 부연하여 설명한 운문도 있다. 그중에서 주목해야 할 것은 '이를 증명하는 시가 있다'라는 뜻의 '유시위증(有詩爲證)'이라고 하는 주로 논평적인 성격의 시구도 대부분 삭제되고 있다는 점이다. 그것은 주관적으로 사유하고 판단할 능력을 갖추고 있는 독자들에게 서술자의 논평적인 개입이 점차 불필요한 것으로 느껴졌기 때문일 것이다.

다음으로 '사대기서'에서 『홍루몽』까지를 살펴보면 운문의 역할과 성격이 달라지고 있음을 발견할 수 있다. 예를 들어 『삼국연의』나 『수호전』에 사용된 운문은 이야기의 내용을 부연적으로 반복하는 경우가 많아 스토리의 전개와 큰 연관성이 없다. 이와 같은 운문은 푸르섹(Jaroslav Průšek)의 표현대로 "특히 학식있는 독자보다 예술적인 양식에 대한 특별한 이해가 결여된 약간 수준이 낮은 독자들"에게 일종의 안정감을 주기 위한 의도에서 삽입되었을 가능성이 있다.[26] 그런데 『금병매』와 『홍루몽』에 오면서 삽입된 운문이 산문과 긴밀히 결합되는 경향을 보인다. 예를 들어 『홍루몽』 제1회에 나오는 「호료가(好了歌)」나 제5회에 나오는 「홍루몽곡(紅樓夢曲)」, 제22회에 나오는 등미(燈謎)[27]는 가부(賈府)의 쇠망이나 등장인물의 운명을 암시하는 등 향후의 사건 전개를 이해하는 상징적인 복선 역할을 하고 있다.

또한 기존의 백화소설과는 달리 『홍루몽』에는 당대 전기(傳奇)에 삽입된 시가처럼 인물의 감정이나 생각을 표현한 운문이 상당히 많이 포함되어 있다.[28] 많은 연구자들은 『홍루몽』에 등장하는 무수한 시 작품이 인

26 Jaroslav Průšek, *op.cit.*, p. 394.

27 음력 정월 보름이나 중추절날 밤에 초롱에 수수께끼의 문답을 써 넣는 놀이.

28 이 작품에서는 인물들이 詩會를 결성하고 개최하는 장면이 여러 번에 걸쳐 비

물의 개성을 충분히 드러내고 있다는 점에 주목한다. "각 사람은 각 사람의 어조가 있고, 각 시는 각 사람의 심정이 있어서 쉽게 바꿔 놓을 수도 없고, 이 사람의 시를 저 사람의 시로 착각할 수도 없다."[29] 이처럼 『홍루몽』에서 운문은 복선적인 의미를 지니기도 하고 인물의 개성을 드러내는 역할을 하고 있다. 이는 이 작품의 부분적인 요소들이 전체적인 맥락과 긴밀히 연관되어 있음을 말해 준다. 그리고 이는 다시 부분적인 요소를 전체적인 맥락 속에서 통합적으로 사유하고 분석하는 독자층의 출현과 결부지을 수 있다.

마지막으로 지적하고자 하는 것은 『홍루몽』에서 운문은 단순히 산문의 보조적인 역할에 머물고 있는 것이 아니라 작품 전체가 하나의 '서정시적인 소설'이라는 점이다. 이 소설과 관련하여 지금까지 몇몇 학자들이 '소설의 시화(詩化)', '시적인 소설'이라는 언급을 한 적이 있다.[30] 장편 소설에서 사라졌던 서정시적인 요소가 이 작품에 이르러 전체 산문 텍스트 속에 깊이 용해되어 있는 모습을 보여 준다는 것이다.[31] 이 작품에 이르러

중 있게 그려지고 있다. 예를 들어 前80回에서 보더라도 총 14회(17, 23, 27, 37, 38, 45, 48, 50, 51, 64, 70, 75, 76, 78회)에서 聯詩, 卽興詩 등 시 짓는 장면이 나온다. 시 짓는 능력은 大觀園의 정식 구성원이 되기 위한 전제 조건이며, 賈寶玉은 공부는 죽도록 싫어해도 시 짓는 것에 대해서는 남다른 관심과 재능을 보인다.

29 張敬, 앞의 논문, 49쪽.

30 예를 들어 다음과 같은 논저들은 대체로 이와 같은 관점을 보여 주고 있다. 薛海燕, 『紅樓夢-一個詩性的文本』, 中國社會科學出版社, 2003; 王小青, 「小說的詩化, 詩化的小說-『紅樓夢』藝術風格管窺」, 『河北師範大學學報』 1994年 第4期; 張冬青, 「詩意紅樓-試論紅樓夢的詩性本質」, 『北京青年政治學院學報』 12, 2003; 孫春旻, 「『紅樓夢』詩性敍事探析」, 『南都學壇』 21(4), 2001; 裘新江, 「誰解其中味-詩味傳下的意境理論和『紅樓夢』」, 『滁州師專學報』 4(3), 2002; 潘雪蓮, 「談『紅樓夢』的詩味與詩美體驗」, 『克山師範專科學校學報』 2000年 第2期.

31 Jaroslav Průšek은 이와 관련하여 이렇게 주장한다. "전개 과정에서 서정시적인 요소, 특히 장편 소설에서 사라졌던 서정시적인 요소는 『紅樓夢』과 문인

운문의 서정성은 개인화된 정서를 드러내는 중요한 부분이 되고 있다. 소설의 주인공 가보옥(賈寶玉)은 전형적이지 않은 굉장히 독특한 감수성을 보여 준다. 그는 그림 속의 여인이 외로움을 느낄 거라고 생각하거나(제19회), 떨어진 꽃잎이 더럽혀지는 것을 안타깝게 여겨 꽃무덤을 만들어 순수함을 지켜주려 한다(제23, 27회). 감수성이 예민한 그는 제비나 물고기, 달, 별과 대화를 나누기도 한다(제35회). 이 작품이 서정시적인 소설이라고 했을 때 우리는 이처럼 가보옥에게서 특수한 개인화된 서정을 발견할 수 있다.[32] 그리고 이를 통해 볼 때 이 시기의 독자가 작품에 나타난 그런 개인화된 정서를 깊이 공감하고 읽을 준비가 되어 있는 개인화된 성격을 지니고 있었다고 추정해 볼 수 있다.

'사대기서'의 판본 변화를 살펴볼 때 산문의 내용과 중복되거나 부연 설명하는 내용의 운문, 논평적인 성격의 운문은 점차 삭제되는 경향을 보인다. 또한 '사대기서'에서 『홍루몽』으로 오면서 산문의 내용과 긴밀히 연관되어 있지 않던 운문이 복선이나 상징적인 의미를 내포하게 되었고, 운문이 인물의 개성이나 성격을 반영하는 경향을 보이고 있다. 운문이 서사 진행에서 중요한 한 부분을 이루게 된 것이다. 이는 전반적으로 주관적으로 사유하고 판단하는 능력을 갖추고 있고, 부분적인 요소를 전체적인 맥락 속에서 이해하고 파악하는 능력을 가지고 있는 개인화된 독자의 성격을 반영하고 있다. 다음으로 『홍루몽』에서 운문은 산문 텍스

소설 속에서의 새롭고 현대적인 양식 속에서 다시 나타난다. 하지만 여기에서 서정시적인 요소는 대부분 독립적인 단락을 이루지 않으며 전체 산문 텍스트 속에 융해되어 있다. 그래서 위대한 유럽 소설에서처럼 그 텍스트에 일종의 서정시의 색채를 더해주고 어렴풋이 우울한 정조를 만들어 낸다."(Jaroslav Průšek, *op.cit.*, p. 395)

32 전반적으로 이 소설을 서정시적인 소설로 볼 수 있다면 그것은 아마도 작가가 이 소설 속에 자신의 투영이라고 할 수 있는 賈寶玉의 정서와 감정을 표출하려 한 점에서 가장 근원적인 원인을 찾을 수 있을 것이다.

트 전체에 용해되어 특수한 개인의 주관적인 정서와 감성을 보여 주는데, 이를 통해서 우리는 소설 작품에 나타난 그런 개인화된 서정세계를 음미하고 이해할 수 있는 개인화된 독자층의 존재를 상정해 볼 수 있다.

회의 성격 변화

16세기 이후에 출현한 장편 백화소설은 회를 중심으로 이야기가 구성되어 있다. 예를 들면 『삼국연의』는 120회, 『금병매』는 100회, 『홍루몽』은 120회이다.[33] 원래 회는 긴 이야기를 공연 현장에서 소화할 수 있도록 단락으로 나누어 이야기하던 전통에서 생겨난 것인데, 이것이 읽는 텍스트에서도 여전히 수용되어 양식적 규범으로 자리를 잡게 된 것이다.

그런데 '사대기서'와 『홍루몽』을 통시적인 관점에서 읽어 보면 회의 성격이 점차 변하고 있음을 발견할 수 있다. 그것은 전반적으로 공연적 전통에 바탕을 둔 양식적 요소와 성격이 사라지고, 읽는 독서물로서의 성격이 강화되는 경향을 나타내고 있다. 다시 말하면 공연예술에서 하나의 작품은 전체적으로 구성은 느슨한 반면에 상대적으로 회는 독립적인 성격을 강하게 띠고 있었다면, 서면화된 텍스트로서의 성격이 강화되면서 회와 회 사이의 연관성이 긴밀해지고 전체적인 맥락이 중시되는 경향을 보이고 있는 것이다.

33 『紅樓夢』과 같은 예외적인 작품을 제외하고 중국 소설은 서구 소설에 비해 본질적으로 일화를 짜깁기한 성격이 강하다. 그것은 단편과 장편 모두에 해당되는데, 예를 들어 단편 소설이 2-3편의 일화를 중심으로 구성되어 있다면, 100회의 장편 소설은 대략 200개 정도의 일화로 구성되어 있다. 金聖嘆이 말한 이른바 '문법'은 바로 상대적으로 독립적인 성격이 강한 수많은 일화를 어떻게 교묘하게 배치하고 구성할 것인가 하는 문제를 다루고 있다. 몇몇 예외는 있지만 어쩌면 일화의 짜깁기가 전체적인 구성을 중시하는 서구 소설과 다른 중국 소설의 보편적인 특징인지도 모른다. 어쨌든 필자가 여기에서 주장하고자 하는 것은 일화를 구성하는 하나의 단위라고 할 수 있는 회의 성격이 점차적으로 변화하고 있다는 사실이다.

노지심(魯智深)이 주먹으로 진관서(鎭關西)를 때려죽이다(『수호전』 제3회)

『삼국연의』는 위(魏), 촉(蜀), 오(吳) 세 나라 사이의 권력 투쟁과 전투 상황을 번갈아 가며 서술하는 방식으로 이야기를 전개하고 있다. 이 작품에서는 세 나라 간에 벌어지는 전투가 주된 사건의 흐름을 구성하고 있기 때문에 이야기의 흐름은 비교적 단선적으로 진행된다. 『수호전』의 전반부는 다양한 영웅들이 양산박(梁山泊)으로 모여드는 과정을 다루고 있고, 후반부는 모인 영웅들이 다양한 전투를 벌이는 가운데 사라져 가는 과정을 그리고 있다. 『삼국연의』와 마찬가지로 여기에서도 수많은 인물들이 등장하지만, 이야기의 전개 과정은 비교적 단선적이다. 예를 들어 제1회에서 제12회까지를 보면 '고구(高俅)-왕진(王進)-사진(史進)-노달(魯達)-임충(林冲)-양지(楊志)' 등이 순서대로 등장한다. 노지심(魯智深)의 이야기는 주로 제4회부터 제8회까지 걸쳐 있고, 임충의 이야기는 주로 제7회에서 제11회까지 걸쳐 있으며, 양지의 이야기는 주로 제12-13회와 제16-17회에 걸쳐 있고, 무송(武松)의 이야기는 주로 제23-32회에 걸쳐 있다.

이들 작품에서 회의 제목은 대체로 '누가 어떠어떠한 행동을 하다'라는 내용의 대구로 되어 있다. 예를 들면 『삼국연의』 제1회에는 "도화원에서 잔치를 베풀어 호걸 세 명이 의를 맺고, 황건적을 죽여 영웅이 처음으로 공을 세우다."[34]라고 되어 있고, 제10회는 "왕실을 걱정하여 마등이 의병을 일으키고, 부친의 원수를 갚기 위해 조조가 군사를 일으키다."[35]라고 되어 있으며, 『수호전』 제3회에는 "사대랑은 밤에 화음현을 떠나고, 노제할은 주먹으로 진관서를 때려죽이다."[36]라고 되어 있고, 제17

34 宴桃園豪傑三結義, 斬黃巾英雄首立功.(羅貫中, 『三國志演義』, 中華書局, 1995, 3쪽)

35 勤王室馬騰擧義, 報父讐曹操興師.(위의 책, 95쪽)

36 史大郎夜走華陰縣, 魯提轄拳打鎭關西.(施耐庵·羅貫中, 『水滸傳』, 人民文學出版社, 1997, 40쪽)

회에는 "화화상은 혼자서 이룡산을 치고, 청면수는 둘이서 보주사를 빼앗다."[37]라고 되어 있다. 이를 통해 볼 때 이들 작품에서 한 회에 대개 두 명의 주인공이 등장하여 벌어지는 사건을 다루고 있음을 쉽게 짐작할 수 있다. "결국 이후의 사건이 어떻게 되었는지는 다음 회의 내용을 들어 보시라."[38]와 같은 서술자의 상투적인 말과 함께 각 회는 대체로 극적인 장면이나 새로운 인물의 출현과 함께 끝이 난다. 다음 회의 첫 부분은 전 회의 내용에 대한 간략한 요약이나 전 회의 끝 장면에서 새롭게 등장한 인물에 대한 이야기로 시작된다. 이들 작품에서 회와 회 사이의 관계는 독립적인 성격이 강하여, 그 순서를 바꾸더라도 전체적인 줄거리의 흐름에 큰 영향을 주지 않는 경우가 많다.

『삼국연의』나 『수호전』 등은 텍스트로 된 인쇄물이 나온 이후인 청초에 이르러, 민간에서 다수의 청중을 대상으로 설서인(說書人)이 작품을 들려주는 방식으로 감상되었던 '평서(評書)'의 전통에서도 인기 있는 작품이었다.[39] 사건과 인물을 중심으로 이야기가 구성되어 있고 일화의 독

37 花和尙單打二龍山, 靑面獸雙奪寶珠寺.(위의 책, 209쪽)

38 畢竟後事如何, 且聽下文分解.(제16회)(위의 책, 175쪽)
비슷한 내용이지만 회마다 표현을 약간 달리한다. 예를 들면 제1회에는 "결국 동탁의 생명이 어떻게 되었는지는 다음 회의 설명을 들어보시라(畢竟董卓性命如何, 且聽下文分解)."(위의 책, 12쪽), 제28회에는 "이 사건이 어떻게 되었는지는 다음 회의 설명을 들어보시라(未知其事如何, 且聽下文分解)."(위의 책, 313쪽), 제66회에는 "이후의 사건이 어떻게 되었는지는 다음 회의 설명을 보라(未知後事如何, 且看下文分解)."(위의 책, 313쪽).

39 '評書'는 청초에 北京을 중심으로 한 북방 지역에서 유행하기 시작하였다.(蔣方才, 「論評書與小說的關係及區別」, 『湖南師範大學社會科學學報』 1999年 第5期 第28卷) 耿瑛의 「近年出版的評書綜述及思考」(『中國圖書評論』 1988年 4期)에 따르면 현재까지 전해지는 評書 목록은 대략 140여 편이며, 이 가운데 전통적인 書目은 100여 종에 이른다. 하지만 제목만 다르고 내용이 중복되는 것을 제외하면 실제로는 50-60종 정도이다. 목록을 통해 볼 때 평서에서 가장 중요한 부분을 차지하고 있는 것은 장편의 경우는 歷史演義類이고, 단편의 경우는 '公

립성이 강하고 긴장과 이완이 반복되는 것은 평서 작품의 중요한 특징이다.[40] '평서'가 소설 텍스트를 그대로 읽는 것은 아니었지만, 『삼국연의』와 『수호전』은 회의 상대적인 독립성, 단선적인 사건의 흐름, 뚜렷한 인물의 개성 같은 구연되기에 적합한 특징을 가지고 있었다.

한편 『금병매』나 『홍루몽』에서 회의 성격은 앞의 두 작품과는 차이를 보인다. 이 두 작품은 흔히 '그물망'과 같은 형태로 짜인 구조라고 말한다. 이는 작품이 그물망처럼 촘촘하게 짜였을 뿐만 아니라 하나의 그물코를 당기면 모든 것이 딸려 오듯이 부분적인 요소가 궁극적인 의미와 전체적인 맥락 속에서 그 의미와 역할을 가지도록 구성되어 있음을 뜻한다. 이들 작품에서도 회목(回目)은 여전히 두 개의 병렬적인 사건을 다루고 있는 듯이 제시되어 있지만, 그 이야기는 독립적인 성격이 강하지 않다. 회목에서 제시하는 내용이 그 회에서 이야기하고 있는 3-5개, 많게는 6-7개의 자잘한 이야기들의 일부에 불과한 경우도 많다. 이들 작품은 이렇게 훨씬 잘게 분절된 수많은 조각들이 모여서 전체를 구성하고 있기 때문에, 작품 전체를 이해하기 위해서는 끊임없이 전체적

案'과 '俠義', 혹은 '공안'과 '협의'가 결합된 성격의 작품이다. 역사연의류에 속하는 대표적인 작품으로는 『列國』, 『兩漢』, 『三國』, 『殘唐五代』, 『楊家將』, 『岳飛傳』, 『水滸』 등이 있고, '공안' 혹은 '협의'류에 속하는 유명한 작품으로는 『包公案』, 『海公案』, 『三俠劍』, 『小五義』 등이 있다. 하지만 장편이라 하더라도 단편적인 일화나 인물 중심의 독립적인 성격이 강한 이야기들로 구성되어 있다. 예를 들어 『列國』의 경우는 다시 「伍子胥」, 「孫臏」, 「和氏璧」 등의 이야기로 구성되며, 『水滸』는 「武松」, 「宋江」, 「李逵」, 「魯智深」, 「阮氏三雄」 등과 같이 인물을 중심으로 이야기가 진행된다. 이 밖에 『珍珠塔』, 『再生緣』, 『雙金鳳』 등 남녀 간의 사랑을 다룬 재자가인 이야기와 『封神榜』, 『西遊記』, 『濟公后傳』, 『聊齋』(30여편의 단편 작품으로 이루어짐) 같은 神魔狐鬼의 작품이 있다. 章培恒·駱玉明 도 『中國文學史』(復旦大學出版社, 1996)의 192쪽에서 評書에서 인기있던 작품 중 하나인 『水滸』에 관하여 언급하고 있다.

40 蔣方才는 「論評書與小說的關係及區別」(『湖南師範大學社會科學學報』 1999年 第5期)에서 소설과 평서의 차이점에 대해 언급하고 있다.

인 맥락에서 통합적으로 부분을 이해할 필요가 있다. 이와 같은 성격은 『금병매』보다 『홍루몽』에 이르러 더욱 뚜렷해진다. 『홍루몽』의 작가는 장회의 전통을 받아들여 전체를 120회로 구분하고 있지만, 사실 이 작품에서 회의 구분은 무의미하다고 생각될 정도로 부분적인 요소는 전체적인 유기체에 종속되어 있다. 『홍루몽』의 독자는 처음부터 순서대로 작품을 읽을 필요가 있다. 왜냐하면 작가는 이 작품 전체를 복잡하고 치밀하게 설계하고 곳곳에 다양한 상징과 복선을 숨겨 놓아서 회를 건너뛰고 읽거나 뒤에서부터 읽으면 작품의 전체적인 의미를 파악할 수 없기 때문이다. 이 작품은 전적으로 쓰기와 읽기의 전통 속에서 탄생한, 끊임없이 부분을 전체와 연결시켜 통합적으로 사유할 때 온전히 이해할 수 있는 작품이다.

『삼국연의』나 『수호전』에서 사건의 흐름은 비교적 단선적이고 회의 성격은 상대적으로 독립적이다. 이들 작품을 읽는 독자는 독립성이 강한 몇 개의 커다란 조각들을 이어 붙이면 작품 전체를 파악하는 것이 어느 정도 가능하다. 반면에 『금병매』를 거쳐 『홍루몽』에 이르면 독자는 작품 전체를 이해하기 위해서 훨씬 복잡한 사유를 해야 한다. 이 작품의 독자는 끊임없이 한 부분, 한 회를 전체적인 맥락과 의미 속에서 통합적으로 파악하여 이해할 필요가 있다. 이 작품은 개인적인 시간을 할애하여 작품에 더 깊이 몰입할 것과 상당히 깊이 있는 사유를 요구하고 있다는 점에서 보다 개인화된 독자에게 적합한 작품이다.

(3) 등장인물의 성격 변화: 몰입하여 개별적으로 반응하는 독자로의 변화

『삼국연의』나 『수호전』에 등장하는 인물은 주로 영웅호걸들이다. 즉 작품 속 인물들은 대개 역사적인 사건의 주역들로, 보통 사람들과는 다른 특별한 용맹과 덕, 지략과 능력을 가지고 있다. 작품을 읽는 평범한 독자의 입장에서 이들 작품에 등장하는 영웅호걸들은 능력이나 위치에서 쉽게 동일시할 수 있는 대상이 아니다. 이들 작품을 읽는 독자는 '나 같으면 그런 상황에서 이렇게 말하고 행동했을 텐데.'라는 생각을 하기 어렵다. 등장인물은 독자와 완전히 동일시될 수 없는 일정한 거리 밖에 존재하는 타자화된 대상일 뿐이다.

예를 들면 독자들은 영웅적인 풍모와 뛰어난 무예 실력을 가진 관우(關羽)나 신출귀몰하는 지략을 펼치는 신적인 능력을 지닌 제갈량(諸葛亮)과 동일시되는 감정을 결코 느낄 수 없다는 것이다. 그들은 독자와는 다른 특별한 사람으로 흠모나 찬탄의 대상일 따름이다. 따라서 이와 같은 작품을 읽는 독자들의 반응은 수동적일 수밖에 없다. 독자들은 등장인물의 언행을 모범으로 삼거나 혹은 그렇게 해서는 안 된다는 교훈을 얻을 뿐이다. 독자들은 작품에 등장하는 영웅들의 활약상을 보고 대리 만족을 얻을 수 있을 뿐, 결코 그들의 상황과 감정에 완전히 몰입하여 무수히 다른 개별적인 반응을 보이는 독자가 되기는 어렵다.

한편 『금병매』에 이르러 등장인물은 영웅에서 평범한 개인으로 변하였다. 상인인 서문경(西門慶)의 가정을 중심 배경으로 하고 있는 이 작품에는 도시를 살아가는 거의 모든 군상들이 등장한다. 작품 속에 이런 평범한 개인이 등장하게 되면 독자와 작중인물 사이의 거리가 좁혀져 독자는 보다 쉽게 작중인물에 자신을 대입시켜 동일시할 수 있는 여지가 생긴다.[41] 다시 말하면 이와 같은 소설을 읽는 독자는 만약 내가 저런 상황

41 소설 작품의 주인공으로 각각 완전함에 가까운 영웅적인 인물과 불완전한 평범한 인물이 등장했을 때 독자는 상이한 반응을 보인다. 그에 관해서는 Hans Robert Jauss가 "Interactive Patterns of Identification with the Hero"(*Aesthetic Experience*, 1982, p. 159)라는 논문에서 분석한 바 있다. 아래의 도표는 그가 정리한 내용 중 일부로, II와 III에서의 독자의 수용 양상을 살펴보면 필자가 여기에서 분석하는 내용을 이해하는 데 도움이 될 것이다.(로버트 C. 홀럽 지음, 최상규 옮김, 『수용미학의 이론』, 예림기획, 1999, 111쪽)

이라면 어떻게 했을지 생각하면서 작품 속에 더욱 몰입하고 빠져들게 되는 것이다. 이는 작품 속에 영웅적인 인물보다 평범한 개인이 등장할 때 그와 동일시하여 자신만의 독특한 연상 작용을 통해 제각각 개별적으로 반응할 수 있는 여지가 더욱 크다는 것을 의미한다. 그렇지만 『금병매』에 등장하는 서문경이나 반금련 등은 극단적으로 욕망을 추구하는 존재로, 비교적 과장되고 특화된 인간의 면모를 그리고 있어, 독자가 인물에 자신을 대입하여 느끼고 생각할 수 있는 여지가 비교적 제한적일 수밖에 없다.

한편 『홍루몽』에서는 작중인물과 독자의 심리적 거리가 좁혀지는 동시에, 작가와 독자의 심리적 거리도 더욱 밀착되고 있다.[42] 이 작품에 등장하는 주인공은 작가의 투영으로, 독자는 작품 속 주인공을 통해 작가의 내면 깊숙한 부분까지 파고들 수 있다. 이 작품에서는 독자가 등장인물에 자신의 감정을 이입할 수 있는 깊이와 폭이 『금병매』에 등장하는 인물에 비해 훨씬 커졌다고 볼 수 있다. 이 작품이 특히 인물의 내면과 심리를 잘 그려내고 있다는 점도 독자가 인물에 더 깊이 몰입하도록 돕는 역할을 했을 것이다. 이 작품에 등장하는 주요 인물들은 선과 악이라는 대

일체화의 양태	지시관계	수용 경향	행동이나 태도의 규범 (+: 긍정, -: 부정)
Ⅱ. 찬탄적	완전한 주인공 (성자나 현자)	찬탄	+ Aemulation(따르려 애씀) - Imitation(모방) + 모범적임 - 비일상적인 것에 의한 교훈이나 오락(도피의 필요)
Ⅲ. 동정적	불완전한 (일상적) 주인공	연민	+ 도덕적 관심(행동준비태세) - 감상성(고통을 즐김) + 결정적 행동을 위한 결속 - 자기 긍정(달램)

42 마에다 아이는 "작가의 시상과 밀착된 내재적 리듬을 통해서 작가 내지는 작중 인물에게 동화되고 마는 고독한 독자"를 일본 근대 독자의 성격으로 규정한다.(마에다 아이, 앞의 책, 199쪽)

립적 관념의 틀로 파악하기 어려우며, 외면적인 모습이나 조건과 반드시 일치하지 않는 자기만의 독특한 내면세계를 가지고 있다.

예를 들어 임대옥(林黛玉)은 서시(西施)에 비견될 만한 아름다운 외모를 지니고 있는 매력적인 여성으로, 시와 음악에도 뛰어난 예술적 재능을 가지고 있다. 하지만 지나치게 예민하고 신경질적인 성격과 직설적인 말투, 의심 많은 성격, 열등감과 자기 학대 등은 그녀 자신의 내면을 병들게 할 뿐만 아니라 상대방을 불안하게 만든다. 왕희봉(王熙鳳)은 눈치 빠르고 재치 있고 영리하며, 치밀하고 빈틈없는 일처리로 많은 사람들로부터 인정과 사랑을 받는 매력적인 인물이다. 하지만 다른 한편으로 그녀의 웃음 뒤에는 질투심과 잔인함과 냉혹함이 숨겨져 있으며, 교만과 허영심이 감추어져 있다. 『홍루몽』에는 주인공 가보옥 외에도 여러 주요 인물들이 전형적이지 않은 독특한 자기만의 세계와 개성을 가지고 있다. 이 소설을 읽는 독자는 다양하게 그려진, 제각기 개성과 내면세계를 갖추고 있는 인물에 감정이입을 하여 자기 나름의 상상에 빠져 소설 속에 몰입하게 된다. 『홍루몽』에 등장하는 인물은 이처럼 독자들을 제각각 다르게 느끼고 생각하고 반응하도록 만든다.

2) 소설 평점을 통해 본 독자층의 성격

중국에서는 대략 1570년 이후 상업적인 출판업자들에 의해 생산된 책들이 급격하게 증가하는 양상을 보인다.[43] 통속적인 소설이나 희곡 작품을

43 Anne E. McLaren은 大木康의 「明末江南における出版文化の研究」(『廣島大學文學部紀要』 第50卷 特輯號1, 1991, 1, 3-5, 15-16쪽 참고)와 Timothy Brook의 *The Confusions of Pleasure: Commerce and Culture in Ming China* (Berkeley: Univ. of California Press, 1998, pp. 129-133, 167-180)를 근거로 들면서 이렇게 말한다. "특히 대략 1570년 이후의 시기는 상업적 출판업자들에 의해 생산

비롯해 경전이나 역사서, 팔고문 선집, 시문 선집, 달력, 의약서 등의 서적들이 다양한 성격과 수준을 지닌 독자층을 대상으로 출판되었다. 소설평점(評點)은 17세기를 전후한 시기에 등장하기 시작하는데, 이 시기는 이미 소설이 출판 시장에서 중요한 하나의 아이템으로 자리를 잡아 가고 있던 시기였다. 이 시기에 문인 독자층 가운데 일부가 자신의 관점으로 소설을 읽고 깨달은 바를 평점이라는 형식을 통해 표현했는데, 이를 통해 당시 소설 독자층의 성격을 짐작해 볼 수 있다.

중국에서 소설 텍스트에 평점을 달아야겠다는 생각을 처음 하게 된 계기는 아마도 멀게는 경전 텍스트에 주석을 달던 전통이나, 가깝게는 팔고문 선집에 평점을 덧붙였던 데서 아이디어를 얻었을 가능성이 있다. 16세기 말 복건성 건양(建陽)에서 대대로 출판업을 경영하던 여상두(余象斗, 1560?-1637?)[44]는 비교적 교육 수준이 낮은 독자층을 겨냥하여 평점을 쓴 최초의 사람으로 알려져 있다.[45] 그는 일반독자를 위해 '평림(評林)' 형식이라고 불리는 '상평(上評), 중도(中圖), 하문(下文)'의 비교적 읽기 편하고 값이 싼 책 판형의 기준을 마련한 사람이었다. 그는

된 책들의 급격한 증가, 통속적 또는 실용적 성격을 가진 책들의 출판 쇄도, 덜 교육받은 그룹을 포함하는 넓어진 독자층에 대한 강한 징후로 특징지어진다."(Anne E. McLaren, *op.cit.*, p. 153)

44 字는 仰止, 文臺이며 號는 三臺山人이다. 余氏 집안은 北宋 이후 閩南 지역에서 대대로 서방을 운영하던 가문이었다. 余象斗는 과거에 응시했다가 실패한 전력을 가지고 있는 유명한 출판업자로 그의 서방에서는 과거 모범 답안집, 경전 주석서 선집, 類書, 달력, 韻書, 삽화본 소설과 희곡 작품을 출판하였다. 그의 서방에서 출판한 소설 작품은 20여 종이 있는데, 『新刻按鑒全像批評三國志傳』, 『水滸志傳評林』, 『列國志傳評林』 등이 특히 유명하다. 그 자신이 편찬한 작품으로는 『北遊記』, 『南遊記』, 『新刊皇明諸司廉明公案』, 『萬錦情林』 등이 있다.

45 Robert E. Hegel, "Niche Marketing for Late Imperial Fiction", *Printing and Book Culture in Late Imperial China* (ed. by Cynthia J. Brokaw and Kai-wing Chow), Berkeley, L.A., and London: Univ. of California Press, 2005, p. 245와 주 15 참고.

『신각안감전상비평삼국지전(新刻按鑒全像批評三國志傳)』(1592), 『수호지전평림(水滸志傳評林)』(1594), 『열국지전평림(列國志傳評林)』(1606) 등에 평점을 달았는데, '전상(全像)'이나 '비평(批評)'은 다른 판본과의 차별성을 강조하고 판매를 자극하려는 일종의 광고 문구라고 할 수 있다.

17세기 전반기 소설의 중심지가 비교적 외진 지역이었던 복건성에서 소주(蘇州), 항주(杭州), 남경(南京) 등지로 옮겨오면서 출판업자와 비교적 지적 수준이 높은 문인의 협력이 보다 활발해졌다.[46] 이 지역에서 출판된 소설 판본은 대체로 건양 지역의 서방(書坊)에서 나온 것보다 질적으로 고급화되었으며 비싼 가격에 팔렸다. 이 지역의 출판업자들은 다양한 품질과 가격의 소설 판본을 제작하여 부유한 문인 계층에서부터 경제적으로 덜 부유하고 지적 수준이 낮은 계층까지 폭넓게 공략하였다.[47] 예를 들어 남경 삼산가(三山街)의 도서 시장에 자리잡고 있던 당씨(唐氏) 가문이 운영하던 세 개의 서방은 각기 다른 계층을 목표로 삼아 서로 간의 경쟁을 피하였다. 주로 희곡 작품을 취급하던 문림각(文林閣)에서는 고급스럽고 세련된 판본으로 부유한 문인 계층을 공략했고, 부춘당(富春堂)에서는 그보다는 약간 저렴한 출판물을 통해 중산층을 겨냥하였다. 세덕당(世德堂)에서는 주로 비슷한 품질의 통속 소설을 간행하는 것으로 차별화된 판매 전략을 세웠다.[48] 이 시기의 소설 평점 역시 출판업자를 중심으로 이루어졌다. 항주에서 서방을 운영하던 하이선(夏履先)이나 육운룡(陸雲龍, 1587-1666)은 자신이 직접 소설에 평점을 하여 출판했고, 소주(蘇州)의 서방 주인이었던 원무애(袁無涯)도 풍몽룡(馮夢龍, 1574-1646)과 협력하여 평점본 소설을 간행하였다. 이 시기에 나타난 특징 가운데 하나는

46 李忠明, 앞의 책, 79-81쪽 참고.

47 Robert E. Hegel, *op.cit.*, p. 238.

48 *Ibid.*, pp. 251-253.

명사에 가탁(假託)한 평점본이 무수히 많이 출현한다는 점인데, 실제로 평점한 사람은 서방 주인이거나 서방 주인과 협력 관계를 맺고 있던 하층 문인이었다. 이러한 현상은 소설 시장에서 서방 간의 경쟁이 심해지면서 명사의 이름을 도용하여 광고 효과를 높이려는 전략에서 비롯된 것으로 해석할 수 있다.[49] 항주에서 나온 '용여당본(容與堂本)' 『이탁오선생비평충의수호전(李卓吾先生批評忠義水滸傳)』 100회(1610)와 소주에서 나온 '원무애본(袁無涯本)' 『신전이씨장본충의수호전(新鐫李氏藏本忠義水滸傳)』 120회(1612-1614) 등은 이 시기에 나온 대표적인 평점본이다.

대략 16세기 말부터 17세기 전반기까지의 소설 평점은 이처럼 출판업자의 주도로 이루어졌으며, 일차적으로 다른 서방과의 경쟁에서 우위를 차지하려는 차별화 전략으로 채택된 것이었다. 이들 평점 내용은 대체로 음성학적 주석이나 지명, 관직명, 역사적 사실, 전고(典故) 등에 간단한 주석을 달거나 인물과 사건을 평론하는 것으로 이루어져 있었다. 이를 통해서 당시 평점은 지적 수준이 비교적 낮은 독자층이 작품을 온전히 이해하도록 돕고, 이야기를 통해 약간의 교훈을 전달하려는 의도를 갖고 있었음을 알 수 있다.[50] 평점본 소설이 나오면서 소설을 읽는다는 것은 그려진 삽화를 보고 본문을 읽는 것 외에 삽입되어 있는 평점을 읽는 것까지를 포함

49 명말 李贄(10종), 陳繼儒(4종), 鍾伯敬(7종), 湯顯祖(3종), 徐渭 등을 비롯하여, 청대에 馮夢龍, 李漁, 金聖嘆 등은 출판업자들이 가탁하기 좋아하던 명사였다.

50 예를 들어 余象斗의 평점은 '圈點', '音注', '釋義', '考證', '補注'의 형식으로 음성학적 주석이나 地名, 官職名, 역사적 사실, 典故 등 간단한 주석적인 성격의 내용으로 채워져 있다. '宦官'에 대해 '궁중에서 일어나는 일을 처리하는 관리'라고 설명하거나, 심지어 '妻'라는 글자를 '婦'로 풀이하기도 한 것이 그 예이다. 그는 또 인물이나 사건에 대해 간략한 평가를 내리기도 한다. 예를 들어 『三國演義』에서는 '評云救阿斗', '評操詐求和', '評張昭獻計'와 같이 어떤 사건을 위주로 간략한 평을 덧붙이고 있으며, 『水滸志傳評林』에서는 '評宋江', '評李逵'의 예에서와 같이 인물에 대한 도덕적인 평가를 위주로 하고 있다.(그의 평점에 관한 보다 구체적인 논의는 Anne E. McLaren, *op.cit.*, p. 172 참고)

하게 되었다. 또한 이 시기에 이르러 소설을 읽는다는 것은 묵독의 방식을 띠고 있었을 가능성이 크다.[51] 이 시기 평점은 눈으로 책을 읽는 개인화된 독자층이 자리를 잡아 가는 과정에서, 그들이 혼자 작품을 온전하게 읽고 이해하도록 돕는 역할을 수행했던 것으로 보인다.

17세기 중·후반에 중국 소설의 평점은 새로운 단계로 접어들었다. 이 시기 소설에 평점을 하였던 김성탄(金聖嘆),[52] 모윤(毛綸)과 모종강(毛宗崗, 1632-1709 이후),[53] 장죽파(張竹坡, 1670-1698)[54] 등은 전 시기 출판업자 혹

51 朱熹(1130-1200)는 경전 텍스트 읽기에서 音讀을 중시하였다. 그에게 있어 텍스트를 읽는다는 것은 눈으로 볼 뿐만 아니라 입으로 읽고 귀로 들어 최종적으로 암기하는 것까지를 의미하였다.(朱熹의 讀書法에 관한 보다 상세한 논의는 Anne E. McLaren, *op.cit.*, pp. 154-156, 167-168 참고) 다른 한편 읽는 소설 텍스트가 나온 이후에도 민간에서는 여전히 '評書'라는 전통이 있어서 설서인이 청중들에게 이야기를 들려주는 집단적인 독서 형태는 청말까지 지속되었다. 그렇지만 이 시기 삽화가 있고 평점이 삽입되어 있는 소설 텍스트는 혼자서 눈으로 읽는 묵독의 방식으로 수용되었을 가능성이 크다.

52 소설이나 희곡 출판의 중심지 가운데 하나였던 蘇州에서 태어난 金聖嘆은 향시 예비시험에 합격한 吳縣 향교의 학생이었으나 평생 관직생활은 하지 않았다. 그는 『水滸傳』 평점(1641), 『西廂記』 평점(1656), 『唐才子詩甲集』(1660), 『杜詩解』(1660-1661), 『天下才子必讀書』(1661) 등 1661년 吳縣 縣令의 부정과 불법 행위를 폭로한 사건으로 인하여 처형될 때까지 저술 활동에 전념하였다. 金聖嘆이 그의 나이 34세에 평점한 『第五才子書施耐庵水滸傳』 70회는 蘇州에서 그의 친구인 韓住가 운영하는 貫華堂에서 간행되었다. 그의 소설 평점 형식은 대체로 앞서 언급했던 容與堂 평점본에서 크게 벗어나지 않는다. 앞부분에는 총론적인 성격의 세 편의 序, 「宋史綱」, 「讀法」 등이 위치하고, 텍스트 부분에서는 總評이 앞부분으로 이동하고 夾批의 양이 증가하고 있으며 소량의 眉批가 달려 있고 圈點이 찍혀 있는 형태이다.

53 毛綸, 毛宗崗 부자의 공동 작업의 산물이라 할 수 있는 『四大奇書第一種』이라는 명칭의 『三國演義』 평점본은 金聖嘆이 죽은 지 20년이 못 된 1679년 즈음에 나왔다.(毛綸이 50세를 전후로 실명하게 되자 작업하고 있던 『琵琶記』와 『三國演義』에 대한 비평을 구술하여 毛宗崗에게 최종적으로 완성하도록 했다. 譚帆, 앞의 책, 241쪽 참고) 毛宗崗은 같은 고향 사람인 金聖嘆과 교류한 적이 있는 것으로 알려져 있으며(譚帆, 앞의 책, 241쪽), 金聖嘆의 이름을 빌려 쓴 서

은 출판업자와 긴밀한 협력하에 소설에 평점을 달았던 사람들에 비해

문이나 인물 형상, '敍事法' 등에서 金聖嘆의 영향력을 쉽사리 발견할 수 있다. 毛宗崗本『三國演義』가 지니고 있는 의미는 우선적으로 텍스트의 가치에 있다고 할 수 있는데, 그의 평점본은 이후 가장 유행하는 판본으로 자리를 잡았다. 모씨 부자 역시 金聖嘆과 마찬가지로 古本에 의거한다는 핑계로 俗本을 대거 수정했다. 즉 回目을 정리하고, 詩詞를 삭제 혹은 개작하고 모순된 부분을 삭제 혹은 보충하고, 문장을 윤색하고, 줄거리를 역사에 근거하여 바꾸는 등의 텍스트 수정을 하였다. 그의 평점 방식은 金聖嘆과 마찬가지로 '序', '凡例', '讀法'과 같은 총론적인 성격의 것과 回前 總評, 夾批의 방식으로 되어 있다. '사대기서' 가운데 상당 부분 사실에 바탕을 둔 『三國演義』를 가장 높이 평가한 대목에서 엿볼 수 있듯이 모씨 부자는 허구성보다 실록을 중시했고 정식 역사에 부합하는 내용을 써야 한다고 주장하였다.(方正耀, 앞의 책, 314쪽) 이들의 평점은 劉備의 인애와 曹操의 殘暴함을 강조하는 '擁劉反曹'의 관점을 견지하고 있다. 인물 형상에 대한 분석과 金聖嘆의 문법에 해당되는 일화와 인물을 구조화하는 다양한 방식 등에 대한 탐색이 평점의 주요 내용을 차지하고 있지만, 金聖嘆에 비해 도덕적으로 인물을 판단하고 작품을 이데올로기적으로 해석하려는 경향이 강하다고 할 수 있다.

54 그는 강소성 銅山 사람으로 다섯 차례 향시에 응시했다가 낙방한 전력과 서른 살이 되기 전에 갑작스런 죽음을 맞이한 불운에 불운이 겹친 인생을 살았던 문인이었다. 1695년 완성된 『金瓶梅』 평점본은 『皐學堂批評第一奇書金瓶梅』(이 판본에는 '姑蘇原刻'이라고 작은 글자가 쓰여 있으며 '彭城張竹坡批點'이라고 되어 있음)라는 제목으로 출간되었다. 張道淵은 『仲兄竹坡傳』에서 張竹坡가 『金瓶梅』를 평점한 후 책을 들고 金陵에 이르자 "원근에서 구매하기를 원하여 명성을 더욱 떨쳤다. 사방의 명사들 가운데 남경을 찾은 사람들이 하루에도 수십 명이나 되었다."(譚帆, 앞의 책, 261쪽에서 재인용)고 기록하고 있다. 張竹坡는 그의 평점본에서 텍스트에 대한 일부 수정을 단행하지만, 金聖嘆이나 毛宗崗에게서 발견할 수 있는 것처럼 대대적으로 수정하지는 않았다. 그는 대체로 『新刻金瓶梅詞話』(1617)를 개정한 판본인 이른바 '崇禎本'으로 알려져 있는 『新刻繡像批評金瓶梅』라는 판본을 저본으로 삼고 있다. 그의 평점 역시 작품 앞부분에 별도로 실려 있는 총론적인 성격의 글과 텍스트에 딸려 있는 회전 총평, 협비 등으로 구성되어 있다. 그의 평어에서는 총론적인 성격의 글이 보다 두드러진 특징으로 나타나는데, '序', '凡例', '雜錄', 「竹坡閑話」, 「冷熱金針」, 「金瓶梅寓意說」, 「苦孝說」, 「第一奇書非淫書論」, 「第一奇書金瓶梅趣談」, 「批評第一奇書金瓶梅讀法」 108條 등이 그것이다.

상당히 높은 지적 수준을 보여 주고 있다. 이들은 주관적으로 사유하고 능동적으로 작품을 읽는 소설 독자층의 모습을 잘 보여 준다.

이들 가운데 특히 김성탄은 소설에 대한 독법(讀法)에서뿐만 아니라 텍스트 자체에 대한 대대적인 삭제와 수정을 통해서 주관적인 소설 독자로서의 성격을 잘 보여 주고 있다. 그는 기존의 120회본 『수호전』 가운데서 50회 분량에 해당하는 작품 뒷부분을 과감히 삭제하였다.[55] 그는 108 영웅이 양산박에 모이는 제71회 후반부까지를 제외한 나머지 부분을 삭제하고, 원래 있던 '인수(引首)'와 제1회를 '설자(楔子)'[56]로 만들고, 원래 작품의 제2회를 제1회로, 제71회를 제70회로 만들어 70회본 『수호전』을 만들었다. 그는 이와 같은 자신의 행동을 정당화하기 위하여 기존의 100회본이나 120회본은 진본(眞本)이 아니며, 자신이 더 오래된 원판본인 70회본을 발견한 것처럼 가장하는 한편, 구체적인 텍스트 자체도 고본(古本)을 따른다는 핑계로 상당 부분 삭제하고 개작하였다. 이를 통해 알 수 있듯이 김성탄에게 있어서 텍스트는 고정된 것이 아니라 주관적인 독자 개인의 시각에 의해서 충분히 새롭게 고쳐질 수 있는 것이었다.

그의 『수호전』 평점이 어느 정도로 주관적이고 자의적인 성격을 띠고 있는지에 대해서는 「서상기독법(西廂記讀法)」에서 "내가 평점한 『서상기』는 나의 작품이지 왕실보의 『서상기』가 아니다."[57]라고 말하는 대목

55 '사대기서'는 16세기부터 17세기 전후에 이르는 시기에 최종적으로 완성된 듯이 보이지만, 청대 이후 가장 많이 읽힌 판본은 모두 17세기 중·후반에 나온 평점가들에 의해 완성되었다. 이후에도 새로운 평점본이 나오기는 했지만, 金聖嘆이 평점한 『水滸傳』(1641), 毛氏 부자가 평점한 『三國演義』(1679), 張竹坡가 평점한 『金瓶梅』(1695), 汪象旭과 黃周星이 평점한 『西游證道書』(1663)는 청말까지 가장 유행한 '사대기서'의 판본이었다.

56 보통 소설 첫머리에 위치하여 正文에 복선을 제공하거나 궁금증을 유도하여 독자들을 끌어들이는 작용을 한다.

57 聖歎批西廂記是聖歎文字, 不是西廂記文字.(『讀第六才子書西廂記法』)(譚帆, 앞

을 통해 짐작해 볼 수 있다. 『수호전』 평점에서 그는 자신이 작가의 의도를 누구보다 잘 파악하고 있음을 강조하며, 이 작품의 작가가 얼마나 세심하게 고심하여 일화를 배치하고 인물을 그려내고 있는지를 드러내 보여 준다. 그렇지만 주관적이고 자의적인 소설 독자로서의 그의 성격을 고려할 때,[58] 그가 밝히고 있는 내용이 과연 작가의 의도를 있는 그대로 충실히 드러내고 있는가 하는 점은 의심스럽다. 왜냐하면 그에게 있어서 평점은 자기만의 새로운 작품을 다시 쓰는 제2의 창작을 의미하는 것이었기 때문이다. 그가 자신이 원본을 가지고 있고 작가의 의도를 잘 알고 있다고 주장하는 것은 평자로서의 자신의 특권적 지위를 정당화하려는 책략으로 볼 수 있다.[59]

이처럼 작가의 의도와 권위를 침해하고 독자로서의 '특권적 지위'를 남용하고 있는 듯이 보이는 김성탄의 평점은 작가의 지적 수준이 평자보다 낮고 원작가에 대한 정보가 거의 없는 '작가의 권위'가 부재한 상황에서 비롯된 것으로 추정해 볼 수 있다.[60] 어쨌든 김성탄을 통해 우리는 주

의 책, 256쪽에서 재인용)

58 중국 소설 평점가들에게 종종 발견되는 지나치게 주관적인 경향에 대해서는 譚帆도 언급한 적이 있다.(위의 책, 55쪽 참고)

59 金聖嘆과 그의 『水滸傳』 평점을 이와 같은 시각에서 해석한 논문으로는 Martin W. Huang의 "Author(ity) and Reader in Traditional Chinese Xiaoshuo Commentary"(*CLEAR*, 16, 1994)를 참고하기 바란다.

60 이와 관련된 논의로는 王靖宇의 『金聖嘆的生平及其文學批評』(上海古籍出版社, 2004), 54-55쪽을 참고하기 바란다. 여기에서 그는 魯迅이 『中國小說的歷史的變遷』에서 한 다음과 같은 말을 인용하고 있다. "중국인들은 줄곧 소설을 중시할 만한 것이 아닌 것으로 생각했기 때문에 경전과는 달리 마음대로 개작하기를 좋아하였다." 그는 또 金聖嘆이 『杜詩解』에서는 텍스트를 개작한 적이 없다는 사실을 지적하고 있다. Martin W. Huang도 "Author(ity) and Reader in Traditional Chinese Xiaoshuo Commentary"에서 이와 관련된 언급을 한 적이 있다. "많은 비평가들은 소설 평점가들이 '무례하게도' 타인의 텍스트에 간섭하는 것을 전통시기 중국에서 소설이라는 서사 장르가 상대적으로 낮은 지위

체적인 의미 생산자로서 개인화된 소설 독자를 만날 수 있다.[61]

장죽파를 통해서도 김성탄과 비슷한 소설 독자의 모습을 발견할 수 있다. 필자가 보기에 장죽파의 『금병매』 평점은 작품 속의 '숨겨진 의미 찾기'와 '뒤집어 읽기'라는 측면에서 주목할 만하다. 그는 평점을 통해 작품 속 인물의 이름이나 장소 등에 숨겨져 있는 상징적 의미를 밝혀내려고 노력하며, 무질서하게 나열된 것처럼 보이는 세부적인 요소들이 어떻게 전체적인 맥락 속에서 의미를 지니는지를 지적한다. 그의 평점은 분명 작가의 의도를 더욱 선명하게 드러내고 표면적인 언술 너머의 의미를 밝혀주는 측면이 있다. 그렇지만 그에게서도 김성탄에서 발견되는 것과 같은 주관적이고 개인화된 독자로서의 성격을 어렵지 않게 발견할 수 있다. 그는 그저 작가의 의도에 충실하게 작품을 읽는 독자로서 만족하지 못한다. 이는 그가 "나 스스로 나의 『금병매』를 창작하는 것이니, 내 어찌 남을 위해 『금병매』를 평점할 겨를이 있겠는가?"[62]라고 말하는 부분에서

에 있었던 탓으로 돌렸다. […] 그것은 또한 전통 시기 중국의 학술 담론 일반에서 作과 述의 경계가 불안정했다는 점과 관련되는 것이기도 한데, 익명인 저작의 경우 일반적으로 더욱 자신의 의견을 발언하게 되는 것이다."(p. 52)

61 사실 중국 소설이 문인 계층으로 확장되는 데 있어서 '사대기서'는 매우 중요한 의미를 지니는 소설이라고 생각되는데, 그때 金聖嘆의 존재는 새롭게 평가될 필요가 있다. 소설을 바라보는 새로운 시각과 통찰력을 보여 주는 그의 평점이 끼친 영향력은 가깝게는 모씨 부자나 張竹坡에서 분명하게 발견할 수 있으며, 멀게는 嘉慶(1796-1820) 후기에 활동하던 馮鎭巒의 진술을 통해서도 확인이 가능하다. 馮鎭巒은 四川省에서 學官을 지낸 적이 있고 『聊齋志異』에도 평점을 하는 등 소설에 큰 관심을 가지고 있던 문인이었는데, 그는 金聖嘆이 중국 소설 독자층에게 끼친 영향력을 이렇게 증언하고 있다. "김성탄이 『수호전』과 『서상기』를 평점하였는데 예리한 통찰력과 적절한 표현 능력은 후대 독자들의 거시적인 시야와 문학적 통찰력을 열어 주었다. 그 때문에 소설이나 阮本이 지금까지도 없어지지 않은 것이다.(金人瑞批水滸西廂, 靈心妙舌, 開後人無限眼界無限文心. 故雖小說院本, 至今不廢.)"(「讀聊齋雜說」)(黃霖·韓同文 選注, 『中國歷代小說論著選』 上, 江西人民出版社, 2000, 540쪽)

확인된다. 그는 이와 같은 자신의 지론에 따라 이 작품을 보통 사람이 지금까지 읽었던 것과는 전혀 다른 새로운 눈으로 읽어낸다. 그는 이 작품이 '음란함을 가르치는(誨淫)' 외설적인 소설이 아니라 한 효자가 고통스런 심정으로 쓴 작품이라고 주장하며,[63] 음란함 속에서 성인의 도를 발견하고 악하고 타락한 현실에 대한 작가의 울분과 비판을 읽어낸다.[64] 그의 주장이 당시 독자들에게 얼마나 설득력 있게 받아들여졌는지는 알 수 없지만, 그의 소설 읽기는 분명 주관적이고 개인화된 독자, 작품을 통해 자기만의 새로운 의미를 발견하고 찾아내려는 독자의 모습을 보여 준다.

17세기 중·후반 김성탄을 비롯한 문인 평점가들의 출현으로 소설의 가치에 대한 새로운 인식의 제고가 이루어졌고, 소설 자체의 예술성에 대한 탐색도 본격화되었다. 문인 평점가의 출현은 소설이 일부 개방적인 사고를 가진 문인 계층에까지 확장되는 상황을 반영하는 동시에, 소설 독자층이 문인 계층으로 확장되는 새로운 계기를 마련하였다. 이들이 소설 평점에 참여하게 된 것은 대개 아마추어적인 관심과 취미에서 시작된 것이거나, 출판업자 혹은 작가와의 개인적인 친분 관계에서 비롯된 것이었다.[65] 이들은 소설 작품을 읽으면서 자신이 깨달은 원리와 진리를 독자

62 我自做我之金瓶梅, 我何暇與人批金瓶梅也哉?(「竹坡閑話」)(侯忠義·王汝梅 編, 『金瓶梅資料滙編』, 北京大學出版社, 1985, 11쪽)

63 그는 이른바 '苦孝說'을 주장한다.

64 색정소설로 알려져 있는 『金瓶梅』를 음란한 책이 아닌 孝悌를 다루고 있는 작품이라고 변호한 그의 수사법은 이후 다른 소설 평점가들에게 채택되었다.(Martin W. Huang, *op.cit.*, pp. 56-57)

65 예를 들어 李漁의 소설인 『無聲戲』·『十二樓』·『連城璧』에 평점을 하였던 杜濬(1611-1687), 杜綱(1775년 전후 활동)의 『娛目醒心編』·『北史演義』·『南史演義』에 평점을 하였던 許寶善(1731?-1830?, 진사 출신), 丁耀亢(1599-1669)의 『續金瓶梅』에 평점을 하였던 查繼佐(1601-1676), 呂熊(1674년 전후 활동)의 『女仙外史』에 평점을 달았던 劉廷璣(1654?-?), 夏敬渠(1705-1787)의 『野叟曝言』에 평점을 하였던 韜叟 등은 모두 작가와 개인적인 친분 관계를 맺고 있었다.

에게 전달하려고 했으니 이들의 평점은 읽어 줄 독자를 전제로 한 것이었지만, 또한 자기 만족적인 성격도 띠고 있었다. 이들은 대체로 주관성이 강한 평점을 남기고 있는데, 이들에게 평점은 제2의 창작이라는 성격을 지니고 있었다. 이들의 출현은 소설 독자층의 분화를 의미하는 동시에 개인화되어 가는 소설 독자층의 일면을 보여 준다. 긍정적인 측면에서 이들은 주체적인 의미 생산자로서 개인화된 독자층의 모습을 보여 주지만, 작가의 의도와 권위를 지나치게 침해하고 있는 특권화된 독자의 성격도 드러내고 있다. 또한 이들의 출현은 개인적인 취향의 주관적인 소설 읽기가 단순히 개인적인 차원에서 끝나지 않고 출판을 통해 사회적인 의미로 확장되는 현상을 보여 준다.

한편 18세기 『홍루몽』에 평점을 하였던 지연재(脂硯齋)[66]에게서 우리는 작가의 권위를 침해하여 텍스트를 삭제하거나 수정하고, 지나치게 자의적으로 평점을 가하는 특권화된 독자의 성격을 찾아보기 어렵다. 오히려 그의 평점에서 우리는 주체적인 의미 생산자로서 일반적인 독자 계층에 대한 신뢰와 인정을 발견할 수 있다. 지연재는 작품을 읽으면서 깨달은 바를 평점을 통해서 독자에게 전달하려고 하지만, "그의 평어 가운데에는 평자가 반드시 작가나 독자보다 수준이 높은 것이 아니라는 인식이

66 『紅樓夢』은 필사본 상태로 유통되던 초기 단계에서부터 이미 脂硯齋의 평점이 포함된 텍스트 상태였다. 현재 불완전한 상태로 전해지고 있는 세 가지 중요한 판본인 甲戌本(1574), 己卯本(1759), 庚辰本(1760)에서 모두 '脂硯齋評'이라는 글자를 확인할 수 있다. 흔히 '脂批', '脂評'으로 불리는 초기 판본에 평점을 달았던 사람으로는 脂硯齋뿐만 아니라 畸笏叟, 棠村, 松齋, 梅溪 등이 있었다. 脂硯齋로 대표되는 이들은 『紅樓夢』이라는 작품의 최초의 전문적인 독자였다고 말할 수 있다. 脂硯齋가 작가와 어떤 관계였는지에 관해서는 여러 가지 설이 난무하지만(작가의 叔父, 堂兄弟, 表妹라는 설과 曹頫라는 설 등이 있음), 비슷한 또래의 가까운 친척이나 친구 사이로 작가와 경험과 기억을 공유했던 인물임에는 분명하다. 지금까지의 소설 평점가와는 달리 『紅樓夢』의 평자는 작가와 개인적으로 긴밀한 친분 관계를 가지고 있었다는 특징을 보인다.

곳곳에 존재하고 있다."[67] 그는 자신의 생각이 전적으로 옳다고 주장하지 않으며 독자의 읽기를 지배하려고도 하지 않는다. 그는 "독자는 이 대목에 이르러 한번 책을 덮고 곰곰히 생각해 보시오",[68] "오묘한 정신과 오묘한 이치를 담고 있으니 독자들은 스스로 생각해 보시오",[69] "독자 여러분들께 한번 물어봅시다. 보옥을 좋아해야 합니까, 미워해야 합니까?"[70] 라며 독자가 스스로 생각하고 판단할 시간을 주며 독자의 읽기를 존중한다. 그는 또한 이렇게 말한다. "이 두 마디 말은 독자가 이해할 수 없을 뿐만 아니라 작가도 반드시 이해하고 있다고 생각하지 않는다. […] 만약에 독자가 굳이 이해하려고 한다면 자기 자신이 보옥과 대옥이라고 생각하면 명확하게 이해할 수 있을 것이다."[71] 이를 통해 볼 때 지연재가 상정하고 있는 독자는 나름의 판단과 사고 능력을 가지고 있는 주체적인 의미생산자로서, 평자나 작가보다도 더 많은 것을 깨닫고 의미를 찾아낼 수 있는 지적인 문인으로 볼 수 있다.

이와 같은 성격의 독자는 또한 이 작품의 작가가 설정하고 있는 독자의 모습이기도 하다. 작가는 작품 곳곳에 다양한 상징과 은유, 복선을 숨겨놓고 있다. 지연재의 평점은 상당 부분이 그것을 드러내려는 것이다. 그는 작품에 등장하는 인명과 명칭이 상징적인 의미를 지니는 것으로 풀이하고 있다. 예를 들면 '대황산(大荒山)'은 '터무니없다(荒唐)'로, '청경봉(靑埂峰)'은 '정의 뿌리(情根)'로, '진사은(甄士隱)'은 '진짜 일을 숨기다(眞事隱)'

67 郝延霖, 「脂硯齋評評者和作家讀者的關係」, 『紅樓夢學刊』 1997年 增刊(總第75輯), 紅樓夢學刊雜誌社, 1997, 501쪽.

68 觀者至此, 請掩卷細想.(제1회 甲戌本 夾批)(陳慶浩, 앞의 책, 19쪽)

69 妙神妙理, 請觀者自思.(제8회 甲戌本 夾批)(위의 책, 180쪽)

70 試問觀者, 是喜寶玉乎, 是惡寶玉乎?(제35회 庚辰本 批語)(위의 책, 541쪽)

71 此二語不獨觀者不解, 料作者亦未必解. […] 若觀者必欲要解, 須自揣自身是寶林之流, 則洞然可解.(제20회 庚辰本 批語)(위의 책, 381쪽)

로, '영련(英蓮)'은 '불쌍하다(應憐)'로, '강주(絳珠)'는 '피눈물(血淚)'로, '가화(賈化)'는 '거짓말(假話)'로 해석하고 있다. 지연재는 평점 곳곳에서 "만약에 이를 정말로 그렇다고 생각한다면 또 작가에게 속는 것이다." 또는 "다만 작가에게 속아서는 안 된다."라거나 "독자 여러분은 작가에게 속아서는 안 된다."[72]라며 작품의 표면적인 언술 너머에 자리잡고 있는 의미를 파악하도록 끊임없이 독자의 주의를 환기시킨다. 평자는 "대충대충 읽는다면 작가가 고심하여 작품을 창작한 것이 아깝다."[73]라거나, "재삼재사 세밀하게 의미를 따지지 않으면 작가의 의도를 파악할 수 없다."[74]라며 독자의 통찰력 있는 섬세한 읽기를 촉구한다.

또 한 명의 유명한 『홍루몽』 평자였던 장신지(張新之, 1828-1850경 활동)[75]는 "독자들이 표면적인 의미만을 알 뿐 이면적인 의미를 깨닫지 못하

72 본고 '제3장'의 각주 19를 참고하기 바란다.

73 草草看去, 便可惜了作家行文苦心.(제44회 庚辰本 批語)(陳慶浩, 앞의 책, 589쪽)

74 非細究至再三再四, 不計數.(제6회 甲戌本 回後墨)(위의 책, 150쪽)

75 호는 太平閑人, 妙復軒 등이다. 그는 道光 8년(1828)에 『紅樓夢』에 評語를 쓰기 시작하여 1850년 마침내 120회 평점을 완성하였다. 그는 『紅樓夢』을 『周易』을 풀이한 책으로 해석했고, 소설이라기보다는 『大學』이나 『中庸』 같은 경전의 일종으로 보았다. 한편 四川省 綿州 사람인 孫桐生(1824-1904)은 咸豊 2년(1852)의 진사 출신이었다. 그는 同治 6년(1867)에 장서가였던 친구 劉銓福에게서 '妙復軒評本'을 얻었다. 하지만 그것은 평점만 있고 본문이 없었는데 孫桐生은 정갑본을 본문으로 사용하여 光緒 2년(1876)에 정리 작업을 완성하였다. 光緒 7년(1881)에 그는 부족한 자금을 확보하기 위해 가산과 佩物을 저당잡혀 호남성 長沙 臥雲山館에서 『妙復軒評本繡像石頭記紅樓夢』(1881)을 인쇄하였다. 張新之가 사용한 원래 명칭은 『妙復軒評石頭記』였으나 당시 독자에게 환영받던 이름이 『紅樓夢』이었기 때문에 두 명칭을 합칭했을 가능성이 있다. 이 판본 자체는 광범위하게 유통되지 않았으나 光緒 10년(1884) 上海 同文書局에서 『增評補像全圖金玉緣』이라는 명칭으로 王希廉, 張新之, 姚燮의 三家合評本이 출간되었는데, 여기에서 '묘복헌평본'의 정문과 평점이 채택되었다. 이 삼가합평본은 당시 가장 영향력 있는 평점본이었다.

기 때문"[76]에 이 작품을 오독하고 있다고 말한다. 그는 또 "간혹 작품의 이면적 의미를 알아차릴 수 있는 거시적인 안목을 가진 이가 있다 해도 희미하고 불분명하여 주변을 맴돌다가 핵심을 잃고 말"[77] 정도로 이 작품의 진정한 의미를 파악하기란 쉽지 않다고 말한다. 이 작품에서 작가는 독자에게 모든 것을 친절히 설명해 주지 않는다. 작가는 어떤 인물이나 사건에 관해서 등장인물을 통한 다양한 관점을 제시할 뿐 단정적인 평가를 내리지 않는다. 모든 판단은 독자의 몫으로 남겨진다.

『홍루몽』의 작가가 상정하고 있는 독자는 이처럼 작가 자신이나 평자와 대등하거나 그 이상의 지적 수준을 갖춘 독자라고 할 수 있다. 굳이 앞의 논의와 연관 짓는다면 이 작품에서 상정하고 있는 독자는 김성탄이나 장죽파 등과 같은 수준의 예리한 감각과 통찰력을 갖춘 독자라고 말할 수 있다. 이 시기에 이르러 독자는 『홍루몽』에서 재현되고 있는 작가의 특수하고 개인적인 체험과 목소리를 들을 준비가 되어 있었고, 이 작품에서 그려지고 있는 섬세한 개인의 심리와 내면세계를 충분히 파악하고 이해할 정도로 개인화되어 있었던 것으로 보인다.

2. 16-18세기 소설 작가의 성격 변화

중국 소설의 작가는 초기에는 익명이었다. 이른바 '지괴(志怪)'를 지은 사람이 누구인지 우리는 전혀 알 수 없다. 다만 다양한 지괴 작품을 채록한 편집자의 이름만이 남아 있을 뿐이다. 저자가 알려진 작품은 당대(唐代)

76 讀者但知正面而不知反面也.(『紅樓夢·讀法』)(朱一玄 編, 『紅樓夢資料滙編』, 南開大學出版社, 2001, 700쪽)

77 間有巨眼能見知矣, 而又以恍惚迷離, 旋得旋失.(『紅樓夢·讀法』)(위의 책, 700쪽)

'전기(傳奇)'에서부터 시작된다. 그렇지만 '전기'는 상당 부분 시문(詩文)과 그 성격이 겹쳐 있어 본격적인 소설이라고 보기 어려우며, '전기'를 지은 문인들을 소설 작가라고 말하기도 어렵다. 송원대 '화본(話本)'의 작가 가운데는 이름을 알 수 있는 사람도 일부 있지만, 대부분은 필명이나 익명의 상태로 존재한다. 16세기경에 활동하던 소설 작가도 대부분은 익명이나 필명으로 남아 있다. 예를 들어 '사대기서'의 작가에 대해 우리는 거의 정보를 가지고 있지 않으며, 『금병매』 정도를 제외한 나머지 세 작품은 오랜 세월에 걸쳐 점진적으로 축적되어 완성된 집체 창작의 성격을 띠고 있다. 가정(嘉靖, 1522-1566) 연간에 『청평산당화본(清平山堂話本)』을 출간한 홍편(洪楩) 역시 작가라기보다는 편집자라고 말하는 편이 옳을 것이다. 이렇게 여러 작가의 손을 거쳐 완성된 작품이나 익명으로 존재하는 작품은 뚜렷한 관점이나 작가의식을 분명하게 드러내고 있지 않거나 대개 보편적인 세계관을 대변하는 성격을 띠고 있다. 따라서 작가의 익명성은 제한적인 관점에서 말해야겠지만 작품을 한 작가 개인의 산물로 보기보다 집단의식의 산물로 간주할 수 있다.

중국 소설에서 본격적으로 이름이 알려진 작가가 활동하기 시작한 시기는 대체로 17세기 이후로 봐야 될 것이다. 예를 들어 17세기에 활동했던 작가로는 풍몽룡(馮夢龍, 1574-1646), 능몽초(凌濛初, 1558-1644), 이어(李漁, 1610-1680) 등을 거론할 수 있고, 18세기의 작가로는 오경재(吳敬梓, 1701-1754), 조설근(曹雪芹, 1715-1763), 하경거(夏敬渠, 1705-1787) 등을 들 수 있다. 이를 통해 보면 중국 소설 작가는 대체로 익명이나 필명으로부터 자기 이름을 내걸고 작품 활동을 하는 단계로 변했다고 할 수 있다. 이 같은 변화는 소설의 위상이 점차 개선되고 제고되며, 지적 수준이 높은 문인 계층이 소설 창작에 참여하기 시작했던 상황과도 관련이 있다.[78] 그리

78 작가의 성격을 규정하는 구체적인 부분에서는 필자와 약간의 견해 차이가 있

고 이는 다른 각도에서 보면 문인이 소설과 같은 상업적인 성격의 글쓰기를 한다는 것이 그다지 부끄러운 일만은 아닌, 어느 정도 사회적으로 용인되는 하나의 선택일 수 있다는 인식을 반영하고 있다.

소설 작가가 자기 이름을 내걸고 작품 활동을 하게 되었다는 것이 작품 전체를 온전한 작가 개인의 산물로 간주해도 좋다는 뜻으로 해석되어서는 안 될 것이다. 왜냐하면 작가의 이름이 알려져 있는 작품 중에서도 기존의 자료를 활용하여 개작한 여러 작품들이 발견되기 때문이다. 또한 소설 작가의 이름이 알려지기 시작했다는 것을 전적으로 작가의 목소리나 관점, 문체가 분명하게 그 작가만의 독특한 개성을 드러내고 있다는 의미로 해석하기도 어렵다. 왜냐하면 작가의 이름이 알려져 있는 작품이라 하더라도 상당수의 작품은 여전히 독특한 작가의 시각이나 관점이 아니라 집단적인 가치나 이념을 대변하고 있기 때문이다.

그렇지만 일정 정도의 과도기를 거치면서 점차적으로 온전한 작가 개인의식의 산물로 간주할 수 있는 작품은 분명 늘어나는 추세를 보인다. 또한 17세기를 거쳐 18세기로 접어들면서 작가의 독특한 인식과 관점에 의해서 작품 전체가 조율되고 통제되며, 작가의 의식도 분명해지는 경향을 드러내고 있다. 18세기에 출현한 작품 가운데 특히 『홍루몽』은 작

지만, 黃霖·楊紅彬은 『明代小說』(安徽教育出版社, 2001)에서 이렇게 말하고 있다. "전체적으로 말해서 통속소설이 無名에서 有名이 된 것은 소설 발전의 추세로 그것은 소설 지위의 점차적인 제고를 반영하고 있으며, 명대 소설 창작에서는 심지어 전업 소설 작가가 출현하기도 했다. 그 밖에 소설 창작의 각도에서 명대의 소설 창작은 실제 생활을 담아내고 역사·신마 제재를 운용하던 데에서 직접적으로 인간의 삶을 그려내는 것으로의 발전을 거쳤다. 그렇지만 여전히 소설을 정치 투쟁의 도구로 여겨 소설에 또 다른 층차의 '無名' 현상이 발생하기도 했는데, 이 또한 다른 각도에서 소설 창작의 진보를 드러내고 있다."(231쪽) 또한 그들은 명대에 이르러 세대 누적에서 개인 창작으로, 민간 藝人에서 문인으로 소설 작가의 성격이 점차 변하고 있다고 지적한다.(231-256쪽 참고)

가 조설근 개인의 특수한 경험과 삶을 소설화하고 작품 속에 자신을 투영하고 있어 지극히 개인화되고 주관화된 소설의 성격을 보여 준다. 그리고 이는 소설 작가의 성격이 점차 개인화되는 경향을 말해 준다.

필자는 대략 이와 같은 관점을 바탕으로 이 절에서 소설 작가의 성격 변화에 관하여 논하고자 한다. 필자는 크게 16-17세기 소설 작가와 18세기 소설 작가로 구별하여 논의를 전개하고자 하는데, 18세기 작가와 관련해서는 특히 전통 소설 전체를 통틀어 매우 독보적인 성취를 보여 주는 『홍루몽』의 작가에 주목하고자 한다.

1) 16-17세기 작가의 성격

16-17세기에 나온 소설 작품집을 통해 볼 때 작가로 통칭할 수 있는 부류의 사람들은 상당히 다양한 성격을 띠고 있다. 첫 번째 부류는 『청평산당화본(淸平山堂話本)』에 수록되어 있는 작품이나 '삼언(三言)' 가운데서 풍몽룡의 창작물이 아니라 그가 단지 수집하여 실어 놓은 개별 작품들을 쓴 작가들이다. 두 번째 부류는 소설 작품을 편집하여 책으로 만들어 내거나 새롭게 작품을 창작하여 출판한 사람들로, 오늘날 흔히 소설 작가로 알려져 있는 사람들이다. 이들 가운데는 풍몽룡, 능몽초, 이어 등과 같이 이름이 알려져 있는 사람도 있지만, 이름이 밝혀지지 않은 채 가명(假名)이나 필명(筆名)만 남아 있는 사람들도 있다. 논의의 편의상 필자는 이 부분에서 17세기 이전에 작품을 출판한 작가들을 다루었다. 세 번째로 언급할 수 있는 사람들은 주로 장편 소설을 최종적으로 편집한 이들이다. 즉 대개 오랜 기간에 걸쳐 여러 사람의 손을 거치며 축적되어 온 자료들을 한데 모아서 최종적으로 하나의 작품으로 만들어 낸 사람들을 가리킨다. '사대기서'의 작가가 여기에 포함될 수 있는 대표적인 사람들일 것이다. 물론 『금병매』와 같은 작품은 나머지 세 작품과 작가의 성격에서

약간의 차이가 있지만, 필자는 논의의 편의상 이 부분에서 함께 다루고자 한다.

우선 첫 번째 부류로 설정되어 있는 작가들에 관하여 좀 더 구체적으로 살펴보기로 한다. 홍편의 『청평산당화본』[79]이나 『웅용봉소설4종(熊龍峰小說四種)』(1590년 전후)에 수록되어 있는 작품을 쓴 작가나, 풍몽룡이 창작한 것이 아니라 그가 수집하여 '삼언'에 수록한 작품을 쓴 작가의 존재에 관하여 현재 우리는 많은 정보를 가지고 있지 않다. 이들 작품은 대체로 송원대 화본으로 추정되고 있는데, 어쩌면 이러한 작품을 지은 사람은 호사영(胡士瑩)이 『화본소설개론(話本小說概論)』에서 언급하고 있는 송원대 작가 중 한 사람일 가능성도 있다. 이들 작품은 말재주뿐만 아니라 글재주도 있어서 구연과 창작을 겸하던 예인(藝人)의 손에서 나온 것일 수도 있고, 설화인들을 위해서 전문적으로 '화본'을 제공했다고 알려져 있는 서회(書會)에서 활동하던 '재인(才人)'들의 손에서 나온 것일 수도 있다. 현재 이름을 확인할 수 있는 사람도 있지만 그들은 대부분 필명이나 별명으로 활동했던 것으로 보인다.[80] 홍상훈의 용어를 빌리면 이와 같은 잉여 지식인 계층을 '중간층'이라고 부를 수도 있다.[81]

이들이 어떤 목적과 의도를 가지고 이런 작품을 썼는지 현재로서는

79 洪楩은 杭州 錢塘人으로 집에 많은 책을 소유하고 있었다. 자세한 행적은 알 수 없다. 洪楩이 『淸平山堂話本』을 출판한 시기에 관해서 石昌渝는 嘉靖 20-30년(1542-1552)으로 추정하고 있고, Patrick Hanan은 1550년경으로 추정하고 있다. 이 책이 출판된 지역에 대해서도 약간의 이견이 있는데 Wilt L. Idema는 蘇州에서 출판한 것으로, Hanan은 杭州에서 출판한 것으로 추측하고 있다. (최형섭, 「馮夢龍 話本小說 硏究」, 서울대 석사학위논문, 1996, 6쪽 각주 10 참고)

80 宋元代 話本小說의 작가에 관해서는 胡士瑩의 『話本小說概論』(丹靑圖書有限公司, 1983) 55-68쪽과 285-290쪽을 참고하기 바란다.

81 홍상훈, 「전통 시기 중국의 서사론에 관한 연구」, 서울대 박사학위논문, 1999, 136-148쪽 참고.

분명하게 알 수 없다. 그렇지만 우리가 생각하는 소설가의 입장에서보다는 당시 성행하던 공연과 긴밀한 연관성을 가지고 활동하던 사람일 가능성이 크다. 이들은 기본적으로 출판을 위해 이와 같은 작품을 썼던 것으로 보이지는 않는다. 필사본의 상태로 개별적으로 전해지던 작품을 한데 모아서 작품집으로 엮어 출판할 생각을 한 것은 훨씬 후대인 16세기 전후의 사람들이었다.

이들은 당시 민간에서 떠돌던 이야기를 각색하여 다시 쓰기도 하고, 필기에 기록되어 있는 짤막한 이야기를 다시 쓰기도 했다. 예를 들어 송대(宋代)의 작품으로 추정되는 「서산일굴귀(西山一窟鬼)」[82]나 「착참최녕(錯斬崔寧)」[83]은 당시 민간에서 유행하던 이야기를 각색한 것이다. 「풍옥매단원(馮玉梅團圓)」[84]은 홍매(洪邁)의 『이견지보(夷堅志補)』 권11 「서신(徐信)」조나 『설부(說郛)』 권37에도 비슷한 일화가 기록되어 있고, 「진순검매령실처기(陳巡檢梅嶺失妻記)」[85]는 장화(張華)의 『박물지(博物志)』 권3 「이수(異獸)」나 간보(干寶)의 『수신기(搜神記)』 권12 등에 나오는 일화를 바탕으로 다시 쓴 것이다. 물론 이들이 새로운 이야기를 지어냈을 가능성을 전혀 배제할 수는 없겠지만, 현재 남아 있는 작품을 통해 볼 때 그들은 대부분 민간에서 떠도는 이야기나 전적(典籍)에 기록된 일화들을 개작하는 방식으로 작품을 지었던 것으로 보인다.

이런 작품을 쓴 작가는 소설을 통해 자신의 가치와 사상을 전달하려는 의식을 가지고 있었다기보다 기존의 이야기를 얼마나 재미있게 각색하느냐에 더 많은 노력을 기울였다고 할 수 있다. 이들은 많은 사람들

82 이 작품은 『警世通言』 권14에 「一窟鬼癩道人除怪」라는 제목으로 실려 있다.

83 이 작품은 『醒世恒言』 권33에 「十五貫戲言成巧禍」라는 제목으로 실려 있다.

84 이 작품은 『警世通言』 권12에 「范鰍兒雙鏡重圓」이라는 제목으로 실려 있다.

85 이 작품은 『古今小說』 권20에 「陳從善梅嶺失渾家」라는 제목으로 실려 있다.

에게 인기를 얻을 수 있도록 이야기를 구성해야 했으며, 그들의 기호와 취향에 맞는 이른바 당시 인기 있는 제재의 이야기를 써야 했을 것이다. 그들에게 있어서 작품은 당시 유행하던 이야기에 또 하나의 이야기를 보태는 것으로, 여기에서 작가 개인의 의식은 그다지 큰 의미도 비중도 없다. 때문에 현재 그런 작가의 이름이 전해진다 하더라도 그들이 남긴 작품이 작가의 개성이나 의식을 보여 준다고 말하기 어렵다.

필자가 설정한 두 번째 부류의 작가에는 상당히 다양한 성격의 사람들이 포함될 수 있다. 이들 중에는 풍몽룡, 능몽초, 이어, 원우령(袁于令, 1582-1674)[86]과 같이 이름이 알려진 작가도 있지만, 『수탑야사(綉榻野史)』를 지은 감감자(憨憨子), 『금고기관(今古奇觀)』을 편찬한 소화주인(笑花主人), 『옥교리(玉嬌梨)』와 『평산냉연(平山冷燕)』을 지은 천화장주인(天花藏主人)과 같이 필명이나 가명을 써서 이름을 확인할 수 없는 작가도 있다.[87] 이들은 공통적으로 소설 작품집을 엮어서 출간한 사람들이라고 할 수 있다. 그렇지만 이들 중 어떤 사람은 편집자로서의 역할만을 한 경우도 있었고, 풍몽룡과 같이 편집자이면서 소설 작가인 경우도 있었다. 또한 온전한 작가 개인의 상상력과 의식의 산물이라고 말할 수 있는 그런 작품을 쓴 작가도 있었다. 사실 이 시기에는 작가와 편집자의 역할이 아직 명확하게 분화되지 않아 구분하기 모호한 측면이 있었다.

이들은 대부분 출판업자와 긴밀한 관계를 맺고 있었던 것으로 보인다. 예를 들어 소주(蘇州)에서 활동했던 풍몽룡은 서방 주인 섭경지(葉敬池)와 좋은 합작 관계를 맺고 있었으며,[88] 풍몽룡의 '삼언'이나 능몽초의

86 그는 일명 袁韞玉, 袁晉이라고 하며 字는 令昭이고 號는 매우 많아서 白賓, 籜庵, 鳧公, 吉衣主人 등이 있다.

87 17세기 중·후반에 인기를 끌었던 재자가인 소설의 작가도 대부분 天花藏主人, 烟水散人, 蘇庵主人, 娥川主人 등과 같은 필명을 사용하고 있다.

88 李忠明, 앞의 책, 101쪽.

'양박'이 쓰이게 된 가장 직접적인 동기는 출판업자의 요청 때문이었다.

이 시기에 소설 작가라 불리는 사람들은 때때로 서방 주인을 위해 교정이나 편집, 평주 작업을 하기도 하고, 어떤 작품을 출판할지에 관한 조언을 해 주기도 했다. 예를 들어 소주의 서적상에 의해 출판된 『금병매사화(金瓶梅詞話)』는 풍몽룡의 추천에 의한 것이었을 가능성이 있으며, 천연치수(天然痴叟)가 창작한 『석점두(石點頭)』 역시 풍몽룡의 소개로 출판된 작품이다.[89]

서방(書房)을 경영하면서 작품을 쓰는 일을 겸한 사람도 있었다. 이 경우 독자의 기호를 파악하고 그것을 작품화하고 인쇄 출판하는 전 과정이 비교적 신속하게 진행될 수 있는 장점이 있었다. 복건(福建) 건양(建陽)의 서적 상인이었던 여상두(余象斗, 1560?-1637?)는 소설 작품을 쓰거나 작품에 간단한 평점을 달았던 사람이었으며, 항주에서 활동하던 대표적인 문인-출판업자로는 육운룡(陸雲龍, 1587-1666)을 거론할 수 있다. 소주에서 활동했고 풍몽룡과도 밀접한 관계를 맺고 있던 원무애(袁無涯)는 정교한 삽도와 평점본 소설을 펴낸 유명한 인쇄업자이면서 소설 작가로도 유명하다. 절강(浙江) 오정(烏程)의 능몽초(凌濛初)는 주묵투인(朱墨套印)의 책과 질 좋은 선본을 내기로 유명한 출판업자이면서 다수의 소설과 희곡을 창작한 통속문학 작가였다.[90] 항주와 남경을 중심으로 활동하던 이어(李漁)는 이 시기 유명한 소설과 희곡 작가이면서 동시에 출판업을 겸하고 있었다.

17세기 중·후반에 큰 인기를 누렸던 재자가인 소설의 작가는 출판

89 馮夢龍은 필사본 상태로 유통되던 『金瓶梅』의 잠재적 상업 가치를 알아보고 처음에 沈德符에게 출판을 제의하였다. 하지만 沈德符가 도덕적 양심을 이유로 이를 거절하자 그는 다시 馬仲良 등과 함께 소주의 서적 상인에게 이 책을 간행하도록 부추겼던 것으로 보인다.(李忠明, 앞의 책, 71쪽 참고)

90 최형섭, 앞의 논문, 28-29쪽 참고.

업자와 더 긴밀한 합작 관계를 맺고 있었다. 이들은 대부분 많은 소설 작품을 창작한 전업적인 성격의 작가들로, "창작에서부터 편집(개편을 포함하여) 심지어 출판(그들이 창작한 작품은 순식간에 간행되어 시장에서 판매되었다)까지 체계적이면서 전문적인 소설 창작 출판 기제가 형성된" 상황에서 활동하였다.[91]

16-17세기에 소설 시장을 주도했던 사람들은 작가나 독자가 아닌 상업적인 이윤을 추구하는 출판업자들이었다. 그리고 그와 같은 상황은 소설 작가들이 무엇을 어떻게 쓸 것인가 하는 문제에서도 상당한 영향을 주었다. 이 시기에 소설 작가가 작품을 쓴다고 했을 때 그것은 진지한 작가의식의 표현보다는 독자층의 기호와 취향에 대한 고려가 더 큰 비중을 차지하고 있었다. 이는 긍정적인 요소일 수도 있지만 부정적인 측면도 지니고 있었다. 먼저 작가는 독자들의 관심과 흥미를 끌 수 있도록 이야기를 배치하고 이끌어나가는 다양한 기교와 방식을 개발하지 않으면 안 되었다. 또 그들은 독자들의 흥미를 끌 수 있는 소재와 제재를 끊임없이 발굴해야 했다. 이는 한편으로 중국 소설이 서사 기교적인 측면에서 세련되고 발전할 수 있는 자극제가 되었다고 할 수 있다. 하지만 부정적인 측면도 있었으니 직설적으로 표현한다면 작가는 잘 팔리는 책을 쓸 수밖에 없었다는 사실이다. 그들은 당시 독자들이 선호하는 제재 유형의 소설을 써야 했고 인기 있는 작품이 나오면 그와 유사한 속작(續作)을 써야 했다.[92] 예를 들어 16세기부터 17세기 초까지 소설 시장을 주도하던 건양(建陽)에서 작가들은 주로 영웅

91 李忠明, 앞의 책, 7쪽.

92 예를 들어 『水滸傳』이 인기를 끌자 『後水滸傳』, 『蕩寇志』 등이 나왔고 『西遊記』가 유행하자 『後西遊記』, 『續西遊記』, 『西遊補』 등의 속작이 나왔다. 『金瓶梅』를 모방해 『續金瓶梅』, 『玉嬌梨』 등의 작품이 지어졌고 『紅樓夢』이 인기를 끌자 『續紅樓夢』, 『紅樓夢補』, 『紅樓幻夢』 등 무수한 續作들이 쏟아져 나왔다.

전기, 역사연의, 신마소설류의 작품을 창작하였다.[93] 17세기 초 출판과 소설의 중심지가 소주, 항주, 남경 지역으로 옮겨오면서[94] 작가들은 유행을 따라 의화본 소설, 색정(色情)소설, 재자가인(才子佳人) 소설 같은 새로운 형식과 제재의 소설을 썼다.

그러면 이른바 의화본 소설의 작가를 살펴보자. 의화본 소설은 특히 1620-1660년 무렵에 크게 성행했던 것으로 보이는데, 풍몽룡과 능몽초, 육운룡, 이어 등이 대표적인 작가이다. 이들은 자신이 편집했거나 창작하여 출판한 작품집 서문에서 작품이 지니는 의미와 가치를 서술하고 있다. 능몽초는 『박안경기(拍案驚奇)』 서문에서 자신의 소설이 "듣는 사람들이 경계로 삼을 만한"[95] 작품이라고 말하고 있으며, 이어의 『십이루(十二樓)』 서문에서도 "권선징악에 도움이 되지 않을 수 없는"[96] 작품임을 강조하고 있다. 풍몽룡의 '삼언'은 '유세(喩世)'·'경세(警世)'·'성세(醒世)'라는 작품의 제목에서도 드러나지만, 서문에서는 더욱 분명하게 소설 작품이 교화에 도움이 된다는 내용의 '정교론(情敎論)'을 주장하고 있다. 이는 어떤 측면에서 독자들에게 이야기의 재미만을 쫓아 읽지 말고 어떤 의식을 가지고 작품을 보도록 자극하고 있다는 점에서 작가와 독자 사이의 의사소통 구조를 확대하고 있는 것으로 볼 수 있다. 그리고 이를 작가의 측면에서 보면 단순히 흥미로운 이야기를 들려주는 것이 아니라 거기에 적절

93 Robert E. Hegel은 建陽 지역에서 인기 있던 주제가 역사적·종교적·환상적 인물에 관한 것이었다고 말한다.("Niche Marketing for Late Imperial Fiction", p. 245) 출간 상황에 대한 기록을 놓고 볼 때 그는 백화소설의 다양한 장르들이 유행에서 나왔다고 말하고 있는데 이는 *Reading Illustrated Fiction*, pp. 21-51, 특히 pp. 48-51에 개략적으로 정리되어 있다.

94 李忠明, 앞의 책, 79-81쪽 참고.

95 聞之者足以爲戒.(黃霖·韓同文, 앞의 책, 263쪽)

96 於勸懲不無助.(위의 책, 363쪽)

한 교훈을 결합시키려는 의도를 내포하고 있는 것으로 보인다. 그런 작가의 의도는 이들 작품 속에 등장하는 논평적인 서술자를 통해서 드러나기도 하고, 작품에서 보여 주는 권선징악과 인과응보적인 결말을 통해서도 발견된다. 이는 분명 첫 번째 부류의 작가들에 비해 소설 작품에 어떤 의식을 담으려는 경향을 보여 준다고 할 수 있다. 그렇지만 여기에서 드러나는 이와 같은 의식을 진지한 작가의식, 개인화된 작가의식으로 보기는 어려울 듯하다. 왜냐하면 '삼언'이나 '양박' 등과 같은 작품을 통해 드러나는 서술자의 논평이나 인과응보적인 세계관은 작가 개인이 가진 의식의 산물이라기보다 유불도(儒佛道)가 혼합된 당시의 통속적인 세계관을 그들이 대변하는 것일 따름이기 때문이다.[97] 또한 이들이 서문을 통해 자신의 작품이 권선징악을 보여 주어 명교(名敎)에 보탬이 된다고 주장하는 것은 다른 한편으로 자신의 작품을 포장하고 합리화하려는 의도가 깔려 있는 것으로 보인다. 왜냐하면 실제로 작품의 세부적인 묘사를 통해 그려지고 있는 세계는 명교와는 무관한 쾌락과 욕망, 사기와 부조리 등이 넘쳐나는 욕망의 세계이기 때문이다.[98]

97 石昌渝는 이렇게 말한다. "'삼언'에는 수많은 감동적인 곡절이 있는 이야기가 묘사되어 있다. 이러한 이야기의 배후에는 한 가지 공통된 무형의 주재자가 있는데, 이것이 바로 인과응보이다. 인과응보는 단순히 불교관념이 아니라 실제로 그것은 유가관념을 핵심으로 하는 삼교합일의 민간신앙이다."(石昌渝, 앞의 책, 273쪽) 그렇다고 했을 때 '삼언'이나 '양박'에 비해 도덕 설교적인 성격이 강해지고 인과응보와 권선징악의 색채가 짙어지는 1630-1640년대에 나온 『型世言』·『石點頭』나 1660년대에 나온 『照世杯』 등의 작품들을 과연 작가의식이 더욱 진지해지는 경향을 보여 주는 문인화된 작품이라고 단정할 수 있는지는 의문스럽다.

98 李忠明은 비교적 도덕 설교적인 성격이 강한 『型世言』이나 『石點頭』와 같은 작품이 있는가 하면, 『歡喜冤家』나 『弁而釵』와 같이 인간 욕망의 해방을 극단적으로 추구한 작품도 있다고 말한다.(李忠明, 앞의 책, 93쪽) 정도의 차이가 있을 뿐 '삼언'이나 '양박' 등은 이 두 경향이 뒤섞여 있다고 할 수 있다. 부분적으로 이야기의 교훈이나 교화적인 성격을 강조하는 측면이 있지만 작품에서 묘

재자가인 소설의 작가는 대부분 필명을 사용하여 작가의 존재를 확인하기 어렵다. 이와 같은 소설은 특히 1640-1680년대에 크게 성행했는데, 재자가인 소설의 전개 방식은 대체로 이러하다. 즉 먼저 재자와 가인이 서로 만나 사랑하게 된다. 그러다가 중간에 방해꾼이나 장애물이 설정되어 우여곡절을 겪는 과정이 나오고, 마지막에 재자는 과거에 합격한 후 가인을 다시 만나 행복한 결말에 이른다. 이는 당시 재자와 가인의 행복한 결합을 원하는 통속적인 독자들의 심리를 반영하고 있다. 다른 한편 재자가인 소설의 작가는 재자의 재능을 과장하거나 미화하고, 가인도 시화(詩畵) 등에 재능 있는 여인의 모습으로 형상화한다. 이와 같은 재자와 가인의 설정은 재능은 있지만 사회에서 인정받지 못한 작가 자신의 회재불우(懷才不遇)의 심리와 문인의 이상을 투영하고 있는 것으로 보인다.

그렇지만 이들 작품을 진지한 작가의식의 산물로 보기는 어려운데, 왜냐하면 작가가 다름에도 불구하고 거의 모든 작품이 인물 형상, 서사 구조, 해결 방식 등에서 천편일률적인 형태를 띠고 있기 때문이다. 이들 작가는 통속적인 독자층의 취향과 기대 수준을 고려하여 그들을 끌어들일 수 있는 하나의 전형적인 서사 구조와 인물, 줄거리를 만들어 내어 유행시켰다고 할 수 있다. 전문적인 직업 작가이면서 다작을 한 작가로도 유명한 이들은 공식화된 틀 안에서 세부적인 내용만 약간씩 변화를 주는 기계적인 방식으로 작품을 창작했던 것으로 보인다.[99]

세 번째로 언급할 수 있는 작가군은 오랜 기간에 걸쳐 축적된 자료를 최종적으로 정리하여 하나의 작품으로 완성한 적층문학의 편집자라고

사하고 있는 세계는 이른바 '酒色財氣'로 대변되는 욕망의 세계라고 할 수 있을 것이다.(石昌渝, 앞의 책, 272쪽 참조)

99 재자가인 소설에 대한 구체적인 논의는 다음을 참고하기 바란다. 李忠明, 앞의 책, 216-245쪽; 孟昭連·寧宗一, 앞의 책, 365-389쪽; 石昌渝, 앞의 책, 371-379쪽.

할 수 있는 사람들이다. 『삼국연의』, 『수호전』, 『서유기』 등을 최종적으로 완성한 작가가 여기에 포함될 수 있는 대표적인 사람일 것이다.[100] 사실 이들을 작가라고 부를 수 있는지, 아니면 편집자라고 불러야 옳은지 애매한 부분이 있다. 이는 앞서도 언급했듯이 이 시기에는 아직 작가와 편집자의 구분이 모호한 상태였기 때문이다. 우리가 흔히 '사대기서'라는 말로 이 네 작품을 통칭해서 부르지만, 사실 각 작품의 작가의 성격은 편집자에 가까운 경우도 있고, 작가에 보다 더 가까운 경우도 있어 복잡하고 다양한 모습을 보여 준다. 그들 사이의 미묘한 차이는 얼마나 기존에 축적된 자료에 매몰되지 않고 자신의 관점에서 작품에 새로운 의미를 부여하며, 얼마만큼 진지하고 심각한 작가의식을 담아내고 있는가에 따라 결

100 다양한 자료를 긁어모아 작품을 창작하는 중국 소설의 성격과 관련하여 Kuei-fen Chiu는 이렇게 말한다. "『三國演義』, 『水滸傳』, 『西遊記』와 같은 작품은 모두 전통적인 플롯을 가지고 있다.(Yang, Irwin, Dudbrige) 그들 작품을 구성하는 과정에서 작가는 현존하는 엄청난 필기 자료를 그들의 담론 속으로 끌어들인다. 장르가 발전함에 따라 작가의 입장에서 전통적인 플롯에 대한 이용을 포기하는 경향이 증가한다. 하지만 다시 쓰기 행위를 통해 유통하는 자료들을 보존하려는 충동은 지속되어 왔다. 예를 들어 『金瓶梅』의 작가는 작품의 기원이 『水滸傳』에서 따온 일화이지만 그 플롯을 구성하는 데 훨씬 더 큰 정도의 자유를 보여 주고 있다. 『儒林外史』와 『鏡花緣』의 작가는 한 발짝 더 나아가 전체적으로 전통적인 플롯 이용을 포기한다. 그럼에도 불구하고 이들 작품이 결코 소설 쓰기 전통에서 아주 극단적으로 벗어나지 않았음을 인식하는 것은 중요하다. 다른 방식으로 그들은 아직도 그들의 서사 담론 속에 현존하는 필기 자료를 융합함으로써 그것들을 보존하고 전달하려고 한다. 즉 『儒林外史』는 대중적인 필기 소설에서 엄청난 자료를 빌려 왔고(Hsia, Wang) 『鏡花緣』의 처음 부분은 사실 『山海經』의 재가공이며, 『金瓶梅』는 Patrick Hanan이 "The Sources of the Chin P'ing Mei"와 "A Landmark of the Chinese Novel"에서 예증하고 있듯이 다양한 자료의 흔적을 발견할 수 있다. Robert Hegel 또한 『隋唐演義』를 통해 중국 장편 백화소설이 얼마나 '자료를 긁어모은' 작품으로 간주될 수 있는지를 보이고 있다."(Kuei-fen Chiu, "Writing and Rewriting in the Chinese Long Vernacular Hsiao-shuo", *Tamkang Review*, 21(1), 1990, pp. 51-52)

정될 것이다.

『삼국연의』는 역사서인 『삼국지』, 『삼국지평화(三國志平話)』, 희곡, 민간에서 떠도는 이야기 등을 종합하여 엮어낸 작품이라고 할 수 있다. 정통 역사서와 비교해 볼 때 이 작품에서 가장 두드러진 관점의 변화는 유비(劉備)를 어진 군주로, 조조(曹操)를 간사한 영웅의 형상으로 그리고 있다는 점이다. 그렇지만 이것이 작가 개인의 새로운 관점이 아니라 당시 민간에서 유행하던 집단적 관념을 반영한 것이라는 사실은 이미 많은 사람들에 의해 지적된 바 있다. 하나였던 천하가 나뉘어 셋이 된다는 식의 관점도 민간 전설에 근거하고 있는 『삼국지평화』에서 이미 발견된다. 이 작품을 최종적으로 완성한 작가는 역사서의 기록과 민간에서 유행하던 설화 예술에서 나타나는 다양한 시각과 관념을 결합시키고, 『삼국지평화』에서 비교적 강조되던 인과응보보다 인의(仁義)와 같은 유가적 관념을 덧씌우는 역할을 한 것으로 보인다.[101] 따라서 이 작품은 작가 개인이 가진 의식의 산물이라기보다 상당 부분 집단의식의 산물일 가능성이 크다.[102]

101 『三國演義』의 成書 과정에 대한 고찰로는 石昌渝, 앞의 책, 291-305쪽을 참고하기 바란다.

102 필자는 Andrew H. Plaks가 *The Four Masterworks of the Ming Novel* (Princeton: Princeton Univ. Press, 1987)에서 '사대기서'를 16세기 문인 문화의 산물로 해석하려고 한 관점에 동의하지 않는다. 필자가 보기에 '사대기서'에 대한 Plaks의 해석은 16세기 문인 문화의 산물로서의 '사대기서'가 아니라 오히려 '17세기 중·후반 평점가들의 눈을 통해 재해석된 사대기서'라고 생각된다. 이는 Plaks 자신도 그의 연구가 金聖嘆, 毛宗崗, 張竹坡와 같은 평점가들에게서 많은 계발을 받았음을 밝히고 있고, 논의의 과정에서도 그들의 분석을 상당 부분 끌어들이고 있는 점에서도 확인된다. 필자는 Plaks가 『金瓶梅』 정도를 제외하고는 이들 작품이 대개 몇백 년을 거치면서 점진적으로 완성된 작품이라는 사실을 지나치게 간과하고 있으며, 반면에 '사대기서'를 최종적으로 완성한 16세기 익명의 편집자인 문인의 역할과 의미는 지나치게 강조하고 있다고 생각한다. 金聖嘆 등 17세기 중·후반에 나온 '사대기서' 평점가들의 논의를 끌어들이려고 할 때 이들이 작가의 의도를 더욱 객관적인 입장에서 충실히 드러내

이 작품을 최종적으로 완성한 작가의 보다 중요한 역할은 이념이나 의식보다는 역시 인물을 어떻게 생동감 있게 그려내고 서술자를 적절히 조절하여 이야기를 흥미롭게 끌고 갈 것인가 하는 기교적인 것에서 찾아져야 할 것이다.

『수호전』도 『대송선화유사(大宋宣和遺事)』, 설화, 희곡 등 민간에서 유행하던 다양한 이야기와 『송사(宋史)』에 나오는 송강(宋江)의 반란 사건에 대한 이야기 등 오랜 기간 독립적으로 떠돌던 자료들을 취합하여 하나의 이야기로 엮어낸 작품이라고 할 수 있다. 이 작품에서는 역사상 반란군의 우두머리였던 송강이나 사회적으로 범죄자라고 할 수 있는 수많은 사람들을 영웅호걸로 미화하려는 새로운 시각을 보여 준다. 그렇지만 이 작품의 성서(成書) 과정을 살펴볼 때 과연 이 작품에서 보여 주는 의식이나 관점이 전적으로 이 작품을 최종적으로 완성한 작가 개인의 것이었을까 하는 점은 역시 의심스럽다. 이 작품이 『수호전』이라는 최종적인 작품으로 탄생하기 이전에 이미 송강의 이야기는 항금(抗金) 시기를 거치면서 충과 의를 강조하는 민중들의 저항의식과 결합되었고, 몽고족(蒙古族)이 통치하던 원대를 거치면서 송강의 무리들은 의적(義俠)과 같은 도적떼의 무리로 변하게 된다.[103] 이를 통해 볼 때 『수호전』의 최종 작가의 역할은 독립적으로 존재하던 송강, 임충, 무송, 이규(李逵) 등의 이야기들에 이미 산재해 있던 관념과 의식을 집대성하여 표현하고 있다는 점에서 찾을 수 있다. 또한 『수호전』은 『삼국연의』에 비해 역사적 사실과 정해진 이정표가 조밀하게 마련되어 있지 않은 상황이었기 때문에, 작가가 상상력을 발휘하고 재량권을 사용할 여지가 더 많았다.[104] 이처럼 여기에서 작가는

고 해석하려고 했다기보다는 해석자의 주관적인 관점을 중시하는 태도를 가지고 있었다는 점에 유의해야 한다.

103 『水滸傳』의 成書 過程에 대해서는 石昌渝, 앞의 책, 319-331쪽을 참고하기 바란다.

우선 생동감 있는 개성적인 인물을 창조하고 자잘한 일화들을 구조화하는 이야기꾼의 역할을 하고 있다. 다음으로 이 작품의 작가는 개인화된 작가의식을 보여 준다기보다는 민간에서 떠도는 여러 이야기 속에 산재되어 있던 의식들을 충의 관념을 중심으로 재구성하고 있다.

『서유기』의 작가가 오승은(吳承恩)인지에 대해서는 아직도 논쟁 중이지만, 만약에 그가 이 작품의 최종적인 작가라는 사실을 받아들인다면 이 작품은 대략 16세기 중반에 완성된 것으로, 『삼국연의』나 『수호전』보다는 약간 더 늦게 나온 것으로 볼 수 있다. 이 작품도 오랜 세월 동안 축적되어 온 자료들을 한데 모아 하나의 소설 작품으로 재구성한 것으로 한 작가의 전적인 상상력의 산물로 보기는 어렵다. 이 작품의 최종적인 작가는 서천취경(西天取經)의 이야기에다가 손오공(孫悟空)이 천궁(天宮)에서 소란을 피우는 이야기, 당(唐) 태종(太宗)이 명부(冥府)에 다녀온 이야기, 당승(唐僧)의 출생에 관한 이야기 등 역사적인 사건과 민간에 떠돌던 이야기들을 흡수하여 하나의 환상적인 예술 작품을 만들어 낸 것으로 보인다.[105] 따라서 이 작품에서 그려지고 있는 이야기 자체는 사실상 상당 부분 익명으로 존재하는 여러 명의 작가군에 의해서 창조되었다고 할 수 있다. 그렇지만 이 작품이 출현하기 전까지의 자료들, 예를 들면 『대당서역기(大唐西域記)』, 『대당대자은사삼장법사전(大唐大慈恩寺三藏法師傳)』, 『대당삼장취경시화(大唐三藏取經詩話)』, 원 잡극 등을 통해 볼 때 이

104 서경호는 『중국문학의 발생과 그 변화의 궤적』에서 『三國演義』로부터 『西遊記』, 『水滸傳』을 거쳐 『金瓶梅』에 이르는 과정에서 작가가 상상력을 발휘할 여지가 더 넓어지고 재량권이 커져 간다는 관점에서 작품을 분석한 바 있다. 구체적인 내용은 서경호, 앞의 책, 625-690쪽을 참고하기 바란다.

105 『西遊記』의 작가와 成書 過程 등에 관해서는 다음 논저를 참고하기 바란다. 章培恒·駱玉明 主編, 『中國文學史』, 復旦大學出版社, 1996, 270-277쪽; 袁世碩, 『文學史學的明清小說研究』, 齊魯書社, 1999, 125-153쪽; 石昌渝, 앞의 책, 331-344쪽.

작품의 최종적인 작가는 기존에 전해지던 줄거리를 바탕으로 하면서 그 주요 인물의 형상이나 세부적인 묘사에 있어서 새롭게 변화된 당시의 인식과 가치를 투영시키고 있다고 할 수 있다.[106] 이 작품에서 드러나는 작가의식을 개인화된 문제의식이라고 말하기는 어렵지만, 작품 전반에 걸쳐 유지되고 있는 풍자적·해학적 태도나 새로운 시대의 가치와 인식을 담아내려는 의식이라는 측면에 있어서는 작가의식을 보이고 있다고 말할 수 있다.

'사대기서' 중에서 가장 늦게 나온 『금병매』는 현존하는 가장 이른 시기의 판본으로 1617년의 것이 남아 있다. 『금병매』가 한 작가의 산물인지에 대해서는 아직 논쟁 중이지만, 최소한 이 작품은 17세기 전후에 완성된 작품으로 오랜 기간에 걸쳐 점진적으로 축적된 작품이 아니라 한두 명의 작가의 손을 거치면서 완성된 단일 작가의식을 보여 주는 작품으로 볼 수 있다. 이 작품은 여러 단편 백화소설, 『여의군전(如意君傳)』과 같은 단편 문언소설, 송사(宋史), 희곡, 청곡(淸曲), 보권(寶卷)과 같은 설창문학(說唱文學) 등 다양한 자료를 활용하고 있다.[107] 그렇지만 이 작품에서 기존의 다양한 자료들은 작가의 안배를 통해 전체적인 맥락 속에서 어떤 궁극적인 의미를 지니도록 녹아 있다. 무엇보다 이 소설의 작가는 작품을 통해 독자에게 무엇을 보여 줄 것인가 하는 문제에서 자기만의 독특한 시각을 드러내고 있는 것으로 보인다. 이 작품의 작가는 지금까지 글로 쓰는 것이 금기시되었던 추악하고 부패한 사회, 성적 쾌락에 탐닉하는 인간의 본

106 특히 『西遊記』에서 초점이 맞추어져 있는 孫悟空과 猪八戒의 인물 형상이 어떻게 변화되어 왔고, 『西遊記』의 최종적인 작가에 의해서 어떤 방식으로 그려지고 있는지에 관한 논의는 다음 문헌을 참조하기 바란다. 胡勝, 「論百回本『西遊記』的藝術形象創新-以孫悟空與猪八戒形象的藝術演進爲例」, 『廣州大學學報(社會科學版)』 3(12), 2004.

107 Patrick Hanan, 「金瓶梅探源」("The Sources of the Chin P'ing Mei"), 『金瓶梅西方論文集』, 上海古籍出版社, 1987.

능적인 욕망에 대한 노골적인 묘사를 통해 당시의 사회 문제를 다루려 했다는 점에서 자기만의 시선과 관점을 가지고 있었다고 말할 수 있다.

앤 매클라렌(Anne E. McLaren)은 '사대기서'까지를 포함하는 대략 16세기 이전 중국 소설의 작가와 관련하여 다음과 같은 의미 있는 언급을 한 바 있다.

> 명 중기 이전의 많은 백화체(혹은 반-백화체) 텍스트들은 오직 필명만 알 수 있는 알려지지 않은 사람, 혹은 역사적으로 분명치 않는 사람이 지은 것으로 여겨진다. 이는 『삼국연의』, 『수호전』, 『서유기』, 『금병매』의 명대 사대기서에 대해서도 부분적으로는 사실이다. 이전 시기의 조금 알려진 인물(나관중 같은)은 희곡과 소설의 흐름에 있어서 가상의 작가로 간주할 수 있다. 책의 앞머리에서 '작가'로 추정되는 이들은 종종 자신들을 단순히 이전 재료의 편찬자, 편집자 또는 개작자로 선언하였다. 특정한 텍스트를 그것을 '소유한' 특정한 작가의 것으로 단정하는 것이 불가능하다는 사실은 텍스트들이 중요한 의미에서 '작가가 없으며' 그러므로 또 다른 사람들에 의해 '창작되도록' 열려 있었다는 사실을 의미한다. [⋯] 이와 유사하게 로버트 헤겔(Robert E. Hegel)은 서양에서와 반대로 중국에서는 소설이 대중적인 문학 형식이 된 이후에나 작가가 문제가 되었다고 서술하였다.[108] 백화체 소설과 희곡 텍스트의 가장 초기 생산자들은 그들 자신을 개인화된 '작가'로 간주하지 않았다.[109]

중국 소설에서 초기 작가의 성격과 관련하여 그녀의 진술은 의미하

108 Robert E. Hegel, *Reading Illustrated Fiction in Late Imperial China*, Stanford: Stanford Univ. Press, 1998, p. 39.

109 Anne E. McLaren, *op.cit.*, p. 163.

는 바가 크다. 그렇지만 지금까지 필자의 논의를 통해 볼 때 16-17세기에 이르는 시기에 소설 작가의 성격은 미묘한 변화를 보이고 있다고 할 수 있다. 우선 두 번째 부류에서 언급한 풍몽룡이나 능몽초, 이어 등과 같은 작가는 이야기를 흥미롭게 구성하고 거기에 적절한 교훈을 전달하려는 경향을 보인다. 이는 분명 『청평산당화본』이나 '삼언'에 수록되어 있는 이전 시기 화본 작품의 작가들에 비해 어떤 의식을 담으려 한 것으로 볼 수 있다. 그렇지만 그들의 작품을 통해 드러나는 작가의식은 개인의식의 산물이라기보다 집단적인 가치와 세계관을 대변한 것이라고 할 수 있다. 세 번째로 언급한 '사대기서'의 작품 가운데 『삼국연의』나 『수호전』에서 발견되는 새로운 관점이나 의식은 상당 부분 작가 개인의 것이라기보다는 집단적인 의식과 관념을 작가가 결집한 것이라고 볼 수 있다. 그에 반해 『서유기』는 앞의 두 작품에 비해서는 작가의식이 보다 더 분명하게 드러나 있으며, 단일한 작가에 의해 창작된 『금병매』는 개인화된 작가의 시선과 관점이 더욱 분명하게 드러나 있는 작품이라고 할 수 있다.

2) 18세기 작가의 성격: 『홍루몽』을 중심으로

18세기를 대표하는 작품으로는 이녹원(李綠園)의 『기로등(岐路燈)』, 조설근(曹雪芹)의 『홍루몽』, 오경재(吳敬梓)의 『유림외사(儒林外史)』, 하경거(夏敬渠)의 『야수폭언(野叟曝言)』 등을 거론할 수 있다. 이 시기에 출현한 작품과 작가는 전 시기와는 어느 정도 구별되는 특징을 보여 준다. 먼저 이들 작품은 한결같이 필사본 상태로 전해지다가 작가가 죽고 난 훨씬 뒤에야 출판되고 유명해진 작품들로,[110] 이전 시기의 소설 작품과는 달리 상

110 李綠園이 『岐路燈』을 완성한 것은 대략 1777년경이었으나 이 작품은 民國 초에 이르러서야 인쇄본이 나왔다. 현존하는 '甲戌本'(1754), '己卯本'(1759), '庚辰本'(1760)과 같은 판본을 보더라도 『紅樓夢』은 작가가 살아 있을 당시에 이미

업적인 출판업계와 무관한 상태에서 쓰인 작품들이었다. 이들 작품은 모두 10여 년에 이르는 오랜 창작과 수정 기간을 거쳐 완성된 작품으로, 작가는 심혈을 기울여 평생 동안 단 한 편의 소설 작품만을 남기고 있다. 이들 작품은 제재나 관점의 선택은 물론이고 전체 작품을 구조화하고 일화들을 배치하는 전 과정이 전적으로 작가 개인의 머릿속에서 나온 것이었다. 이들 작가는 이윤을 추구하는 출판업자의 간섭과 영향권에서 어느 정도 벗어나 있었기에 독자들의 기호와 취향에 대한 고려에서 보다 자유롭게 작품을 쓸 수 있었던 것으로 보인다. 이렇게 되면서 소설 작품은 독자보다 작가의 자기 표현 쪽으로 무게 중심이 옮겨오는 경향을 나타내게 되었다.

18세기의 작품 중에서도 특히 『홍루몽』[111]은 소설 작가의 성격 변화와 관련하여 주목해서 봐야 할 작품이다. 지금까지의 연구에 따르면 이 작품은 작가 개인의 독특한 경험을 허구적인 예술로 승화시킨 작품이며, 이 작품의 주인공은 작가의 투영으로 볼 수 있기 때문이다.[112] 필자는 『홍

필사본 상태로 유통되고 있었지만 이 작품이 인쇄된 것은 작가 사후 30년 가까운 세월이 지난 1791년에 이르러서였다. 『儒林外史』도 대략 1750년경에 완성된 것으로 알려져 있지만 현존하는 최초의 인쇄본은 1803년에 나왔다. 夏敬渠의 『野叟曝言』은 1760-1770년경에 완성된 것으로 알려져 있는데, 계속 필사본 상태로 유통되다가 光緖 7-8년(1881-1882)에 이르러서 비로소 인쇄본이 나왔다.

111 현존하는 자료를 통해 볼 때 이 작품은 1754년 전후에 『脂硯齋重評石頭記』라는 명칭으로 처음 北京에서 手抄本의 형태로 유통되기 시작하였다. 그 후 高鶚과 程偉元에 의해서 1791년과 1792년에 연이어 인쇄본이 세상에 모습을 드러내게 되었다.

112 『紅樓夢』이 출현한 이후 지금까지 이 작품에 대한 다양한 해석과 관점이 있어왔지만, 1921년 胡適이 발표한 『紅樓夢考證』은 '考證派 紅學' 혹은 '新紅學派'의 등장을 알리는 중요한 논문이다. 그는 여기에서 『紅樓夢』은 작가 曹雪芹의 '自傳'이라는 새로운 주장을 제기하였다. 그 후 "紅學은 曹學이다."(余英時, 『紅樓夢的兩個世界』, 上海社會科學院出版社, 2002, 36쪽)라는 말이 생겨났을 정도

루몽』을 허구적인 소설이 아닌 역사적인 사실로 보려고 하는 호적(胡適, 1891-1962)과 유평백(俞平伯, 1900-1990)을 비롯한 고증파 홍학가(紅學家)들에게 동의하지는 않지만, 이 작품을 작가의 '자전(autobiography)'이 아닌 '자전적인 소설(autobiographical novel)'로 보는 데에는 충분히 동의한다.[113]

로 『紅樓夢』 연구는 曹雪芹 관련 연구에 집중되어 왔다. 俞平伯의 『紅樓夢辨』(1923), 周汝昌의 『紅樓夢新證』(1953), 一粟의 『紅樓夢卷』과 『紅樓夢書錄』, 趙岡의 『紅樓夢新探』, 馮其庸의 『曹雪芹家世新考』, 徐恭時, 朱一玄, 吳世昌, 劉世德 등의 연구는 考證派 紅學을 대표한다고 할 수 있다. 필자는 『紅樓夢』을 작가의 '自傳'으로 보려는 이들의 시각에서 벗어나 이 작품이 지니고 있는 '자전적 소설'의 성격과 의미에 관하여 검토한 바 있는데, 그에 관한 자세한 논의는 「자전적 소설로서 『홍루몽』의 성격과 의미」(『중국문학』 제43집, 2005)를 참고하기 바란다.

113 필사본으로 유통되는 이 작품의 초기 판본에 평점을 달았던 脂硯齋는 이 작품이 작가의 실제 경험을 바탕으로 한 소설이라는 점을 증언하고 있다. 그의 평점을 통해서 볼 때 우리는 脂硯齋가 작가와 상당 부분 경험을 공유했던 개인적으로 친분이 깊었던 사람임을 짐작할 수 있는데, 이 점이 그의 증언을 더욱 신빙성 있게 들리게 한다. 그는 이 작품을 읽으면서 지난날의 기억을 떠올리며 회상에 빠져들기도 한다. 예를 들어 "나는 '막 家塾에서 돌아왔다'는 몇 구절을 읽으며 문득 지난 날의 정경이 생각났다.(余觀'纔從學裏來'幾句, 忽追思昔日形景.)"(제7회 甲戌本 眉批)(陳慶浩, 앞의 책, 162쪽)라고 말하며, "다섯 가지 사건을 다 읽기도 전에 나는 대성통곡하지 않을 수 없었다. 30년 전 이 작품을 쓴 사람은 어디에 있는가?(讀五件事未完, 余不禁失聲大哭, 三十年前作書人在何處耶?)"(제13회 庚辰本 夾批)(陳慶浩, 앞의 책, 242쪽)라고 말한다. 또한 그는 그의 평점 곳곳에서 이 작품이 작가의 실제 경험과 관련이 있다는 사실을 증언한다. "정말로 이런 사건이 있었으니 경험하였고 본 적이 있다.(眞有是事, 經過見過.)"(제16회 庚辰本 眉批)(陳慶浩, 앞의 책, 281쪽)라거나, "작자와 나는 실제로 경험하였다.(作者與余實實經過.)"(제25회 甲戌本 夾批)(陳慶浩, 앞의 책, 458쪽)라고 말한다. 따라서 脂硯齋 평점본 자체가 위작이라는 결정적인 증거가 드러나지 않는 한, 필자는 이 작품이 작가의 개인적인 실제 경험을 바탕으로 쓰여진 소설임을 어느 정도 인정할 수밖에 없다고 생각한다. 이는 설사 이 작품의 작가가 '曹雪芹'이 아니라 '曹芹雪'이라는 사실이 밝혀진다 하더라도 여전히 유효하다고 할 수 있다.

다른 한편 脂硯齋는 이 작품이 실제 경험과 사실을 그대로 적은 역사가 아

필자는 『홍루몽』을 자전적인 소설이라는 관점에서 본다고 했을 때, 이 작품이 청대(清代)의 외면적인 사회 문제를 다루고 있다는 사실보다,[114] 그 시대를 살았던 한 인물이 아이에서 어른으로 성장하는 과정에서 겪게 되는 내면적 갈등과 방황을 보여 준다는 점에 더욱 주목할 필요가 있다고 생각한다. 자전적 소설로서 이 작품은 작가가 남경에서 생활하던 그의 유소년기 경험이 이야기의 중요한 바탕을 이루고 있는 듯이 보인다. 필사본 상태로 유통되던 초기의 80회본 『석두기(石頭記)』를 대상으로 한다면 이 작품은 주인공 가보옥이 열다섯 살 되던 해까지만을 다루고 있으며, 약간 후대에 나온 120회 인쇄본인 『홍루몽』을 놓고 본다면 스무 살 정도까지를 묘사의 대상으로 삼고 있다. 이 소설의 가장 중요한 부분이라고 할 수 있고 보옥이 그의 생애 가장 아름다웠던 시간으로 기억하는 대관원 생활은 그의 나이 열세 살부터 열다섯 살 전반기까지에 해당한다. 작가는 이 시기를 48회의 분량,[115] 다시 말하면 120회본 소설 전체의 40퍼센트를

니라 그것을 허구적으로 가공했다는 점도 아울러 증언하고 있는데, 고증파 홍학가들은 그와 같은 脂硯齋의 평점에는 주목하지 않은 듯하다. "나는 이렇게 절반은 실제 있었던 사실과 절반은 실제로는 없었던 허구, 절반은 옛날 이야기이며 절반은 현재의 이야기, 사실은 없는 것이지만 이치상으로는 반드시 있을 법한 지극히 허구적이고 황당하며 불경한 점을 가장 좋아한다.(余最喜此等半有半無, 半古半今, 事之所無, 理之必有, 極玄極幻, 荒唐不經之處.)"(제2회 甲戌本 眉批)(陳慶浩, 앞의 책, 40쪽) 이처럼 脂硯齋의 평점도 이 소설이 작가의 '自傳'이 아닌 자전적인 '소설'임을 강조하고 있다.

114 지금까지 많은 중국 학자들은 이 소설을 봉건 사회 말기의 억압된 인성과 현실적 모순을 잘 형상화하고 있는 현실적인 작품이라고 평가해 왔다. 이때 그들이 주목하는 것은 외면적인 사회 현실이다. 가장 단적인 예로는 1978년에 北京大 中文科에서 편찬한 『中國小說史』(人民文學出版社)를 거론할 수 있다.('第15章 紅樓夢' 부분 참조)

115 대략 제23회부터 제70회까지가 이에 해당된다. Martin H. Huang은 특별히 18회부터 제52회까지 제35회의 분량이 寶玉이 열세 살이 되던 한 해 동안에 일어난 일에 할애되어 있음에 주목하며, 심리학적으로 넘어서고 싶지 않은 열

차지하는 분량으로 상세히 묘사하고 있다. 이것이 필자가 이 작품을 성장기 주인공의 내면과 갈등을 다룬 소설로 보는 이유이다.[116]

이 작품에서는 인물의 내면세계가 비중 있게 그려지면서 심리적인 묘사가 탁월하게 표현되어 있다. 하지청(夏志淸)은 "이 소설에서는 철학과 심리학이 서로 분리될 수 없이 긴밀히 연관되어 있다. 중국 문학에서 『홍루몽』은 비극 경험을 가장 잘 구현하고 있는 작품일 뿐만 아니라, 동시에 가장 중요한 심리적 현실주의 작품이다."[117]라고 평가한다. 서경호도 "이 이야기에서 드러나는 심리 묘사는 중국의 서사적 전통의 흐름 속에서 중요한 의미를 가진다."[118]라면서 주인공 가보옥의 심리 묘사에 주목한다. 이 소설의 인물 묘사에서 두드러지게 나타나는 내면화 경향은 작가가 자기 체험을 다루고, 특별히 자신의 내면적 자아를 다루고 있다는 점에서

세 살의 나이에 고착되어 있는 모습을 보여 준다고 지적하고 있다. 자세한 논의는 다음 저서를 참고하기 바란다. Martin H. Huang, *Literati and Self-Re/Presentation: Autobiographical Sensibility in the Eighteenth-Century Chinese Novel*, Stanford: Stanford Univ. Press, 1995, pp. 97-105.

116 우연인지 모르겠지만 거의 비슷한 시기에 서구에서도 개인이 성장하는 과정에서 겪는 심리적 방황과 갈등을 묘사하고 있는 소설들이 출현하였다. Goethe(1749-1832)의 『빌헬름 마이스터의 수업시대』(1796)를 가장 대표적인 예로 들 수 있다. 이는 어쩌면 소설을 쓰는 사람들이 어느 시기에 이르게 되면 성장하는 과정에 있는 인물의 내면세계에 관심을 기울이게 된다는 공통점을 보여 주는 것으로 해석할 수도 있다. 서구의 성장소설(bildungsroman)의 개념과 흐름에 대해서는 다음 문헌을 참고하기 바란다. 김초롱, 「성장소설의 관점에 본 시몬느 드 보부아르의 『얌전한 처녀의 회상』 연구」, 서울대 석사학위논문, 2004; 최선령, 「20세기 초반 교양소설 연구: D. H. Lawrence와 James Joyce, Thomas Mann의 작품을 중심으로」, 서울대 박사학위논문, 2002; Hubert Orlowski 지음, 이덕형 옮김, 『독일 교양소설과 허위의식』, 형설출판사, 1996; 이보영 등, 『성장소설이란 무엇인가』, 청예원, 1999.

117 夏志淸, 『中國古典小說導論』, 安徽文藝出版社, 1988, 278쪽.

118 서경호, 앞의 책, 735쪽.

기인하고 있는 것으로 보인다.

그러나 이 시기의 모든 사람이 조설근과 같이 인간의 내면세계에 주목한 것은 아니었다. 조설근과 거의 동시대 사람이었던 오경재(吳敬梓)의 『유림외사』는 부분적으로 자전적인 성격을 띠고 있지만,[119] 이 작품은 인간의 내면세계보다 외면적인 현실세계에 초점을 맞추고 있다. 하지청은 두 사람에게서 발견되는 차이를 이렇게 지적한다.

> 우리가 알고 있듯이 오경재는 남경의 기원(妓院)에서 수많은 재물을 탕진한 적이 있었다. 하지만 만약 두소경(杜少卿)을 묘사하면서 이런 개인적 경력을 쓴다면 반드시 또 한 차례 그의 이미지를 더럽힐 것이 틀림없었다. 때문에 오경재의 자화상에서 생략된 것은 바로 솔직한 요소이다. 솔직하게 개인의 생활을 묘사하고 더욱 은밀한 내면세계를 재현하는 것은 바로 자전적인 소설에서 필수적이다. 조설근은 그렇게 했다. 바로 이 점 때문에

119 『儒林外史』는 1803년에 최초의 인쇄본이 나왔지만, 이 작품은 1750년경 曹雪芹의 고향인 南京에서 쓰여진 것으로 알려져 있다. 현존하는 『紅樓夢』의 판본으로 1754년 甲戌本이 있다는 것을 상기할 때, 『儒林外史』와 『紅樓夢』은 각각 南京과 北京에서 거의 같은 시기에 출현한 것으로 볼 수 있다. 吳敬梓는 자신의 친구나 당시 유명하던 실제 인물을 원형으로 하여 이 작품을 창작하였다. 何澤翰은 『儒林外史』에 등장하는 인물 30여 명의 역사적인 자료를 수집·발굴하여 소설 속 인물이 당시 실존하던 인물을 모델로 했음을 논증하였다.(何澤翰, 『儒林外史人物本事考略』, 上海古典文學出版社, 1957) 소설의 여러 주인공 가운데 하나인 杜少卿은 작자의 모습이 투영된 그의 자화상이라고 할 수 있는데, 소설 제37회에 묘사되어 있는 여러 문인들이 吳泰伯의 사당을 건립하는 장면은 吳敬梓의 실제 경험을 소설화한 것으로 알려져 있다. 出仕의 꿈을 포기한 40세 전후 吳敬梓는 자신이 젊은 시절 경험했던 사회와 추구했던 가치를 새롭게 뒤돌아보면서, 그에 대한 실망과 좌절을 이 소설 속에 투영하고 있는 것이다. 『儒林外史』에 관한 보다 구체적인 논의는 다음 문헌을 참조할 수 있다. 조관희, 「『儒林外史』 硏究」, 연세대 박사학위논문, 1998; 조관희, 「『儒林外史』에 나타난 淸代 知識人의 近代意識과 그 한계」, 『中國語文論叢』 제11집, 1996.

> 조설근은 중국 소설의 비개인적 전통을 반대하는 훨씬 급진적인 혁명가가 되었다.[120]

이를 통해 볼 때 내면세계를 보여 주려고 하는 조설근의 감각과 감성은 분명 그 시기에 있어서 매우 독특한 것이었다고 말할 수 있다. 조설근은 10여 년에 걸쳐 이 작품을 썼다가 다시 고쳐 쓰기를 반복했던 것으로 알려져 있다. 이 같은 그의 열정은 일면 후세에 길이 남을 훌륭한 작품을 쓰려는 것에서 나온 것일 수 있다. 그는 이 작품을 통해 사회로부터 인정받지 못하고 소외된 자신을 회복하고 사회와의 소통을 시도하고 있는지도 모른다.

그의 글쓰기는 다른 어떤 소설 작가보다도 자기 만족적인 성격이 강한 듯이 보인다. 그에게 소설 쓰기는 무의미하게 사라져 버릴 수도 있는 과거의 자신을 재생하는 작업이었다. 소설을 쓰면서 그는 자기 안의 또 다른 자아와 대화하고 자기 내면의 음성을 들을 수 있었다. 또한 그가 소설을 쓰는 시간은 암울하고 거칠고 사람을 지치게 만드는 현실적 삶에서 벗어나 아름다웠던 과거의 자신을 만나는 시간이었으며, 자기 치유와 위로의 시간이었다.

이런 측면에서 볼 때 『홍루몽』에서 그려내고 있는 부조리하고 타락한 세상에 대한 비판은 어쩌면 부차적인 결과물일는지 모른다. 왜냐하면 그는 본질적으로 현실세계를 구원하기 위해서가 아니라 자아의 구원을 위해서 소설을 쓰고자 하는 충동을 느꼈던 것으로 보이기 때문이다. 조설근은 이처럼 지극히 개인화된 소설 작가의 성격을 보여 주고 있다.

이처럼 『홍루몽』을 통해 발견할 수 있는 소설 작가로서 조설근의 성격은 동시기 그 누구와도 명백히 구별되는 독특한 측면을 가지고 있다.

120 夏志淸, 앞의 책, 278쪽.

그러나 작가의 실제 경험을 허구적인 소설로 재현하고 소설 속에 자신을 투영하려는 경향은 다른 작가에서도 발견된다. 앞서도 잠깐 언급한 적이 있는 『유림외사』를 비롯하여 『야수폭언』과 같은 작품도 작가의 자전적인 비망록의 성격을 띠고 있는, 문인 작가 자신의 정체성 문제를 다루고 있는 소설이라고 할 수 있다. 마틴 황(Martin W. Huang)은 중국에서 17세기 후반에서 18세기에 이르는 시기에 전(傳)과 같은 공식적이고 사실적인 자전적 글쓰기 양식이 허구적인 소설 양식에 흡수되었다고 보고 있다. 이 시기에 문인 계급은 사회 구성원으로서 자신의 정체성에 심각한 위기감을 느끼게 되었고, 그에 따라 자전적 글쓰기의 충동이 고조되었다는 것이다.[121]

이와 같은 소설의 자전적 경향은 공교롭게도 거의 동시기에 동서양에서 공통적으로 발견되는 현상이다. 서구의 상황에 대해 필립 르죈(Phlippe Lejeune)은 "실제 18세기의 소설은 바로 그와 같이 다양한 형태의 내면 문학(수상록, 서한집, 그리고 19세기에 이르러서는 내면 일기)을 모방함으로써 성립되지 않았는가?"[122]라고 말한 바 있다. 즉 18세기 후반 근대 시민사회로 접어들면서 개인에 대한 관심이 증가하기 시작했고, 그와 함께

121 이에 관한 보다 자세한 논의는 Martin W. Huang의 저서인 *Literati and Self-Re/Presentation: Autobiographical Sensibility in the Eighteenth-Century Chinese Novel*의 'Introduction' 부분을 참고하기 바란다. 李汝珍(1763-1830?)의 『鏡花緣』에서 唐敖, 夏敬渠(1705-1787)의 『野叟曝言』에서 文素臣, 吳敬梓(1701-1754)의 『儒林外史』에서 杜少卿, 曹雪芹(1715-1763)의 『紅樓夢』에서 賈寶玉 등은 18세기 중·후기에 출현한 남성 문인 작가의 형상이 투영된 주인공들이라고 할 수 있다. 청대 소설 속에 나타나는 문인의 정체성에 관한 연구로는 Stephen Roddy의 *Literati Identity and its Fictional Representations in Late Imperial China*(Stanford: Stanford Univ. Press, 1998)를 들 수 있는데, 그는 이 책에서 『儒林外史』·『野叟曝言』·『鏡花緣』에서 드러나는 문인의 정체성 문제를 다루고 있다.

122 필립 르죈 지음, 윤진 옮김, 『자서전의 규약』, 문학과지성사, 1998, 39쪽.

기존 사실적인 성격의 내면적 글쓰기 양식을 허구적 소설을 창작하는 데 흡수함으로써 자전적 성격의 근대 소설이 출현하게 되었다는 것이다.

한편 조동일은 이러한 현상과 관련하여 다음과 같이 말하였다. "동아시아와 유럽 양쪽에서 확인되는 사실을 거시적인 관점에서 종합해 공통된 시대 구분을 재확인할 수 있다. 전(傳)과 고백록이 원래의 형태를 견지하던 시기가 중세 전기이다. 가전(假傳)과 탁전(托傳)을 포함한 사전(私傳)이나 금기를 깬 사랑의 고백, 세상 사람들을 상대로 한 자기 생애 고백 같은 둘째 변형은 중세 후기에 자리를 잡았다. 둘째 변형이 일어나 전이나 고백록이 소설이라고 표방하는 소설이 이루어진 것은 중세에서 근대로의 이행기의 일이라고 일반해서 말할 수 있다."[123] 그의 논의에 따르면 중세에서 근대로 넘어오면서 전과 고백록 같은 사실적인 문학 양식이 소설이라는 허구적 문학 양식에 흡수되었고 그것은 동서양의 공통된 특징이라는 것이다.[124]

이를 통해 볼 때 18세기 중국의 몇몇 대표적인 작품을 통해 발견할 수 있는 소설 장르가 주관화되고 개인화되는 현상은 비슷한 시기의 동서양이 상당히 보편적으로 공유하고 있었던 감각과 인식을 반영하고 있는 것으로 볼 수 있다. 그리고 조설근은 동시기 그 누구보다도 예민하고 섬세한 예술적 감각을 바탕으로 독특한 개인적 체험을 허구적인 예술로 승화시키고 있다고 말할 수 있다. "우리는 중국의 작가들이 존재로부터 자신을 세련화하면 할수록 최종적으로는 좀 더 친숙하고 개인적이 되는 미학 효과의 역설을 발견할 수 있다."[125]라는 플락스의 말은 조설근에게도

123 조동일, 『소설의 사회사비교론』, 지식산업사, 2002, 232쪽.

124 우정권은 『한국근대 고백소설의 형성과 서사양식』(소명출판, 2004, 22쪽)에서 앞서 인용한 Phlippe Lejeune과 조동일의 글을 근거로 "서구 소설사에서 중세에서 근대로 이행하면서 전과 고백록과 같은 사실성의 문학이 소설과 같은 허구성의 문학으로 바뀌게 되었다는 견해가 지배적이다."라고 말한다.

적용될 수 있다. 푸르섹에 따르면 5.4 시기 작가들의 중요한 특징을 "개인주의와 주관주의"[126]로 볼 수 있다. 그렇다고 했을 때 자기 체험의 소설화, 자신의 주관적인 감정의 소설로의 표출이라는 점에서 조설근은 5.4 작가와 상당한 친연성을 보여 준다.

이처럼 『홍루몽』이란 소설의 성격과 여기에서 보여 주는 작가의 감각은 전통 소설이 동시기 동서양은 물론 5.4 근대 소설과 상당히 근접한 거리를 유지하며 서로 소통할 수 있는 가능성을 보여 준다고 할 수 있다.

3. 소결

우리가 오늘날 소설로 알고 있는 작품들을 당송원 시대에는 대체로 공연을 통해 감상하였다. 당시 청중들은 이야기꾼이 들려주는 이야기를 여러 사람이 함께 모여 집단적인 방식으로 향유했던 것이다. 그것은 반복되지 않는 일회적인 성격의 것이었으며, 청중들은 공연자가 들려주는 이야기를 따라가며 즉흥적이면서 직관적으로 반응하는 수동적인 소비자였다. 그러다가 16세기 전후에 이르러 중국 소설은 도시의 발달, 독서 계층의 증가, 상업적인 출판문화의 보급 등을 배경으로 비약적인 발전을 하게 되었다. 이 시기에 들어서 작가는 잠재적인 독자층의 기호와 취향을 고려하여 작품을 창작하고, 독자는 서점에 진열되어 있는 수많은 작품 가운데 하나를 선택하여 구매하고 서재에서 혼자 읽는 방식으로 그것을 향유하게 되었다. 상업적인 대규모의 출판 시장에서 작품을 공급하는 작가와

125 김진곤 편역, 『이야기 소설 Novel』, 예문서원, 2001, 131-132쪽.

126 Jaroslav Průšek, "Subjectivism and Individualism in Modern Chinese Literature", *The Lyrical and the Epic: Studies of Modern Chinese Literature*, Bloomington: Indiana Univ. Press, 1980, p. 2.

그것을 소비하는 독자가 만나는 이와 같은 시스템은 16세기 이전 중국 사회에서는 찾아볼 수 없었던 새로운 것이었다. 이는 작품을 베껴서 읽거나 소규모 모임에서 교유의 목적으로 작품을 주고받던 시문(詩文)의 작가-독자와도 완전히 다른 차원의 작가-독자의 개념이 형성되었음을 의미하는 것이었다. 이 시기의 소설은 당송대에 비해서는 분명 훨씬 개인적인 성향이 강한 사회를 배경으로 존재하고 있었다고 볼 수 있으며, 소설 장르가 그런 사회적 성격과 경향에 적합했기에 비약적인 발전이 가능했다고 말할 수도 있다. 자신의 취향과 기호에 따라 작품을 선택하고 구입하는 단계에 있어서나, 밀폐된 공간에서 눈으로 혼자 묵독의 방식으로 작품을 읽고, 반복해서 분석적으로 사유하며 읽는 독서 형태는 이 시기 개인화된 소설 독자의 성격을 말해 준다.

그렇지만 16세기를 전후하여 독자의 성격이 어느 순간 갑작스럽게 이렇게 변한 것은 아니었고, 오랜 시간에 걸쳐 점진적으로 그런 성격이 강화되어 갔던 것으로 보인다. 소설 작품과 평점을 통해 추정해 볼 때 초기의 독자가 보다 청중에 가까운 성격을 띠고 있었다면, 출판문화가 정착되어 가는 과정에서 점차 눈으로 읽고 분석하고 사유하는 개인화된 독자로서의 성격이 강화되는 경향을 발견할 수 있다.

소설 작가의 성격도 점차 개인화되는 경향을 보이고 있다. 초기의 소설 작품은 여러 작가의 손을 거쳐 완성된 집체 창작의 성격을 띠거나, 익명의 상태로 작가의 존재가 드러나지 않고 숨겨져 있는 모습을 보여 준다. 작품의 성격에서도 이들 작품은 대체로 뚜렷한 작가의식을 드러내고 있다기보다 보편적인 세계관을 대변하고 있다.

그러다가 점차 자기 이름을 내걸고 작품 활동을 하는 작가가 늘어나기 시작하였다. 이와 같은 작가의 출현이 모든 소설 작품은 이제 온전한 작가 개인의 산물로 볼 수 있고, 작품 속에 작가의 독특한 관점과 인식이 분명하게 드러나게 되었음을 의미하는 것으로 해석하기는 어렵다. 하지만 일정 정도의 과도기를 거치면서 점차적으로 온전한 작가 개인의 의식의 산물로 간주할 수 있는 작품은 분명 늘어나는 추세를 보이며, 작가의 독특한 인식과 관점에 의해서 작품 전체가 조율되고 통제되며 작가의식도 분명해지는 작품이 나타나기 시작하였다. 또한 떠도는 다른 사람의 이야기가 아닌 작가 개인의 특수한 경험을 소설화하고 작품 속에 자신을 투영한 작품도 출현하게 되었다. 이처럼 16-18세기에 이르는 시기에 중국소설은 '작가의 부재' 상태에서 점차 작가가 부각되고 작가의식이 분명해지며, 소설 작품이 작가의 '자기 표현'이 되는 단계로까지 발전하는 모습을 보여 주고 있다.

제4장

소설 작품에 나타난 개인의식

16-18세기 동안 소설 독자와 작가의 성격도 점차 개인적인 성향이 강해지는 양상을 보여 주지만, 소설 작품에 등장하는 인물도 개인화가 심화되는 경향을 발견할 수 있다. 물론 16세기 이전에 나온 당대(唐代) 전기(傳奇)와 같은 작품에도 개인은 등장하며, 또한 17세기 전반기에 나온 '삼언(三言)'이나 '양박(兩拍)'과 같은 단편 백화소설에 형상화되어 있는 인물을 통해서도 개인에 대한 인식을 찾아볼 수 있다. 그렇지만 여기서는 매우 단편적이고 제한적인 개인의 모습만을 그려내고 있을 뿐이어서, '사대기서'나 『홍루몽』에 나타난 개인에 대한 인식의 깊이나 폭과는 비교가 되지 않는다.

'사대기서'로부터 『홍루몽』까지의 작품에 등장하는 인물을 통해 볼 때 대체로 영웅에서 평범한 인물로, 공적인 개인에서 사적인 개인으로 변하고 있음을 발견할 수 있다. 집단적인 이념이나 가치를 보통 사람과는 다른 영웅의 형상을 통해 구현하던 것에서 개인의 사적인 욕망과 생각을 가지고 살아가는 평범한 인물로 그 성격이 변화되고 있다. 또한 유형화되고 전형적인 성격을 띠고 있던 인물 형상에서 독특한 내면세계를 가지고 있는 개성적인 인물이 등장하는 단계로까지 발전하고 있다. 필자가 여기에서 다루고자 하는 소설 작품에서 발견되는 개인화는 대략 이런 내용을 포함하고 있다.

물론 중국 소설에서 평범한 개인의 내면세계라고 하는 것이 반드시 16-18세기에 이르는 과정 속에서만 발견되는 현상은 아닐 수 있다. 예를 들어 당대 전기인 「앵앵전(鶯鶯傳)」에서도 평범한 개인의 내면세계를 부분적으로 엿볼 수 있다. 앵앵은 처음에 시를 보내어 장생(張生)과의 만남을 약속하지만, 막상 그와 대면하게 되자 그의 무례한 행동을 꾸짖으며 쫓아버린다. 그러다가 어느 날 스스로 장생을 찾아와 사랑을 나눈다. 앵앵은 장생과의 만남을 지속하면서도 침묵으로 일관하다가 그와 헤어질 때가 되어서야 자신의 거문고 연주를 들려주며 그를 떠나보낸다. 이 작품 속에서 직접적으로 앵앵의 심리를 묘사한 부분은 거의 찾아볼 수 없지만, 그녀의 행동을 통해서 우리는 앵앵이라는 인물의 이중적인 심리와 갈등하는 내면을 읽을 수 있다.

그렇지만 여기에서 드러나는 일면적인 개인의 심리와 내면은 필자가 본고에서 다루고자 하는 개인의 내면세계에 비해 폭과 깊이에 있어서 비교가 되지 않는다. 또한 이러한 묘사조차도 중국 소설의 전통에서 사실상 외딴 섬과 같이 존재하는 것으로 이후에 그와 유사한 사례를 찾아보기 어렵다. 따라서 이렇게 특수하게 개인 내면의 일면을 드러내고 있는 현상을 두고, 개인에 대한 전반적인 인식에서 변화가 발생했고 개인화되어 가는 사회를 드러내고 있다고 말하기는 어려울 것이다.

사실상 16세기 이후의 중국 소설을 놓고 보더라도 작품 속에서 개인에 대한 인식이 지속적인 상승 곡선을 그리며 변화해 왔다고 말하기는 어렵다. 그렇지만 16세기경에 출판된 이른바 '사대기서'라고 불리는 작품에서 발견되는 개인과 18세기 중엽에 출현한 『홍루몽』에서 발견되는 개인은 분명 커다란 차이를 보이고 있다. 필자가 보기에 대략 16-17세기 전후의 인식을 반영하고 있는 '사대기서'는 집단적인 가치와 규범에서 개인이 새롭게 '발견'되어 가는 과도기적인 단계의 모습들을 보여 주고 있다. 반면에 『홍루몽』은 18세기에 출현한 다른 작품, 아니 전통 시기에 출현한 그 어떤 소설 작품보다 가장 만개하고 성장한 개인의식을 구현하고 있는 작품이라고 할 수 있다. 따라서 '사대기서'에서 『홍루몽』까지의 변화를 다룬다는 것은 결국 어떤 과정을 거쳐 『홍루몽』에서 보여 주는 정도로 개인의 내면세계가 묘사되기에 이르렀는가에 대한 하나의 궤도를 그리는 작업이라고 말할 수 있다.

1. 명말 '사대기서'에서 발견되는 '개인'

대략 16-17세기에 이르는 인식의 변화를 담고 있는 '사대기서'는 개인에 대한 인식에서 상당히 복잡한 양상을 드러내고 있다. 예를 들어 '사대기서' 가운데 『삼국연의』나 『수호전』은 개인보다는 집단에 무게 중심과 초점이 놓여 있으면서도, 그 둘이 온전한 일치와 화해를 이루기보다는 약간의 균열을 드러내고 있음을 보여 준다. 그에 비한다면 『금병매』는 이미 집단보다는 개인 쪽으로 초점과 방향이 상당히 이동한 모습을 보여 주며, 『서유기』는 그 중간 지점에 놓여 있는 듯이 보인다. 이들 작품이 출판된 것은 시간적으로 그렇게 큰 차이가 나지 않지만, 담고 있는 인식은 이들 작품을 한꺼번에 포괄하여 말할 수 없을 정도의 간극을 보여 주고 있는 것이다. 그것은 서론에서도 언급했지만 이들 작품 중 일부는 전적으로 그 시기의 산물이라기보다 오랜 세월을 두고 축적된 인식을 반영하고 있다는 점에서 어느 정도의 이유를 찾을 수 있을 것이다. 어쨌든 전반적으로 '사대기서'라는 작품을 통해서 우리는 집단에서 개인이 이탈하고 분리되어 나오는 과도기적 단계의 모습을 살펴볼 수 있다.

어떤 한 작품에서 나타나는 개인의 형상은 그 작품이 어떠한 시공간을 배경으로 무슨 이야기를 하느냐에 따라서 달라질 수 있다. 바흐친(Mikhail Bakhtin)은 특히 문학 작품 속에 예술적으로 표현된 시공간을 '크로노토프(chronotope)'라고 부르며, "인간 형상은 언제나 본질적으로 크로노토프적이다."라고 말하였다.[1] 이 말은 어떤 인물이 단순히 어떤 시공간을 배경으로 살아가는 것이 아니라, 역으로 그 인물이 살아가는 시공간이 인물 형상의 성격을 좌우한다는 것을 의미한다.

필자는 '사대기서'의 작품을 분석하면서 특히 각 작품에서 설정하고 있는 시공간과 인물 형상이라는 두 가지 측면에 주목하여 논의를 진행하고자 한다. 논의의 편의상 필자는 먼저 '사대기서' 가운데 『삼국연의』와 『수호전』으로부터 『금병매』에 이르는 인식의 변화를 살펴보고, 마지막으로 『서유기』에 나타난 개인에 대한 인식을 살펴보고자 한다.

1) 공적인 시공간을 살아가는 전형화된 인물: 『삼국연의』와 『수호전』

(1) 공적인 시공간을 살아가는 개인

『삼국연의』와 『수호전』은 모두 역사적 경험에 의해서 주어진 시공간을 배경으로 활동하는 공적인 인물을 그리고 있지만, 두 작품에서도 미묘한 차이는 발견된다.

먼저 『삼국연의』는 유비(劉備)와 조조(曹操), 손권(孫權)을 중심으로 모여든 장군과 책사들이 천하의 패권을 놓고 용맹과 지략을 겨루는 이야기를 그리고 있다. 이 작품은 동한(東漢) 말 황건적(黃巾賊)의 난이 발발할 무렵부터 위촉오(魏蜀吳) 삼국이 각축을 벌이다가 최종적으로 진(晉)이 통일하기까지 대략 1백여 년 동안의 역사적 사건을 중심으로 이야기를 구성하고 있다. 이 작품은 왕조의 흥망성쇠나 역사적 사건을 연대기적인

1 미하일 바흐친 지음, 전승희 외 옮김, 「소설 속의 시간과 크로노토프의 형식」, 『장편소설과 민중언어』, 창작과비평사, 1988, 261쪽.

시간 순서에 따라 서술하고 있다. 이 작품에서 다루어지는 인물의 시간은 대부분 성인(成人)이 된 이후의 시간이며, 한 세대 이상을 다루기 때문에 시간은 주요 사건을 중심으로 징검다리를 건너뛰듯이 훌쩍훌쩍 흘러간다. 이 작품에 등장하는 공간은 군신 간에 전략을 세우고 싸움을 하는 궁궐과 성채, 군중의 막사와 전쟁터 등이 주된 배경을 이루고 있다. 천하의 패권을 놓고 다투는 이야기인 만큼 황하(黃河)에서 양자강(揚子江)까지, 중원(中原) 지역에서 강남, 촉 지역 등 중국 전역에 걸친 주요 성(城)과 자연이 파노라마처럼 장엄하게 그 공간적 배경으로 자리를 잡고 있다.

이를 통해 볼 때 우선 역사적으로 정해진 시공간 속에서 활동하는 『삼국연의』에 등장하는 인물들은 대부분 역사적 사건과 관련이 있는 사람들이라고 할 수 있다. 이 작품에서 인물이 행동하는 것은 역사적 경험과 사건에 의해서 규정된 것으로, 그들은자신의 운명을 스스로 결정하지 못하고 사실상 이미 정해진 운명을 받아들이지 않으면 안 되는 입장에 처해 있다.

다음으로 이 작품에 등장하는 인물은 역사적인 사건이 발생하는 공적인 시공간 속에서 활동하도록 설정되어 있다. 이 작품에서는 주로 군사, 정치, 외교 등과 관련된 공적인 사건이 이야기의 중심을 이루고 있다. 등장인물은 주로 임금과 신하, 관료, 장군, 책사 등으로 역사적인 사건의 중심에서 공적인 인생을 살아가는 사람들이다. 그들은 대체로 공적인 영역에서 그들에게 주어진 직책으로서의 역할을 수행하며 살아가는 사람들이다. 예를 들면 이 작품에서 유비를 그릴 때 그가 군주로서 어떤 결정을 내렸는가, 장군이 죽었을 때 어떻게 슬퍼하는가와 같은 공적인 행동과 감정만이 묘사의 대상으로 강조되어 있다. 또한 유비를 중심으로 하는 '도원결의(桃園結義)'에도 나타나듯이 이 작품에서 개인은 독립적으로 존재하지 않으며 집단이나 그룹의 일원으로 등장한다. 개인과 개인의 관계는 천하의 패권 혹은 대의(大義)라는 공적인 목표를 위해 뭉친 공적인 것이며, 그들의 관계는 의리, 충성과 같은 공적인 감정에 바탕을 두고 있다.

마지막으로 이 작품에서는 광활한 공간과 한 세기에 걸친 긴 시간이 배경으로 설정되어 있기 때문에 인물을 다룬다 하더라도 역사적인 의미를 지니는 공적인 행동과 대화만이 묘사의 대상이 될 수 있을 뿐 사적인 경험이나 감정은 기록의 대상이 되지 못한다. 따라서 이 작품에서 전체적으로 인물을 다루는 밀도는 떨어질 수밖에 없으며, 인물과 인물과의 만남도 '갑자기(忽然)', '우연히(偶然)', '예기치 않게(不想)' 만나고 헤어지는 우연성에 의존하는 경향을 보인다.

그렇지만 역시 『삼국연의』는 한 편의 소설일 뿐 그 자체가 역사는 아니다. 그래서 같은 역사적 인물을 다루고는 있지만 역사서 속에서 그려지는 개인과 이 작품에 재현되어 있는 개인의 모습에는 차이가 있다. 『삼국연의』를 읽은 사람이라면 여기에서 형상화된 인물이 역사서에 등장하는 인물에 비해 훨씬 생동감 있고 개성적인 인물로 묘사되어 있다는 느낌을 받게 된다.

역사가가 어떤 인물과 사건을 객관적인 태도로 기술하고 그를 통해 역사 발전의 법칙을 전달하려고 한다면, 소설 작가는 역사가와 같이 어떤 사람이 있었고 그가 무슨 일을 했다는 식으로 정보를 나열하듯이 무미건조하게 표현하지 않는다. 그는 인물의 독특한 성격과 자질, 능력 등 역사가보다는 훨씬 구체적이고 자세한 정보를 바탕으로 그 인물의 독특한 면모를 형상화한다. 소설 작가는 작품 속 인물이 어떤 일을 처리하고 결정하는 데 있어서 훨씬 복합적인 요소, 즉 인물의 독특한 성격이나 자질 및 외부적인 여러 요인들까지를 고려한다. 이렇게 함으로써 인물은 자체적인 행동의 방향성과 개성을 가질 수 있으며, 서술되는 맥락의 논리와 인과성도 증가하게 된다. 역사에서보다 소설에서 개인적인 능력과 자질, 특성은 더 중요하게 다루어지고 있는 것이다.

가장 단적인 예로 『삼국연의』의 작가는 작품의 후반부에서 유비가 사적인 증오심을 적절히 통제하지 못하고 사리분별력이 떨어진 점을 부각시키며 거기에서 그가 천하의 패권을 차지하지 못하고 결국 실패하고 마는 원인을 찾으려 한다.[2] 이와 관련하여 마틴 황(Martin W. Huang)은 『삼국연의』에서 "개인적 동기가 역사의 형성에 있어 훨씬 더 중요한 역할을 갖고 있는 것으로 보이며, 개인사의 사적인 면모가 역사기술에서보다 더 많이 주목을 받고"[3] 있다고 말한다. 그렇지만 전체적으로 볼 때 『삼국연의』에 등장하는 개인은 사적인 성격보다는 공적인 성격을 가지고 있으며 개인 자체에 대한 묘사의 비중은 상대적으로 낮다고 할 수 있다.

『삼국연의』와 마찬가지로 『수호전』도 역사적 시공간을 배경으로 살아가는 역사적인 인물을 그리고 있다. 이 작품은 송 선화(宣和, 1119-1125) 연간에 산동(山東)에서 반란을 일으켰던 송강(宋江)의 이야기를 바탕으로 하여 성립된 소설로, 인종(仁宗, 1023-1063) 가우(嘉祐) 3년(1058)부터 휘

2 천하의 패권을 놓고 긴박하게 각축을 벌이는 과정에서 劉備는 비교적 공적이고 이성적인 태도를 견지한다. 그러다가 그가 명성을 얻고 蜀 땅에서 제위에 오른 후에는 오히려 사적이고 감정적으로 변하게 되어, 형제로 결의한 關羽의 원수를 갚기 위해 무리하게 군대를 출정시키기로 결정한다. 이 대목에서 趙雲은 劉備에게 이렇게 권면한다. "한나라를 빼앗은 도적의 원수를 갚는 것은 공적인 것이고, 형제의 원수를 갚는 것은 사적인 것이니 천하를 중시하시기를 바랍니다.(漢賊之讐, 公也. 兄弟之讐, 私也. 愿以天下爲重.)" 그러자 劉備는 이렇게 응답한다. "짐이 동생을 위해 원수를 갚지 않는다면 비록 만리에 이르는 강산이 있다 해도 어찌 귀하다고 하겠는가?(朕不爲弟報讐, 雖有萬里江山, 何足爲貴?)"(제81회)(羅貫中 著, 劉世德·鄭銘 點校, 『三國志演義』 3, 中華書局, 1995, 900쪽) 처음에 劉備는 諸葛亮과 趙雲의 충고를 귀담아 들었다. 그렇지만 이 대목에 이르러 우리는 사적인 감정과 관계를 중시하는 劉備와 천하의 패권이라는 공적인 목표를 지향하기를 충고하는 諸葛亮과 趙雲 사이에 미묘한 대립과 충돌이 발생하고 있음을 엿볼 수 있다. 劉備는 결국 그들의 충고를 무시한 채 지나치게 사적인 감정과 관계에 얽매여 무리하게 군대를 출정한 대가로 白帝城에서 사망하는 것으로 처리되어 있다.

3 마틴 황 지음, 홍주연 옮김, 「탈역사화와 상호텍스트화: 중국 전통 소설 발전에서의 '선례의 불안'」, 『중국소설연구회보』 제52호, 2002, 29쪽.

종(徽宗, 1101-1125) 때까지 대략 60여 년을 이야기의 시간적 배경으로 설정하고 있다. 이 작품에서 제70회까지는 다양한 경력을 가진 영웅호걸들이 양산박(梁山泊)으로 모여드는 과정을 그리고 있고, 이후 제120회까지는 이들이 조정의 부름을 받아들인 후 외적을 물리치고 반란군을 토벌하는 과정에서 점차 죽음을 맞이하는 내용을 서술하고 있다.

『삼국연의』와 비교해 볼 때 『수호전』에서 다루는 전체적인 시간의 길이는 약간 짧아져서 사건이나 인물을 다루는 밀도가 좀 더 높아졌다고 말할 수 있다. 왕조 교체기 역사의 주역들을 그리고 있는 『삼국연의』에서의 시간이 전적으로 역사적이라고 할 수 있다면, 『수호전』에서는 사적인 시간과 공적인 시간이 혼재된 상태에서 살아가는 영웅호걸들의 모습을 그리고 있다. 양산박으로 모여들기 전까지 그들은 대체로 사적인 존재로 살아간다. 그렇지만 '하늘을 대신해 도를 실천한다(替天行道)'라는 명분을 내걸고 의적으로 자처하면서 그들의 인생은 공적인 성격을 강하게 띠게 되며, 조정의 '초안(招安)'을 받아들인 이후로는 전적으로 공적인 인생을 살아가게 된다.

『수호전』에 등장하는 배경적 공간은 『삼국연의』의 배경인 '천하'에 비하면 약간 협소하다고 할 수 있다. 그렇지만 이 작품의 공간적 배경도 황제가 거처하는 궁궐에서부터 변방에 이르기까지 광활한 지역을 포괄하고 있다. 이 소설에서 공간은 크게 중앙과 주변으로 나뉘는데, 황제가 거처하는 궁궐은 중앙을 상징하고 의적의 무리가 모여 있는 양산박은 주변을 의미한다. 이 밖에도 변방의 군영, 관청, 외딴 장원, 사찰, 산채, 길과 주막, 거리와 시장, 개인 저택 등 『삼국연의』에 비하면 전체적인 공간을 채우는 보다 촘촘한 기점들이 출현함을 알 수 있다. 특히 길과 주막은 광활한 지역을 연결하는 주요 거점 역할을 하고 있다.

전체적으로 볼 때 『삼국연의』의 배경을 이루는 장소가 주로 공적인 업무와 관련되어 있다면, 『수호전』에서는 사적인 성격의 공간이 보다 증가되었음을 볼 수 있다. 예를 들어 주막이나 개인의 저택, 시정(市井) 등은 개인적인 경험이 이루어지는 비교적 사적인 공간의 성격을 띠고 있기 때문이다.

108명의 영웅들은 제각기 뛰어난 자질과 능력을 가지고 나름대로 올바른 인생을 살아가려 하지만, 선악의 가치가 도치된 부패한 사회는 그들을 범죄자로 만들어 버린다. 사회에서 더 이상 정상적인 삶을 영위할 수 없게 된 이들은 자유를 찾아 의의 구현을 기치로 내건 양산박으로 모여든다. 양산박에 모인 이들은 새로운 질서를 수립한다. 이곳에서의 서열은 무공(武功), 인덕(人德), 사회에서의 신분을 비롯하여 두목인 송강과의 친밀도 등이 복합적으로 고려되고 있는 듯이 보이지만, 개인의 자질과 능력이 상당히 중요한 변수로 작용하고 있는 점은 분명하다. 양산박에서도 개인은 사적인 존재가 아니라 계급과 역할에 의해 규정된 집단의 구성원이라고 할 수 있다. 그들은 하늘을 대신해 도를 구현한다는 공적인 목표를 가지고 살아가며, 반란군의 일원이라는 점에서 공적인 역사적 사건의 중심에 서 있다.

그렇지만 이와 같은 집단의 구성원으로서의 개인이 『수호전』에 등장하는 개인의 전부를 대변하지는 않는다. 거기에는 자신에게 부여된 직책에 어울리는 공적인 역할만을 하는 것이 아니라 집단의 통제에서 벗어나 개인의 주관적인 사고와 판단에 따라 행동하는 개성적인 인물도 등장한다. 예를 들어 이규(李逵)는 종종 공적인 집단의 구속과 통제에서 벗어난 자유로운 개성을 가진 개인으로서 일탈된 행동을 하는 대표적인 인물이다. 제67회에서 이규는 군령을 어기면 목을 베겠다는 송강의 위협에도 통제가 되지 않는 모습을 보이며, 제73회에서 그는 송강의 행동에 불만을 품고 도끼를 들고 충의당(忠義堂)에 올라가 '체천행도(替天行道)'라고 쓰인 깃발과 깃대를 찍어 버린다. 여기에서는 이렇게 서열이나 직책으로 대변되는 공적 존재로서의 개인과 주관적인 판단과 의지에 따라 행동하는 개성으로 상징되는 개인 사이에 갈등이 발생하는 모습을 드러내기도 한다. 이처럼 『수호전』은 『삼국연의』에 비해 전반적으로 사적인 시공간의 비중이 늘어가고 공적인 개인의 모습 이외에도 사적인 개인과 개성을 함께 보여 준다고 할 수 있다.

(2) 공적 가치를 구현하는 전형적인 인물로서의 개인

『삼국연의』나 『수호전』에 등장하는 인물은 한결같이 보통 사람과는 다른 특별한 능력과 자질을 가지고 있는 영웅호걸들이다. 『삼국연의』에서 적토마를 타고 청룡언월도(青龍偃月刀)를 자유자재로 휘두르는 관우(關羽)는 용맹한 장수의 화신으로 그를 대적할 만한 장수는 없어 보인다. 이 작품에서 가장 신격화된 영웅으로 그려진 인물은 제갈량(諸葛亮)일 것이다. 그의 신출귀몰한 지략과 상대방의 심리와 행동 방향에 대한 정확한 예측 능력, 바람을 부르고 육정육갑(六丁六甲)을 부리는 능력 등은 모두 인간의 한계와 능력을 벗어난 신적인 존재로 그려져 있다.

그것은 『수호전』에 등장하는 108명의 영웅들도 마찬가지인데, 그들도 보통 사람과는 다른 엄청난 능력을 가진 호한들로 그려져 있다. 노지심(魯智深)은 엄청난 괴력의 사나이로 몽치를 쓰는 데 탁월하고, 임충(林冲)은 창봉(槍棒)을 쓰는 데 천하 제일이며, 무송(武松)은 몽치 하나로 호랑이를 때려잡은 호걸이고, 이규는 쌍도끼의 명수이다. 이들은 보통 사람들이 보기에 분명 탁월한 재능과 능력을 가진 영웅호걸임에 분명하다.

이와 같은 영웅호걸들은 전형적이고 상투적인 이미지를 독자들에게 전달하고 있다. 『삼국연의』에서 제갈량은 충직한 재상의 형상을 대변하며, 관우는 의의 화신이고, 조자룡(趙子龍)은 용맹한 장수의 대명사이다. 이 작품에서 유비가 어질고 현명한 이상적인 군주의 형상을 대변하고 있다면, 그와 대조적으로 조조는 '간사한 영웅'의 이미지로 그려져 있다. 사실 이와 같은 유비의 이미지는 소설가에 의해서 만들어진 것이라고 할

관우(關羽)가 유비(劉備)의 부인을 모시고 말 한 필로 천 리를 돌파하다(『삼국연의』 제27회)

수 있다. 실제 역사서에서 독우(督郵)를 매질한 사람은 유비이지만, 소설 작품에서 작가는 장비가 독우를 때리고 유비는 말리는 역할을 하게 함으로써 장비의 급한 성격을 부각시키고 유비의 인자한 이미지를 구현하고 있다. 또한 실제 역사에서 차위(車冑)를 주동적으로 살해한 것은 유비였지만, 소설에서는 관우가 유비를 속이고 그를 살해한 것으로 처리하는 한편, 유비는 깜짝 놀라 후회하는 역할을 하게 함으로써 그의 너그럽고 인자한 성격을 부각시키고 있다. 사실 위기 때마다 흘리는 유비의 눈물과 백성들에 대해 무모할 정도로 너그러운 태도는 정치적인 야심과 의도적인 계산에서 나온 것일 가능성이 크며 또 그렇게 비판받기도 한다. 그렇지만 이 작품에서 유비는 결코 그런 이중인격자로 그려져 있지 않으며, 진심 어린 측은지심을 품은 이상적인 군주의 모습으로 재현되어 있다.

이 소설 속에서 조조의 형상은 이러한 유비의 이미지와 선명한 대조를 이루는 악인으로 그려져 있다. 그는 물론 전적인 악인으로 그려져 있지는 않고, 한편으로 그는 빼어난 지략과 대범함, 인재를 알아보고 적재적소에 배치할 줄 아는 능력 등 영웅적인 면모를 갖춘 것으로 묘사된다. 그렇지만 이 작품에서 작가는 지속적으로 의심 많고 잔인하며 포악한 성격을 부각시킴으로써 그를 '간사한 영웅'으로 형상화한다. 그 가장 단적인 예는 제4회에서 그가 여백사(呂伯奢) 가족을 잔인하게 살해한 후 "차라리 내가 천하 사람을 배신할지언정 천하 사람이 나를 배신하게 하지는 않겠다."[4]라고 말하는 장면에서 드러난다.

전형적인 인물 형상이라는 점에서는 『수호전』에 등장하는 인물도 마찬가지라고 할 수 있다. 예를 들어 이 작품에서 시진(柴進)은 의인들을 돕기 위해서 자신의 재물을 아낌없이 투자하고 신변의 위험까지도 무릅쓸 만큼 후덕하고 의로운 인물로 그려져 있다. 무송도 재물과 여색을 멀

4 寧敎我負天下人, 休敎天下人負我.(제4회)(羅貫中, 앞의 책, 44쪽)

리한 채 의롭다고 판단되는 일을 위해서는 어떤 권세와 압력에도 굴하지 않고 목숨까지도 아까워하지 않는 인물로 그려져 있다. 양산박 집단의 지도자인 송강은 마치 『삼국연의』의 유비를 차용하고 있다고 할 만큼 서로 유사한 모습을 보여 주고 있다. 양산박 집단에 가담하기 전에 그는 세상이 다 아는 효자였고, 양산박에 가담한 이후에는 '때에 맞춰 내리는 비(及時雨)'라는 그의 별명에 걸맞게 의의 구현자로 활약하다가, 정부의 '초안(招安)'을 받아들인 이후에는 충의 구현자로 살아간다.

이들 작품에 등장하는 인물은 크게 두 부류로 분류하는 것이 가능하다. 충효, 절개, 지조, 용맹, 의로움 등 긍정적인 이미지를 대변하는 인물을 한 부류로 묶을 수 있다면 간사, 용렬, 비열, 잔인, 포학 등 부정적인 이미지를 대변하는 인물을 또 다른 부류로 설정할 수 있다. 이 두 작품에 등장하는 인물은 이처럼 당시 사회에서 어떤 이념이나 가치를 구현하고 있는, 본질적으로 선하거나 악한 형상으로 그려져 있다. 이런 경향은 『삼국연의』에 재현되어 있는 인물 형상에서 보다 두드러지게 나타나고 있지만, 『수호전』도 여기에서 크게 벗어나지 않는다.

김성탄은 『수호전』에 평어(評語)를 달면서 이 작품에 등장하는 수많은 개성적인 인물을 그려낸 작가의 솜씨에 여러 차례 찬탄을 보낸다. 그는 "다른 책은 한 번 보면 그만이지만, 오직 『수호전』만은 아무리 보아도 싫증이 나지 않는데, 그것은 이 책이 108명의 주인공들의 성격을 모두 묘사해 내었기 때문이다."[5]라고 말하고 있다. 그는 또 "『수호전』에서는 108인의 성격을 묘사하고 있는데 정말로 108명의 모습이며",[6] "『수호전』

5 別一部書, 看過一遍卽休, 獨有水滸傳, 只是看不厭, 無非爲他把一百八個人性格都寫出來.(「讀第五才子書法」)(방정요 지음, 홍상훈 옮김, 『중국소설비평사략』, 을유문화사, 1994, 371쪽에서 재인용)

6 水滸傳寫一百八個人性格, 眞是一百八樣.(「讀第五才子書法」)(위의 책, 371-372쪽에서 재인용)

에서 서술하고 있는 108명의 인물은 저마다 독특한 성정, 기질, 모습, 목소리를 가지고 있다."[7]라고 말하였다. 그는 이 작품에 등장하는 성격이 거친 인물들 간의 미묘한 차이에 대해 이렇게 지적하고 있다.

> 노달(魯達)이 거친 것은 그의 성격이 급하기 때문이고, 사진(史進)이 거친 것은 나이가 어린 까닭에 자기 마음이 내키는 대로 행동하기 때문이며, 이규(李逵)가 거친 것은 그의 성격이 야만스럽기 때문이며, 무송(武松)이 거친 것은 그가 호걸인지라 속박을 받으려고 하지 않기 때문이다. 또한 완소칠(阮小七)이 거친 것은 비통하고 분한 마음을 하소연할 곳이 없기 때문이며, 초정(焦挺)이 거친 것은 그의 기질이 좋지 않기 때문이다.[8]

만약에 『수호전』을 굳이 『삼국연의』와 비교한다면 『삼국연의』보다는 『수호전』의 작가가 기질, 성정, 신분, 외양과 목소리 등 한 인물을 그려내는 데 있어서 훨씬 더 다양한 요소를 고려하고 있다고 할 수 있다. 그리고 그러한 요소들이 복합적으로 작용하여 『삼국연의』보다 『수호전』의 인물이 더 개성이 분명하여 살아 있는 인물처럼 느껴지도록 만든다. 이와 관련하여 방정요(方正耀)는 『수호전』에 이르러 다양한 인물의 성격적 전형이 그려지고 있다고 지적한 바 있다.[9] 이는 다른 말로 소설 속 인물이 전형적인 성격에서 점차 탈피해 가는 경향을 보여 준다고도 말할 수 있다.[10]

7 水滸所敍, 敍一百八人, 人有其性情, 人有其氣質, 人有其形狀, 人有其聲口.(「第五才子書施耐庵水滸傳·序三」)(위의 책, 372쪽에서 재인용)

8 如魯達粗鹵是性急, 史進粗鹵是少年任氣, 李逵粗鹵是蠻, 武松粗鹵是豪傑不受羈, 阮小七粗鹵是悲憤無說處, 焦挺粗鹵是氣質不好.(「讀第五才子書法」)(위의 책, 374쪽에서 재인용)

9 위의 책, 371-380쪽 참조.

10 孟昭連·寧宗一의 『中國小說藝術史』(浙江古籍出版社, 2003)도 이와 유사한 관

그렇지만 필자가 보기에 『수호전』에 등장하는 거의 모든 인물들은 여전히 충과 의 같은 공적인 가치 관념을 축으로 하여 그 주변을 맴돌고 있다. 그렇기 때문에 이 작품에 재현되어 있는 수많은 인물들은 그들의 독특한 성격과 기질, 형상에도 불구하고 크게 긍정적인 가치와 이념의 구현 여부에 따라서 쉽사리 구분이 가능한 것이다. 여기에 등장하는 개인은 어떤 이념이나 가치를 상징하는 개인일 뿐, 그 개인이 어떤 가치를 만들어 내지는 못한다. 이는 당시 개인이 개별적인 경험과 가치를 가진 존재로 인식되기보다는 집단의 도덕적인 이념이나 가치를 구현하는 인격체로 인식되었음을 반영하고 있는 것으로 해석할 수 있다. 이 작품 속에 등장하는 인물은 그들이 상징하고 대변하는 관념이나 가치가 지향하는 범위 내에서 사고하고 행동한다고 볼 수 있다.

『삼국연의』나 『수호전』에 등장하는 인물은 장배항(章培恒)과 낙옥명(駱玉明)이 적절히 지적한 대로 희곡 무대에 등장하는 인물처럼 각색화(脚色化)되어 있다.[11] 관객들은 희곡 무대에 오른 인물의 얼굴 화장이나 복장 같은 외양만 보아도 그 인물의 성격과 사람됨, 직업과 나이, 심지어 행동의 방향성까지도 대부분 짐작할 수 있다. 이처럼 이들 작품에 등장하는 인물은 대체로 가변성이 부족하여 독자들이 예측하고 기대하는 범위 안에서 행동하고 사고한다. 노신(魯迅)은 "『삼국연의』의 인물 묘사는 사실을 넘어선다. 좋은 사람을 묘사할 때는 그야말로 나쁜 점은 하나도 없다. 나쁜 사람을 묘사할 때는 좋은 점은 하나도 없다."[12]라고 지적한 바 있

점을 피력한 바 있다. "『水滸傳』은 비록 성격 강화의 특징을 구현하고 있지만, 인물 성격의 발전과 내재적 충동의 측면에서 시내암은 나관중에 비해 더 많은 주의와 검토를 하고 있다. 그의 작품에서 인물은 점차적으로 성격화 방향으로 발전하고 있다. 이른바 성격화는 두 가지 측면, 즉 성격의 발전과정과 성격의 다중성을 포함하고 있다."(280-281쪽)

11 章培恒·駱玉明 主編, 『中國文學史』, 復旦大學出版社, 1996, 181쪽.

12 鄭鐵生, 『三國演義敍事藝術』, 新華出版社, 2000, 116쪽.

다. 필자가 보기에 『수호전』의 인물 형상도 여기에서 크게 벗어나지 있지 않다.

이들 작품에서 인물의 성격은 그다지 복잡하거나 모순적이지 않으며 단순하고 선명하게 그려져 있다. 여기에서 인물의 내면적 모순이나 갈등은 그다지 비중 있게 그려지고 있지 않지만, 설사 그런 모습이 보인다 하더라도 여기에서 인물이 겪는 갈등이란 개인적인 성격의 갈등이라기보다는 이념적인 가치 구현과 관련되어 있는 갈등이다. 예를 들어 『삼국연의』 제50회에서 관우가 화용도(華容道)에서 조조를 놓아줄 것인가, 아니면 붙잡을 것인가 하는 문제로 잠시 주저하며 마음의 동요를 보이는 것은 그에게 투영되어 있는 충과 의의 구현자로서 겪는 갈등인 것이다.

사실 실제의 인간은 이들 작품에서 그려지고 있는 것처럼 그렇게 단순하지 않은 복잡한 내면을 가지고 있으며, 행동이나 사고의 방향성이 정해져 있지도 않다. 그렇지만 이들 작품에서는 어떤 하나의 가치와 이념을 구현하는 인물로서 그 인물의 성격과 특징을 과장하여 그것을 가장 이상적으로 구현하는 전형적인 인물로 묘사하고 있는 것이다. 특히 이들 작품에서는 어떤 도덕적인 이념과 가치를 과장된 방식으로 보통 사람들이 우러러볼 만한 대상인 영웅들의 형상을 통해 구현함으로써 독자들에게 더 깊은 인상을 주고 더 큰 상승효과를 유도하고 있다.

이렇게 심미적 이상이나 윤리관념을 구현하는 인물로 한 개인을 그리는 것은 당시 자리잡고 있던 개인을 이해하고 바라보는 시각과 인식을 반영한다. 즉 이들 작품에서 개인은 고유의 사적인 경험과 가치, 성격이 중시되기보다는 집단의 공적인 가치와 이념을 구현하는 존재로서의 모습이 더욱 중시되어 부각되고 있다.

전반적으로 이들 작품에 등장하는 인물들은 어떤 이념과 가치를 구현하는 존재로서의 전형성을 보여 주지만, 이따금 이념과 이념을 구현하는 인물 사이에서 혹은 이념을 구현하는 한 개인 내에서 모순과 괴리가 발견되기도 한다. 예를 들어 『삼국연의』에서는 유가적 이념과 현실적 이익, 명분과 임기응변, 정(正)과 권(權), 충과 의 사이에서 종종 모순과 괴리를 드러내고 있다. 앞서 언급한 관우의 예에서도 작가는 관우의 형상을 통해 충과 의를 동시에 구현하려고 하지만, 세심하게 들여다보면 사실은 보다 사적인 성격을 지니고 있는 의와 공적인 가치와 관련이 있는 충 사이의 모순을 드러내고 있다. 또한 이 작품에서 유가적 이념과 가치를 상징하고 있는 유비의 측이 현실적이고 권모술수에 능한 위나라에게 결국 패하는 결말도 이상과 현실 사이의 모순을 드러내는 것으로 볼 수 있다.

한편 『수호전』의 약간 후기 판본에서는 『충의수호전(忠義水滸傳)』이라는 제목을 사용하여 이 작품이 구현하고 있는 '충의'의 가치를 부각시키려 한다. 그렇지만 예리한 통찰력을 가진 문인이었던 김성탄(金聖嘆)에 이르러 이 작품은 사실 충과 의 사이의 심각한 모순을 드러내는 작품이라는 사실이 지적된다.[13] 이탁오(李卓吾, 1527-1602)는 송강을 '충과 의가 강렬한(忠義之烈)' 긍정적인 인물로 보지만, 김성탄은 오히려 그런 송강의 표면적인 모습 이면에 자리잡고 있는 가식적이고 위선적이며 이기적이고 잔인하기까지 한 면모들을 지적하며 그에게 강한 혐오감을 드러낸다.[14]

13 都察院刻本, 天都外臣敍本 등의 조기 판본에서는 『水滸傳』이라는 명칭을 사용하고 있다. 하지만 약간 후대의 판본인 容與堂刊刻李卓吾評本(1610?)이나 蘇州에서 나온 袁無涯本은 모두 『忠義水滸傳』이라는 명칭을 사용하여 작품이 구현하고 있는 '忠義'의 가치를 부각시키려고 노력한다. 하지만 1641년에 완성된 金聖嘆 평점본 『水滸傳』에서 그는 '충의'의 구현으로 이 작품을 해석하는 데 반대하고 있다. 이에 관해서는 李忠明의 『17世紀中國通俗小說編年史』(安徽大學出版社, 2003), 270-271쪽과 王靖宇의 『金聖嘆的生平及其文學批評』(上海古籍出版社, 2004), 57-58쪽을 참고하기 바란다. 또한 조관희는 그의 논문에서 『水滸傳』을 忠과 義의 갈등 구조로 파악하고, 여기에 내재되어 있는 개인과 집단 사이의 대립과 충돌을 지적하고 있는데, 보다 구체적인 논의는 「『수호전』에 나타난 '義'와 '忠'의 갈등구조에 대한 연구」(연세대 석사학위논문, 1986)를 참고하기 바란다.

또한 이 작품에서 의적으로 묘사되어 있는 양산박 집단이 표방하는 의와 충은 정부의 입장에서 생각하는 의나 충과 서로 충돌하고 있다. 충과 의 사이의 모순되고 상충적인 성격은 김성탄의 평점에서 보여 주는 모호한 태도를 통해서도 나타난다. 그는 한편으로 108영웅이 개별적으로 원래 악한으로 태어난 것이 아니라 부조리한 사회로 인하여 악한의 무리에 빠져들게 되었다는 점에 수긍하며, 반역적 의지를 강하게 드러내는 이규, 노달, 무송 등을 찬미한다. 그렇지만 다른 한편 그는 적극적으로 투항 의지를 보이는 송강을 누구보다 혐오하며 양산박 집단은 도적떼에 불과할 뿐 그들이 의와 충을 구현하고 있다고 보지 않는다.[15]

『삼국연의』와 『수호전』은 '사대기서' 가운데 비교적 이른 시기의 작품으로, 대략 16세기 전반기까지 소설 작품에서 개인화가 어느 정도 진행되고 있으며, 당시 개인화에서의 한계가 무엇인가를 보여 준다. 지금까지의 논의를 요약하면 이들 작품에 등장하는 개인은 전반적으로 공적인 시공간 속에서 살아가는 공적인 인물들이다. 다만 『삼국연의』에서의 개인이 주어진 공적인 임무와 역할에 대체로 제한되어 있다면, 『수호전』에는 사적인 시공간이 침투되어 있고, 집단의 통제에서 어느 정도 벗어난 개성을 가진 개인이 등장하고 있다는 차이점을 보인다. 이들 작품에 등장하

14 실제로 그는 吳用과 함께 영웅호걸들을 양산박에 가담케 하기 위해 잔인한 수단을 동원하는 것을 서슴지 않는다. 예를 들어 그는 秦明을 가담시키려고 수많은 백성의 집을 불사르고 양민을 학살하며, 그의 처자식도 살해하여 다른 선택의 길을 남겨두지 않는다. 그렇지만 소설 속에서 秦明은 원한보다는 존경의 마음으로 귀순한다(제33회). 또한 그는 李應을 가담시키기 위해서 가족을 산 채로 데려오고 장원을 불살라 퇴로를 끊어 놓는다(제49회). 한편 효자로 알려져 있는 宋江 자신은 부친을 양산박으로 모셔오면서도, 李逵가 노모를 양산박으로 모셔오는 것에 반대한다(제42회).

15 金聖嘆의 이런 모순된 심리와 태도에 관해서는 다음 문헌의 논의를 참조하기 바란다. 王靖宇, 앞의 책, 55-58쪽; 龍協濤, 「用接受美學讀解『三國演義』和『水滸傳』」, 『明代小說面面觀』, 學林出版社, 2002, 179쪽.

는 인물은 보통 사람들이 우러러볼 만한 영웅호걸들로, 그들은 어떤 집단적인 가치나 이념을 과장된 모습으로 부각시켜 구현하고 있는 전형적인 형상으로 그려져 있다. 그렇지만 여기에서도 이따금 이념과 가치를 구현하고 있는 인물 사이에 혹은 개인 내부에서 모순과 괴리가 발견되어 총체성의 균열을 엿볼 수 있다.

2) 사적인 시공간을 살아가는 욕망의 개인: 『금병매』

(1) 공적인 시공간에서 사적인 시공간으로의 전환

17세기 전후에 출현한 『금병매』에서 우리는 『삼국연의』와 『수호전』에서 볼 수 없었던 개인에 대한 인식의 변화, 개인화의 심화를 발견할 수 있다.[16] 이 작품은 『수호전』 제23회부터 제32회 사이에 있는 무송(武松) 이야기를 차용하여 확장한 일종의 패러디 소설이라고도 할 수 있다. 이처럼 『금병매』가 『수호전』의 일부 시공간을 차용하고 있지만, 이 작품에서 공적인 시공간은 희미한 배경으로 처리되어 있고, 작품 전체의 초점은 거의 사적인 시공간이 장악하고 있는 모습을 보이고 있다.

『금병매』에서 다루어지는 이야기는 대체로 휘종(徽宗) 정화(政和) 3년(1113)부터 정강(靖康, 1126) 연간까지 대략 14년 정도가 시간적 배경으

16 이와 관련하여 루샤오펑이 張竹坡의 『金瓶梅』 평점과 관련하여 한 다음 말을 참고할 만하다. "『수호전』이 영웅의 세계와 영웅의 행동을 묘사한 것이라면, 『금병매』는 일상 생활과 보통 사람들의 친근한 모습들을 보여 준다. 비평가들은 이 소설에서 일반적으로 情 또는 人情, 世情과 같은 다양한 합성어로 부르는 인간성의 측면에 초점을 맞춘다. 이러한 용어는 인간의 내면적 속성으로부터 행위, 외모, 관계, 느낌, 감정에 이르기까지 두루 함축하고 있다. 이것은 毛宗崗의 도덕적 해석이나 심지어 金聖嘆의 훌륭한 인물 분석에서도 거의 탐구되지 않은 영역이다."(루샤오펑 지음, 조미원·박계화·손수영 옮김, 『역사에서 허구로』, 도서출판 길, 1997, 228쪽)

로 설정되어 있으며, 북송 말 채경(蔡京, 1047-1126)으로 대변되는 관료 사회의 부패, 송강 정벌 사건, 금(金)나라의 침입 같은 역사적인 사건들이 배경으로 등장한다. 그렇지만 이 작품에서 역사적인 배경이나 사건들은 이야기의 초점에서 벗어나 후면의 희미한 배경으로 처리되고 있을 뿐이다. 이 작품에서 다루어지고 있는 시간은 왕조의 흥망성쇠가 아니라 서문경(西門慶)이라는 한 개인의 일대기, 혹은 그 가정의 흥망사와 관련이 있다. 이 작품에서는 역사적이고 정치적인 사건이나 공적인 업무 대신에 매일매일 반복되는 평범한 일상적 삶을 생일과 명절, 축제 등 특별한 날을 중심으로 묘사하고 있다.[17] 『삼국연의』와 『수호전』에 등장하는 인물이 대개 정해져 있는 역사적 사건들을 그려내기 위해 주어진 역할을 하는 수동적인 존재였다면, 이 작품은 줄거리를 엮어 나가기 위해 인물이 존재한다기보다 주요 인물의 성격과 운명 자체에 초점이 맞추어져 있는 이야기라고 할 수 있다.[18] 이 작품에서 다루는 시간은 더욱 잘게 분절된 단위로 묘사되어 있어 인물을 다루는 밀도는 앞의 두 작품에 비해 더욱 촘촘하고 세밀해지는 경향을 보인다.

17 물론 『金瓶梅』가 나온 이후로도 다양한 제재의 소설이 꾸준히 창작되고 읽혀졌다. 그러나 이 작품이 나온 시기를 전후하여 평범한 개인의 일상에 대한 이야기가 독자들의 관심을 끌기 시작했던 것으로 보인다. 이는 본고 '제2장 3절'에서 다루었던 척독, 일기, 유기 등에서 발견되는 사적인 생활과 취미, 감성을 표현하는 글쓰기가 증가하는 상황과 무관하지 않아 보인다.

18 "『三國演義』, 『水滸傳』, 『西廂記』에서 인물은 정절을 위해 봉사하고 소설의 주요 기능은 故事를 서술하는 것이다. 그래서 인물 간의 관계는 정절의 발전에 따라 바뀌며 인물의 성격도 고사의 필요에 따라 설정되니 인물은 사건을 따라 설정되는 것이다. 『金瓶梅詞話』는 그렇지 않으니 여기에서 소설의 고사 요소는 분명히 약화되고 인물의 작용도 더욱 중요해져 인물의 성격과 운명은 소설이 주목하는 대상이 된다. 고사의 서술은 인물 성격의 필요와 인물 운명의 발전에 근거하여 전개되므로 사건이 인물에 따라 진행되는 것이다."(魏崇新, 「『金瓶梅詞話』的人物描寫與敍事藝術, 『徐州師範大學學報(哲學社會科學版)』 26(4), 2000)

이 소설의 작가는 마치 역사적인 사건과는 무관한 듯이 번화한 도시 속에서 자기만의 이익과 권력, 성적 쾌락을 추구하며 살아가는 한 상인의 가정에 렌즈의 초점을 맞추고 있다. 이 작품에서 가장 중요한 공간적 배경은 서문경의 집안이다. 작가는 서문경의 정원을 보여 주기도 하고 때로는 거실이나 침실을 클로즈업하기도 한다. 이따금 그 초점은 서문경의 집안을 둘러싸고 있는 좀 더 넓은 배경인 번화한 도시의 거리, 기루(妓樓), 각종 상점, 관청 등으로 이동하기도 하고, 때로는 더 먼 경사(京師)나 타 도시로 옮겨 가기도 한다. 그렇지만 렌즈의 초점은 언제나 다시 서문경의 집안으로 되돌아온다.

이 작품에서 가장 주목할 만한 공간 중 하나는 은밀하고 지극히 사적인 공간이라고 할 수 있는 침실이다. 이 작품은 밀폐된 침실에서 욕망을 자극하는 짙은 성적 농담이 오가고, 그 안에서 벌어지는 성행위 장면까지 적나라하게 보여 준다. 또한 "병풍, 닫힌 문, 쳐진 발과 같은 이미지들에 지배되는 이 소설은 창문을 통한 엿듣기나 엿보기의 사건들로 점철되어 있다."[19] 이처럼 이 작품에 설정되어 있는 공간은 앞의 두 작품과는 비교할 수 없을 정도로 지극히 개인적인 성격을 띠고 있다.

『삼국연의』나 『수호전』과는 대조적인 『금병매』의 이와 같은 시공간의 변화는 한편으로 도시화의 진전과 깊은 관련이 있어 보인다. 이 작품에서 서문경의 저택은 항상 복잡하고 다양한 사건들이 빈번하게 일어나는 도시라는 공간 속에 자리잡고 있다. 평범하게 흘러가는 매일매일의 일상을 그려내고 있는 이 소설에서 보여 주는 비교적 촘촘해진 시간 인식은 바로 도시인들의 시간관념을 반영하고 있는 것으로 보인다.[20]

19 마틴 황, 앞의 논문, 33쪽.

20 농사일과 관련이 깊은 농촌에서는 이보다 더 큰 단위인 계절적인 시간 개념이 중요하게 작용했을 가능성이 크다.

전반적으로 말해서 『금병매』는 『삼국연의』와 『수호전』에 설정되어 있던 전적으로 공적인 시공간 혹은 약간의 사적인 성격이 침투되어 있는 시공간이 완전히 사적인 성격의 시공간으로 뒤바뀐 전환기에 위치하고 있는 작품이라고 할 수 있다. 이 작품에 이르러 한 개인 혹은 한 가정의 흥망사를 본격적으로 다루게 되었고, 역사적 사건이 아닌 평범한 일상을 다루게 되었으며, 공간의 성격도 가정이나 침실과 같은 개인적인 공간으로 이동했다고 할 수 있다.[21] 그리고 『삼국연의』·『수호전』으로부터 『금병매』로의 이와 같은 시공간의 변화는 소설 속에 도시라는 공간이 그려지기 시작하고, 도시를 배경으로 살아가는 이들의 일상과 시간관념을 표현하기 시작하면서 나타난 현상으로 보인다.

(2) 욕망의 존재로서 재현된 개인

『금병매』에 설정되어 있는 사적인 시공간을 배경으로 활동하는 인물 역시 사적인 동기와 목적, 욕망을 가지고 움직이는 사적인 개인이다. 『금병매』에 등장하는 사적인 개인인 서문경이나 반금련은 무송이라는 공적인 개인을 통해서 무대에 등장한다. 원래 『수호전』의 이야기에서 초점은 역사적인 반란 사건과 연루되어 있는 공적인 개인 무송이었다. 『수호전』에서 무송은 그의 형수인 반금련이 서문경과 바람을 피우고 남편인 무대

21 필자는 『三國演義』와 『水滸傳』으로부터 『金瓶梅』에 이르는 변화를 개인에 대한 인식의 변화 혹은 개인화의 관점에서 보았지만, 이는 종종 탈역사화의 과정으로 해석되기도 한다. 어떤 측면에서 중국 소설에서 발견되는 개인화는 탈역사화와 동시에 진행된 듯이 보인다. Martin W. Huang은 중국 소설이 어떻게 탈역사화되는 방향으로 발전하는가를 고찰하고 있는 그의 논문에서 "『수호전』이 나오고 나서야 사적 진실의 관념이 개연성의 관념으로 대체되었다."(마틴 황, 앞의 논문, 31쪽)고 말한다. 중국 소설은 『三國演義』로부터 『水滸傳』에 이르러 역사적 사실성보다 그럴듯한 개연성의 비중이 높아졌고, 그리고 다시 『金瓶梅』에 이르러 하나의 도약을 이루어 그럴듯한 개연성이 소설 작품을 창작하는 중요한 기준으로 자리잡게 되었다고 생각한다.

(武大)를 독살하자, 형의 원수를 갚기 위해 두 사람을 처참하게 죽인 후 결국 양산박 집단에 가담한다. 이 작품에서 사적인 개인인 서문경이나 반금련은 배경으로 등장하는 주변적인 인물일 뿐이다.

그런데 『금병매』에서는 초점이 완전히 도치되어 사적인 개인인 서문경이나 반금련이 주연으로 등장하고 공적 개인인 무송은 조연으로 밀려난다. 이 작품에 등장하는 무수한 사람들은 역사적 사건과는 거의 무관하게 사적인 욕망과 목적을 가지고 살아가는 평범한 사람들이다. 서문경과 그의 여섯 명의 처첩들을 비롯하여 이 작품에는 다양한 종류의 상인과 점원, 시녀와 하인, 스님과 비구니, 기녀와 배우, 매파와 의사, 불량배 등 도시라는 공간을 배경으로 살아가는 거의 모든 종류의 평범한 인간들이 출현한다.[22] 이와 같이 『금병매』에 이르러 영웅이 평범한 인물로, 공적인 개인이 사적인 개인으로 뚜렷하게 변하는 현상을 발견할 수 있다.

여기서 한 가지 덧붙여 지적하고자 하는 점은 이러한 현상이 『금병매』에서만 발견되는 것은 아니라는 점이다. 『금병매』가 출현한 시기를 즈음하여 도시를 배경으로 살아가는 평범한 개인의 일상을 그리고 있는 소설 작품들이 두드러지게 증가하는 현상은 그것을 잘 증명해 준다. 예를 들면 『금병매』의 최초의 판본(1617)이 나온 직후에 '삼언'[23]과 '양박'[24]이

22 이와 관련하여 다음과 같은 寧宗一의 지적을 참고할 만하다. "『三國演義』의 가장 이른 판본인 嘉靖壬午年(1522)에서부터 계산하여 『金瓶梅』의 가장 이른 刊本인 萬曆 45년(1617)에 이르기까지 근 1백 년이라는 시간 동안 소설의 변혁은 관념, 취미, 형식, 수법의 변천이라고 하기보다는 이 시기 '人群'이 거대한 변화를 겪었다고 말하는 편이 낫겠다. '人群'의 차이는 근본적인 차이로 그것은 일련의 변혁을 대동하였다."(寧宗一, 「史里尋詩到俗世咀味-明代小說審美意識的演變」, 『明代小說面面觀』, 學林出版社, 2002, 11-12쪽)

23 『古今小說』은 1621-1622년경, 『警世通言』은 1624년, 『醒世恒言』은 1627년에 출간되었다.

24 『拍案驚奇』는 1628년, 『二刻拍案驚奇』는 1632년에 각각 출간되었다.

출현했고, 이어서 두 작품의 선집인 『금고기관(今古奇觀)』(1639?)이 출간되는 등 이른바 의화본 소설은 당시에 큰 인기를 끌기 시작하였다. 또한 17세기 중·후반에 크게 유행했던 재자가인 소설의 출현도 같은 맥락 속에서 거론할 수 있을 것이다.[25] 이를 통해서 우리는 『금병매』가 출현할 무렵인 17세기를 전후로 중국 소설에서 역사적 영웅보다는 평범한 개인이 독자들에게 보다 공감을 주는 인물상이었을 가능성을 조심스럽게 추론해 볼 수 있다.

또한 이런 현상은 중국에서만 관찰되는 것은 아니었으니, 노드롭 프라이(Northrop Frye)는 서구의 서사 문학도 '상위 모방'에서 '하위 모방'으로 모방의 대상이 변화되었다고 말한다.[26] 그에 따르면 이와 같이 영웅에서 평범한 개인으로 모방의 대상이 변하는 것은 바로 "개인화된 사회"와 깊은 관련이 있다.[27] 누구나 우러러보지만 소설 작품을 읽는 평범한 독자와는 동떨어져 있는 영웅적인 인물로부터 쉽게 자신을 대입시켜 몰입할 수 있는 평범한 인물로 독자의 관심이 옮겨 간 것은 당시 사회에 있어서 개인에 대한 인식의 변화를 보여 준다. 특히 이 작품에서 비중 있게 그려지고 있는 인간의 성적인 욕망은 여러 사람과 공유될 수 없는 본질적으로 지극히 개인적인 성격의 것이며, 성적인 공상을 통해 대리 만족을 얻을 수 있는 이런 유의 소설 읽기도 지극히 은밀하고 개인적인 것일 수밖

25 16세기경 建陽 지역이 중국 소설 출판의 중심지였을 때 인기 있는 소설의 제재는 역사 영웅을 다룬 이야기, 神魔小說, 종교적인 이야기 등이었다.(제3장 각주 93 참고) 17세기 전반기에 소설 출판의 중심지가 蘇州, 杭州, 南京 등으로 이동하면서 연이어 이른바 의화본 소설, 재자가인 소설 등이 크게 성행하는데 (이에 관해서는 본고 '제3장 제2절 (1)' 부분을 참고하기 바람), 여기에 등장하는 주인공들은 평범한 개인이라고 할 수 있다.

26 노드롭 프라이 지음, 임철규 옮김, 『비평의 해부』, 한길사, 1982, 49-101쪽 참고.

27 위의 책, 58쪽과 89쪽 참고.

에 없다.[28] 이런 측면에서 『금병매』에서 발견되는 평범한 개인에 대한 관심은 전반적으로 개인화된 사회를 반영하고 있는 것으로 해석할 수 있다.

『금병매』에 무수히 등장하는 평범한 개인들은 한결같이 사적인 욕망에 따라 움직이고 살아가는 사람들로 그려져 있다는 특징을 보인다. 이는 『수호전』과 비교할 때 더욱 분명해진다. 『수호전』에서는 조정과 관료, 사회의 부패가 개인의 타락을 불러오는 직·간접적인 원인이 된다. 개인은 의롭게 살려고 하지만 부조리한 사회가 그를 파멸과 타락으로 이끄는 것이다. 또한 이 작품에서 그려지는 세계는 여전히 의나 충과 같은 가치가 개인에게 비교적 강하게 작용하고 있는 세계라고 볼 수 있다.

그런데 『금병매』에서는 그 어떤 가치보다도 욕망이 개인을 움직이는 동력으로 작용하고 있다. 예를 들어 이 작품의 주인공이라고 할 수 있는 서문경은 약재상, 포목점, 전당포 등의 가게를 운영하는 한편, 관직에도 몸담고 있는 상인이자 관리이다. 『금병매』의 작가는 그를 그려내면서 공적인 업무를 수행하는 관리로서의 역할보다 본능적인 욕망을 추구하며 그것에 이끌려 살아가는 한 인간인 서문경에게 초점을 맞추고 있다. 서문경은 모든 수단을 동원하여 경제적인 부와 권력을 추구한다. 그는 뇌물을 주고 관직을 사고 권세가를 매수하여 경제적인 이권을 차지한다. 그는 자신의 권력과 경제력을 이용하여 재판에 관여해 온갖 부정과 탈세를 저지른다. 이것이 사적인 이익과 욕망에 이끌려 살아가는 사회적 존재로서 서문경에게서 발견되는 모습이다.

다른 한편 외적으로 드러난 이와 같은 모습 이외에 보다 은밀한 사적인 영역에서 서문경은 성적인 쾌락에 이끌려 살아가는 존재로 그려져 있다. 그는 여섯 명의 처첩들을 맞아들이는 것에 만족하지 않고 시녀와 하

28 이런 관점에서 17세기 전반기에 이르러 주로 蘇州와 杭州를 중심으로 색정소설이 성행하기 시작했다는 사실도 지적될 필요가 있을 것이다.(李忠明, 앞의 책, 56쪽)

인의 처, 친구의 부인 등 끊임없이 자신의 쾌락을 채워 줄 대상을 찾아 다닌다. 심지어 그는 죽음에 임박해서도 손에 넣지 못했던 하천호(何千戶)의 부인 남씨(藍氏)를 그리워한다. 그에게 있어서 성은 금전적 대가를 치르고 사고 팔 수 있는 것이었으며, 심지어 친구의 부인과 사통을 하면서 일말의 죄책감도 느끼지 않는다. 더 강한 자극과 만족을 원하는 그에게 성은 단순한 일탈을 넘어선 파괴적인 성격을 지니고 있다. 그리고 그는 결국 과도한 성적 쾌락을 추구한 대가로 서른세 살이라는 젊은 나이에 죽음을 맞이하게 된다. 이처럼 전체적으로 서문경은 지극히 개인적인 이익과 본능적인 욕망에 이끌려 살아가는 존재로 그려져 있다.

사적인 욕망을 가지고 살아가는 개인의 모습은 이 작품에 두드러지게 부각되고 있는 여성 인물을 통해서도 나타난다.[29] 이 작품에서는 『삼

29 『金瓶梅』는 주변화된 위치에 머물러 있던 여성 인물을 묘사의 중심으로 끌어올렸다는 점에서 중요한 의미를 지닌다고 할 수 있다. 이 작품에서 여성 인물은 상당히 비중 있게 그려지고 있는데, 이 작품의 제목도 소설 속에 등장하는 潘金蓮, 李瓶兒, 春梅라는 여성 인물의 이름자를 딴 것이다. 『金瓶梅』 이후 李漁 소설, 재자가인 소설, 『紅樓夢』, 『醒世姻緣傳』, 『鏡花緣』 등과 같은 소설에서는 여성 인물이 비중 있게 다루어지고 정상적인 남존여비의 가치가 전도되어 여성을 예찬하고 추존하는 현상을 발견할 수 있다. 이러한 현상을 가부장제 사회에서 남존여비 관념의 타파라든가 여성 해방이라는 거창한 이데올로기로 해석하는 것은 무리가 있을 것이다. 그렇지만 이는 가부장적인 중국 사회에서의 구속과 통제가 이완된 징조로 해석될 수 있으며, 개인의 해방이라는 커다란 흐름과도 무관하지 않아 보인다. 이에 관한 구체적인 논의는 Maram Epstein의 *Competing Discourses: Orthodoxy, Authenticity, and Engendered Meanings in late Imperial Chinese Fiction*(Cambridge and London: Harvard Univ. Press, 2001)을 참고하기 바란다. Martin W. Huang은 이 시기 세상에서 뜻을 이루지 못한 소설 작가가 억압의 대상이었던 여성과 주변적인 경험을 공유했고, 그것이 소설 속에서 여성 인물과의 동일시로 표현되었다고 주장한다.(Martin W. Huang, *Literati and Self-Re/Presentation: Autobiographical Sensibility in the Eighteenth-Century Chinese Novel*, Stanford: Stanford Univ. Press, 1995, p. 79)

반금련(潘金蓮)이 질투심에 이병아(李甁兒)가 낳은 아들을 놀라게 하다(『금병매』 제32회)

국연의』에 나오는 초선(貂蟬)과 같이 충의와 같은 공적인 가치에 의해 동기 부여되어 동탁(董卓)을 죽일 목적으로 자진해서 여포(呂布)에게 접근하는 그런 유형의 여성 인물은 찾아보기 어렵다.

비중 있게 그려지는 여러 여성 인물들 가운데 반금련은 서문경과 마찬가지로 통제되지 않은 성적 욕망에 이끌려 살아가는 인물을 대변하고 있다. 그녀는 가난한 집안의 딸로 태어나 어렸을 때 시녀로 팔려 가면서 험난한 사회에 발을 들여놓게 된다. 그녀는 자신을 보호하고 지켜줄 부모도 재산도 없는 상황에서 자신의 아름다운 외모와 육체를 이용하여 세상을 살아가는 방법을 일찌감치 터득한다. 그녀는 살아오면서 한 번도 다른 사람의 진정어린 정신적 사랑과 관심을 받아 본 적이 없다고 할 수 있는데, 그것은 그녀가 우여곡절 끝에 서문경의 첩으로 들어온 이후에도 마찬가지이다. 서문경은 이병아(李甁兒)와는 어느 정도 정신적·감정적 교류를 가지며 성관계를 맺지만, 반금련은 그에게 있어서 하나의 쾌락의 도구일 따름이다. 하지만 그것은 반금련의 입장에서도 마찬가지여서 서문경은 종종 그녀가 주체할 수 없는 욕정을 해소하는 하나의 도구로 그려지고 있다. 서문경이 밖에서 기녀나 다른 여자들과 관계를 맺으면, 반금련은 집안에서 소동이나 사위와 관계를 가진다. 그리고 그들의 욕망은 상대방에게 상처와 피해를 주는데, 결국 반금련의 과도한 욕구는 서문경을 죽음에 이르게 한다.

서문경이 이병아와 그녀가 낳은 아들 관가(官哥)를 총애하자 반금련은 치밀한 계획을 세워 관가를 죽게 만들고, 그 여파로 결국 이병아도 죽음에 이르도록 만든다. 그녀는 여러 처첩들 간의 미묘한 힘겨루기에서 주도권을 차지하기 위해 수단과 방법을 가리지 않는다. 이 작품의 후반부에서 비중 있게 그려지고 있는 방춘매(龐春梅)는 반금련의 그림자라고 할 수 있고, 진경제(陳敬濟) 역시 서문경의 또 다른 모습을 그리고 있다고 말할 수 있다.

이처럼 『금병매』에서 묘사되고 있는 주요 인물은 지극히 사적인 욕망과 목적에 의해 살아가는 개인이라고 할 수 있다. 『삼국연의』나 『수호전』에 등장하는 인간이 윤리·도덕으로 포장된 약간은 가식적이고 위선적인 모습을 보이고 있다면, 이 작품에서는 이기심과 욕정에 사로잡혀 살아가는 인간의 치부를 있는 그대로 드러내고 있다.

이 작품에 등장하는 인물과 인물 사이의 관계에서 부각되는 것은 화해와 조화보다 갈등과 모순이다. 이 작품에서는 여러 차례에 걸쳐 송사와 분쟁에 관하여 묘사하고 있으며, 특히 서문경의 사랑을 독차지하고 집안에서의 주도권을 차지하기 위해 여섯 명의 처첩들 사이에 벌어지는 미묘한 견제와 질투, 음모는 이 작품의 중요한 부분을 차지하고 있다. 욕망에 따라 살아가는 무수한 개인들이 모여서 이루어진 사회에서 심각하게 부각되는 것은 욕망을 추구하는 개인과 개인 사이의 모순과 갈등의 양상인 것이다.[30]

또한 이 작품에서 부각되고 있는 인간과 인간의 관계는 진정에서 우러나오는 감정과 권위보다 이해관계를 바탕으로 한 계약적 성격이 강하다는 특징을 보인다.[31] 예를 들어 이 작품의 초반부에서 서문경이 다른 열 명의 사람들과 의형제를 맺는 장면은 『삼국연의』의 '도원결의(桃園結義)'나 『수호전』의 108영웅들 간에 맺은 결의형제를 연상시킨다.

그렇지만 이들이 의형제를 맺은 것은 충과 의를 구현하기 위한 것이

30 이지원, 「金瓶梅의 여성 재현 연구-개인 욕망의 발현 양상을 중심으로」, 서울대 석사학위논문, 2003, 30-37쪽 참조.

31 Ferdinand Tönnies의 용어를 빌리자면 『三國演義』와 『水滸傳』이 엄격한 서열을 중시하고 공동체적인 성격이 강한 농촌을 배경으로 하는 '게마인샤프트'(공동사회)의 모습을 그려내고 있다면, 『金瓶梅』는 복잡하게 얽혀 있는 익명으로 존재하는 도시를 배경으로 하는 '게젤샤프트'(이익사회)의 모습을 보여 준다고 말할 수 있다.(페르디난드 퇴니스 지음, 김대환 등 옮김, 『공동사회와 이익사회』, 대한교과서, 1963)

아니라, 함께 모여서 술 마시고 주령(酒令)을 하고 노래를 듣고 바둑을 두며 기루(妓樓)를 출입하는 등 온갖 추악한 행동을 저지르기 위한 것이었다. 작가는 앞의 두 작품에 나오는 장면을 교묘하게 비꼬아 패러디하고 있는 것이다. 응백작(應伯爵)은 서문경의 가장 친한 결의형제로, 그로부터 여러 차례 물질적 도움을 받기도 한다. 그렇지만 서문경이 죽자마자 그는 바로 장이관(張二官)에게 붙어 이익을 취하며, 서문경의 첩이었던 이교아(李嬌兒)를 부추겨 그의 첩이 되도록 주선한다. 결국 응백작은 물질적 필요 때문에 서문경과 어울렸던 것이고, 그의 죽음에 대해서도 별다른 슬픔을 느끼지 않은 채 곧바로 서문경 대신에 장이관과 어울렸던 것이다.

서문경이 재상인 채경의 양아들이 된 것도 철저히 서로 간의 이해관계에 바탕을 둔 것이며, 이 작품에서 그려지고 있는 수많은 성관계도 감정적인 것과는 무관한 물질적 거래의 성격을 띠고 있다.[32] 필자가 이 시점에서 다시 한 번 강조하고자 하는 것은 이러한 사실들은 바로 지극히 이기적이고 개인화된 사회의 모습을 보여 준다는 점이다.

『삼국연의』나 『수호전』에 등장하는 인물들이 어떤 윤리·도덕적 이념이나 가치를 구현하는 인물로 그려져 있다면, 『금병매』에서는 주로 비도덕적 인물을 주인공으로 그려냄으로써 지금까지의 전형적인 인물 형상의 틀에서 어느 정도 벗어나 있다.[33] 또한 『삼국연의』나 『수호전』에 등

32 예를 들어 潘金蓮이나 李瓶兒, 如意兒 등은 더 나은 지위를 얻기 위하여, 王六兒, 宋惠蓮, 鄭愛月 등은 장신구나 은전, 의류 등 물질적 보상을 위해서, 林太太는 西門慶의 사회적 지지를 받기 위해서 그와 관계를 맺는다고 할 수 있다.

33 『金瓶梅』의 작가가 도덕적인 전형을 이용하여 독자를 감동시키려는 시도를 포기한 이유에 대하여, 이제 더 이상 그런 인물 형상이 독자의 흥미와 관심을 끌지 않게 되었을 가능성을 조심스럽게 추론해 볼 수 있다. 다른 한편으로 이 소설의 작가는 비도덕적인 인물 형상을 통해 역설적인 효과를 노리는 것이 더욱 효과적이라고 생각했을 수도 있다.

장하는 인물들이 아무리 개성적인 기질과 성격을 가지고 있다 하더라도, 그들은 도덕적 가치를 구현하는 인물로 그려져 있기 때문에 비교적 쉽게 파악이 가능하며 대체로 독자들의 예상을 벗어나는 언행을 하지 않는다. 반면에 『금병매』의 작가는 인물을 살아 움직이도록 하는 데 있어서 공적인 가치나 이념보다 개인 고유의 기질과 성격, 욕망과 이익 등을 더 중요한 요소로 고려함으로써, 인물을 추상적이고 관념적인 구현체가 아니라 우리가 현실에서 접할 수 있는 인물에 가깝게 그려내고 있다.[34] 이 작품에 등장하는 인물은 희곡 무대에서 볼 수 있는 파악이 용이한 각색화된 인물이 아니라 훨씬 복잡한 면모를 갖춘 인간으로 그려져 있다. 예를 들어 외적으로 서문경은 잘생긴 외모에 재산과 권력을 갖춘 능력 있는 상인이자 관리로 인정받고 있는 남자라고 할 수 있다. 그렇지만 다른 한편 그는 온갖 부정과 비리를 일삼으며, 밀폐된 침실에서는 온갖 변태적인 방법으로 욕정을 채우는 인간이다. 또한 그는 이병아의 죽음에 진정어린 눈물을 흘릴 줄 알며, 자식의 죽음을 슬퍼할 줄 알고 하인이나 친구들에게 지나치게 인색하지 않으며, 농담과 웃음을 즐길 줄 아는 사람이다. 윤리·도덕적인 입장에서 서문경은 분명 파렴치한 악한으로 그려져야 하지만, 이 소설에서 그는 전적인 악한의 형상으로 그려져 있지 않으며, 표면적인 모습만을 통해 그의 내면을 짐작하기는 어렵다. 이처럼 이 작품에 등장하는 인물은 추상적인 이념의 구현체에서 벗어나 훨씬 복잡한 모습을 갖추고 있는 다양한 기질과 개성, 욕망에 따라 움직이는 사적인 개인으로 그려져 있다.

물론 이 시점에서 짚고 넘어가야 할 점은 이 작품에 등장하는 인물

34 "성격화 인물은 어느 정도 생활화된 인물이며, 현실과의 관계가 더욱 긴밀하여 진실됨을 드러낸다. 『삼국연의』나 『수호전』에 유사한 인물이 있었는가? 없었다. 거기에 나오는 인물은 마치 희곡의 각색, 혹은 전기 고사의 주인공과 같아 생활 속의 인물이 아니다."(孟昭連·寧宗一, 앞의 책, 286쪽)

이 인간의 다양한 면모 중에서 특히 욕망을 추구하는 인간으로서의 측면을 부각시켜 표현하고 있다는 사실이다. 그렇기 때문에 이 작품에 등장하는 개인은 예측할 수 없는 독특한 자기만의 내면세계를 가지고 있는 인물이라기보다는 어느 정도 예측 가능한 방향성을 지니고 있다는 한계점을 드러내고 있다. 예를 들자면 서문경은 끊임없이 성적인 만족을 추구하고 양심에 거리낌없이 온갖 부조리를 저지르며, 반금련은 질투심이 강하고 성적인 쾌락을 추구하는 독살스런 이미지로 그려져 있는데, 그들의 언행과 사고는 어느 정도 독자가 예측한 범위 내에서 이루어진다. 이런 측면에서 보자면 『금병매』라는 작품이 사적인 욕망에 이끌려 살아가는 개인의 출현이라는 하나의 전환을 보여 주고는 있지만, 전반적으로 아직은 전형적인 인물 형상에서 완전히 탈피하지는 못한 과도기적인 작품이라고 할 수 있다.

이 작품에 등장하는 욕망에 이끌려 살아가는 대부분의 인물은 집단적 구속과 통제에서 멀리 벗어나 있는 모습을 보여 준다. 그렇지만 욕망을 추구하려는 개인과 그것을 통제하려는 집단 사이의 긴장이 전혀 발견되지 않는 것은 아니다. 작가는 본격적인 이야기를 시작하기 전에 먼저 술, 여자, 재물, 분노(酒色財氣) 등의 위험성을 경고하고, 본능과 욕망을 지닌 존재로서의 인간은 적절한 자기 수양과 절제를 통해 그것을 극복해야 할 필요가 있음을 역설하는 운문을 제시하고 있다. 이를 통해 작가는 이후에 전개될 타락한 욕망에 대한 이야기를 도덕적 관점에서 해석하도록 독자를 유도하는 동시에 그것을 합리화하고 있다.

또한 작가는 산문의 형태로 온갖 욕망과 부조리가 가득한 세상을 세밀하게 묘사한다. 그렇지만 다른 한편 그는 중간중간에 삽입된 운문을 통해 그러한 욕망과 쾌락 추구가 지니는 위험성과 해악을 경고한다. 이와 관련하여 왕덕위(王德威)는 『금병매』의 작가가 이중적인 각색을 수행하고 있다고 말한다. 다시 말하면 전통적인 규범에서 용납될 수 없지만 실재하는 인간의 욕망을 그려내는 역할과 그것을 경계하는 사회적인 가치와 척도의 대언자로서의 또 다른 역할을 그가 수행하고 있다는 것이다.[35] 이 작품에서 우리는 서문경, 반금련 등이 추구하는 쾌락 원칙과 갑작스런 죽음을 통해 과도한 욕망을 추구한 그들의 삶을 적절히 응징하는 도덕 원칙이 함께 작용하고 있음을 발견할 수 있다.

그렇지만 세부적인 묘사를 통해 펼쳐지는 욕망의 세계는 논평자의 경고가 무의미할 만큼 강력한 듯이 보인다. 주인공이 죽음에 이르러서야 작용하는 인과응보의 세계관은 그 세계를 살아가는 사람들에게 전혀 위협적인 제재의 수단으로 작용하고 있지 못한 것이다. 그리고 사실 몇몇 주요 인물을 제외하고 인과응보의 세계관은 이 작품 속에서 온갖 악행을 저지르며 살아온 무수한 사람들에게까지 영향력을 발휘하지는 못한다. 이처럼 이 작품에서 그려지고 있는 사회는 욕망을 추구하는 개인을 구속하고 통제할 효과적인 수단을 갖고 있지 못한 듯이 보인다. 여기에서 개인을 통제하는 집단의 구속력은 매우 느슨하다고 할 수 있으며 심지어 거의 작용하지 않는다고 말할 수 있다. 서문경은 온갖 부조리하고 부도덕한 행동을 서슴지 않지만 윤리적 규범의 간섭을 받지 않으며 양심의 가책도 느끼지 않는다. 윤리적인 부분과 관련하여 우리는 서문경에게서 어떤 내면적인 갈등도 찾아보기 어렵다. 총체성이 붕괴된 이와 같은 사회에서 개인적인 욕망을 적절히 통제하고 공적인 윤리와 조화를 추구하는 것은 전적으로 개인의 몫이다. 그렇지만 이 작품에서 그러한 노력이나 시도는 거의 찾아보기 어렵다. 『금병매』는 이와 같이 총체성이 붕괴된 현실 속에서 집단의 구속과 통제에서 멀리 벗어나 있는 그런 개인화된 사회의 모습을 보여 주고 있다.

35 王德威, 『想象中國的方法』, 三聯書店, 1998, 88쪽.

3) 내면을 향한 관심과 새로운 가치를 구현하는 인물 형상: 『서유기』

필자는 앞서 '사대기서' 가운데 『서유기(西遊記)』를 제외한 나머지 세 편을 다루면서 『삼국연의』와 『수호전』으로부터 『금병매』에 이르는 변화에 주목하여 논의를 진행하였다. 만약에 『서유기』를 굳이 앞서 논의한 맥락 속에 끼워 넣는다면, 전반적으로는 그 둘 사이의 중간 지점에 위치하고 있으면서, 어떤 측면에서는 『삼국연의』와 『수호전』에 가깝고, 어떤 측면에서는 『금병매』에 보다 더 가까운 모습을 보이고 있다고 생각한다. 그렇지만 필자는 이 작품이 나머지 세 작품과 동일한 맥락과 관점에서 논의하기 어려운 측면이 있다고 생각하여 맨 마지막으로 돌려 논의를 진행하는 방식을 택하였다.

또한 『서유기』에는 신과 인간, 신선과 요괴, 동물의 정령 등이 출현하고, 특히 이 작품에서 중요한 비중을 차지하고 있는 삼장법사(三藏法師)의 세 제자는 이와 같은 성격이 모두 복합되어 있는 인물 형상이라고 할 수 있다. 따라서 이런 독특한 등장인물을 대상으로 개인에 대한 인식을 논의하기 위해서는 어쨌든 이들을 포괄적으로 하나의 인격적 개인이라고 전제하고 인정한다는 가정하에 이야기를 진행할 필요가 있다.

(1) 인간의 내면을 향한 관심과 그 독특한 재현 방식

이 소설은 전반적으로 인물의 내면적 심리보다는 외면적 행동에 초점이 맞추어진 작품이라고 할 수 있다. 그것은 손오공이 천궁(天宮)에서 소란을 피우는 앞부분의 이야기나 서천(西天)으로 경전을 구하러 가는 과정에서 펼쳐지는 삼장의 제자들과 요괴의 싸움 장면에서도 마찬가지이다. 물론 등장인물의 속마음을 드러내는 진술이 일부 나오기는 하지만, 그런 전지적인 서술자의 기술은 독자들을 충분히 등장인물의 내면 속으로 몰입시켜 그들과 동일시되는 경지에 이르도록 만들지 못한다. 이 작품을 읽는 독자들은 인물의 내면세계로 빠져들기보다는 그들이 펼치는 다양한 사건과 행동을 지켜볼 따름이다.

이 작품은 원래 당 태종(太宗, 627-649) 때 현장법사(玄奘法師, 602?-664)가 17년에 걸쳐 온갖 고난과 어려움을 겪은 끝에 천축국(天竺國)에 가서 불교 경전을 가져온 실제 역사적 사건을 바탕으로 쓰인 소설이다.[36] 그렇지만 작가는 너무도 분명하게 환상적이고 허구적인 시공간을 설정함으로써 독자로 하여금 역사적 사실성에 대한 집착에서 벗어나 이 작품에 등장하는 인물과 벌어지는 사건을 하나의 추상적인 알레고리로 읽도록 만들고 있다. 이 작품은 아득히 먼 옛날 신화적 인물인 반고(盤固)가 하늘과 땅을 나누고 인간과 만물이 탄생하던 시기에서부터 이야기를 시작한다.

전 7회에서 전개되는 손오공이 천궁에서 소란을 피우는 이야기는 수평적으로 흘러가는 역사적 시간이라기보다는 수직적인 성격의 신화적인 시간 속에서 일어난 사건이라고 할 수 있다. 그것은 다시 뒤이어 제8-12

36 엄밀히 따지면 소설 작품에서 현장법사가 長安을 출발하여 天竺國에 가서 경전을 가지고 돌아온 역사적 사실에 대한 시간적인 배경 설정 자체도 실제 역사와는 다르다. 실제 역사에서 현장은 貞觀 3년(629)에 장안을 떠나 貞觀 19년(645)에 돌아온 것으로 알려져 있지만, 소설 작품에서는 현장이 貞觀 13년에 장안을 떠나는 것으로 설정하고 있어 시간이 10년 정도 늦추어져 있다. 이렇게 되면 그가 17년의 여행을 마치고 돌아왔을 때는 이미 唐 太宗이 治世하던 시대가 아니게 되지만, 소설 속에서는 여전히 당 태종이 통치하는 시기로 설정되어 있다. 이것이 작가의 착각인지 아니면 역사적 사건과의 거리 두기를 위한 작가의 의도적인 설정인지는 불분명하다. 그렇지만 이는 작품을 읽는 독자들에게 이 작품이 실제 역사와는 다른 시각에서 쓰여졌고, 그렇게 읽어야 한다는 사실을 깨닫게 하는 데 어느 정도 도움을 주었을 것이다. 우리는 이 작품을 읽으며 손오공이 五行山에 갇혀 있었던 시간이 지상의 시간으로 5백 년이라고 해서 시간을 거슬러 올라가 손오공이 天宮에서 소란을 피웠던 것이 東漢(A.D. 25-220) 시대라고 추정하는 오류를 범해서는 안 된다.

회에서 연대기적인 역사적 시간을 배경으로 전개되는 당 태종과 현장법사의 이야기와 연결된다. 제13회 이후에 전개되는 삼장 일행이 서천으로 가면서 여러 요괴를 만나 81개의 난을 겪게 되는 이야기에서 역사적 시간과 신화적 시간은 교묘하게 뒤섞여 있는데, 사실 여기에서 시간적 흐름은 작가의 관심 밖인 것처럼 무시간적으로 처리되어 있다고 볼 수 있다. 이 작품에서는 천상과 지상, 지하와 용궁 세계와 같은 전 우주적 공간이 각각의 경계를 뛰어넘어 서로 소통하는 하나의 거대한 세계를 구성하고 있다. 이 작품에서는 유교와 도교, 불교의 세계가 하나의 통합된 세계 속에서 서로 만나고, 인간과 신, 요괴, 신선, 동물의 세계가 그 경계가 불분명한 상태로 혼재되어 있다. 바로 이 같은 시공간의 설정은 이 작품에서 그려지고 있는 인물과 사건을 하나의 역사적인 사실이 아닌 보다 추상적인 알레고리로 읽도록 만드는 것이다.

지금까지 여러 사람들에 의해서 이 작품 속에 등장하는 인물과 다루어지고 있는 사건들이 궁극적으로 인간의 '마음'을 그려내고 있다는 사실이 지적되어 왔다.[37] 그 가운데 청말(淸末) 왕도(王韜, 1828-1897)는 이 작품을 두고 다음과 같이 말한 바 있다.

37 萬曆 20년(1592)에 나온 『鼎鍥京本全像西遊記』의 序文에서 陳元之는 이렇게 말한다. "마귀는 마음에서 생겨나며 또한 마음에서 거둬들여질 수 있다. 그런 까닭에 마음을 거둬들이면 마귀를 거둬들일 수 있고, 마귀를 거둬들이면 진리로 돌아갈 수 있다. 진리로 돌아가 태초의 상태로 귀의하게 되면 마음은 거둬들일 것이 없게 된다.(魔以心生, 亦以心攝. 是故攝心以攝魔, 攝魔以還理. 還理以歸之太初, 卽心無可攝.)"(朱一玄·劉毓忱 編, 『西遊記資料滙編』, 南開大學出版社, 2002, 225쪽) 明末 李卓吾100回本에 나오는 袁于令(1582-1674)의 「西遊記題詞」에도 비슷한 내용이 기록되어 있다. "사실을 이야기하는 것은 허구만 못하고, 부처를 이야기하는 것은 마귀를 이야기하는 것만 못하다. 마귀는 다름이 아니라 바로 나 자신이다. 내가 부처가 되는 것이니 부처가 되지 못하면 다 마귀이다.(言眞不如幻, 言佛不如言魔. 魔非他, 卽我也. 我化爲佛, 未佛皆魔.)"(朱一玄·劉毓忱, 앞의 책, 223쪽)

경험하는 온갖 재난은 외적인 마귀가 아닌 것이 없다. 외적인 마귀를 불러들이는 것은 육적(六賊)으로 말미암은 것이니, 육적을 통제할 수 있는 것은 마음일 따름이다. 모든 마귀와 위협은 마음에서 생겨났다가 마음에서 사라질 수 있다. 이것은 이 작품 전체의 주지이다.[38]

그의 말에 따르면 이 작품에서 형상화되고 있는 삼장 일행과 요괴의 싸움은 수양 과정에서 겪게 되는 인간 내면의 갈등과 번뇌를 그려내는 것이 된다. 또한 왕심검(王心劍)은 삼장과 그의 제자들을 통해 그려지고 있는 인물 형상이 한 인격체를 구성하는 여러 요소들이 분산 투영된 것이라고 주장한다.

『서유기』의 당승(唐僧) 사도 다섯이 일체를 이루고 있는 설계는 또한 다른 측면에서도 표현되는데 바로 인물의 불교적인 우의이다. 예를 들어 손오공을 '심원(心猿)'[39]에 백용마를 '의마(意馬)'에 저팔계를 '정(情)'에 사승을 '성(性)'에 당승을 '원신(元神)'에 기탁하고 있다. 원신(元神), 심원(心猿), 의마(意馬), 성(性), 정(情)은 사실 한 개인의 다섯 가지 중요한 측면으로, 그것을 나누면 하나의 개성을 지닌 인물 형상으로 외화시켜 각 인물은 각자의 표현 형식을 가질 수 있으며 다시 합치면 다섯이 일체가 되고 한 개인의 각 부분이 되어 한 개인의 전체를 구성하게 된다.[40]

38 所歷三災八難, 無非外魔. 其足以召外魔者, 由于六賊. 其足以制六賊者, 一心而已. 一切魔劫由心生, 卽由心滅. 此其全書之大旨也.(淸 王韜, 「新說西遊記圖像序」)(위의 책, 365쪽)

39 이 작품의 回目에서는 孫悟空을 무려 17곳(7, 30, 34, 35, 36, 41, 46, 51, 54, 56, 75, 80, 81, 83, 85, 88회)에서 '心猿'이라고 지칭하고 있다. 이는 손오공이 구속 없이 자유로운 내적인 심리를 형상화하고 있는 인물임을 암시한다.

40 王心劍, 「從『西遊記』人物設計上看主旨」, 『西安石油學院學報(社會科學版)』 11(3), 2002.

이런 관점에서 본다면 삼장과 그의 제자들은 인간의 '마음'을 구성하고 있는 다양한 요소들을 구현하는 인물 형상이고, 그들 사이의 마찰과 갈등은 바로 인간 내면의 갈등상을 그려내는 것이 된다.[41]

이 소설 제57-58회에 나오는 가짜 손오공과 진짜 손오공의 싸움은 인간 내면의 갈등을 그려내는 독특한 방식으로 읽을 수 있다. 여기에 등장하는 가짜 손오공은 여의봉으로 삼장법사를 내려친 후 화과산(花果山) 수렴동(水簾洞)에서 원숭이 요괴들을 취경 일행으로 변장시켜 삼장법사와 다른 제자들을 배제한 상태에서 혼자 서천에 가서 부처님을 뵙고 경전을 가져다가 동녘 땅에 전하려 한다. 이 가짜 손오공은 여래에 의해서 결국 여섯 귀의 미후(獼猴)라는 요괴임이 밝혀진다. 이 부분에 대한 작가의 처리 수법이 미숙하기는 하지만 어떤 측면에서 가짜 손오공은 삼장법사와의 마찰과 갈등으로 인해 쫓겨난 진짜 손오공의 내면에 자리잡고 있던 갈등과 욕망을 상징하는 인물 형상으로 읽을 수 있다. 그것은 "사람에게 두 마음이 생기면 재앙이 생기니 하늘 끝 바다 언저리에서도 의심과 시기가 생긴다네."[42]와 같은 논평적 운문이나 "너희들은 모두 한 마음인데 두 마음이 서로 싸우며 오는 모습을 보라."[43]라는 여래의 말을 통해서도 확인된다. 이처럼 우리는 삼장 일행과 요괴의 싸움, 삼장 일행 내부의

41 『西遊記』에 등장하는 인물을 陰陽五行說에 입각하여 손오공을 金, 저팔계는 木, 용마는 水, 唐僧은 火, 사오정은 土를 상징하며, 그들 다섯 명이 하나의 총체를 구성하고 있다는 관점도 이와 같은 맥락에서 볼 수 있을 것이다.(王心劍, 앞의 논문 참조) 『西遊記』에 나오는 인물들을 Freud의 이드(id), 자아(ego), 초자아(super ego) 등과 같은 정신분석학적 개념을 이용하여 분석하고 있는 孔刃非의 「『西遊記』人物形象塑造的心理學成因」(『明淸小說硏究』 1997年 第3期)도 참고할 만하다.

42 人有二心生禍災, 天涯海角致疑猜.(제58회)(吳承恩 著, 徐少知 校, 周中明·朱彤 注, 『西遊記校注』 2, 里仁書局, 1996, 1052쪽)

43 汝等俱是一心, 且看二心競鬬而來也.(제58회)(위의 책, 1052쪽)

마찰과 충돌, 진짜 손오공과 가짜 손오공 간의 싸움 등 이 작품에서 그려내고 있는 것을 정신적 성숙과 자아 수양의 과정에서 겪게 되는 시련과 갈등의 형상화로 읽을 수 있다. 다시 말하면 삼장 일행이 서천으로 가는 여정길에서 경험하게 되는 여러 환난과 시련은 자기 성숙을 위해 인간 내면에서 겪게 되는 정신적 역정을 그려내고 있는 것으로 해석할 수 있는 것이다.

그렇기 때문에 손오공은 근두운(筋斗雲)을 타고 순식간에 서천에 가서 경전을 가지고 돌아올 수도 있었지만, 불교 경전을 당나라에 전하는 최종적인 결과물보다 오히려 여정 중에 안팎으로 겪는 온갖 시련과 고난을 극복하고 헤쳐 나가는 과정이 더 중요했던 것이다. 이런 측면에서 볼 때 작가가 이 작품에서 말하고자 하는 것은 단순히 외면적인 사회에 대한 비판이 아니라 보다 본질적인 인간의 자아와 실존 등과 관련된 내적인 문제라는 사실을 발견할 수 있다. 이 작품에서 발견되는 개인의 정신적 수양과 성숙에 대한 관심이 유불도가 혼합된 명말 사상계와 무관하다고 볼 수 없지만, 그래도 여전히 불교와의 직접적인 연관 관계를 인정하지 않을 수 없다.

하지만 그럼에도 불구하고 『서유기』는 분명 불교적인 교리나 불교도들의 신심을 고취시키기 위한 교조적인 종교 서적만은 아니라는 사실이 중요하다. 이 작품의 작가는 대중적인 소설이라는 장르를 통해 소설의 문법을 사용하여 인간의 내면을 다루고 있는 것이다. 물론 이 작품에서 다루고 있는 인간의 내면은 보편적이고 개념화된 인간의 마음으로, 『홍루몽』에서와 같은 독특한 한 개인의 내면세계는 아니다. 그렇지만 중국 소설의 역사에서 볼 때 외면적으로 드러나는 인간의 모습만이 아니라 복잡한 내면의 모습을 본격적으로 다루려는 시도는 분명 이 작품에 이르러서야 발견되는 새로운 현상이라고 할 수 있다. 이 작품은 중국 소설에서 주로 다루어지던 역사적인 사건이나 사회 문제에 대한 관심에서 인간 내면에 대한 관심으로 그 초점이 이동하는 전환기의 모습을 보여 주고 있다. 보편적이고 관념적인 인간의 '마음'에 대한 관심은 불교와 관련이 있을 수 있으며, 그것이 삼장 일행과 요괴의 싸움이라는 독특한 방식으로 표현되고 있는 것은 하나의 과도기적인 형태로 간주할 수 있다. 그렇지만 이 작품을 창작한 작가에서 찾아볼 수 있는 인간 내면에 대한 관심은 이후 『홍루몽』과 같은 독특한 개인의 내면세계를 다루고 있는 소설이 출현하는 데 있어서 하나의 중요한 지류로 작용했을 가능성이 있다.

(2) 새로운 가치 구현체로서의 손오공과 저팔계

이 작품에 등장하는 인물이 한 개인을 구성하는 여러 내면적 요소들을 외화(外化)시켜 하나의 개성을 지닌 인물 형상으로 그려낸 것이라고 했을 때, 가장 두드러지게 부각되는 인물은 손오공과 저팔계일 것이다.[44] 이때 손오공이 인간의 이성과 정신적인 측면을 구현하고 있는 인물이라면, 저팔계는 인간의 감성과 욕망을 구현하고 있는 인물이라고 할 수 있다.

『서유기』의 최종적인 작가는 삼장을 중심으로 하는 원래의 이야기를 손오공 중심의 이야기로 초점을 이동시키고 있다고 할 정도로, 이 소설에서 손오공은 비중 있는 인물로 그려져 있다.[45] 그것은 이 작품에서 삼

44 반면에 삼장의 세 제자 가운데 沙悟淨은 뚜렷한 개성과 특징을 보여 주고 있지 않은데, 그는 주로 일행의 모순과 갈등을 조정하고 화해시키는 중개적 역할을 수행하며, 어떤 권위적 규범이나 가치를 자기화한 인물 형상으로 볼 수 있다.

45 『大唐三藏取經詩話』에서 나오는 원숭이는 '흰옷 입은 수재'로 등장한다. 점잖고 예의바른 그는 신통력으로 요괴를 물리치며 삼장법사의 질문에 답하는 고문 역할을 한다. 불법의 이치를 아는 종교적인 성격의 이 원숭이는 '西遊記雜劇'에서 요괴적인 성격이 보다 강화된다. 여기에서 원숭이는 천상의 선도와 금단, 仙衣를 훔치고 天兵과 天將에 저항하며 여러 신들을 괴롭힌다. 여기에서 그는 여색을 밝히는 성격의 인물로 등장한다. 그는 金鼎國 국왕의 공주를 납치하여 아내로 삼고 女人國에서는 금테의 모자 덕분에 색욕을 억제하는 모습을 보이며, 火焰山에서는 철선공주와 음담패설을 겨루기도 한다. 『西遊記』에서 손오공

장법사가 아니라 손오공의 탄생과 활약상으로부터 이야기가 시작된다는 사실을 통해서도 알 수 있다. 이 작품에서 손오공은 어떠한 권위도 인정하지 않고 구속과 통제에 저항하며 자유와 해방을 추구하는 정신을 구현하고 있는 인물 형상이라고 할 수 있다. 돌원숭이가 부모도 없이 해와 달을 비롯한 대자연의 정기를 받아서 태어났다는 것은 천성적으로 그에게 내재되어 있는 모든 권위와 구속, 통제를 거부하는 자유로운 정신을 상징한다. 그는 타고난 지혜와 용기로 화과산(花果山) 수렴동(水簾洞)에서 원숭이 왕이 되어 걱정과 근심 없는 자유로운 나날을 보낸다. 그러다가 그는 죽음이라는 시간적 제약을 받을 수밖에 없는 존재의 한계를 극복하고, 더 큰 자유와 해방을 누리기 위해서 안락한 삶을 포기하고 모험의 길을 떠난다. 그가 수보리(須菩提) 조사(祖師)를 찾아가 불로장생의 비법을 터득하고 명부(冥府)의 생사부(生死簿)에서 이름을 지우며, 태상노군(太上老君)의 화로에서 단약(丹藥)을 훔쳐먹은 것은 시간적인 한계를 극복하고 영원한 존재가 되고자 하는 욕망을 드러낸 것이다. 이런 측면에서 생사부에서 자기 이름을 지운 후 손오공이 "끝났어! 끝나! 이제 너희들의 구속에 복종할 필요가 없게 되었어!"[46]라고 말하는 대목은 매우 상징적인 의미를 담고 있다.

의 요괴적인 성격은 상당히 순화되어 있으며 호색적인 성격 역시 보이지 않는다. 『西遊記』에서 손오공은 관음보살의 권유를 받아들여 서천으로 경전을 구하러 가는 삼장법사의 제자가 되어, 그 험난한 여정길을 실질적으로 인도하고 극복해 나가는 데 있어 주도적인 인물로 활약한다. 삼장법사가 取經 일행의 구심점 역할을 하는 것은 사실이지만, 시종일관 큰 변화가 없는 그의 성격과는 달리, 전 7회에서 제13-100회에 이르는 손오공의 변화는 이 작품에서 중요한 의미를 지닌다고 할 수 있다. 이 작품의 최종적인 작가는 삼장법사보다 손오공이란 인물 형상을 통해 당시 새롭게 변화된 가치와 인식을 투영시키고 있는 것으로 보인다.

46 了帳! 了帳! 今番不伏你管了!(제3회)(吳承恩, 앞의 책, 59쪽)

그는 또한 근두운을 통해 공간적인 제약에서 벗어나고, 다양한 변화술과 분신법을 익히고 용궁에서 여의금고봉(如意金箍棒)이라는 신묘한 무기를 탈취하여 무한한 능력을 갖춘 전사가 된다. 그는 옥황상제나 태상노군, 석가여래 등으로 대표되는 각 세계의 최고통치자에게도 적절한 예의를 갖추지 않으며, 그들의 어떤 위협과 권위에도 굴하지 않은 채 언제나 여유와 웃음을 잃지 않는다. 심지어 그는 "황제도 돌아가면서 해야 하니 내년에는 내 차례이다."[47]라고 말할 정도로 자신의 능력에 대해 강한 자신감과 자부심을 드러낸다.

그렇지만 석가여래에 의해 양계산(兩界山)에 갇히게 됨으로써 그의 극단적인 자유와 해방의 추구는 좌절을 겪게 된다. 제13-100회에서 그가 관음보살의 권유를 받아들여 서천으로 경전을 구하러 가는 삼장의 제자가 된 이후에는 부분적으로 어느 정도 권위를 인정하고 자기 능력의 한계를 자각하는 모습을 보이는 것이 사실이다. 또한 여행이 시작되는 시점에 그는 머리테를 조이는 긴고주(緊箍呪)라는 주문을 통해 외부의 강제적인 구속과 통제를 받기도 하지만, 81난을 겪으면서 어느 정도 자발적으로 자신을 통제할 수 있는 능력을 서서히 갖추어 간다.

그렇지만 전반적으로 말해서 전 7회에서 보이는 구속과 통제를 거부하고 자유와 해방을 추구하는 초월적 정신의 대변자로서의 그의 본질적인 이미지는 작품이 끝날 때까지 상당 부분 유지되고 있다. 그는 수도승인 '행자(行者)'가 된 이후에도 여전히 '제천대성(齊天大聖)'이라는 칭호로 자신을 소개하기 좋아하며, 삼장은 물론이고 여래와 보살, 옥황상제와 태상노군 등에 대해서도 절대적인 복종을 표시하지는 않는다. 제27회에 나오는 이야기는 그와 같은 손오공의 정신과 지향을 잘 보여 준다. 요괴인 백골부인(白骨婦人)은 처음에는 남편에게 밥을 내다주는 젊은 아낙

47 皇帝輪流做, 明年到我家.(제7회)(위의 책, 130쪽)

손오공과 저팔계가 관음보살과 묘일성관의 도움으로 전갈 요괴를 물리치다(『서유기』 제55회)

네로 변하여 등장하는데, 그 정체를 알아본 손오공은 여의봉으로 가차 없이 그를 때려죽인다. 그렇지만 민간의 여자를 죽였다고 착각한 삼장법사는 긴고주를 외워 그를 응징한다. 요괴는 그 후 다시 80세 노파로 변하여 나타나고, 이번에도 어김없이 그를 때려죽인 손오공에게 극도로 화가 난 삼장은 긴고주를 스무 번이나 외워 그를 제지하려고 한다. 다시 세 번째 노인으로 변한 요괴가 나타나자 손오공은 잠시 이렇게 고민한다. "만약에 이놈을 때려죽이지 않는다면 틀림없이 또 우리를 속이려 들 테고, 만약에 때려죽인다면 사부님께서 또 긴고주를 외우실까 걱정이구나."[48] 그렇지만 손오공은 결국 타인의 통제와 위협에 굴하지 않은 채 자신의 소신과 판단대로 요괴를 때려죽인 후 삼장에게 쫓겨나는 신세가 된다. 긴고주라는 강력한 외부적 통제 장치도 손오공의 내면에 자리잡고 있는 자유로운 정신을 완전히 구속할 수는 없었던 것이다. 전 7회 '대뇨천궁(大鬧天宮)' 이야기와 제13-100회의 '서천취경(西天取經)' 이야기에서 손오공은 약간의 변화를 보이지만, 구속과 통제를 거부하고 자유와 해방을 추구하는 초월적 정신은 그의 인물 형상 속에 지속적으로 관통하여 흐르고 있다.

손오공이 이성과 정신을 구현하고 있는 인물 형상이라면, 저팔계는 인간의 감정과 욕망의 구현체라고 할 수 있다.[49] 서천으로 가는 길에서 저

48 若要不打他, 顯得他倒弄個風兒. 若要打他, 又怕師父念那話兒咒語.(제27회)(위의 책, 522쪽)

49 이 작품에서 삼장법사는 어떤 측면에서 손오공보다는 오히려 저팔계와 같이 인간적인 약점과 편견을 그대로 노출시키는 인물로 그려져 있다. 원래 如來의 제자인 金蟬 長老가 唐나라 땅에서 환생한 삼장법사는 한편으로 경전을 구하려는 信心과 사명감이 투철하며 어떤 권력이나 여색에 대한 유혹에도 동요하지 않는 모습을 보인다. 그는 당 태종과의 관계에서나 여래, 관음보살과의 관계에서도 변치 않는 절대적인 충성과 복종의 모습을 보여 준다. 그렇지만 이 작품의 최종적인 작가는 그와 같은 삼장의 이미지를 교묘하게 비틀어 나약하고 이기적이며 편애가 심하고 고집스럽고 무능한 스님의 모습을 동시에 그에게 투영시키고 있다. 그는 요괴에 대해 지나치게 겁을 내고 무서워하며 죽음

팔계는 누구보다 배고픔을 못 견디며 먹을 것에 집착한다. 그는 또한 여자에게 특히 약한 모습을 보이는데, 원래 천하(天河)에서 천봉원수(天蓬元帥)로 신선의 명부에 이름이 올라 있던 그가 인간 세상에 유배되어 돼지의 태에 들어가게 된 것도 취중에 광한궁(廣寒宮)에서 항아(姮娥)를 희롱했기 때문이었다. 서천으로 가는 여정에서도 그는 미모의 여인을 가장한 요괴의 유혹에 빠져 반복적으로 곤혹을 치른다.[50] 또한 그는 자기보다 능력이 뛰어난 손오공을 시기하고 질투하며, 게으르고 나태하며 거짓말에 능숙하다. 서천으로 가는 여정길에서 어려움과 시련을 겪을 때면 그는 누구보다 먼저 공적인 임무를 포기하고 각자 흩어져 고향으로 돌아갈 것을 제안한다. 경전을 반드시 가져와야 한다는 강한 의지와 목표 의식은 그에게서 찾아보기 어려우며, 그는 언제나 고로장(高老莊)으로 돌아가 안락한 생활을 누릴 것을 꿈꾼다. 이처럼 저팔계는 이기적이고 감정적이며 욕망을 추구하는 인간의 내면적 충동을 형상화하고 있다. 이 작품에서 저팔계는 순

을 두려워하여 살려달라고 애원하는 모습을 보인다. 서천 길에서 간혹 송사와 관련된 일이 생길 때마다 그는 師弟의 정은 조금도 생각지 않고 매정하게 모든 잘못을 제자들에게 돌리는 이기적인 모습을 보인다. 그는 감옥에서 옥졸에게 맞지 않으려고 보물인 金襴袈裟를 뇌물로 주기도 하며, 틈만 나면 제자들을 원망하고 어려움을 당할 때마다 눈물을 흘리는 나약한 모습을 보인다. 또한 그의 종교적인 열정과 경건은 무모할 정도로 맹목적인 것으로 그려져 조소의 대상이 되기도 한다. 적절한 분별력이 결여된 상태에서 고지식하게 殺生의 戒를 지키려는 그의 고집과 자비를 실천하려는 마음은 종종 요괴에게 이용되어 그들 일행을 위기에 빠뜨린다. 그는 손오공에 대해서는 지나치다 싶을 정도로 가혹하게 대하는 반면에, 저팔계의 실수와 잘못에 대해서는 눈감아 주는 편애를 드러낸다. 그는 의심이 많고 귀가 얇아 손오공을 모함하는 저팔계의 말을 믿고 손오공을 쫓아내는 잘못을 범한다. 이처럼 삼장법사는 신실하고 경건한 전형적인 스님의 이미지보다는 인간적인 편견과 약점을 지닌 평범한 인간의 모습으로 그려져 있다.

50 사실 식욕과 성욕, 즉 음식을 먹는 것과 성관계를 통한 쾌락은 특히 Freud와 같은 정신분석학자에 따르면 거의 비슷한 성격을 띠고 있다.

박하고 유머가 넘치는 긍정적인 형상으로 그려져 있는데, 이를 통해 우리는 인간의 욕망에 대해 인정하고 긍정하는 당시의 시각을 읽을 수 있다.

작가는 손오공과 저팔계를 통해 인간의 내면에 자리잡고 있는 상반된 두 요소를 재현하고 있다고 할 수 있다. 어떤 추상적인 개념을 표현하고 있는 이 같은 인물 형상은 『삼국연의』나 『수호전』에서 볼 수 있는 어떤 가치와 이념의 전형으로서의 인물 형상과 동일한 시각에서 이해가 가능하다. 그렇지만 『서유기』에 그려져 있는 인물의 성격은 『삼국연의』보다는 오히려 『금병매』에 가깝다고 할 수 있다. 손오공과 저팔계는 결코 윤리·도덕적 전형으로 그려져 있는 것이 아니라, 구속과 통제에서 벗어나 자유·해방을 추구하는 정신과 욕망의 구현체로서 그려져 있기 때문이다. 이와 같은 인물 형상을 통해 우리는 이상적인 가치나 관념과 같은 위선과 가식으로 포장된 인간이 아니라, 자아의 정신이나 욕망과 같은 보다 본질적인 실존적 개인에 대한 탐색을 발견할 수 있다.

(3) 집단과 개인의 긴장

전반적으로 이 작품의 배경을 이루고 있는 세계는 각 영역의 최고통치자를 중심으로 엄격한 서열과 계급적 질서가 존재하는 세상이라고 할 수 있다. 이 작품은 삼장이 서천 길에서 만나는 여러 나라와 당 왕조의 궁궐, 그리고 이따금 등장하는 천계(天界)와 지하, 용궁 등의 세계는 주로 최고통치자를 중심으로 그 정경이 기술되어 있다. 여기에서는 통치자에 대한 권위가 인정되고 절대적인 복종과 충성이 요구된다. 삼장은 당 태종이나 석가여래, 관음보살 등에 절대적인 존경과 순종적 태도를 보이며, 손오공도 옥황상제, 태상노군, 석가여래, 삼장 등에 대해 절대적이지는 않아도 어느 정도 그들의 권위를 인정한다. 이 작품에서 인물은 한 개인이 아니라 집단의 구성원으로 등장하는데, 그들은 공적인 임무를 수행하는 인물들이라고 할 수 있다. 서천에 가서 경전을 가져오는 삼장 일행의 임무는 당 태종의 요청과 인가를 통해 이루어진 공적인 성격을 띠고 있으며, 더 깊은 이면에는 천상의 존재인 석가여래와 관음보살의 계획과 간섭이 자리잡고 있다. 전 7회에서 극단적인 자유와 해방을 추구하던 손오공은 결국 석가여래에게 제압되어 삼장의 제자가 되고 수도승으로서의 역할을 받아들인다. 그에게는 강제적인 구속을 상징하는 머리테가 씌워지고 관음보살, 석가여래 등의 권위를 부분적으로 인정하며 그들의 도움을 받는다. 작품 후반부에서 손오공은 어느 정도 자발적인 자기 절제와 구속과 통제를 인정하고 받아들이는 존재로 변한다. 이는 극단적인 자유와 해방을 추구하는 것에 대한 경계와 우려, 그리고 그것이 적절히 통제되고 정화될 필요가 있다는 인식을 보여 준다. 또한 전통적인 가치와 이념을 대언하는 논평적인 서술자는 삼장 일행이 뚜렷한 개성적 차이를 극복하고 하나된 마음으로 일치와 화합을 얻을 때 정과(正果)를 얻을 수 있다는 사실을 누누이 반복해서 강조한다.[51] 이러한 측면들이 이 작품에서 집단적인 가치와 관점이 우세하게 작용하고 있는 부분일 것이다.

그렇지만 다른 한편 이 작품에서는 집단적 권위와 구속에 저항하고 전통적인 덕목과 가치가 부분적으로 파괴되어 가는 모습도 보여 준다. 이 작품에서 천상의 주요 인물들은 한결같이 희화화되어 조소의 대상으로 그려져 있다. 제4-7회에서 옥황상제는 권위 있는 통치자로 그려지기보다 손오공의 난동에 두려워 어쩔 줄 몰라 초조해하는 모습을 보인다. 제

51 예를 들어 제19회 저팔계가 취경 일행에 참여하는 장면에서 논평자는 이런 운문을 읊는다. "쇠와 나무가 따르고 순종하여 모두 하나가 되니, 나무의 연정과 쇠의 어짊이 함께 발휘되는구나. 한 번 주인이 되고 한 번 손님이 되어 간격이 없어지고, 셋이 만나고 셋이 합하니 신묘함이 생기는구나.(金從木順皆爲一, 木戀金仁總發揮. 一主一賓無間隔, 三交三合有玄微.)"(吳承恩, 앞의 책, 379쪽) 또한 제39회에는 "쇠와 나무가 화합하여 정기를 단련하네.(金木和同却煉神)"(위의 책, 720쪽)라는 운문이 있고, 제61회에는 "오행이 화합하여 정과에 귀의하네.(和睦五行歸正果.)"(위의 책, 1101쪽)라는 운문이 있다.

39회에서 태상노군은 오계국왕(烏鷄國王)의 목숨을 살리기 위해 단약을 요구하는 손오공에게 마지못해 단약 한 알만을 내주는 인색한 구두쇠 노인의 모습으로 그려지고 있으며, 제42회에서 관음보살은 손오공에게 보병(寶甁)을 빌려주면서 물건을 저당잡고, 제99회에서 여래의 제자인 아난(阿儺)과 가섭(迦葉)은 불경을 넘겨 주며 물질적인 대가를 요구한다.

또한 삼장 일행에게 있어서 서천취경은 공적인 임무 수행의 성격을 띠고 있지만, 더 본질적으로는 개인적인 자아 성숙과 정과(正果)를 얻기 위한 사적인 성격을 띠고 있다. '중심'에서는 멀리 떨어져 '길 위에서' 여행하는 삼장 일행 사이의 관계는 전적으로 스승에 대한 존경과 복종, 제자들 간의 우애와 협력 같은 전통적인 미덕을 바탕으로 하고 있지 않다. 삼장은 제자들을 편애하고 손오공은 삼장을 무시하는 태도를 보인다. 그들의 관계는 언제든지 서로의 의지에 따라 계약이 파기될 수 있는 여지를 남겨 두고 있는데, 그것은 저팔계가 틈만 나면 고로장으로 돌아가겠다고 말하고, 손오공이 삼장법사의 파면장을 받고 화과산으로 돌아가는 장면을 통해서 확인된다.

삼장 일행은 화해와 조화를 이룬 모습보다 서로 간의 뚜렷한 개성의 차이로 인한 갈등과 충돌로 끊임없이 위기와 시련을 맞이하게 된다. 서술자가 끊임없이 서로 간의 화합을 강조하지만, 이들을 통해서 드러나는 인간관계는 작품이 끝날 때까지 서로 충돌하고 갈등할 수밖에 없는 사회의 모습을 보여 준다. 삼장 일행을 통해 그려지는 모습은 전통적 관계와 가치가 부분적으로 파괴된 개인적인 가치와 성향이 중시되는 사회의 단면이라고 할 수 있다. 전반적으로 이 작품은 집단의 구심력과 개인의 원심력이 팽팽한 긴장 관계를 유지하는 가운데 개인의 원심력 쪽으로 기울어져 가는 사회의 모습을 보여 주며, 그런 측면에서 이 작품은 『삼국연의』와 『수호전』으로부터 멀어져 『금병매』에 가까워져 가는 모습을 드러내고 있다고 생각한다.

2. 18세기 『홍루몽』에서 발견되는 개인의 '내면세계'

개인의식의 성장이라는 측면에서 18세기 중엽에 나온 『홍루몽』은 동시기 그 어떤 소설 작품과 비교할 수 없을 만큼 독보적인 성취를 보여 주며, 앞서 논의한 '사대기서'에 비해서도 하나의 도약을 보여 주는 작품이라고 할 수 있다.

이 작품은 작가 조설근(曹雪芹)의 실제 경험을 소설화한 작품으로 알려져 있다. 이 작품의 시공간적 구조는 상당히 복잡한데, 그것은 작가 자신의 특수한 경험을 보편적인 의미를 담은 허구적인 예술로 재창조하는 과정에서 작가가 의도적으로 설정하고 있는 다양한 예술적 장치와 깊은 관련이 있다.[52] 신화세계에서 살고 있던 주인공이 인간세계에 태어나 생활하다가 다시 신화세계로 돌아간다는 설정은 바로 작가의 실제 경험

52 이 소설에서 작가가 주로 묘사하고 있는 것은 경험적인 현실세계이다. 그렇지만 작가는 그 세계를 그려내면서 꿈과 환상, 영적 세계를 빈번하게 묘사하여 의도적으로 허구적 세계와 현실세계의 구분을 모호하게 만들고 있다. 신화세계와 현실세계를 넘나드는 승려와 도사, 甄士隱과 空空道人 등의 존재는 허구와 실제세계의 명확한 구분을 무의미하게 만든다. 이 소설의 세계는 사실적이면서 허구적이며, 경험적이면서 초월적인 예술적 세계라고 할 수 있다. 『石頭記』라는 이 소설의 또 다른 제목을 통해서도 알 수 있듯이, 이 작품의 내용은 '돌이 보고 들었거나 직접 경험한 이야기'라고 할 수 있다. 신화세계의 女媧가 하늘을 보수하는 위대한 임무에 쓰임받지 못하고 버려진 '돌(石頭)'이 한 승려와 도사의 도움으로 '玉'으로 변하여 인간 세상에 賈寶玉이란 아이로 태어난다. 옥을 물고 태어난 賈寶玉이 바로 인간 세상에서의 주인공이다. 돌(石頭)이 변해서 된 옥이 관찰자인지 당사자인지는 불분명하지만, 賈寶玉이 입에 물고 나온 옥은 그의 '목숨'과 동일시된다. 賈府의 상속자로 태어난 賈寶玉은 20년 정도의 세상 경험을 마치고 出家하여 중이 된 후 원래 자신의 자리와 본질, 즉 靑埂峰 아래의 돌(石頭)로 되돌아간다. '석두-옥(賈寶玉)-석두'의 환원적 구조는 賈寶玉이 듣고 보고 느끼고 인식하는 현실세계의 경험을 단순히 역사적 사실로만 이해하지 못하도록 만든다. '신화세계-인간세계-신화세계'의 방식으로 구성되어 있는 이 소설의 서사 체계는 작가가 자신의 이야기를 허구적 예술로

을 허구적인 예술로 재가공하는 과정에서 비롯된 속임수라고 할 수 있다. 필자는 여기에서 이 작품의 전반적인 시공간적 구조를 상세히 분석하는 데 지면을 할애하기보다 주인공 가보옥(賈寶玉)이 경험적인 현실세계에서 겪는 이야기에 초점을 맞추어 논의를 진행하고자 한다.

『금병매』와 『홍루몽』은 번화한 도시의 한 가정을 중심으로 벌어지는 자잘한 일상을 그리고 있고, 한 남자를 중심으로 다수의 여성 인물이 등장하며, 정원을 중요한 모티브로 사용하고 있다는 점 등에서 상당히 유사한 성격을 띠고 있다.[53]

그렇지만 이 두 작품은 몇 가지 점에서 중요한 차이점을 드러내고 있다. 우선 『금병매』가 '서문경(西門慶) 가정'의 흥망사에 초점이 맞추어진 작품이라면, 『홍루몽』은 가부(賈府)의 흥망사는 배경이고 주인공 가보옥에 초점을 맞추고 있는 작품이라고 할 수 있다. 『금병매』와 비교해 볼 때

재구성하려는 의식적인 노력에서 비롯된 것으로 볼 수 있다. 『紅樓夢』의 서사구조에 대한 보다 상세한 논의는 다음 논문을 참고하기 바란다. 한혜경, 「『홍루몽』의 서사구조에 대한 고찰」, 『中語中文學』 제32집, 2003; 陶劍平, 「論紅樓夢的結構藝術」, 『紅樓夢學刊』 1997年 增刊(總第75輯), 紅樓夢學刊雜誌社, 1997.

53 『金瓶梅』와 『紅樓夢』은 모두 이른바 '人情(世情)소설'로 분류되는 작품으로, 題材의 연원과 그 흐름을 중시하는 중국 학자들을 비롯하여 지금까지 여러 연구자들이 이 두 작품 사이의 영향 관계와 초월적인 측면에 주목해 왔다. 구체적인 논의는 다음 논저를 참고하기 바란다. 沈天佑, 『金瓶梅紅樓夢縱橫談』, 北京大學出版社, 1990; 徐君惠, 『從金瓶梅到紅樓夢』, 廣西人民出版社, 1987; 方明光, 『『紅樓夢』『金瓶梅』比較論稿』, 湖北敎育出版社, 2003; 許明煌, 「淺談『紅樓夢』與『金瓶梅』情節設置的相關性」, 『黎明職業大學學報』 2004年 第4期; 張俊, 「試論『紅樓夢』與『金瓶梅』」, 『北京師範大學學報(社會科學版)』 1981年 第03期; 郭興良, 「『紅樓夢』對『金瓶梅』的繼承與超越」, 『曲靖師範學院學報』 1992年 第04期; 葛永海, 「營构生命之幻-『紅樓夢』與『金瓶梅』夢幻描寫之比較」, 『紅樓夢學刊』 2000年 第2期; 伏滌修, 「『紅樓夢』與『金瓶梅』不同的'情''淫'觀」, 『鹽城師範學院學報(人文社會科學版)』 2002年 第3期; 최용철, 「紅樓夢에 대한 金瓶梅의 영향 연구」, 『중국학보』 제32집, 1992; 김영덕, 「『紅樓夢』에 대한 『金瓶梅』의 영향 관계에 대하여」, 『人文論叢』 제3집, 영남대 인문과학연구소, 1991.

『홍루몽』은 한 개인을 중심으로 전체적인 구조가 짜여 있다는 특성이 두드러진다. 『홍루몽』은 주인공 가보옥의 탄생으로 시작되어 그의 출가로 작품이 종결되며, 여러 주요 인물들은 가보옥을 중심으로 설정되어 있어 그가 서사 전체를 관여하고 지배한다고 말할 수 있다. 이는 『금병매』에서 남자 주인공 서문경이 제79회에서 죽은 이후에도 이야기는 20회 이상 지속되며, 작품 후반부에서는 서문경과 반금련을 대신하여 진경제(陳敬濟)와 춘매(春梅)가 새로운 주인공으로 부각되고 있는 것과는 상당한 차이점을 보여 준다.[54]

다음으로 『홍루몽』은 『금병매』를 포함한 '사대기서'와는 달리 역사적 사건이나 떠도는 남의 이야기, 사회 전체의 공통된 경험을 그려내고 있는 것이 아니라, 작가 개인의 특수한 경험을 바탕으로 한 작품이라는 특징을 가지고 있다. 앤소니 위(Anthony C. Yu)와 같은 학자는 『홍루몽』에서 보여 주는 작가의 자기 투영을 중국 서사 전통의 대변혁이라고 말할 정도로 획기적인 것으로 평가한다.[55]

마지막으로 『홍루몽』이 도시 속 한 가정을 배경으로 자잘한 일상을 그리고 있다는 점에서 『금병매』와 마찬가지로 이른바 '인정소설' 혹은 '세정소설'인 것은 분명하다. 그렇지만 이 작품에서 더욱 주목해서 봐야 될 것은 그와 같은 측면보다 오히려 개인의 '내면세계'라고 생각된다.

『홍루몽』의 작가 조설근은 외면적 현실세계에 대한 관심보다 오히려 한 개인의 '내면'에 더 큰 관심을 가지고 있었던 듯이 보인다. 이 작품은 주인공 가보옥이 대략 스무 살 되던 해까지의 이야기를 그리고 있는

54 이런 측면에서 이 작품의 제목이 西門慶을 둘러싸고 있던 세 명의 여성 인물, 즉 潘金蓮, 李瓶兒, 龐春梅의 이름을 합성한 것이라는 사실도 주목해 봐야 될 것이다.

55 Anthony C. Yu, "History, Fiction and the Reading of Chinese Narrative", *CLEAR*, 10, 1988, pp. 14-19.

데, 그중에서도 초점은 그의 성장기인 십대에 맞추어져 있다. 이 작품에서 주인공이 겪는 내면적 갈등과 방황은 일차적으로는 주인공 자신의 문제이지만, 동시에 사회적인 문제이기도 하다. 이 작품의 작가는 지금까지의 방식과는 달리 주인공의 내면세계를 통해 외면적 사회를 보여 주고 있는 것이다. 작중인물을 통해서 보여 주는 개인의 내면세계는 개인적 자아(private self)와 사회적 자아(social self) 간의 불일치와 분열상을 반영하고 있다. 그리고 어쩌면 그것은 루카치(György Lukács, 1885-1971)가 말했던 서사시적인 총체적 세계관이 붕괴된 이후에 나타난 '문제적 개인'의 모습, 혹은 그것과 유사한 형태라고 말할 수 있다.[56]

이 소설의 작가는 외면적인 모습이나 조건으로 인간을 파악하기 어려우며, 드러나는 행동이나 대화로 그 사람의 생각을 알 수 없고, 유형화된 전형적인 인물에서처럼 예측 가능한 방향으로 인간이 행동하거나 사고하지 않는다고 생각했던 듯하다. 그것은 『홍루몽』에 평점을 달았던 지연재(脂硯齋)의 말을 통해서도 짐작해 볼 수 있다. 그는 "가장 안타까운 점이라면 최근의 소설 작품들이 악한 사람은 악하지 않은 점이 없게 묘사하고 좋은 사람은 온통 좋게 묘사하고 있다는 것이다. 어떻게 이 같은 것이 정리(情理)에 가까운 것이겠는가?"[57]라고 말한다. 그는 또한 "가소롭게도 최근의 소설 작품을 보면 절세의 미인이 다정하게 속삭이는 말로 가득 차 있는데, 진정한 미인도 약간의 결점이 있다는 것을 알지 못한다."[58]라고 지적한다.

56 게오르그 루카치 지음, 반성완 옮김, 『루카치 소설의 이론』, 심설당, 1985, 59-89쪽.

57 最恨近之野史中, 惡則無往不惡, 美則無一不美, 何不近情理之如是耶.(第43回 庚辰本 夾批)(陳慶浩, 『新編石頭記脂硯齋評語輯校』, 中國友誼出版公司, 1987, 582쪽)

58 可笑近之野史中, 滿紙羞花閉月, 鶯啼燕語, 殊不知眞正美人方有一陋處.(第20回 己卯本 批語)(위의 책, 382쪽)

지연재의 평어를 통해 볼 때 우리는 이 시기에 이르러 선악과 같은 가치 관념이나 어떤 전통적인 가치와 규범을 형상화하고 있는 인물에 대해 독자들이 약간 식상함을 느끼고 있었음을 알 수 있다. 전체 독자층은 아니라 하더라도 일부 독자들은 행동이나 말, 사고와 가치관이 프로그램화되지 않은 예측할 수 없는 복잡한 내면과 개성을 갖춘 인물을 바라게 되었는데, 『홍루몽』의 작가는 이와 같은 당시의 변화된 인식을 가장 잘 포착하여 표현해 냈다고 할 수 있다. 왜냐하면 우리는 이 작품에서 외면적인 모습을 통해서는 행동의 방향성이나 성격을 짐작하기 어려운 독특하고 고유한 내면과 사유 체계를 가지고 있는 개인을 만나볼 수 있기 때문이다. 다시 말하면 『홍루몽』에서 그려지고 있는 고유한 내면세계를 가진 개인을 통해 우리는 인간에 대한 작가의 통찰력과 이해의 '깊이'를 엿볼 수 있다.

필자는 이 절에서 『홍루몽』의 주인공 가보옥이라는 인물의 내면세계가 작품 속에서 어떻게 다루어지고 있는지를 살펴보고자 한다. 그것은 『홍루몽』에서 부각되고 있는 독특한 개인의 내면세계에 대한 이해가 이 작품에서 그려내고 있는 '개인'을 이해하는 데 가장 핵심적인 부분이라고 생각하기 때문이다. 이 작품은 독특하게도 가보옥의 내면적 자아가 그의 주변 인물들에게 분산되어 투영되고 있는 모습을 보여 준다. 필자는 먼저 이러한 부분을 살펴본 다음에 보다 구체적으로 가보옥이라는 인물의 내면세계가 어떤 모습으로 그려지고 있는지를 고찰하고자 한다. 이 둘은 약간 층차가 다른 것이기는 하지만, 궁극적으로는 상통하는 부분이 있다. 이를 통해서 『홍루몽』에서 개인을 다루는 방식과 이 작품에서 도달하고 있는 개인에 대한 인식의 '깊이'를 드러내 보이고자 한다.

1) 등장인물에 분산되어 투영된 가보옥의 내면적 자아

『홍루몽』에서 개인의 내면적 갈등을 그려내는 방식은 독특한 측면이 있다. 예를 들면 이 작품에 등장하는 진보옥(甄寶玉)[59]이라는 인물은 가보옥과는 상이한 가치를 추구하는 그의 또 다른 내면적 자아를 형상화하고 있다. 또한 설보차(薛寶釵)와 임대옥(林黛玉)이라는 한 쌍의 인물도 가보옥이 내면적으로 겪는 갈등상을 구체화하고 있는 인물 형상으로 해석할 수 있다. 이처럼 이 작품은 가보옥과 진보옥, 설보차와 임대옥과 같이 쌍을 이루는 인물을 설정하여 개인이 겪는 내면적 갈등을 보여 주는 방식을 취하고 있다. 이에 관한 논의를 통해서 우리는 『홍루몽』의 작가가 개인을 어떻게 다루고 있으며, 개인의 내면세계에 얼마만큼 관심을 가지고 있는지를 발견할 수 있을 것이다.

(1) 가보옥의 '또 다른 자아' 진보옥

이 작품에서 가보옥은 작가의 투영이며 진보옥은 가보옥의 내면에 자리잡고 있는 그의 '또 다른 자아'라고 할 수 있다. 여기에서 필자는 보다 심층적으로 작가가 이 두 인물 형상을 통해 개인의 내면세계를 얼마나 깊이 있게 다루고 있는지를 살펴보고자 한다.

이 소설의 작가는 가보옥과 진보옥의 다른 듯하면서 같은, 둘이면서 본질적으로 하나(two-in-one)인 인물 설정을 위해서 여러 가지 속임수를

59 '甄寶玉'에서 '甄'의 우리말 독음은 '견(jiān)'과 '진(zhēn)' 두 개다. 『紅樓夢』이라는 작품에서는 시종일관 '眞'과 '假'가 한 쌍의 개념으로 출현하고 있고, 脂硯齋 또한 '甄士隱'을 '眞事隱'으로 '賈雨村'을 '假語村言'으로 평점을 하고 있어, '甄'字는 '眞(zhēn)'으로 '賈'를 '假'로 풀이하고 있다. 따라서 필자는 '甄寶玉'이라고 할 때 그 우리말 독음으로 '견'보다는 '진'이 바람직하다고 생각하여 이후 '진보옥'이라는 명칭을 사용할 것이다.

가보옥이 꿈에서 진보옥을 만나다(『홍루몽』 제56회)

동원한다. 예를 들어 소설 속에서 가보옥과 진보옥은 각각 장안(長安)과 남경(南京)이라는 서로 다른 공간에 살고 있다(제56회). 가보옥은 진보옥보다 한 살이 많고(제114회), 두 집안은 대대로 친분을 유지해 온 친척간으로 설정되어 있다. 다른 한편 두 집안은 손자에 대한 할머니의 편애, 비슷한 가족 구성원, 유사하게 생긴 큰 정원이 있다는 공통점이 있다. 또한 두 사람은 모두 '보옥'이라는 동일한 이름을 가지고 있다.

진보옥과 가보옥이라는 이름은 작가의 의도적인 설정일 가능성이 큰데, 이는 '진보옥(眞寶玉)'과 '가보옥(假寶玉)'을 은유적으로 암시하고 있는 듯이 보인다. 그렇다고 할 때 이는 결국 '보옥'이라는 한 인물의 두 가지 측면, 즉 동전의 양면이나 모순된 통일체와도 같은 그런 한 인격체의 이중적인 측면을 묘사하려는 의도에서 나온 설정으로 볼 수 있다. 다시 말하면 가보옥과 진보옥은 일종의 이중인격체(dual personality)를 구성하고 있는 것이다.[60]

제56회에서 가보옥은 처음으로 자신과 하는 짓도 똑같고 이름도 같은, 올해 열세 살 된 진보옥에 대한 이야기를 전해 듣는다. 그리고 낮잠을 자던 중 꿈속에서 그를 만나게 된다. 가보옥의 침대 맞은편에는 전신을 비출 수 있는 큰 거울이 설치되어 있었는데, 그는 그 거울을 바라보고 잠을 자다가 진보옥을 만나는 꿈을 꾸게 되었던 것이다. 자신의 이름을 부르다가 잠에서 깬 가보옥에게 그의 시녀 습인(襲人)은 꿈에서 본 것은 바로 "거울 속에 비친 도련님의 그림자"[61]였음을 일깨워 준다. 따라서 진보

60 周汝昌은 甄寶玉과 賈寶玉이 사실 한 사람이 아니라 賈寶玉은 '石頭'의 화신이고 甄寶玉이 '神瑛侍者'의 화신인데 絳珠草의 화신이라고 할 수 있는 林黛玉이 '석두'를 '신영시자'로 착각함으로써 운명의 비극이 시작되었다고 주장한다.(周汝昌, 『紅樓小講』, 北京出版社, 2002, 246-247쪽 참고) 그렇지만 사실 甄寶玉과 賈寶玉 중 누가 '石頭'의 진정한 화신이며, 진정한 작가의 투영인지를 구별하려는 노력은 무의미한 것으로 보인다.

61 鏡子裏照的你影兒.(曹雪芹·高鶚 著, 其庸 等 校注, 『紅樓夢校注』 2, 里仁書局,

옥은 가보옥의 '거울[62] 속의 이미지'로 그의 '또 다른 자아(second self)'로 설정되어 있음이 분명하다.

그리고 가보옥이 "빈 껍데기만 남겨 놓은 채 진짜 영혼이 어디로 갔는지 모르는"[63] 경험을 한 것은 '또 다른 자아'에 대한 인식, 자아분열의 단초로 읽을 수 있다. 가보옥은 꿈속에서 "자신의 이름을 부르며"[64] 마치 '거울 속의 그림자'나 '꿈속에서 만난 환영'처럼 희미한 '또 다른 자아'를 찾아 헤맨다. 이 장면은 보옥이 자신의 내면에 자리잡고 있는 자아를 인식하고, 자신의 정체성에 대한 고민과 갈등이 구체화되기 시작하는 시점임을 암시하고 있다.

진보옥과 가보옥은 드디어 제115회에서 직접 대면하게 된다. 외양적으로 두 사람은 주위 사람들이 구분하지 못할 만큼 똑같은 모습을 하고 있었다.[65] 그렇지만 두 사람의 만남은 타협할 수 없을 정도로 벌어진 서로

1984, 879쪽)

62 먼저 "몸은 보리수나무, 마음은 밝은 거울과 같아서 수시로 부지런히 닦아 먼지 없도록 해야 하리라.(身是菩提樹, 心如明鏡臺, 時時勤拂拭, 莫使有塵埃.)"(제22회)(위의 책, 346쪽)라는 말에서 알 수 있듯이 이 소설에서 거울은 불교적 깨달음, 수양과 연관이 있는 매개물이다. 이 소설 속에 등장하는 '風月寶鑑'이라는 거울은 주술적 능력을 가진 신비한 거울이다. 다리를 저는 道士가 賈瑞에게 전해준 풍월보감은 賈瑞의 상사병을 치유할 수도 있는 거울이었다. 그 거울의 양면은 王熙鳳이 유혹하는 모습과 흉칙한 해골이 각각 비쳤는데, 그 양면의 본질은 하나였다. 제116회에서 승려가 거울을 비추자 일순간에 모든 귀신들이 사라지고 황량한 들판이 나타난다. 이는 '鏡花水月', 즉 '거울 속의 꽃 물 속의 달'과 같이 거울이 환영을 보여 주는 물건이라는 인식과 연관이 있다. 秦可卿 방에 있는 武則天의 거울은 寶玉이 太虛幻境을 꿈꾸게 하고(제5회), 寶玉의 방에 걸린 거울 또한 꿈, 환영과 연관된다.

63 空有皮囊, 眞性不知那裏去了.(제56회)(위의 책, 879쪽)

64 自己叫着自己的名字.(제56회)(위의 책, 880쪽)

65 "정말 희한한 일이야! 이름이 같은 것은 그렇다고 해도 어떻게 외모와 체구도 똑같을까? 우리 보옥 도련님이 상복을 입었기에 다행이지 만약 똑같은 옷을

간의 인식 차이를 확인하는 자리가 된다.[66] 제56회에서 가보옥이 꿈에서 진보옥을 만났을 때 그 두 사람의 나이는 각각 열네 살과 열세 살 정도였다. 그들이 제115회에서 실제로 대면했을 때 가보옥은 열아홉 살 정도로 이미 결혼을 한 상태였다. 이를 통해 볼 때 그 사이의 5년이라는 세월은 결국 청소년에서 성인으로 이행해 가는 과도기로 볼 수 있는데, 그 시기를 거치면서 진보옥과 가보옥은 극명하게 각자 선택의 길을 달리한 것이다.

진보옥이 선택한 길은 유가 사회에서 가장 이상적인 자아실현의 수단이라 할 수 있는 관료가 되는 것이었다. 진보옥은 성인이 되는 과정에서 유가적인 가치와 규범을 자기화했던 것이다. 그러나 가보옥은 진보옥을 "녹봉이나 탐내는 무리"[67]로 치부하며, "그런 사람이 있다면 나는 내 이런 모습조차도 원치 않는다."[68]라면서 자신의 외모까지도 부정하고자 한다. 그리고 그는 결국 세상과의 타협을 포기한 채 출가를 결심한다. 이는 개인의 가치, 참된 자아의 가치를 희생한 채 기존 유가적 가치와 이상에 순응하며 살아가는 삶에 대한 적극적인 거부를 의미하는 것으로 해석할 수 있다.

동일한 모습과 성향을 가지고 있던 진보옥과 가보옥, 두 사람은 같은 출발선상에 서 있었다. 그러나 청소년에서 성인으로 이행하는 과도기를

입었다면 순간적으로 분간하지 못했을 거예요.(眞眞奇事, 名字同了也罷, 怎麽相貌身材都是一樣的. 虧得是我們寶玉穿孝, 若是一樣的衣服穿着, 一時也認不出來.)"(위의 책, 1724쪽)

66 "甄寶玉을 만난 賈寶玉은 꿈에서 보았던 광경이 떠올랐고 평소 甄寶玉의 사람됨이 틀림없이 그와 같은 마음이라는 것을 알고 있었기에 知己를 얻었다고 생각했다.(賈寶玉見了甄寶玉, 想到夢中之景, 幷且素知甄寶玉爲人必是和他同心, 以爲得了知己.)"(위의 책, 1722쪽) 그렇지만 이와 같은 賈寶玉의 생각은 결국 착각이었음이 밝혀진다.

67 祿蠹.(제115회)(위의 책, 1725쪽)

68 有了他, 我竟要連我這個相貌都不要了.(제115회)(위의 책, 1725쪽)

거치면서 그 두 사람은 다시 하나가 되기에는 너무나 먼 간격이 생기게 되었다. 이는 작가가 한 인물이 가지고 있는 두 가지 가능성을 서로 다른 두 인물 형상을 통해 표현한 것으로 볼 수 있다.

진보옥을 만난 이후 가보옥의 내면적 갈등은 훨씬 구체화되고 표면화된다. 제116회에서 보옥은 정신을 잃은 상태에서 진여복지(眞如福地)를 방문하는 영적 체험을 하고 깨어난다. 이에 대해 보옥과 주변 이들은 "죽었다가 다시 태어난"[69] 것으로 표현한다. 가문의 기대와 바람을 저버린 채 출가를 통해 자아실현을 추구하는 길을 갈 것인지, 기존 유가적 가치와 이상에 순응하는 삶을 선택할 것인지의 문제 앞에서 가보옥은 죽음과도 같은 고통을 느꼈던 것이다. 가족을 버린 후에야 자아를 얻을 수 있다는 것은 그에게 감당하기 어려운 억압이자 고통이었던 것이다. 그것은 자아분열의 고통을 의미하는 것으로, 자기가 추구하는 가치가 사회적으로 용인된 가치와 대립되고 모순된 데에서 기인한 고통이었다. 가보옥은 결국 자신의 존재의 본질을 묻는 한 승려의 말을 듣고 자신이 가야 할 길을 깨닫게 된다.[70]

진보옥은 가보옥 내면에 자리잡고 있던 무의식적 억압, 프로이트(Sigmund Freud, 1856-1939)가 말하는 '초자아(super ego)'에 의해서 만들어진 그의 '또 다른 자아'라고 할 수 있다. 이는 가보옥이 사회화를 거부하고 출가를 선택하는 과정에서 끊임없이 그의 내면에서 들려오는 또 다른 자아의 음성에 시달리며 갈등하고 있었음을 보여 준다. 진보옥이 선택한 길

69 死去復生.(제116회)(위의 책, 1739쪽)

70 "'나는 네 옥을 돌려주려고 왔다. 한 가지 묻건대 그 옥이 어디서 왔느냐?' 보옥은 금방 대답하지 못했다. 스님이 웃으며 말했다. '너 자신이 온 길도 모르면서 나에게 어디서 왔는지 묻다니!'('我是送還你的玉來的. 我且問你, 那玉是從那裏來的?' 寶玉一時對答不來. 那僧笑道: '你自己的來路還不知, 便來問我!')"(제117회)(위의 책, 1743쪽)

은 가족 공동체의 기대를 충족시키고 사회적 이상을 구현할 수 있는 큰 만족과 보상이 뒤따르는 충분히 매력적인 길이었다. 하지만 가보옥은 결국 '초자아의 권위'에 굴복하지 않은 채 자아실현을 위한 길을 선택하였다. 그의 선택은 현실적 불이익과 주변 사람들의 몰이해 속에서 고통스럽고 고독하게 이루어진 것이었다. 어쩌면 가보옥과 진보옥으로 상징되는 자아의 분열상은 최종적으로 작가 조설근의 자아를 반영하고 있는 것인지도 모른다. 그는 자신의 젊은 시절을 회상하며 이제는 돌이킬 수 없는 그 시기 두 선택의 길을 가보옥과 진보옥이라는 인물 형상 속에 투영하고 있는 것이다. 그리고 이를 통해 작자는 당연하게 받아들여지고 있는 사회적 규범과 가치에 대한 회의와 재고를 요구하는 동시에, 자신이 진보옥의 길을 선택하지 않았던 것에 대한 자기 변명을 하고 있는지도 모른다.

(2) 설보차와 임대옥: 가보옥의 이중적 자아

진보옥이라는 인물이 가보옥과는 상이한 가치를 지향하는 그의 '또 다른 자아'를 형상화한 것으로 볼 수 있다면, 가보옥의 여인이라고 할 수 있는 설보차와 임대옥이라는 인물도 가보옥의 내면적 자아와 관련이 있다고 생각된다. 필자가 보기에 설보차와 임대옥은 대립하고 갈등하는 가보옥의 두 내면적인 목소리를 상징하고 있다. 임대옥이 가보옥의 생각을 지지하고 동조하는 내면적 목소리를 상징한다면, 설보차는 가보옥에게 계속해서 충고하며 그의 길을 돌이킬 것을 강요하는 '초자아'의 음성을 상징하고 있다.

임대옥은 어떤 인물인가? 어려서 부모를 여읜 그녀는 가부(賈府)에 들어와 외할머니 사태군(史太君)의 총애를 받으며 가보옥과 함께 성장한다. 의지할 데 없는 고아로 남의 집에 얹혀사는 자신의 비관적인 처지를 떠올리며 그녀는 자주 눈물을 흘리고 외로움에 익숙한 아이로 자라난다. 대옥은 보옥과 어려서부터 함께 성장하며 자연스럽게 서로에 대한 이해가 깊어진 상태였기에 지기(知己)로서 서로를 사랑하고 있었다. 보옥이 그녀를 지기로 생각하는 이유는 그녀가 지금껏 한 번도 그에게 어떤 길을 가도록 강요한 적이 없었기 때문이다.[71] 대옥은 작품 속에서 그 누구보다도 보옥의 독특한 기질과 성향을 잘 이해하는 인물로 등장한다. 그녀는 있는 그대로의 보옥을 언제나 인정하고 긍정해 주는 여자였다. 그녀는 보옥의 생각과 가치, 그가 가고자 하는 길을 지지하고 옹호해 주는 인물로 그려져 있는 것이다.

가보옥에게는 청문(晴雯)이라는 시녀가 있었는데, 그녀는 임대옥의 그림자로 '또 다른 임대옥'을 상징한다고 볼 수 있다.[72] 청문은 보옥의 시녀 중에서 누구보다 그를 잘 이해하는 시녀로 그려져 있다. 제34회에 보옥은 대옥에게 보내는 시를 적은 손수건을 습인이 아니라 청문에게 전달하게 한다. 활달하고 자유분방하며 윗사람의 눈치를 보지 않고 마음먹은 대로 행동하는 것은 보옥이 바라보는 그녀의 매력이었다. 보옥은 청문이나 대옥과 결코 육체적인 결합을 하지 않은 채 서로에 대한 그리움과 배려, 정신적 사랑을 나누는 사이였다. 그들은 보옥을 누구보다 잘 이해하고 그와 친밀한 정신적 교류를 나누었던 그의 옹호자요, 지지자였던 것이다. 정리하자면 청문과 대옥은 보옥을 지지하고 동조하는 그의 내면적 목소리를 상징하고 있는 것으로 볼 수 있다.

한편 설보차는 보옥의 이종 사촌으로 망나니 같은 오빠 설반(薛蟠)

71 "오직 임대옥만은 어려서부터 그에게 입신양명하라는 등의 말을 한 적이 없었다. 그래서 그는 대옥을 몹시 존경하고 있었다.(獨有林黛玉自幼不曾勸他去立身揚名等語, 所以深敬黛玉.)"(제36회)(위의 책, 545쪽) "보옥이 말했다. '대옥 동생이 지금까지 그런 헛소리를 한 적이 있어? 만약에 그가 그런 헛소리를 했다면 나는 진작에 그녀와 사이가 안 좋아졌을 거야.'(寶玉道: '林姑娘從來說過這些混帳話不曾? 若他也說過這些混帳話, 我早和他生分了.')"(제32회)(위의 책, 500쪽)

72 작품 속에서 晴雯은 기질이나 성격뿐만 아니라 외양적인 모습에서도 林黛玉과 비슷하게 생긴(有些像你林妹妹的) 인물로 그려져 있다(제74회).

을 대신하여 설씨 집안의 가장(家長) 역할을 맡고 있었던 인물이다. 그녀는 사람들을 관용을 가지고 대했고 인자하고 사려 깊었으며 눈치도 빨라 사태군을 비롯한 가씨 집안의 모든 사람들에게 사랑을 받았다. 그녀는 온유하고 후덕한 인품에 집안일을 처리하는 데에도 탁월한 능력을 지닌 현명한 여성으로 그려져 있다. 그런데 작품 속에서 설보차는 언제나 보옥에게 충고하는 역할로 등장한다. 제32회와 제36회에서 그녀는 친구를 사귀고 공부하는 문제에 관해서 보옥에게 충고하며, 보옥과 결혼한(제97회) 이후에 보옥에 대한 그녀의 충고는 더욱 잦아진다.[73] 보차는 보옥에게 반복해서 기대와 총애를 한 몸에 받고 있는 가문의 상속자로서의 책임과 의무를 상기시킨다.[74] 즉 그녀는 보옥이 가문과 사회가 기대하는 바람직한 모습의 사람으로 성장하기를 충고하고 있는 것이다. 그녀는 과거를 통해 관료가 되는 것이 보옥 개인의 행복과 자아 성취는 물론, 가문의 명예와 사회적 가치의 실현을 위해서도 가장 좋은 선택의 길이라는 사실에 추호의 의심도 하지 않는다. 보옥에 대한 그녀의 충고는 이에 대한 확실한

73 제98, 115, 118회에서 반복해서 寶釵는 寶玉에게 장황하게 충고한다. 예를 들어 제118회에서 寶釵는 寶玉에게 이렇게 말한다. "당신이 이치가 궁해 말문이 막히셨다면 제가 충고하지요. 이제부터 마음을 다잡으시고 열심히 공부하세요. 과거에 급제할 수 있으면 거기서 그만두더라도 천자의 은혜와 조상의 은덕을 저버리는 것은 아니니까요.(你旣理屈詞窮, 我勸你從此把心收一收, 好好的用用功. 但能搏得一第, 便是從此而止, 也不枉天恩祖德了.)"(제118회)(曹雪芹·高鶚, 앞의 책, 1765쪽)

74 寶玉은 결국 사랑하는 여인이었던 林黛玉이 아닌 薛寶釵와 결혼하고 그녀와의 육체적 관계를 통해 가문을 계승할 자식을 하나 남긴다. 그 두 사람 사이에 진정한 사랑의 감정이 있었는지는 알 수 없지만, 寶釵는 寶玉과의 관계를 통해 자녀를 출산하여 후손을 남김으로써 스스로 봉건적 관념을 충실히 수행한다. 아울러 남겨진 자녀는 薛寶釵에 의해 훌륭히 키워져 장래 과거에 급제하게 될 것이라는 것이 소설 말미에서 암시되고 있다. 즉 寶釵는 寶玉에게 봉건적 의무와 책임을 다할 것을 권면하고 충고함과 동시에 그녀 자신에게 맡겨진 책임과 의무도 충실히 수행하고 있는 것이다.

믿음과 신념에서 나온 진심어린 것이었다. 그녀는 유가적 가치와 규범을 자신의 신념과 가치로 체화한 인물을 대변한다. 그녀는 항상 보옥의 현재 모습에 만족하지 않고, 변화될 미래의 모습을 소망하며 기대한다.

"청문이 곧 임대옥의 풍격이듯이 습인은 또 다른 설보차"[75]라고 할 수 있다. 청문과는 대조적인 보옥의 시녀 습인은 설보차와 같이 보옥에게 충고하는 역할을 담당하고 있는 인물이다.[76]

하지만 그들이 충고할 때마다 보옥은 비아냥거리거나 화를 내면서 그 충고를 들으려 하지 않는다.[77] 그들이 보옥에게 가기를 기대하고 강요하는 그 길은 보옥이 진정 원하는 길이 아니었다. 보옥은 그들의 충고를 표면적으로는 무시했지만, 그들의 목소리는 보옥의 뇌리 속에 무의식적 억압으로 자리잡고 있었다. 보옥에게 기존의 유가적 가치와 규범의 목소리를 들려주는 이들은 '아버지의 목소리'를 상징한다. 보옥에게 해야 될

75 晴有林風, 襲乃釵副.(제8회 甲戌本 批語)(陳慶浩, 앞의 책, 190쪽)

76 寶玉이 가숙에 가는 날 襲人은 "공부는 매우 좋은 일이예요. 배우지 않으면 평생을 망치게 될 테니 결국 어떻게 되겠어요?(讀書是極好的事, 不然就潦倒一輩子, 終久怎麽樣呢?)"(제9회)(曹雪芹·高鶚, 앞의 책, 153쪽)라며 그를 격려한다. 제19회와 제21회에서 襲人은 장황하게 寶玉의 제멋대로인 생활에 대해 충고한다. 그녀는 궤변을 늘어놓고 공부를 싫어하고 여자들하고만 어울려 지내는 寶玉의 생활에 대해 지적하며 이를 시정해야 한다고 충고한다. 제34회에서 襲人은 왕부인에게 寶玉의 장래를 위해서 그를 대관원에서 내보낼 것을 건의한다.

77 소설 속에서 薛寶釵나 襲人과 같이 寶玉에게 충고하는 인물 가운데 하나로 史湘雲을 들 수도 있다. "상운이 웃으며 말했다. '아직도 그런 기질을 고치지 않았군요. 이제 이만큼 컸으니 공부해서 거인이나 진사가 되지는 않는다 하더라도 자주 관료들을 만나 벼슬길과 세상을 다스리는 학문을 이야기하고 해야 장차 세상 일에 응대할 수 있고 나중에 친구도 있게 되잖아요. 1년 내내 우리들 속에서 놀아나서야 되겠어요?'(還是這個情性不改. 如今大了, 你就不願讀書去考舉人進士的, 也該常常的會會這些爲官做宰的人們, 談談講講些仕途經濟的學問, 也好將來應酬世務, 日後也有個朋友. 沒見你成年家只在我們隊里攪些什麽?)"(제32회)(위의 책, 499쪽)

것과 하지 말아야 될 것을 지시하는 이들의 음성은 보옥의 내면에 자리 잡고 있던 그의 초자아를 상징하고 있는 것이다.

기홀수(畸笏叟)[78]는 "설보차와 임대옥을 진보옥과 가보옥으로 간주하여 작품을 읽는다면 작자의 본의를 잃지 않게 될 것이다."[79]라는 매우 의미심장한 언급을 한다. 필자는 이 말을 약간 변형하여 설보차와 임대옥은 가보옥의 '갈등하는 내면의 두 자아'라고 말하고 싶다. '충고와 제재'를 의미하는 한쪽의 목소리와 '이해와 지지'를 의미하는 다른 한쪽의 목소리가 각각 설보차와 임대옥이라는 두 인물을 통해 그려지고 있는 것이다. 가보옥과 진보옥을 통해 갈등하는 두 내적 자아의 모습을 투영하고 있었던 것처럼, 상반된 가치를 지향하는 임대옥과 설보차라는 두 인물 형상을 통해 작가는 그와 유사한 성격의 내면적 갈등상을 그려내고 있는 것이다.

2) 가보옥의 내면세계

『홍루몽』은 가보옥을 주인공으로 하는 소설 작품이라고 할 수 있다. 이 작품에서는 가보옥이 옥(玉)을 입에 물고 태어났을 때부터 그가 스무 살 무렵 출가하기까지의 시간을 다루고 있다. 그렇지만 이 작품에서 가보옥의 스무 살 인생이 동일한 밀도로 그려지고 있는 것은 아니다. 왜냐하면 사실 가보옥의 유년 시절에 대해서는 몇 개의 일화만이 언급되고 있을 뿐이기 때문이다. 작가는 주인공 가보옥의 십대에 초점을 맞추고 있다고 할

78 脂硯齋와 함께 초기 판본에 '脂批' 혹은 '脂評'으로 불리는 評語를 달았던 대표적인 인물로, 작가와 경험과 기억을 공유했던 그의 가까운 친구이거나 친척일 것으로 추정되고 있다.

79 將薛林作甄玉賈玉看書, 則不失執筆人本旨矣.(제22회 庚辰本 眉批)(陳慶浩, 앞의 책, 408쪽)

수 있는데, 특히 그의 나이 열세 살부터 열다섯 정도에 이르는 시기는 작품 전체의 40퍼센트 정도를 차지할 만큼 비중 있게 그려지고 있다.[80] 이 시기는 아이가 어른으로 성장해 가는 과도기로, 가치관이 정립되고 자아가 형성되어 가는 시기라고 할 수 있다. 이 작품에서 주인공 가보옥의 내면세계는 어느 한 시점에 고정되어 있는 것이 아니라, 십대의 과도기를 거치면서 점차 변화되는 모습을 보여 준다.

이처럼 『홍루몽』에서 드러나는 가보옥의 내면세계는 특히 성인이 되어 가는 성장기에 겪는 갈등상을 보여 주는데, 예를 들면 성적 정체성에 대한 갈등, 부모와의 갈등, 고독과 소외감 등이 그것이다. 필자는 여기에서 주로 이 세 가지 측면에 초점을 맞추어 논의를 전개하고자 한다.

(1) 성적 정체성의 혼란

외면적인 조건에서 볼 때 가보옥은 누구라도 부러워할 만한 모든 조건을 갖춘 전형적인 재자(才子)의 형상이다. 그는 부유한 귀족 가문의 상속자이며 타고난 총명함에 준수한 외모를 지니고 있었다. 남성 중심적인 가부장적 사회에서 그는 자신에게 주어진 모든 조건과 특권을 누리면서 충분히 호화로운 생활을 즐길 수 있었다.

그렇지만 내면적으로 볼 때 그는 자기 존재를 규정하는 가장 근본적인 성적 정체성에서부터 문제점을 드러내고 있다. 가보옥은 언어를 통해 이제 막 세계에 대한 인식을 본격화하기 시작하고, 세상에 남성과 여성이라는 두 개의 성이 존재하며 자신이 남자로 태어났다는 사실을 인식할 정도의 어린 나이에, 벌써 남자에 대한 부정적인 선입견을 드러낸다.[81]

80 구체적인 논의는 본고 '제3장 제2절' 140쪽을 참고하기 바란다.

81 그는 이렇게 말한다. "여자는 물로 만들어진 육체이고 남자는 진흙으로 만들어진 육체야. 나는 여자를 보면 기분이 상쾌해지지만 남자를 보면 악취가 코를 찌른다니까.(女兒是水作的骨肉, 男人是泥作的骨肉. 我見了女兒, 我便淸爽, 見

뿌리 깊은 남아선호의 풍토 속에서 남자로 태어났다는 것 자체가 커다란 행운이자 특권으로 받아들여지던 당시의 분위기를 생각할 때, 어린아이라고는 하지만 보옥의 생각은 분명 특이한 것이었다. 남자로 태어난 아이가 자신이 남자로 태어난 것을 혐오하고 여자아이를 선망하기 시작한 것은 그가 사회화되는 단계에서 겪게 될 커다란 진통을 예고하는 것이었다. 어쩌면 가보옥은 다른 남자아이들에 비해 선천적으로 여성적 취향과 기질을 더 강하게 지니고 태어났는지도 모른다.[82] 그것은 가보옥이 아직 자

了男子, 便覺濁臭逼人.)"(제2회)(曹雪芹·高鶚, 앞의 책, 30-31쪽) 또한 그는 여자에 대해서는 일종의 환상을 품고 있었던 것으로 보이는데, 그는 하인들에게 종종 이런 말을 하곤 했다. "여자라는 두 글자는 가장 존귀하고 깨끗한 것이야. 아미타불이나 원시천존이라는 호칭에도 비할 것 없이 존귀하다구. 더럽고 냄새나는 너희 입으로는 절대 이 두 글자를 마음대로 지껄여선 안 되니 조심하라구. 이 말을 해야 될 때면 반드시 먼저 깨끗한 물과 향기로운 차로 입을 헹구고 해야 돼.(這女兒兩個字, 極尊貴極淸淨的, 比那阿彌陀佛元始天尊的這兩個寶號, 還更尊榮無對的呢! 你們這濁口臭舌, 萬不可唐突了這兩個字, 要緊. 但凡要說時, 必須先用淸水香茶漱了口才可.)"(제2회)(위의 책, 32쪽)

82 지금까지 많은 연구자들이 賈寶玉의 독특한 여성관, 여성적 취향과 기질 등에 관하여 주목해 왔으며, 이 작품을 페미니즘적인 시각에서 분석하고 있는 논문도 여러 편이 있다. 傅守祥, 「女性主義視角下的『紅樓夢』人物」, 『紅樓夢學刊』 2005年 第1期; 范耀良, 「略論賈寶玉的女性觀」, 『鄂州大學學報』 2002年 3期; 王富鵬, 「論明淸時期新思潮與賈寶玉的女性氣質」, 『靑海社會科學』 2001年 1期; 정경자, 「『홍루몽』에 나타난 페미니즘적 경향」, 숙명여대 석사학위논문, 2003; 최용철, 「紅樓夢의 女性尊重 意識 硏究」, 『亞細亞女性硏究』 35집, 1996; 한혜경, 「『홍루몽』에 대한 페미니즘적 조명」, 『성평등연구』 제3집, 1999; 고민희, 「『紅樓夢』에 대한 페미니즘적 고찰」, 『中國語文論叢』 제12집, 1997 등. 賈寶玉의 성장 과정에 따라 그의 성적 정체성이 어떻게 변화되고 있는지를 다루고 있는 필자의 논의와 깊은 관련이 있는 문헌으로는 다음을 참조할 수 있다. Martin W. Huang, *Literati and Self-Re/Presentation: Autobiographical Sensibility in the Eighteenth-Century Chinese Novel*, Stanford: Stanford Univ. Press, 1995; Maram Epstein, *Competing Discourses: Orthodoxy, Authenticity, and Engendered Meanings in Late Imperial Chinese Fiction*, Cambridge: Harvard Univ. Press, 2001; Louise P. Edwards, *Men and Women in Qing China: Gender in the Red*

기 의지나 인식이 충분히 발달하지 않았던 시기에 돌잡이를 하는 장면에서 다른 것들은 내버려 둔 채 연지, 분, 비녀, 팔찌와 같은 여자와 관련된 것들만을 골라잡는 대목에서 어느 정도 엿볼 수 있다(제2회).

더욱이 그의 독특한 성장 환경은 남성으로 태어난 자신에 대한 혐오감과 여성에 대한 동경심을 부추겼을 가능성이 있다. 전통 시기 중국에서 일반적인 귀족 가문이라면 어린아이라 하더라도 남녀 간에 엄격하게 거처를 달리하여 양육하도록 되어 있었다. 그렇지만 가보옥은 할머니 사태군이 각별히 아끼고 사랑했기 때문에 어린아이였을 때부터 다른 자매들과 함께 할머니의 처소에서 성장하였다. 그것은 영국부(榮國府)에 처음 온 여섯 살짜리 어린 임대옥이 생각하기에도 이해할 수 없는 이상한 것이었다(제3회). 총명하고 아름다운 여자 자매들 사이에서 성장하면서 그는 무의식중에 그녀들에 대한 상대적인 열등감이 싹트게 되었고, 그 열등감은 그녀들에 대한 동경으로 이어졌던 것으로 보인다.[83]

Chamber Dream, Leiden and New York: E. J. Brill, 1994 등. 논점은 약간의 차이가 있지만 이들은 賈寶玉의 여성적 취향, 여성에 대한 동일시 등을 자기 정체성의 문제와 관련지어 논의하고 있다는 점에서 공통적이다. 賈寶玉의 자기 정체성의 문제와 관련해서는 이 밖에 다음의 논문에서 논의하고 있는 내용을 참고하는 것도 도움이 될 것이다. 杜景華, 「痛苦的自我尋找-賈寶玉的人生探索歷程」, 『紅樓夢學刊』 1997年 增刊(總第75輯), 1997; 余珍珠, 「懺悔與超脫: 紅樓夢中的自我書寫」, 『紅樓夢學刊』 1997年 增刊(總第75輯), 1997; 李劍鋒, 「儒家和道家在自我設計中的分野與合流-兼論賈寶玉的自我追求與幻滅」, 『濟南大學學報』 4(4), 1994 등.

83 賈寶玉이 대략 여덟 살 전후의 나이일 것이라고 추정되는 제5회에서 그는 太虛幻境을 방문하는 꿈을 꾸는데, 그 장면은 이렇게 묘사되어 있다. "선녀들은 보옥을 보자 모두 경환선녀를 탓하며 말했다. '어떤 귀한 손님인가 하고 급하게 영접하러 나왔더니만! 언니가 전에 오늘 이맘때 틀림없이 강주 동생의 생령이 놀러 올 거라고 하셔서 일부러 오랫동안 기다렸는데, 어째서 되려 이런 지저분한 것을 데려와 맑고 깨끗한 여자들 세계를 더럽히시는 건가요?' 보옥은 그 말에 깜짝 놀라 돌아가려 했지만 그러지도 못하고 있었다. 그는 정말로

대체로 전통 중국 사회에서 남자아이가 여덟 살 정도가 되면 학교에 보내어 학문을 본격적으로 시작하는 것이 일반적이었다. 학교 교육은 한편으로는 과거 시험에 대한 준비를 의미하는 것이면서, 다른 한편으로는 유가적 규범과 가치를 자기화하는 것을 뜻하였다. 물론 이 같은 사회화 과정에는 사회가 요구하는 남성과 여성으로서의 자기 정체성에 대한 교육도 포함되어 있었다. 하지만 보옥은 어려서 집에서 누이와 가정교사로부터 글자를 익히고 아홉 살 전후에 잠시 가숙(家塾)에 다닌 것을 제외하고 거의 학교에 다니지 않았다. 교육을 통해 당시 중국 사회가 남성에게 요구하는 적절한 가치와 규범을 학습할 충분한 시간을 가지지 못하면서 가보옥의 '비뚤어진' 인식은 더욱 심화되었던 것으로 보인다.[84]

어린아이에서 어느 정도 자기 생각과 가치가 확고해지는 청소년기에 이르러서도 보옥의 생각과 관점은 크게 변하지 않으며, 오히려 자기 생각

자기 모습이 견딜 수 없이 불결하게 느껴졌다.(一見了寶玉, 都怨謗警幻道: '我們不知系何貴客, 忙的接了出來! 姐姐曾說今日今時必有絳珠妹子的生魂前來游玩, 故我等久待. 何故反引這濁物來污染這清淨女兒之境?' 寶玉聽如此說, 便嚇得欲退不能退, 果覺自形污穢不堪.)"(제5회)(曹雪芹·高鶚, 앞의 책, 89쪽) 寶玉의 꿈의 내용은 무의식중에 자리잡고 있던 남자로서 그의 자기 존재에 대한 불결한 인식, 순결하고 깨끗한 여성에 대한 상대적인 열등감을 보여 주고 있다.

84 그는 더욱더 여자들하고만 어울리려 하고 심지어 그녀들을 숭배하는 경향까지 나타낸다. "반드시 여자애 둘이 나와 함께 공부해야 글자를 알 수 있고 뜻도 분명하게 이해가 돼. 그렇지 않고 나 혼자면 머릿속이 멍청해진다구.(必得兩個女兒伴着我讀書, 我方能認得字, 心裏也明白, 不然我自己心裏糊塗.)"(제2회, 賈寶玉의 또 다른 자아인 甄寶玉이 한 말)(위의 책, 32쪽) 그는 또 이렇게 말한다. "매우 아플 때 누이, 여동생이란 말을 외치기만 하면 어쩌면 덜 아플지도 모른다고 생각했어. 그래서 한번 해 보니 정말로 아프지 않아 마침내 비법을 터득하게 되었지. 그래서 매우 아플 때마다 연달아 누이, 여동생을 외치게 되었어.(急疼之時, 只叫姐姐妹妹字樣, 或可解疼也未可知, 因叫了一聲, 便果覺不疼了, 遂得了秘法. 每疼痛之極, 便連叫姐妹起來了.)"(제2회)(위의 책, 33쪽) 이를 통해 우리는 그가 이미 자기최면을 걸어 스스로를 세뇌하고 있는 듯한 인상을 받는다.

에 대한 합리화는 더욱 논리적인 근거를 갖추게 된다.[85] 그는 성장하면서 아버지의 감시와 시선, 자신이 혐오하는 남자들의 세계에서 벗어나 여자들의 세계로 도피하려 한다. '대관원(大觀園)'은 바로 순수하고 깨끗한 여자들만의 독립된 공간으로 보옥에게 있어서 가장 이상적인 도피처였다. 그는 아이에서 어른으로 성장하는 가장 중요한 과도기의 대부분을 이 대관원에서 여자들과 보내는데, 그곳에서의 생활은 그를 더욱 고립시켰고 독특한 그의 가치관이 더욱 확고해지는 계기가 되었다고 할 수 있다.[86]

가보옥에게 여성의 결혼은 순수성의 상실, 곧 타락을 의미하였다. 여성은 결혼 제도를 통해 본격적으로 남성 사회로 편입되는데, 그렇기 때문에 결혼은 여자에게 피할 수 없는 재앙이자 타락이며 파멸이었던 것이다.[87] 그가 생각하는 타락이란 말 속에는 권력, 이익, 명예, 무정한 태도 등

85 賈寶玉이 대략 열세 살 정도였을 때 그는 이렇게 말한다. "그가 생각하기에 원래 하늘이 사람을 만물의 영장으로 태어나게 했을 때 모든 산과 강, 해와 달의 정수는 오직 여자한테 집중되어, 수염 달린 남자는 그저 찌꺼기나 부스러기일 뿐이다. 그는 이런 바보 같은 생각을 품고 있었기 때문에 모든 남자는 멍청하고 더러운 것들로, 있어도 그만 없어도 그만이라고 생각하였다.(他便料定, 原來天生人爲萬物之靈, 凡山川日月之精秀, 只鍾于女兒, 鬚眉男子不過是些渣滓濁沫而已. 因有這個呆念在心, 把一切男子都看成混沌濁物, 可有可無.)"(제20회)(위의 책, 319쪽) 또한 그는 이 시기를 전후하여 자기 자신과 남자들을 지칭할 때 습관적으로 '수염 달린 더러운 것들(鬚眉濁物)'이란 말을 사용하며(제19, 20, 36, 58회 등), 여자를 지칭할 때는 '맑고 깨끗하다(清淨潔白)'라는 수식어를 붙인다.

86 "그는 본래 사대부 등의 남자들과 만나서 얘기하는 것을 싫어했으며 사대부 관복을 입고 경조사에 왕래하는 일을 가장 싫어했다.(那寶玉本就懶與士大夫諸男人接談, 又最厭峨冠禮服賀吊往還等事.)"(제36회)(위의 책, 545쪽) 賈寶玉이 남자들과의 교제를 단절하고 여자들과 지내는 것을 우려하여 제32회에서 史湘雲이 충고를 하고, 제36회에서는 薛寶釵가 충고하지만 그는 그들의 말에 냉소적인 반응을 보인다.

87 때문에 그는 제58회에서 邢岫煙의 결혼 소식을 들었을 때에도, 제79회에서 迎春의 결혼 소식을 들었을 때에도 세상에서 깨끗하고 순결한 여자가 줄어드는 슬픔에 탄식한다. 그는 "모든 결혼하지 않은 여자 아이들은 다 좋고, 결혼한

남성 혹은 남성 사회를 규정짓는 여러 특징들이 포괄되어 있는 듯이 보인다.[88] 이처럼 가보옥은 남성을 더럽고 추한 존재로 규정하고 기존 사회로 대변되는 남성이 이루어 놓은 사회 전반에 대해 강한 혐오감을 드러내고 있다.

그는 끊임없이 여성과의 동일시를 통해서 남성으로서의 자기 존재를 부인하려 한다. 그는 여자들과 함께 느끼고 생각하고 말하고 행동하기를 바란다. 그는 어려서부터 빨간색 계통의 옷을 즐겨 입고 빨간 옷을 입은 여자아이에게 민감한 반응을 나타내며,[89] 자주 연지를 가지고 장난치는 것 때문에 핀잔을 듣기도 한다.[90]

여자들은 모두 다 나쁘다.(凡女兒個個是好的了, 女人個個是壞的了.)"(제77회)(위의 책, 1213쪽)라는 극단적인 논리까지 편다. 이 말은 원래 대관원을 지키는 노파의 조소가 섞인 반어적인 표현이지만, 寶玉은 그녀의 말에 오히려 전적으로 동의한다.

88 제59회에서 寶玉은 여자들이 나이가 들수록 욕심이 많아지고 돈을 밝힌다고 말하며, 제77회에서는 "어째서 여자들은 남자한테 시집만 가면 남자 냄새에 오염되고 뻔뻔스러워져 남자보다도 더 지독해지는 걸까?(怎麽這些人只一嫁了漢子, 染了男人的氣味, 就這樣混賬起來, 比男人更可殺了?)"(曹雪芹·高鶚, 앞의 책, 1213쪽)라며 나이든 여자의 무정한 태도를 지적한다. Louise P. Edwards나 Martin W. Huang은 이 작품에서 의미하는 결혼과 타락, 권력, 남성성과 여성성 등의 문제에 관하여 논의하고 있는데, 구체적인 논의는 다음 문헌을 참조하기 바란다. Louise P. Edwards, *op.cit.*, pp. 58-67; Martin W. Huang, *op.cit.*, pp. 91-96.

89 빨간색 계통의 옷을 입은 寶玉의 모습은 제3, 8, 19, 50, 52회 등에서 찾아볼 수 있으며, 제19회에서는 빨간색 옷을 입은 여자에게 특별히 민감한 반응을 보이는 그의 모습을 발견할 수 있다. 이와 관련하여 張世君은 『紅樓夢』에 등장하는 보편적인 복장이 붉은색 계통이라고 말한다. 그는 홍학 연구에서 '紅'은 대체로 '紅顔'의 뜻으로 해석되어 왔음을 지적하며, 붉은색 복장이 紅顔의 직접적인 암시로 사용되고 있다고 주장한다.(張世君, 『紅樓夢的空間敍事』, 中國社會科學出版社, 1999, 246쪽)

90 제19, 21, 24회에 그런 장면이 나오는데, 일례를 들면 제19회에서 시녀 襲人은 寶玉에게 이렇게 말한다. "이제 다시는 스님이나 도사를 비방하지 말고 연지나

또한 보옥이 사는 이홍원(怡紅院)은 그곳을 찾은 사람들에게 아가씨 방인 듯한 착각을 준다. 예를 들어 보옥의 시녀인 청문을 진찰하러 찾아온 의원이나 시골에서 올라온 유(劉) 노파는 보옥의 방을 아가씨 방으로 착각한다.[91] 이는 유 노파가 대옥의 거처인 소상관(瀟湘館)을 구경한 후 마치 서재에 들어온 듯한 인상을 받고 어떤 도련님의 방인지를 묻는 장면과 선명한 대조를 이룬다.[92] 자신의 방을 여자 방처럼 꾸며 놓은 것은 그의 취향을 반영한 것임과 동시에 그가 지향하는 정체성을 암시한다고 볼 수 있다.

보옥은 외양적으로도 여자같이 생긴 아이로 묘사되며(제3회), 종종 여자로 오인되기도 한다.[93] 보옥의 거처인 이홍원은 '이홍쾌록(怡紅快綠)'에서 나온 말로, 그는 자신의 존재 목적이 여자를 기쁘게 하고 즐겁게 하는 데 있음을 천명하고 있다.[94] '강동화주(絳洞花主)'라는 보옥의 어릴 적 별명에서도 우리는 꽃들의 주인으로 꽃과 자신을 동일시하려는 의도를

분을 가지고 놀지 마세요. 또 한 가지 더욱 중요한 것은 이제 다시 남의 입에 바른 연지를 먹어서는 안 된다는 거예요. 붉은색을 좋아하는 버릇도 고쳐야 해요.(再不可毁僧謗道, 調脂弄粉. 還有更要緊的一件, 再不許吃人嘴上擦的胭脂了, 與那愛紅的毛病兒.)"(제19회)(曹雪芹·高鶚, 앞의 책, 306쪽)

91 제41회와 제51회에 그런 장면이 나오는데, 일례로 제41회에서는 유 노파의 눈에 비친 여자 방처럼 화려하게 꾸며진 怡紅院을 이렇게 묘사하고 있다. "사방 벽은 영롱하고 투명한데 거문고, 보검, 장식용 꽃병과 향로가 벽에 걸려 있고 비단으로 덮여 있는데 금빛 진주 광채가 났으며, 바닥에 깔아 놓은 벽돌은 푸른 빛깔에 꽃무늬가 새겨져 있어서 눈이 부셨다.(只見四面墻壁, 玲瓏剔透, 琴劍瓶爐皆貼在牆上, 錦籠紗罩, 金彩珠光, 連地下踩的磚, 皆是碧綠鑿花, 竟越發把眼花了.)"(위의 책, 639쪽)

92 제40회에서 유 노파의 눈에 비친 瀟湘館은 책상 위에는 붓, 벼루 같은 문방구가 가득하고 책장에는 책들이 빼곡히 꽂혀 있는 모습으로 그려지고 있다.

93 제31회에서 寶玉의 복장을 한 史湘雲을 할머니 사태군은 寶玉으로 착각하며, 제50회에서 다시 눈으로 뒤덮인 대관원에 '선홍색 모피'를 입고 나타난 寶玉을 여자로 착각한다.

읽을 수 있다. 보옥을 가장 잘 이해하고 있던 그의 하인 명연(茗煙)은 그가 내세에는 여자로 태어나기를 기원하는데(제43회), 보옥은 그의 기원 내용을 듣고 긍정도 부정도 하지 않는다. 누구보다도 특별한 사랑을 가지고 15년 동안 보옥을 가까이서 지켜봐 왔던 그의 할머니는 "틀림없이 원래 여자였는데 남자로 잘못 태어난 것은 아닌가?"[95]라고 말한다.

가보옥은 이렇게 남성으로서의 자기 정체성을 부정하고 남성 사회에 거리를 두며 여성과의 동일시를 통해 자신의 존재 의미를 찾고자 하지만, 결국 그것은 제한된 공간에서 일시적으로 가능할 뿐이었다. 자신의 본질을 직시하기보다 회피하려는 경향의 이런 타자에 대한 동일시는 결국 환상일 뿐이다. 남자이기를 거부하고 여성과의 동일시를 추구했던 가보옥의 행로는 대관원이라는 이상적 공간에서 현실세계로 나오면서 종지부를 찍게 된다.

그렇지만 아이에서 어른으로 성장하는 과도기에 당시 사회가 남성에게 요구하는 적절한 규범과 가치를 자기화하는 데 실패한 보옥은 현실사회에 적응할 수 없었다. 따라서 그가 결국 출가를 선택하는 것은 깨달음에 의한 것이라기보다는 어쩔 수 없는 상황에서 이루어진 도피적 성격이 강하며, 다른 한편으로 중국 문학 작품에서 종종 발견할 수 있는 관습적인 결말의 성격이 강하다.

남녀의 구분은 가부장제를 바탕으로 한 전통 중국 사회의 근간을 이루는 이념적 근간이라고 할 수 있다. 가보옥이 사회가 요구하는 남성으로서의 자기 정체성에 강한 혐오감을 드러내며 반발하고 적응하지 못하는 모습은 유가적인 사회의 본질적인 가치에 대한 회의와 도전의 성격을

94 '紅'은 해당화, '綠'은 파초를 가리키는 것으로 여자를 상징하는 것으로 볼 수 있다. 寶玉은 제17회에서 처음에는 怡紅院을 '紅香綠玉'이라고 명명했는데, 이후 元春 貴妃에 의해 '怡紅快綠'이란 이름으로 수정되었다.

95 想必原是個丫頭錯投了胎不成.(제78회)(曹雪芹·高鶚, 앞의 책, 1230쪽)

가지는 것으로 해석할 수도 있다. 그렇지만 필자는 이런 방향으로 논의를 확장하는 데 있어서 신중할 필요가 있다고 생각한다. 왜냐하면 이 작품에서 가보옥의 형상은 결코 확고한 논리와 사상을 가지고 있는 투철한 혁명적 사상가가 아니라, 별다른 대안 없이 기성 사회에 반발하고 정립되지 않은 모호한 가치 사이에서 방황하는 인물로 그려져 있기 때문이다.

(2) 부모와의 갈등

표면적으로 볼 때 가보옥은 아버지 가정(賈政)과는 극심한 대립으로 갈등을 겪지만, 어머니 왕부인(王夫人)과는 그다지 큰 마찰 없이 좋은 관계를 유지하고 있는 듯이 보인다. 그렇지만 두드러지게 부각되지 않을 뿐 가보옥은 어머니 왕부인과의 보이지 않는 대립과 갈등으로 심한 정신적 고통을 겪고 있었음을 발견할 수 있다. 필자는 가보옥이 부모와 겪는 갈등이 일면 세대 간의 갈등을 보여 주지만, 더욱 중요하게는 가보옥과 부모와의 대립을 통해 가보옥이 내면적으로 겪는 갈등이 더 부각되고 있다고 생각한다. 여기에서는 가보옥이 부모와의 관계에서 겪는 마찰과 갈등에 초점을 맞추어 그의 내면에 자리잡고 있던 문제의식을 드러내 보이고자 한다.

아버지 가정의 둘째 아들 보옥에 대한 불신은 이미 제2회에 소개되어 있는 돌잡이를 할 때 보옥이 집어든 물건으로 인하여 아버지가 크게 화를 내는 장면에서 엿볼 수 있다. 갓난아이의 무의식적인 행동으로 받아들일 수도 있었겠지만, 제9회 두 부자(父子)가 다시 대면하는 장면을 통해 볼 때 아버지 가정은 그때 받은 인상을 여전히 간직하고 있는 듯이 보인다.[96] 보옥이 학교에 다녀오겠다고 인사하자 가정은 비웃음을 지으며

96 이는 제5회에서도 발견된다. 여기에서 寶玉은 꿈에 태허환경을 방문했을 때 경환선녀에게 "제가 공부를 게을리해서 부모님께 매번 꾸중을 듣기는 하지만 어떻게 감히 음란한 짓을 하겠어요.(我因懶於讀書, 家父母尙每垂訓飭, 豈敢再冒淫字.)"(위의 책, 93쪽)라고 반문한다. 寶玉이 아직 家塾에 다니기 직전의 어린

이렇게 말한다. "네 녀석이 또 한 번 학교 간다는 말을 입에 올린다면 나까지 창피해 죽을 것이다. 내 생각에 네놈은 놀러 간다고 해야지 맞다. 그렇게 내가 있는 곳을 더럽히고 서 있지 말고, 내 문을 더럽히며 기대 서 있지 마라!"[97]

전통 시기의 중국 사회에서 자식에게 엄격하게 대하는 아버지의 모습이 이상적인 부친상이었다는 점을 감안하더라도 보옥에 대한 가정의 태도에는 경멸과 무시가 배어 있다. 아버지께 인정받지 못하고 아버지의 기대에 미치지 못하는 쓸모없는 자식이라는 인식은 아직 여덟 살 정도밖에 안 된 어린 보옥의 뇌리 속에 각인되어 있었던 듯이 보인다. 아버지 가정은 보옥에게 이면으로는 애정을 가지고 있는 듯이 보이지만, 표면적으로 지나치게 엄격하며 냉소와 무시하는 듯한 태도로 일관한다.[98] 때문에 아버지 앞에서 보옥은 언제나 주눅 들고 초라해진다. 보옥은 어머니와는 친밀한 관계를 유지하며 사적인 대화를 주고받지만, 아버지와는 언제나 경직된 상태에서 공식적인 성격의 만남만을 가진다. 보옥은 아버지가 부르신다는 소리를 들을 때마다 경기를 일으킬 정도로 놀라는 반응을 반

아이였을 때의 상황을 묘사하고 있는 이 대목에서 우리는 寶玉의 평소의 부모, 특히 아버지로 인한 스트레스를 읽을 수 있다. 이는 "여긴 정말 좋은 곳이구나! 이곳에서 평생을 보낼 수 있다면 집을 잃는다 해도 괜찮겠다. 매일 부모님과 선생님께 매 맞는 것보다는 훨씬 낫겠다.(這個去處有趣, 我就在這裏過一生, 縱然失了家也願意, 强如天天被父母師傅打呢.)"(위의 책, 83쪽)라고 말하는 부분에서도 확인된다.

97 賈政冷笑道: "你如果再提上學兩個字, 連我也羞死了. 依我的話, 你竟頑你的去是正理. 仔細站臟了我這地, 靠臟了我的門!"(제9회)(위의 책, 154쪽)

98 가부장적인 중국 사회에서 이와 같은 賈政의 모습이 어쩌면 전형적인 '아버지상'일는지 모른다. 가정 또한 가문의 후계자로서 그에 대한 기대와 애정을 어느 정도 가지고 있는 것으로 보이지만, 특히 전반부에서 그의 寶玉에 대한 태도는 지나치게 냉소적이고 무시하는 듯한 태도로 일관되어 있다. 작품 후반에 이르러서는 그의 그런 태도가 어느 정도 완화되는 경향을 발견할 수 있다.

복적으로 나타낸다.[99] 보옥은 그런 아버지와 마주치지 않으려고 안채와 대관원에서 머물기를 좋아한다. 보옥은 아버지의 기대를 만족시킬 수 없는, 아버지 앞에서는 언제나 초라한 존재일 뿐이었다.

이러한 보옥의 자기 인식은 성장하는 과정 속에서 보옥의 인격 형성과 자기 정체성에 영향을 주었던 것으로 보인다. 보옥의 동성 친구인 진종(秦鍾)과의 첫 만남에서 그는 "이제 보니 나는 진흙탕 속의 돼지요 비루먹은 개였구나."[100]라고 자신에 대한 환멸감을 드러낸다. 또한 그는 남들이 자신에게 '멍청한(呆)', '어리석은(傻)', '미친(瘋)'이라는 수식어를 사용하는 것을 큰 반발심 없이 받아들인다.

보옥과 가정(賈政)의 갈등과 마찰은 둘 사이의 가치관의 차이에서 비롯된 것이었다. 어려서부터 가정의 꿈은 과거를 통해 관료가 되는 것이었다. 당시 우수한 귀족의 자제라면 조상의 음덕(蔭德)으로 관계(官界)에 나아가는 것보다 과거라는 국가의 공식적인 시험을 통해 관료가 되는 것이 더 떳떳한 것이었다. 과거를 통해 관료가 되는 것은 의심할 여지 없이 당시 모든 지식인들의 가장 이상적인 자아 성취이자 가문의 영광이었고 사회적 이상의 성취였다. 하지만 그는 자신의 꿈을 이루지 못한 채 황제의 특별한 은총을 입어 결국은 음덕으로 관직에 들어서게 된다.

때문에 가정의 뇌리 속에는 항상 자신이 이루지 못한 꿈을 자식들이 대신 이루어 주기를 바라는 마음이 있었던 것으로 보인다. 만약에 보옥이 그런 아버지의 가치와 이상을 당연한 것으로 받아들였다면 아무런

99 전반부에서 특히 그런 모습이 두드러진다. 예를 들어 제23회에서 寶玉은 아버지가 부른다는 말에 경기를 일으킬 정도로 놀라며, 제25회에서 아버지의 그림자만 보여도 깜짝 놀라는 모습을 보인다. 제26회에서 薛蟠은 아버지를 누구보다 무서워하는 寶玉을 골려주기 위해 아버지가 부른다는 거짓말을 한다. 제56회에서 寶玉은 꿈을 꾸다 아버지가 부른다는 말에 깜짝 놀라 잠을 깨며, 제73회에 다시 아버지의 부름에 놀라는 寶玉의 모습이 묘사되어 있다.

100 如今看來, 我竟成了泥豬癩狗了.(제7회)(曹雪芹·高鶚, 앞의 책, 130쪽)

갈등도 불행도 없었을 것이다. 그렇지만 보옥은 결코 그것을 자기화할 수 없었다. 그는 과거를 통해 관료가 되고 부귀와 명예를 추구하는 삶을 무엇보다 혐오하였다. 그것은 보옥이 보기에 속되고 천박한 타락한 가치요 이상이었다. 둘 사이의 갈등은 제33회에서 가정이 보옥을 죽기 직전에 이를 정도로 심하게 매질하는 장면에서 극대화된다. 가정은 여기에서 물리적인 모든 수단을 동원하여 그의 가치와 사고의 전환을 강요하지만, 결국 보옥의 내면적인 굴복을 받아내지는 못한다. 오히려 이 사건을 계기로 보옥은 아버지의 관리와 통제에서 더욱 멀어져 대관원에서의 생활을 할머니 사태군으로부터 보장받게 된다.

더욱이 가정은 제37회부터 제73회까지 보옥이 열세 살 무렵부터 열다섯 살까지 지방 학정(學政)으로 발령받아 집을 비우게 된다.[101] 지방 학생들의 공부와 시험을 감독하는 학정으로 부임하여 가는 가정이 정작 자기 자식에 대한 감독과 교육은 소홀하게 되어 보옥에게 결정적인 영향을 초래하고 있다는 것은 하나의 아이러니라고 할 수 있다. 아버지가 집을 떠나 있는 동안 보옥은 대관원에서 아무런 통제와 구속 없이 자유로운 시간을 보내게 되는데, 그 시간은 그의 인생에서 돌이킬 수 없는 시간이었다. 이후에도 가정은 언제나 보옥의 글공부를 염려하지만 소설 속에서 그는 보옥의 글공부를 단 한 차례 점검할 뿐이다. 간혹 시간이 있을 때에도 그는 다른 식객(食客)이나 관리들과 교제를 하며 시간을 보낸다. 바쁜 공무는 그가 보옥을 통제하고 단속할 충분한 시간을 확보하지 못하게 만드는 중요한 이유 중 하나였다.[102] 또한 가정의 지나친 엄격함도 보옥의 교

101 이후 賈政은 제97회부터 제102회에 이르는 기간 동안 또다시 지방 근무로 집을 비우게 되는데, 그 당시 寶玉의 나이는 열일곱 살 정도였다.

102 "이로부터 겨울까지 가정은 매일 공무가 있어 항상 관아에 머물렀다. 보옥의 공부도 점차 소홀해졌는데 다만 가정이 알아챌까 봐 가숙에 가서 공부는 계속하였다.(從此直到冬間, 賈政天天有事, 常在衙門裏. 寶玉的工課也漸漸鬆了, 只

육에 긍정적인 작용을 했다고 보기 어렵다.[103]

작품 후반부에서 보옥과 가정의 갈등은 언제든 다시 폭발할 가능성이 있는 것으로 묘사되어 있지만, 제33회에서 보이는 것과 같은 극단적 대립은 더 이상 발생하지 않는다. 작품의 마지막 부분에서 가보옥이 향시(鄕試)에 합격하는 것은 당시 사회적 통념을 고려한 타협의 산물로 볼 수 있다. 이를 통해 가보옥은 작품 내내 지속되던 아버지와의 갈등을 어느 정도 해소하고, '효'를 수행함으로써 출가의 명분을 얻었다고 할 수 있다.

아버지 가정과 가보옥의 대립과 갈등은 결국 아버지로 대변되는 사회적 가치와 가보옥으로 대변되는 개인적 가치의 대립으로 파악할 수 있다. 이때 작품의 결말 부분에서 결국 보옥은 사회적 이상을 구현하기보다 자기만족과 자아실현의 길을 선택하고 있다는 점에서 제한적이고 상징적이기는 하지만, 어쨌든 집단과 개인의 대립에서 개인이 승리하는 것으로 종결되고 있다.

한편 언뜻 보면 어머니 왕부인(王夫人)과 보옥은 표면적으로 아무런 갈등이 없는 친근한 관계인 듯이 보인다. 보옥은 열서너 살이 될 때까지 왕부인에게 어리광을 피우며[104] 왕부인은 언제나 보옥의 편을 들어 준다. 보옥은 어머니에 대한 원망이나 불만을 한 번도 직접적으로 드러내어 표

是怕賈政覺察出來, 不敢不常在學房里去念書.)"(제89회)(曹雪芹·高鶚, 앞의 책, 1397쪽)

103 寶玉의 누이인 원춘은 이렇게 말한다. "엄격하게 하지 않으면 인재로 키울 수 없고 지나치게 엄격하면 뜻밖의 변고가 생겨 부모님께 걱정을 끼칠 수 있다.(不嚴不能成器, 過嚴恐生不虞, 且致父母之憂.)"(제18회)(위의 책, 271쪽)

104 제23회에서 寶玉은 王熙鳳과 할머니에게 어리광을 부리며, 제24회에서 寶玉은 원앙에게 달라붙어 어리광을 피운다. 제25회와 제28회에는 寶玉이 왕부인에게 어리광을 부리는 장면이 나오는데, 이때 寶玉의 나이는 대략 열세 살 정도이다. 이보다 약간 더 어린 아홉 살 정도의 寶玉은 寶釵의 어머니이자 이모인 薛부인에게 어리광을 피우고(제8회), 열두 살 정도에는 熙鳳에게 어리광을 피우는 장면이 나온다(제14회).

현한 적이 없으며, 왕부인 또한 보옥을 한 번도 대놓고 책망한 적이 없었다. 왕부인은 보옥을 직접적으로 꾸짖는 대신 언제나 그 주변의 하인이나 시녀들을 책망하곤 했다. 하지만 모자 간의 갈등은 직접적으로 표출되지 않았을 뿐 보이지 않게 내재하고 있었다. 그것은 표면적으로 불거진 아버지의 갈등과는 다른 차원에서 보옥에게 심적인 고통을 야기했던 것으로 보인다.

보옥이 어머니와 겪는 갈등은 주로 여자에 대한 인식의 차이에서 발생하였다. 왕부인은 보옥이 과거를 통해 관료가 되는 것에는 큰 관심이 없었다. 아무 탈 없이 보옥이 가문의 상속자로 남아 있어 준다면, 그것으로 어느 정도 그녀의 기대와 목적은 달성된 셈이었다. 때문에 그녀는 가문의 영광과 사회적 성취를 위해 보옥을 혹독히 다루려는 남편과 갈등을 빚는다.[105] 보옥이 성장하는 과정에 그녀가 염려하는 것은 주변의 여자들이 보옥을 성적으로 타락시키지는 않을까 하는 것이었다. 사춘기 보옥을 지켜보면서 왕부인은 여자로 인한 성적 타락이 가장 걱정스러웠다.[106] 제30회에서 왕부인은 보옥과 장난치던 자기 방 시녀 금천아(金釧兒)를 발

105 전통 시기 아이들의 교육은 嚴父와 慈母의 조화로운 균형 속에서 효과적으로 이루어졌다고 볼 수 있다. 그렇지만 賈氏 집안에서 이러한 균형은 깨어져 寶玉을 엄격하게 교육시키려는 아버지 賈政과 그에게 지나치게 너그러운 賈母·王夫人은 자주 대립하고 충돌하며, 결국 어머니 쪽의 완승으로 끝나고 만다.(이런 관점에서의 상세한 논의는 Louise P. Edwards, *op.cit.*, pp. 113-129 참고)

106 제77회에 이렇게 묘사되어 있다. "오늘 특별히 직접 와서 검열하는 것은 첫째는 청문 때문이기도 했지만, 둘째는 어떤 사람이 보옥을 지칭하여 하는 말이 있어서였다. 즉 보옥도 성장해서 이미 남녀 간의 성적 비밀을 알게 되었는데 보옥의 방에 있는 시녀들이 못되게도 이를 잘못 가르쳤다는 것이었다. 이 일은 청문이 한 사람의 일보다도 더욱 심각한 일이었다. 왕부인은 습인으로부터 잡일을 하는 가장 어린 시녀들에 이르기까지 한 사람 한 사람 모두 훑어보았다.(今日特來親自閱人. 一則爲晴雯猶可, 二則因竟有人指寶玉爲由, 說他大了, 已解人事, 都由屋裏的丫頭們不長進教習壞了. 因這事更比晴雯一人較甚, 乃從襲人起以至於極小作粗活的小丫頭們, 個個親自看了一遍.)"(曹雪芹·高鶚, 앞의 책, 1214쪽)

견하고 갑자기 히스테리컬한 반응을 보이며 때리고 욕설을 퍼붓는다.[107] 그리고 이 일로 10년 가까이 왕부인을 모시던 시녀였던 금천아는 수치와 억울함을 못 이겨 우물에 빠져 자살하고 만다. 표면적으로 보옥은 어머니에 대한 원망을 일체 표현하지 않지만 금천아의 죽음에 죄책감을 느꼈던 것이 분명한데, 그것은 이후 그가 그녀의 제삿날을 기억하여 혼자서 그녀를 위해 향을 사르는 모습을 통해 드러난다.

제77회에서 왕부인이 단지 얼굴이 예쁘다는 이유로 사아(四兒), 청문(晴雯), 방관(芳官)을 쫓아내는 장면에서 모자 간의 보이지 않는 갈등은 더욱 부각된다. 그리고 쫓겨난 청문이 결국 죽음을 맞이하는 장면에서 갈등은 극대화된다. 자식을 걱정하는 어머니의 입장에서 보면 왕부인의 행동을 이해할 수 있을지 모르지만, 보옥의 입장에서 어머니의 행동은 이해할 수 없는 것이었다. 왜냐하면 어머니가 걱정하는 것처럼 보옥은 자기 주변의 여자들을 성적인 흥분과 이성적인 감정을 가지고 대한 적이 없었기 때문이다. 결국 어머니는 보옥에게 억울한 누명을 씌운 것이었고, 어머니의 지나친 행동으로 보옥은 자신이 가장 아끼던 시녀조차 잃게 된 것이었다. 표면적으로 보옥은 어머니에게 한 번도 강한 반항의 표현을 하지 않았지만, 내면적으로 보옥은 자신의 진심을 언제나 오해하고 이해하지 못하는 어머니와 골이 깊어질 수밖에 없었을 것이다.

보옥과 어머니의 갈등은 배우자를 선택하는 문제를 통해서 가장 극명하게 드러난다. 보옥은 어려서부터 같이 자랐고 서로의 생각을 누구보다 잘 이해한다고 여겼던 임대옥과 결혼하기를 원했지만, 어머니는 사태군과 상의하여 자기 여동생의 딸인 설보차를 며느리로 선택한다. 그 결과

107 "왕부인은 벌떡 일어나더니 금천아의 빰을 때리고 손가락질하며 욕설을 퍼부었다. '천박한 화냥년! 훌륭한 도련님을 모두 네년이 망치고 있구나.'(只見王夫人翻身起來, 照金釧兒臉上就打了個嘴巴子, 指着罵道, '下作小娼婦, 好好的爺們, 都叫你教壞了.')"(제30회)(위의 책, 476쪽)

로 보옥은 세상에서 가장 사랑하는 여자였던 임대옥을 잃게 된다.

보옥과 아버지의 갈등이 이성적 판단, 즉 가치관의 문제와 관련이 있다면 어머니와의 갈등은 '정(情)', 즉 감정의 문제와 결부된 것이었다. 보옥이 특별히 섬세하고 상처받기 쉬운 감수성을 가진 인물이란 점을 상기할 때, 어머니와의 보이지 않는 갈등이 보옥에게 더욱 심한 고통과 상처를 주었을 가능성이 크다.

(3) 고독과 소외

『홍루몽』은 다른 각도에서 인간 존재의 고독과 소외를 극복하려는 시도와 그 실패의 이야기로 읽을 수 있다. 석두(石頭)는 하늘을 보수하는 여와(女媧)의 임무에 쓰임 받지 못하고 버려진 존재라는 자괴감과 불만, 신화세계의 적막과 고독을 견딜 수 없어 하던 차에 한 승려와 도사의 도움으로 인간 세상에 내려오게 된다. 제1회에 묘사되어 있는 가보옥의 전 존재인 석두의 이런 특성은 바로 가보옥의 본질적인 특징인 존재의 선험적 결핍감을 표현하고 있다.

가보옥은 할머니를 비롯한 가족과 친지들의 사랑과 총애를 한 몸에 받으며 성장하지만, 그 자신은 스스로를 '외톨이'라고 느끼며 종종 고독과 소외감에 빠져든다. 그는 혼자 있는 것을 누구보다 싫어하여, 언제나 누군가와 함께 있고자 한다. 그는 주변의 사람들이 자기 곁을 떠나가는 것을 무엇보다 견디지 못해 한다. 화려하고 떠들썩한 상황 속에서 그는 오히려 종종 내면적인 고독과 슬픔을 느낀다.[108] 홀로 남겨지는 것, 외톨이

108 寶玉은 한번은 대옥에게 울먹이며 이렇게 말한다. "나 또한 친형제 자매 하나 없다구. 둘이 있다고는 하지만 나하고는 어머니가 다르다는 걸 동생도 알잖아? 나도 동생과 마찬가지로 외톨이니까 동생도 내 마음과 같을 거라고만 생각했다구.(我又沒個親兄弟親姊妹. 雖然有兩個, 你難道不知道是和我隔母的? 我也和你似的獨出, 只怕同我的心一樣.)"(제28회)(위의 책, 434쪽)

가 되는 것을 무엇보다 싫어하고 두려워하는 보옥의 심리를 습인은 누구보다 잘 알고 있었다. 그녀는 어느 날 머지않아 시녀 노릇을 그만두고 집으로 돌아갈 것이라는 농담을 하여 보옥의 마음을 떠본다. 예상대로 보옥은 크게 상심하며 "모두들 떠나버릴 것이라는 걸 진작에 알았다면 나도 태어나지 말았어야 했는데. 나 혼자 외톨이로 남겨지게 되었구나."[109] 라고 말한다. 보옥에게 그의 곁을 떠나겠다고 협박하면서 그의 마음을 떠보는 장면은 대옥의 시녀에 의해 다시 한 번 반복된다. 대옥이 내년에 소주(蘇州)로 돌아갈 것이라는 자견(紫鵑)의 농담에 보옥은 거의 실성할 정도로 놀란다(제57회). 그는 자기 곁을 떠나간 금천아와 청문 등을 여전히 잊지 못하고 향을 피우고 지전을 사르며 기억 속에서 그녀들을 되살려낸다. 청문이 죽은 후 보옥은 그녀가 화신(花神)이 되었다고 믿고 싶어하며, 결혼했다가 집을 방문한 영춘(迎春)을 붙잡아 두려 한다. 이처럼 그는 다른 사람과 친밀한 관계를 유지하며 함께 있기를 소망한다. 그리고 이는 대옥이 책을 읽고 시를 짓고 거문고를 연주하는 것으로 대부분의 시간을 홀로 지내며 고독을 즐기는 것과 좋은 대조를 이룬다.

보옥은 자신의 모습을 직시하고 싶어하지 않으며, 타자와의 일체감 속에서 자신의 존재감을 발견한다. 그는 타자를 통해서 자신의 정체성을 확인하고자 하는데, 예를 들어 보옥은 자기 주위의 많은 여자들이 흘리는 눈물 속에서 자신의 존재 의미를 발견한다.[110] 이러한 타자를 통한 자

109 早知道都是要去的, 我就不該弄了來, 臨了剩我一個孤鬼兒.(제19회)(위의 책, 304쪽)

110 그는 모든 여자들이 자신을 위해서 눈물을 흘려주기를 바라고, 주변의 여자들이 언제까지나 자신을 위해 자기 곁에 남아 있기를 바란다. 예를 들면 제36회에는 寶玉이 이렇게 말하는 장면이 나온다. "만약에 내가 지금 죽어야 할 운명이라서 너희가 여기 있을 때 죽는다면, 너희가 나를 위해 눈물을 흘려 그것이 큰 강물을 이루어 내 시신을 까마귀와 참새도 오지 않는 깊고 외진 곳까지 떠내려가게 하여 풍화되어 다시는 사람으로 태어날 수 없게 되겠지. 그렇게 되면 바로 내가 제때에 죽은 것이라고 할 수 있을 거야.(比如我此時若果有造化,

기 규정, 타자에 대한 의존성은 아직 독립적인 성인으로 성장하지 못한 과도기적 성격의 유소년기를 보내고 있는 가보옥의 불안한 자기 정체성에서 비롯된 것으로 볼 수 있다.

그렇지만 다른 한편 그가 자신을 혐오하고 타자가 되고 싶어하는 것은 아버지와의 관계 속에서 배태되었을 가능성이 있다. 작가는 가보옥이 아버지 가정(賈政)과 대면하는 장면에서 자식을 바라보는 아버지의 '냉소'를 반복하여 서술한다(제9, 17, 33, 78회 등). 자식에 대한 아버지의 실망과 불신은 이미 돌잡이를 할 때 가보옥이 실이나 붓이 아닌 비녀나 연지 등을 잡은 사건에서부터 시작된 뿌리 깊은 것이었다. 성장해 가는 과정에서도 가보옥은 아버지에게 언제나 쓸모없는 자식, 인정받지 못하는 아들이었다.

아버지와의 관계 속에서 성장기 가보옥은 이런 초라한 자기 정체성을 가지게 되었던 것이다. 그는 남에게 인정받는 것에 익숙하지 않고 언제나 보잘것없고 초라한 존재라고 자신을 규정한다. 그는 남에게 자신을 자랑하지도 자신의 권위를 내세우려고도 하지 않는다. 이 같은 보옥의 초라한 자아상을 전적으로 아버지의 탓으로 돌릴 수는 없겠지만, 어느 정도의 영향을 부정하기는 어려울 것이다.

그의 존재적 결핍감이 이 같은 초라한 자아상에서 기인한 것인지, 아니면 좀 더 본질적인 존재의 근원에서부터 비롯된 것인지는 정확하게 말하기 어렵다. 그렇지만 성장해 가는 과정에서 그는 자신이 아닌 타자를 통해서 자기 존재의 결핍을 해소하고 충만감을 느끼고자 하는 경향을 보인다. 여기에서 말하는 타자에는 진종(秦鍾)이나 유상련(柳湘蓮)과 같은 남자가 포함되기도 하지만, 대부분은 그의 주변에 있던 여인들이다. 이는

該死於此時的, 趁你們在, 我就死了, 再能夠你們哭我的眼淚流成大河, 把我的尸首漂起來, 送到那鴉雀不到的幽僻之處, 隨風化了, 自此再不要托生爲人, 就是我死的得時了.)"(제36회)(위의 책, 552쪽)

아마도 당시 그가 남성을 혐오하고 여성을 동경했던 심리와도 결부되는 문제라고 할 수 있을 것이다.

필자는 보옥의 성향을 드러내는 '정신적인 음란(意淫)'[111]이라는 것도 타자를 통해 존재의 결핍을 채우려는 욕망이라는 각도에서 이해할 수 있다고 생각한다. '의음(意淫)'이란 육체적인 쾌락은 배제한 상태에서 정신적·감정적으로 서로 일체감을 느끼는 데에서 오는 정신적 만족감이라고 할 수 있다. 보옥에게 있어서 주변 여인들의 아픔을 먼저 생각하고 배려하는 행동은 몸에 체화되어 있는, 의식적이라기보다는 거의 본능에 가까운 천성적인 것으로 보이며,[112] 그것은 또한 주인과 시녀라는 신분적 차이까지도 무화(無化)시킨다. 일례로 제77회에서 보옥은 왕부인에게 쫓겨난 청문의 집을 찾아간다. 청문과의 마지막 이별 장면에서 보옥은 자신이 입고 있던 옷과 청문이 입고 있던 옷을 서로 바꾸어 입으며 서로의 체온과

111 제5회에서 寶玉이 꿈속에서 太虛幻境의 警幻仙女를 만났을 때, 그녀는 당시 寶玉 자신도 미처 깨닫지 못하던 자신의 본질적인 성향을 일깨워 준다. 그녀는 寶玉을 '정신적인 음란'을 추구하는 사람이라고 규정한다. 寶玉의 '정신적 음란함'은 가씨 가문의 賈珍, 賈蓉, 賈璉 등이 끊임없이 육체적인 정욕에 목말라 하는 것과는 차이가 있음을 알 수 있다. 이들의 '淫'은 '色' 혹은 '慾'으로도 해석할 수 있는 육체적인 쾌락을 의미한다. 寶玉의 '意淫'은 여자를 끊임없이 욕망하고 있다는 점에서 역시 '淫'이라고 할 수 있다. 그러나 그가 추구하는 것은 육체적인 만족이 아니라 정신적 만족감이라고 할 수 있다. 그는 특히 자기 주변의 여자들과 친밀하고 진실된 감정을 교류할 수 있는 허물없는 단계로까지 그 관계를 발전시키기를 원한다. 이런 그의 성향은 '하는 일 없이 바쁘다'라는 뜻의 '無事忙'(제37, 42, 63회)이라는 그의 별명을 통해서도 드러난다. 그는 여자들과 관계를 유지해 나가는 과정에서 아주 사소하고 쓸데없는 일에까지 세세하게 신경을 쓰고 간섭하느라고 바쁘다. 특히 그는 "매일 기쁜 마음으로 시녀들을 위해 일을 대신해 주느라(每每甘心爲諸丫鬟充役)."(제36회)(위의 책, 545쪽)고 바쁜 나날을 보낸다.

112 제35회에는 뜨거운 국이 엎어져 寶玉이 손등을 데는 장면이 나온다. 그런데 여기에서 그는 자신의 손등이 데인 것은 생각지 않고 반사적으로 잘못을 저지른 시녀 玉釧兒의 손이 데지 않았을까를 염려한다.

느낌을 공유하려 한다. 보옥은 타자와의 거리가 좁혀져 그들과 하나가 되는 일체감 속에서 자기 존재의 충만감을 느낀다. 그는 이렇게 타자와의 일체화를 통해서만 만족과 기쁨을 누릴 수 있었기에 혼자 있기를 싫어하고 언제나 남들과 함께 있고 싶어했던 것이다. 보옥의 의음은 자기 존재의 결핍을 채우고 고독과 소외를 극복하려는 그의 욕망과 깊은 관련이 있었기에, 타자에 대한 배려의 마음을 지니고 있으면서도 자기중심적인 성격을 드러내고 있다.[113]

그렇지만 자신의 모습을 직시하기를 회피하고 동경하는 대상과의 동일시를 통해 자신의 결핍감을 채우려는 노력은 실패를 예고한 것이었다. 왜냐하면 보옥은 자신을 가장 잘 이해하고 있다고 할 수 있는 대옥과의 관계에서조차도 진정한 충만함에 이르지 못하고 있기 때문이다. 존재의 고독과 소외를 극복하려는 보옥의 모든 시도는 결국 무위로 끝나고 만다. 타자와의 관계 속에서, 존재 외적인 것으로부터 보옥은 충만감에 이를 수 없었던 것이다.

소설 속에서 아름다운 대관원에서의 생활이 고독과 소외를 극복하고 일체감과 충만감에 이르려는 노력을 보여 주고 있다면, 대관원의 폐쇄

113 그것은 먼저 寶玉이 자신의 배려가 상대방에게 받아들여지지 않았을 때 크게 실망을 느낀다는 점에서 드러난다. 예를 들어 제36회에서 寶玉은 齡官이 자신에게 호의적으로 대하지 않는 것에 크게 상심하며, 제79회에서 香菱이 자신의 친절을 거부했을 때에도 낙심하는 모습을 보인다. 이처럼 그는 모든 여자들이 자신을 사랑하고 자신에게 관심을 가져줄 것을 기대하며, 끊임없이 그 대상을 확장하고 있다는 점에서 자기중심적인 성격을 드러내고 있다. 그는 모든 여자들이 자신을 위해 눈물을 흘려주고, 주변의 여자들이 언제까지나 자신을 위해 자기 곁에 남아 있기를 바란다. 이와 관련하여 李惠儀(Wai-yee Li)는 寶玉의 사심 없는 헌신(selfless devotion)이 '자아도취(self indulgence)'적인 성격을 띠고 있다고 지적한다.(Wai-yee Li, *Enchantment and Disenchantment: Love and Illusion in Chinese Literature*, Princeton: Princeton Univ. Press, 1993, p. 207)

는 그것의 실패를 의미하는 것으로 볼 수 있다. 보옥이 추구하는 이상적인 공동체였던 대관원은 소설의 후반부에서 비극적이고 처참한 최후를 맞이한다. 그가 동일시하던 순수하고 깨끗한 여자들은 결혼 등의 사회 제도를 통해 하나 둘 대관원을 떠나 현실 사회에 편입되고 만다. 영춘(迎春)은 지독히 사나운 남편을 만나 고생하고, 탐춘(探春)은 결혼하여 다시는 집으로 돌아올 수 없을 만큼 먼 곳으로 떠나게 된다. 사상운(史湘雲)은 젊은 나이에 일찍 남편을 잃고 과부가 되고, 대관원의 순결을 상징하던 묘옥(妙玉)은 강도들에게 납치되어 비참한 최후를 맞이하게 된다. 누구보다 보옥을 사랑하고 이해해 주던 대옥과 시녀 청문은 십대 후반의 어린 나이에 요절하고 만다. 왕부인의 시녀 금천아는 굴욕을 참지 못하고 우물에 뛰어들어 자살하며, 원앙(鴛鴦)은 사태군의 뒤를 따라서 죽는다. 보옥은 순식간에 자신이 동일시하던 대상을 모두 상실하게 되고, 그들만의 이상적인 공간이었던 대관원도 황폐해져 폐쇄되기에 이른다. 타락한 현실 사회는 대관원과 같은 순수한 공간이 오래도록 사회에 남아 있는 것을 용납하지 않았던 것이다. 대관원에 거주하던 연약하고 무기력한 존재들에 비해 현실의 권력은 강력한 것이었다. 그 권력 앞에서 대관원 여성들은 나약한 객체이며 남자들의 부속품일 뿐이라는 한계를 드러낼 수밖에 없었다. 보옥은 그러한 권력이 대관원에서 행사되는 동안 그녀들의 불행을 지켜보며 절망하고 탄식하는 것 외에 달리 할 수 있는 일이 없었다.

대관원이라는 독립된 공간 속에서 타락한 세상과 일정한 거리를 유지한 채 순수함을 지키려던 보옥의 계획은 결국 수포로 돌아가고 만다. 동일시 대상과 이상적인 삶의 공간을 상실한 보옥은 현실 권력의 힘에 강요되어 사회로 이끌려 나오게 된다. 하지만 현실 사회 속에서 보옥은 자신의 존재 의미와 가치를 실현할 수 있는 길을 찾을 수 없었다. 현실 사회 속에서 보옥은 초라하고 쓸모없는 존재일 따름이었다. 그는 현실 사회에 적응하지 못한 외롭고 고독한 존재로 남아 있을 수밖에 없었던 것이다.

보옥은 인간 존재의 본질인 고독을 인정하고 받아들이지 않으면 안 되었고, 결국 그는 자기 안에서 자기 존재의 가치를 발견하고자 수도(修道)의 길을 선택한다. 소설 속에서 보옥은 "한 자식이 출가하면 칠대 조상이 승천한다."[114]라면서, 효의 성취를 출가의 명분으로 내세운다. 또한 보옥의 출가는 "공(空)에서 색(色)을 보고 […] 색으로부터 공을 깨닫는다."[115]라는 말을 통해 암시되는 것처럼 종교적으로 해석할 여지가 있다. 실제로 왕국유(王國維, 1877-1927)나 유평백(兪平伯, 1900-1990) 등 대표적인 홍학가들은 보옥의 출가를 종교적인 관점에서 해석하고 있다.[116] 즉 세상 부귀영화의 덧없음을 깨닫고 공의 세계인 불교에 귀의하는 것이 이 소설의 주제라는 것이다.

보옥의 출가가 종교적인 것과 전혀 무관하다고 말하기는 어렵겠지만, 필자가 보기에 이 작품의 결말 처리 방식은 현실도피적이면서 관습적인 성격이 강하다. 보옥이 출가를 결심한 것은 더 이상 현실 속에서 자신의 존재 의미를 발견할 수 없다는 체념에서 나온 부득이한 선택이었을 가능성이 크다. 그는 불합리한 현실 속에서 자신의 이상을 구현할 방법을 발견하지 못하여 결국 출가하여 승려가 되는 길을 선택했던 것이다. 사실 출가하여 승려가 된다는 것은 그 자체로는 상당히 과격한 저항의 몸짓이라고 할 수 있다. 왜냐하면 그것은 자기 자신을 위해서 부모와 처자식을 버리고 사회와 국가에 대한 모든 책임과 의무를 포기하는 것을 의미하는 것이기 때문이다. 그것은 더 이상 사회적 존재로서 자신의 삶을 살지 않겠다는 선언과도 같은 것이다. 물론 전통 중국 사회에서 종교적인 출구를 제도화함으로써 출가나 은거가 지니고 있는 반사회적이고 비윤리적인 성

114 一子出家, 七祖升天.(제117회)(曹雪芹·高鶚, 앞의 책, 1746쪽)

115 因空見色, […] 自色悟空.(제1회)(위의 책, 5쪽)

116 王國維, 『紅樓夢評論』, 岳麓書社, 1999; 兪平伯, 『紅樓夢辨』, 岳麓書社, 1999.

격과 파장을 어느 정도 완화하고 흡수하고 있지만 말이다.

다른 한편 인간 세상의 덧없음을 깨닫고 도교나 불교에 귀의한다는 내용의 이야기는 다양한 문학 작품을 통해서 표출되기도 했다. 사회에 적응하지 못하거나 인생에 대한 깊은 좌절과 상처를 입은 사람들이 최종적으로 출가를 선택하는 것은 중국 문학의 전통 속에서 하나의 관습적이고 상투적인 종결 방식으로 자리를 잡게 되었던 것이다.[117] 필자가 보기에 이 작품에서 보여 주고 있는 가보옥의 출가 역시 진정한 자신의 가치를 실현할 수 없는 현실적 상황에서의 도피이자 관습적 종결 방식의 성격을 띠고 있다.

필자가 가보옥의 출가를 이런 관점에서 보고자 하는 것은 그의 출가가 진정한 종교적 신앙으로의 회귀를 의미하는 것 같아 보이지 않기 때문이다. 그는 한 승려와 존재의 문제에 대해 몇 마디 대화를 나누다가 깨달음을 얻어 현실 사회에서의 삶을 미련 없이 버리고 불가 혹은 도교로의 회귀를 결심한다. 하지만 과연 다시 원래의 청경봉(靑埂峰) 아래 돌의 존재로 돌아간다는 것이 무엇을 의미하며 자기 존재의 근원을 궁극적으로 깨달았는지는 명확하게 드러나 있지 않다. 세속적인 명예와 쾌락, 욕망의 덧없음을 깨닫고 정신적 명상, 고요함의 정신세계를 추구한다는 의미 정도로밖에는 해석될 여지가 없어 보인다. 오히려 이 소설에서는 관습적이

117 이런 작품을 우리는 어렵지 않게 찾아볼 수 있는데 16세기 말의 작품으로 추정되는 『金瓶梅』나, 17세기 말에 나온 孔尙任(1648-1718)의 『桃花扇』도 마찬가지이다. 『金瓶梅』의 결말 부분은 西門慶이 죽던 해에 태어난 아들 孝哥가 열다섯 살 되던 해 '明悟'라는 이름으로 출가하여 아버지의 죄업을 씻는다는 내용으로 되어 있다. 또한 『桃花扇』에서 주인공 侯朝宗과 李香君은 세상에서 사랑이 절대적이지 않고 허무하고 편협한 개인적 만족을 추구하는 것임을 깨닫고 출가의 길을 선택하는 것으로 마무리되고 있다. 梅新林은 『紅樓夢哲學精神』의 95-154쪽에서 이와 같은 구조를 불교와 도교의 영향을 받아 형성된 '悟道 模式'이라 부르며, 그 유래와 역사를 논증하고 있다.

고 상투적인 방식으로 처리되어 있는 듯이 보이는 최종적인 '결말'보다 결말에 이르는 '과정'에 주목할 필요가 있다.

전체적으로 『홍루몽』의 줄거리는 주인공 가보옥이 고독한 자아를 발견해 가는 이야기로 읽혀질 수 있다. 가보옥의 '정신적인 음란함'은 그의 존재의 결핍과 고독과 소외를 극복하고 일체와 충만을 얻고자 하는 기제에서 비롯된 것으로 보인다. 그렇지만 그것은 결국 일시적이고 깨어지지 않으면 안 될 환상임이 드러났고, 최종적으로 고독한 자신의 본질로 돌아오지 않으면 안 되었다. 결말 부분에서 보옥이 느끼는 철저한 고독과 소외감은 가족 공동체의 울타리와 구속을 떨쳐 버리고 홀로서기를 시도하는 과정 속에서 비롯된 것으로 볼 수 있다. 전통 시기 중국을 배경으로 살고 있는 가보옥이 근대 서구에서의 개인처럼 주체적인 사회의 일원으로서 정신적·사회적으로 온전한 독립을 선언한다는 것은 불가능한 것이었다. 때문에 작품 속에서 가보옥의 홀로서기는 종교적이면서 관습적인 방식으로 결말 부분에서 상징적으로 처리되고 있다.

3. 소결

지금까지 살펴보았듯이 '사대기서'부터 『홍루몽』까지의 작품을 통해 볼 때, 대략 공적인 개인에서 사적인 개인으로, 역사적 사건에서 자잘한 일상으로, 영웅에서 평범한 개인으로, 외면적 행동에서 내면세계로, 윤리도덕적 전형에서 자기만의 독특한 내면세계를 갖춘 인물로, 작품에서 다루어지는 사건과 인물을 그려내는 방식이 변하였다. 소설 작품에서 다루어지는 시공간적 배경도 공적인 시공간에서 사적인 시공간으로 옮겨지고 있으며, 작품 전체에서 다루어지는 서사 시간은 짧아지고 공간은 점차 더 좁아지고 세밀해지는 경향을 보이고 있다. 이러한 시공간의 변화에 따라 사건보다 인물에 더욱 초점이 맞춰지고, 개인을 그려내는 밀도와 깊이는 더욱 조밀해지고 깊이 있어지는 추세를 나타내고 있다. '사대기서'는 작품에 따라 다양하고 복잡한 개인에 대한 인식을 보여 주지만, 전반적으로 개인이 새롭게 '발견'되어 가는 과도기적 단계의 모습을 보여 준다.

『삼국연의』와 『수호전』에서는 주로 역사적 시공간 속에서 활동하는 공적인 개인을 다루고 있다. 여기에 등장하는 개인은 대체로 집단의 구성원으로서의 역할과 의무에 의해서 평가되고 존재 가치를 인정받는다. 이들 작품에 등장하는 영웅호걸들은 공동체적인 이념과 가치를 구현하는 전형적인 인물로 그려져 있다. 개인은 집단적 가치에 자발적으로 순응하고 그 가치를 구현하고자 하는 목표를 자기화한다. 이들 작품에서 개인과 집단의 가치는 거의 정확히 일치하여 모순이나 갈등은 부각되지 않는다. 『수호전』은 『삼국연의』에 비해 공적인 성격이 강한 충과 사적인 성격이 강한 의가 서로 충돌하고, 양산박 집단의 충의와 조정과 국가에서 말하는 충의가 서로 괴리되는 모습을 보여 준다. 그렇지만 이 작품에서도 여전히 충과 의라는 가치와 이념은 개인을 장악하고 있다. 일부 개성적인 인물이 돌출적인 행동을 하기도 하지만, 전반적으로 이 작품이 그려내고 있는 세계에서 개인은 집단의 구심력이 비교적 강하게 작용하는 영향권 내에서 활동하고 있다고 말할 수 있다.

『금병매』에서는 공적인 시공간에서 사적인 시공간으로, 영웅에서 평범한 개인으로의 전환이 이루어진다. 이 작품에서 개인은 사적인 이익과 욕망을 추구하며 살아가는 인물로 그려져 있다. 작품 속 인물은 부도덕하고 부조리한 행동을 서슴지 않지만, 윤리적인 규범의 제약이나 양심의 가책을 받지 않는다. 이 작품에서는 집단의 구속과 통제에서 멀리 벗어나 욕망에 이끌려 살아가는 개인들 간의 충돌과 갈등이 부각되고 있다.

『서유기』에서 우리는 외면적 현실을 넘어서서 인간의 내면을 탐색하려는 작가의 시선을 읽을 수 있다. 삼장 일행은 한 인격체를 구성하는 여러 요소들의 외화(外化)된 구현체로 볼 수 있으며, 서천취경의 여정길에서 삼장 일행의 갈등과 그들과 요괴의 싸움은 수양 과정에서 겪는 인간 내면의 갈등과 번뇌를 상징하는 것으로 해석할 수 있다. 이때 손오공과 저팔계는 한 개인의 내면을 구성하는 여러 요소들 가운데 각각 정신과 이성, 감성과 욕망의 구현체로 볼 수 있다. 다시 말하면 손오공은 구속과 통제에서 벗어나 자유와 해방을 추구하는 정신을, 저팔계는 욕망을 추구하는 인간의 본능적인 속성을 상징한다. 이 작품의 작가는 윤리·도덕적 이상과 가치로 포장된 인간이 아닌 보다 더 본질적인 인간의 속성을 탐색하는 데에 관심을 가지고 있었던 것으로 보인다. 전체적으로 이 작품은 엄격한 위계질서와 통치자의 절대적 권위, 공적인 임무와 관계가 중시되는 세계를 배경으로 하고 있다. 그렇지만 삼장 일행을 통해 부각되는 모습은 조화와 화해보다는 갈등과 모순이 두드러진, 전통적인 미덕과 가치가 부분적으로 깨어진 사회의 단면이라고 할 수 있다.

『홍루몽』은 '사대기서'에 비해서 분명 한 단계 도약된 모습을 보여 주는 작품이다. 이 작품은 평범한 한 가정을 배경으로 거기에서 벌어지는 자잘한 일상을 그리고 있다는 점에서 『금병매』와 유사하다. 그렇지만 서문경 가정의 흥망사에 초점이 맞추어진 『금병매』에 비해 이 작품은 주인공 가보옥이라는 한 개인에 초점이 맞추어져 있다. 이 작품에서 두드러지게 부각되는 것은 개인의 '내면세계'이다. 자기 세계 속에 갇혀 있는 듯이 보이는 예민하고 감상적인 주인공이 성장기에 겪는 다양한 갈등상이 이 작품에 부각되어 그려져 있다. 여기에서 주인공이 겪는 갈등은 일차적으로는 그 개인의 문제이지만, 동시에 사회의 본질적인 가치에 대한 회의와 재고를 담고 있다. 그 내용에는 성적 정체성에 대한 문제로부터 과거를 통한 입신양명의 추구와 같은 당시 사회에서 이상적인 것으로 받아들여지던 가치까지 포함되어 있다. 이 작품의 주인공은 사회에서 통념적으로 받아들이고 있는 가치와 이상을 자기화하지 못한 채 갈등하는 모습을 보이는데, 그것이 결국 이 작품을 비극으로 이끈다. 이렇듯 이 작품에 등장하는 개인은 세상으로부터 이해받지 못하는 자기만의 세계를 가지고 있는 고독한 모습으로 그려져 있다.

『홍루몽』에서 그려지고 있는 이와 같은 개인의 내면세계를 중국 근대 문학의 기원으로까지 확대 해석하는 데에는 무리가 있을지 모른다. 그렇지만 『홍루몽』에서 보여 주는 가보옥의 내면세계는 '사대기서'에서 재현되고 있는 개인의 형상보다는 5.4시기 소설에서 그려지고 있는 내면화된 개인의 모습에 더 근접해 있는 듯이 보인다. 『홍루몽』은 특히 욱달부(郁達夫)의 자전적인 소설과 유사한 성격을 띠고 있다. 두 작품 모두 성장기에 겪는 내면적 갈등을 그리고 있고, 예민하고 감상적이며 자기중심적인 주인공의 모습과 그가 느끼는 고독과 소외감, 현실 사회의 이상에 대한 추구보다 자족적인 자아 만족을 추구하려는 경향을 보이고 있다는 점에서 그러하다.[118]

물론 일본 사소설(私小說)의 영향을 받은 것으로 알려진 욱달부의 소설에서 그려내고 있는 개인의 내면세계는 추악하고 타락하고 퇴폐적이고 우울하고 고독하며 자기 세계 속에 갇혀 있는 자아의 모습으로 『홍루몽』과는 약간 차이가 있다. 그의 소설은 『홍루몽』에 비해 훨씬 더 자기고백적이고 솔직하다. 『홍루몽』의 욱달부 소설과의 차이는 일인칭 시점의 부재, 인물 초점의 분산, 전통 시기 중국에서 개인을 이해하고 바라보는 인식의 차이 등에서 비롯되고 있는 듯하다. 『홍루몽』은 조설근의 자전적 소설이지만 그는 가보옥이라는 제3의 인물을 내세우고 있다. 자신의 내면을 솔직하게 드러내고 고백하는 글쓰기에 익숙하지 않았던 전통 시

118 여기에서 필자가 말하는 郁達夫의 소설은 그의 소설 작품 전체를 대상으로 하는 것이 아닌 「銀灰色的死」, 「沈淪」, 「南遷」, 「茫茫夜」, 「血淚」 등과 같은 비교적 초기 작품에 한정되어 있다.

기에는 "가면 쓰기"의 전략이 필요했던 것이다.[119] 이 작품은 조설근의 자전적인 소설이지만 초점은 가보옥에게서 종종 왕희봉(王熙鳳), 임대옥, 설보차 등의 인물로 분산된다. 이렇게 인물의 초점이 여러 인물들로 분산되면서 단일한 인물의 내면세계에 초점을 맞추고 있는 욱달부 소설과는 다른 느낌과 인상을 주고 있는 것이다. 또한 개인을 이해하고 바라보는 인식의 차이가 욱달부 소설과는 다르게 『홍루몽』에서 개인을 그려내게 된 저변의 배경으로 작용했을 가능성이 있다. 즉 가족공동체가 붕괴되고 독립적 존재로 등장하는 근대의 개인과 달리 『홍루몽』에서는 가족공동체의 구성원으로서의 한 개인의 모습으로 등장할 수밖에 없었던 것이다.[120] 욱달부 소설과 『홍루몽』 사이에서 느껴지는 거리감은 이상과 같은 사회·문화적 조건과 몇 가지 기법상의 차이에서 비롯된 것으로 보인다.

119 Martin W. Huang은 『儒林外史』, 『紅樓夢』, 『野叟曝言』이라는 18세기의 세 작품을 분석하면서 정도의 차이는 있지만 이들 작품이 모두 '가면 쓰기'의 전략을 채택하고 있다고 말하고 있다. 상대적으로 억압되어 있던 전통 시기의 문화적 환경 속에서 자전적 소설은 이런 전략을 통해 그것을 극복했던 것이다. 그는 이렇게 주장한다. "가면의 선택은 때때로 작가에게 좀 더 자유롭게 작가의 개인적인 심리를 더 깊이 탐구하도록 허락하였다. 동시에 그것은 또한 동일한 작가에게 당혹스럽거나 고통스런 경험을 회피할 구실을 충분히 제공해 주었다. 가면은 자아 숨김뿐만 아니라 자아 폭로의 목적을 위해 채택된 양날의 장치였다. […] 사실 세 명의 소설가 모두 자전적인 가면 쓰기의 과정에서 드러냄과 감춤 사이의 훌륭한 균형을 조정하려고 어렵게 싸워야 했다."(Martin W. Huang, *op.cit.*, p. 145)

120 전통 시기 중국에서 사회를 구성하는 기본 단위는 개인이 아닌 가족공동체가 아니었나 생각한다. 한 개인은 독립적으로 존재하지 않고 가족공동체의 한 구성원으로 존재했던 것이다. 당시 사회에서 개인은 가문과 사회라는 집단적 성격이 강한 공동체의 일원으로 인식되었으며, 그 집단 속에서 부여받은 역할과 의무를 다함으로써 존재 의미를 가질 수 있었다. 개인은 집단적인 사회의 관계의 사슬망 속에 놓여 있는 일부분으로 인식되었던 것이다. 『金甁梅』나 『紅樓夢』이 한 가정을 배경으로 설정하고 있는 것도 결국 이와 무관하다고 볼 수 없을 것이다.

제5장

결론

지금까지 16-18세기 중국 소설에서 발견되는 개인에 대한 인식의 변화를 '사대기서'와 『홍루몽』을 중심으로 살펴보았다. 이러한 논의를 통해 16-18세기에 출판되어 나온 주요 소설 작품의 흐름을 제재 유형이나 탈역사화 등의 관점에서 보는 것에서 벗어나 개인에 대한 인식의 변화라는 새로운 시각에서 조망하고 이해하게 되었을 것으로 기대한다. 필자는 이 책에서 사회·경제적인 변화는 물론 여러 형태의 담론과 글쓰기 등 문인문화를 포함하는 거시적인 흐름과 경향 속에서 중국 소설에서 나타난 변화를 설명하고자 노력하였다. 이를 토대로 16세기를 전후하여 비약적으로 성장한 중국 소설이 전 시기에 비해서 훨씬 개인화된 사회를 배경으로 하고 있으며, 그와 함께 중국 소설의 독자와 작가의 성격이 점진적으로 개인화되어 가는 모습을 보여 주고자 했다. 또한 이를 통해 전통 중국 소설의 최고봉으로 평가받고 있는 『홍루몽』의 의미와 성취를, 16세기 이후 '사대기서'와 같은 작품을 통해 드러나고 있는 새롭게 개인이 '발견'되어 가는 과정에서의 정점에 놓여 있는 작품으로 바라보고 이해할 수 있는 시각을 가지게 되었을 것으로 기대한다. 지금까지의 논의를 간략히 정리하면 다음과 같다.

먼저 필자는 16세기를 전후하여 상공업과 도시가 발달하고 화폐경제의 보급이 본격화되는 등 이른바 '자본주의의 맹아'라고 할 수 있는 다양한 현상이 나타나기 시작하고, 그것에 동반되어 나타났던 여러 형태의 담론과 글쓰기를 통해 드러나고 있는 개인에 대한 인식의 변화에 주목하였다. 명조(明朝)의 체제 유학이었던 주자학을 대신하여 이 시기에 새롭게 출현한 양명학은 주자학에 비해 개인의 주체성과 자율성을 강조하고 사적인 개인의 욕망을 인정한다는 점에서 당시 변화된 개인에 대한 인식을 반영하고 있다.

이 시기에 제기된 다양한 글쓰기 담론들은 양명학에서 중시하는 개념과 가치를 상당 부분 공유하고 있다. 공안파, 경릉파, 원매로 이어지는 성령설이나 이지의 동심설, 서위의 본색론 등은 성인(聖人)의 도를 담아야 한다는 전통적인 글쓰기 규범을 거부하고 창작 주체인 '나'의 사상과 감정을 솔직하고 진솔하게 표현하는 것이 글쓰기의 본질임을 강조하고 있다. 또한 이들은 전통적인 형식적 규범과 미학을 추구하기보다 개성적인 표현과 사고를 더욱 중시하는 경향을 보인다. 다른 한편 탕현조의 지정론(至情論)이나 풍몽룡의 정교론(情教論) 등은 인간의 자연스런 감정과 욕망을 표현한 문학 작품을 옹호하고 거기에 가치를 부여한 담론으로, 역시 이 시기 변화된 개인에 대한 인식의 변화를 보여 주고 있다.

명말 청초에 성행했던 '소품문', 그중에서도 특히 서신, 일기, 유기(遊記)와 같은 글은 사적인 개인의 일상과 취미, 개인적인 체험과 감회를 담고 있으며 자기 성찰적이고 주관적인 서정성이 충만하다. 또한 이 시기에 자기 자신을 주제로 삼아 보다 진솔하고 솔직하게 자신을 드러내고 있는 글과 자신의 과거와 일생을 회고하고 평가하는 자서전적인 글도 지속적으로 증가하는 추세를 보인다. 이와 같은 담론과 글쓰기를 통해서 발견되는 변화는 전면적이고 획기적인 성격을 띠고 있지는 않다. 그렇지만 당대(當代)의 문화를 주도하던 비교적 상층 문인 내에서 보이는 이 같은 변화를 통해 집단적인 가치와 이념에 매몰되어 있던 개인이 점차 새롭게 '발견'되어 가는 모습을 확인할 수 있다.

16세기를 전후하여 중국 소설은 새로운 단계로 접어들었다고 할 만큼 비약적인 성장을 보여 준다. 이 시기 소설의 발달은 도시의 발달, 독서계층의 확산, 상업적인 출판문화의 보급 등 여러 가지 조건과 환경이 고루 갖추어지면서 가능했다고 할 수 있다. 이런 측면에 대한 고려와 함께 필자는 당시 소설이 전 시기와는 구별되게 보다 개인화된 사회를 배경으로 하고 있다는 사실을 강조하였다. 우리가 흔히 백화소설로 알고 있는 문학 작품은 당송대 공연예술의 전통에서 기원하고 있는 것으로 알려져 있다. 인쇄술이 대중적으로 보급되기 이전에 사람들은 훗날 백화소설이라고 불리는 이야기를 공연을 통해서 즐겼던 것이다. 16세기를 전후하여 상업적인 출판문화의 보급이 본격화되면서 공연되던 이야기들이 책으로 엮여 출판되고, 그것이 점차 인기를 끌고 상당한 독자층을 형성하면서 책을 통해 이야기를 수용하는 독자의 수는 증가하기 시작하였다.

그런데 공연을 통해서 이야기를 즐기던 청중과 책을 통해서 이야기를 수용하는 독자 사이에는 분명한 차이가 존재한다. 청중이 공연자가 정해 놓은 시간에 맞추어 공연 내용을 보고 듣는 수동적인 존재라면, 독자는 자신의 기호와 취향에 따라 서점에 진열되어 있는 작품 중 하나를 선택하여 구매하고, 자신이 원하는 시간과 장소에서 작품을 읽는 능동적인 소비자였다. 청중은 여러 사람이 함께 모여 집단적인 방식으로 공연물을 수용한다면, 독자는 대개 서재에서 개인적인 독서를 통해 이야기를 받아들인다. 청중이 공연되는 이야기를 따라가며 즉흥적이면서 직관적으로 반응하는 소비자라면, 서면화된 텍스트를 반복해서 읽을 수 있었던 독자는 내용을 꼼꼼히 따져 보고 분석할 수 있는 사유 능력을 발휘할 여지가 커지게 된다.

그렇지만 어떤 시기를 전후하여 갑작스럽게 전부 이렇게 개인화된 인식과 성향을 가진 독자가 출현한 것은 아니었다. 출판문화가 보급되고 정착되는 과정에서 이와 같은 독자의 성격은 더욱 강화되는 경향을 나타내고 있다고 말하는 편이 옳을 것이다. 이는 중국 소설이 집단적으로 창작되고 향유되던 공연 문화의 전통 속에서 탄생했고, 소설 작품이 출판되기 시작하던 초기 단계에서는 주로 공연을 통해 향유되던 작품이 위주가 되었다는 사실과도 관련이 있다.

'사대기서'로부터 『홍루몽』에 이르는 소설 작품의 서술자, 삽입된 운문과 회, 등장인물의 성격 변화를 살펴보면 당시 소설 독자층이 점차 개인화되어 가는 경향을 발견할 수 있다. 전지적인 서술자의 역할과 몫은 점차 줄어드는 반면 독자의 역할은 더욱더 늘어나 능동적인 독자의 성격이 강화되고 있다. 산문과는 긴밀히 연관되어 있지 않은 채 약간은 독립적인 성격이 강하던 운문은 점차 복선이나 상징적인 의미를 내포하게 되고, 인물의 개성이나 성격을 반영하는 경향을 보인다. 독립성이 강하던 회의 성격은 점차 전체적인 맥락을 구성하는 한 부분으로서의 성격이 강해지게 된다. 소설 작품은 점점 더 독자에게 부분적인 요소를 전체적인 맥락 속에서 통합적으로 파악하고, 그것을 토대로 독자 스스로 새로운 의미를 찾아낼 것을 요구한다.

작품에 등장하는 주인공은 영웅호걸에서 평범한 개인으로 변하였다. 어떤 특별한 용맹과 덕, 지략과 능력을 가진 영웅호걸은 평범한 독자의 입장에서 보면 그들과 동일시할 수 있는 대상이 아니다. 때문에 독자들은 이런 유의 작품을 읽을 때 영웅들의 활약에 찬탄하거나 그들을 모범의 대상으로 삼을 수는 있지만, 그들에게 자신을 투영시켜 자유롭게 상상하고 몰입하며 작품을 읽기는 어렵다. 반면 작품 속에 평범한 개인이 주인공으로 등장하게 되면 독자의 입장에서 볼 때 보다 쉽게 자신의 감정을 이입할 수 있게 된다. 독자들은 작중 인물 중 하나가 되어 그들의 처지와 입장에서 생각하고 느끼며 각자 개별적으로 반응할 수 있는 여지가 커지게 되는 것이다.

16세기를 거쳐 17세기로 접어들면서 소설 텍스트에 삽화 외에도 다시 평점이 삽입되고, 『금병매』와 같은 색정적인 소설이 출현하는 현상은 당시 소설 읽기가 점차 개인화되는 현상을 반영하고 있다. 17세기로 접어들면서 소설 시장은 더욱 넓어졌고 소설을 읽는 문인 독자층도 점차 증가하였다. 문인 독자층이 가담하게 되면서 소설은 단순히 흥미로운 읽을거리가 아니라 심각한 의식과 사유를 담고 있는 것으로 간주되기 시작하였다. 문인 독자들 가운데 개인적인 사유를 통해서 깨달은 소설 작품을 읽는 방법, 즉 '독법(讀法)'을 평점이라는 형식을 통해 구체화한 이들이 출현하기 시작하였다. 특히 17세기 중·후반에 나온 김성탄, 모씨 부자, 장죽파 등과 같은 평점가들의 출현은 소설 독자의 성격이 개인화되어 가는 현상을 잘 보여 주고 있다. 이들은 텍스트를 임의대로 개작하고, 작가의 의도를 드러내기보다 작품을 주관적이고 자의적으로 해석하는 독자로서의 성격을 드러내고 있다. 반면에 『홍루몽』의 평자였던 지연재는 독자의 지적 수준과 작품에 대한 통찰력에 있어서 작가 혹은 평자 이상일 수 있다는 전제하에 평점을 달고 있다. 지연재의 평점은 독자들을 지시하고 인도하는 것이 아니라 상당 부분 판단하고 생각할 여지를 독자의 몫으로 남겨두고 있다. 이 시기에 이르러 독자는 작가의 개인적인 체험과 목소리를 들을 준비가 되어 있는 개인화된 성격을 띠고 있었던 것이다.

중국 소설의 작가도 익명과 필명의 상태로 존재하다가 점차 자기 이름을 내걸고 작품 활동을 하는 단계로 변했다는 점에서 개인화되었다고 말할 수 있다. 비교적 초기 단계의 소설 작가는 역사 이야기 혹은 떠도는 이야기들을 흥미롭게 재가공하여 독자들에게 들려주던 사람들이었다. 송원대 다수의 청중들을 대상으로 다양한 제재의 흥미로운 이야기를 들려주며 생계를 유지하던 이야기꾼이나 그들에게 작품을 공급해 주던 사람들이 바로 그들이다.

16세기 전후 소설 작품이 대량으로 인쇄 출판되어 독자들에게 공급되기 시작했을 즈음에 소설 창작은 상업적인 출판업자들과 밀접한 관련성을 가지고 이루어졌다. 이와 같은 단계에서 중요한 것은 무엇보다 독자들의 기호와 취향에 부합하여 그들의 구매력을 자극할 수 있는 작품을 쓰는 것이었다. 당시에 인기 있던 제재 유형의 이야기들이 연달아 창작 출판되고, 유명한 작품을 모방한 속작들이 줄지어 출현하는 현상은 이와 관련이 있다. 이러한 작품들을 썼던 작가는 작가 개인의 의식을 작품 속에 분명하게 전달하는 데 초점을 두었다기보다 인물을 생동감 있게 그려내고 일화를 교묘하게 배치하는 서사 기교적인 측면에 더 큰 관심을 두었던 것으로 보인다. 17세기에 활동했던 풍몽룡, 능몽초, 이어 등과 같은 소설 작가는 분명 송원대 화본의 작가에 비해 단순히 흥미로운 이야기만을 전달하려는 것이 아니라 어떤 의식을 담으려는 경향을 보인다. 그렇지만 그들이 제시하는 관점이나 가치는 작가의 개인적인 의식이라기보다 당시 집단적인 가치와 세계관을 대변하고 있다고 하는 편이 옳을 것이다.

『삼국연의』나 『수호전』에서 발견할 수 있는 관점이나 시각은 '작가 개인'의 의식의 산물이라기보다 당시 집단적인 가치와 이념을 그 작품의 최종적인 편집자가 총결하여 보여 주고 있다고 할 수 있다. 반면 『서유기』는 작품 전반에 일관되게 유지되고 있는 풍자·해학적 태도나 새로운 시대의 가치와 인식을 담으려는 경향에서, 『금병매』는 타락한 인간의 욕망을 적나라하게 소설 속에 묘사하는 것을 통해 독자들에게 반풍(反諷)의 효과를 유도하고 있다는 점에서 비교적 독특한 작가의 시선과 관점을 보여 주고 있다.

『홍루몽』은 지금까지의 연구 성과를 통해 볼 때 작가 개인의 특수한 경험을 소설화하고 있다는 점에서 자전적인 색채가 농후한 소설이다. 이 작품의 작가는 다양한 예술적 장치를 통해 자신의 이야기를 소설화하고 있으며, 소설 속 인물에 자신을 투영하고 있다. 이 작품의 작가에게 있어서 소설 쓰기는 무의미하게 사라져 버릴 수도 있는 과거의 자신을 재생하는 작업이었고, 소설을 쓰면서 그는 자기 안의 또 다른 자아와 대화하고 자기 내면의 음성을 들을 수 있었다. 이는 『홍루몽』에 이르러 소설이 지극히 개인화되고 주관적인 성격을 강하게 띠게 되었음을 말해 준다.

16-18세기에 이르는 기간 동안 작가와 독자의 성격에 있어서 개인화되는 경향을 보이고 있을 뿐 아니라, 소설 작품 속에 등장하는 인물 역시 개인화되는 경향을 나타내고 있다. '사대기서'부터 『홍루몽』까지의 작품을 통해 볼 때 대략 공적인 개인에서 사적인 개인으로, 역사적 사건에서 자잘한 일상으로, 영웅에서 평범한 개인으로, 외면적 행동에서 내면세계로, 윤리도덕적 전형에서 자기만의 독특한 내면세계를 가진 인물로, 작품에서 다루어지는 사건과 인물을 그려내는 방식이 변화하고 있다.

소설 작품에서 다루어지는 서사적 시공간도 공적인 시공간에서 사적인 시공간으로 옮겨 가고 있으며, 작품 전체에서 다루어지는 서사 시간은 짧아지고 공간은 점차 더 좁아지고 세밀해지는 경향을 보인다. 이러한 시공간의 변화에 따라 사건보다 인물에 더욱 초점이 맞추어지고, 개인을 그려내는 밀도와 깊이는 더욱 조밀해지고 깊이 있어진다.

'사대기서'는 작품에 따라 다양하고 복잡한 개인에 대한 인식을 보여주고 있는데, 전반적으로 개인이 새롭게 '발견'되어 가는 과도기적 단계의 모습을 드러내고 있다. 『삼국연의』와 『수호전』에서는 주로 역사적 시공간 속에서 활동하는 공적인 개인을 그리고 있다. 여기에서 등장하는 개인은 대체로 집단의 구성원으로서의 역할과 의무에 따라 평가되고 존재가치를 인정받는다. 이들 작품에 등장하는 영웅호걸들은 공동체적인 이념과 가치를 구현하는 전형적인 인물로 그려져 있다. 여기에서 집단에서 벗어나는 개별적 개인의 특성은 중요하지 않거나 무시되는 경향을 나타낸다. 개인은 집단적 가치에 자발적으로 순응하고 그 가치를 구현하고자 하는 목표를 자기화한다. 이들 작품에서 개인과 집단의 가치는 거의 정확히 일치하여 모순이나 갈등은 부각되지 않는다. 『수호전』은 『삼국연의』에 비해 양산박 집단의 의와 조정과 국가에서 말하는 의가 충돌하고, 공적인 가치인 충과 보다 사적인 가치인 의 사이의 괴리가 보다 두드러지게 나타나고 있다. 그렇지만 이 작품에서도 여전히 충과 의라는 가치와 이념은 개인을 장악하고 있다. 이 두 소설 작품을 통해 그려지는 세계는 집단의 개인에 대한 통제력과 구속력이 비교적 강하게 작용하는 사회라고 할 수 있다. 일부 개성적인 인물이 돌출적인 행동을 하기도 하지만, 전반적으로 이 두 작품이 그려내는 세계에서 개인은 집단의 구심력이 비교적 강하게 작용하는 영향권 내에서 활동하고 있다고 볼 수 있다.

『금병매』에서 우리는 공적인 시공간에서 사적인 시공간으로, 영웅에서 평범한 개인으로의 전환이 이루어지고 있음을 발견할 수 있다. 이 작품에서는 공적인 임무와 역할과는 무관하게 욕망에 이끌려 살아가는 개인의 모습을 그리고 있다. 여기에서 개인을 움직이는 동력은 사적인 욕망이다. 이 작품에서 다루어지는 욕망에는 권력과 부귀도 포함되지만 더욱 부각되는 것은 성적 쾌락과 같은 인간의 본능적인 욕구이다. 부도덕하고 부조리한 행동을 서슴지 않는 주인공은 어떠한 윤리적 규범의 제약도 받지 않으며, 양심의 가책을 느끼지도 않는다. 여기에 등장하는 인물에게서 공적인 가치나 윤리와 조화를 꾀하려는 어떠한 노력도 찾아볼 수 없다. 그들은 아무런 내면적 갈등 없이 욕망에 충실한 삶을 살아가고 있다. 이 작품에서 부각되는 것은 욕망을 추구하는 개인들 간의 갈등이라고 할 수 있다. 이 작품이 그려내고 있는 세계에서 개인은 집단의 통제와 구속에서 상당히 멀리 벗어나 있는 모습을 보여 주고 있다.

『서유기』의 독특한 시공간적 설정은 이 작품을 역사적 사실이 아닌 하나의 추상적인 알레고리로 읽도록 독자를 자극한다. 이 작품에서 삼장 일행은 한 인격체를 구성하는 여러 요소들의 외화(外化)된 구현체로 볼 수 있으며, 서천취경의 여정길에서 삼장 일행이 겪는 갈등과 요괴와의 싸움은 수양 과정에서 겪게 되는 인간 내면의 갈등과 번뇌를 상징하는 것으로 볼 수 있다. 여기에서 다루고 있는 인간의 내면은 보편적이고 관념화된 성격을 띠고 있어 독특한 한 개인의 내면세계는 아니다. 하지만 외면적으로 드러나는 인간의 모습만이 아니라 복잡한 내면의 모습을 본격적으로 다루려는 시도는 이 작품에서 발견되는 새로운 것이다. 손오공과 저팔계는 한 개인의 내면을 구성하는 여러 요소들 가운데 각각 정신과 이성, 감성과 욕망을 구현하고 있는 인물이라고 할 수 있다. 이때 손오공은 구속과 통제에서 벗어나 자유와 해방을 추구하는 정신을, 저팔계는 욕망을 추구하는 구현체로 볼 수 있다. 이를 통해 볼 때 이 소설의 작가는 윤리 도덕적 이상과 가치로 포장된 인간이 아니라 자아의 정신이나 욕망과 같은 보다 본질적인 실존적 개인의 문제를 탐색하는 데에 더 큰 관심을 가지고 있었음을 발견할 수 있다. 전체적으로 이 작품은 엄격한 위계질서와 통치자의 절대적 권위, 공적인 임무와 관계가 중시되는 세계를 배경으로 하고 있다. 그렇지만 삼장 일행을 통해 부각되고 있는 모습은 전통적인 미덕과 가치가 부분적으로 깨어져 조화와 화해보다는 갈등과 모순이 두드러진 사회의 단면이라고 할 수 있다.

『홍루몽』은 '사대기서'에 비해서는 분명 한 단계의 도약을 보여 주는 작품으로, 동시기 그 어떤 작품과도 비교할 수 없을 만큼 두드러진 개인의식의 성장을 보여 주고 있다. 언뜻 보면 『홍루몽』은 평범한 한 가정을 배경으로 벌어지는 자잘한 일상을 그리고 있다는 점에서 『금병매』와 유사한 듯이 보인다. 그렇지만 이 작품은 주인공 가보옥의 탄생으로 시작되어 그의 출가로 작품이 종결되며, 가보옥을 중심으로 여러 주요 인물들이 설정되어 있어 그가 서사 전체를 관여하고 지배하고 있다는 점에서 『금병매』와는 상당히 다른, 한 개인에 초점을 맞추고 있는 소설이라고 할 수 있다. 이 작품에서 평범한 개인의 자잘한 일상이 그려지고 있다는 점도 중요하지만, 더욱 주목해서 봐야 될 부분은 개인의 '내면세계'이다. 여기에서 그려지고 있는 독특한 가치와 내면을 갖추고 있는 개인은 집단적인 이념이나 가치를 구현하고 있는 인물도, 선악의 가치로 판단할 수 있는 성격의 인물도 아니다. 성장기의 내면적인 갈등을 드러내고 있는 주인공은 예민하고 감상적인 자기 세계 속에 갇혀 있는 듯한 모습을 보이며, 사회적인 이상의 실현보다 내적인 자아의 만족을 추구하려는 태도를 보인다. 여기에서 주인공이 겪는 갈등은 일차적으로 그 개인의 문제인 동시에 사회의 본질적인 가치에 대한 회의를 포함하고 있다. 예를 들면 당시 가부장적 사회의 근간을 이루고 있는 성적 정체성에 대한 혼란이나 과거를 통한 입신양명의 추구와 같은 당시 사회에서 바람직한 통념으로 받아들여지던 가치에 대한 회의 등이 그것이다. 이 작품에서 인물의 내면적 자아는 사회적 가치와 이상에 부합하지 못하고 대립하고 충돌하는 모습을 보이는데, 그것이 결국 이 작품을 비극으로 이끈다. 『금병매』에서 극단적으로 욕망을 추구한다는 측면에서 집단에서 멀리 벗어나 있는 개인을 그리고 있다면, 『홍루몽』에서는 당시 사회에서 가치 있는 것으로 간주되던 욕망에 대해서도 회의하거나 부정하고 있는 것이다.

이 책을 통해 밝혀졌듯이 16세기 이후 중국 사회는 여러 형태의 담론과 글쓰기를 통해 드러나는 것처럼 개인의식이 성장하고 개인적인 성향이 강해지는 등 개인이 새롭게 '발견'되어 가는 모습을 보이고 있다. 그리고 16-18세기에 이르는 시기에 출현한 주요 소설 작품을 살펴보더라도 개인이 새롭게 자각되고 개인에 대한 인식이 심화되는 경향을 발견할 수 있다.

그렇지만 이 시점에서 몇 가지 지적해야 될 것이 있다. 그중 하나는 개인의식의 성장을 보여 주는 소설은 대표적인 몇몇 작품에 한정되어 있다는 것이고, 다른 하나는 16세기 이후 소설 장르의 비약적인 성장은 강남의 주요 대도시에 한정되어 나타난 현상이라는 사실이다. 중국 소설에서 '사대기서'와 『홍루몽』 등 몇 편의 주요 작품을 제외한 대부분의 작품은 진지한 작가의식의 산물이라기보다 흥미로운 가벼운 읽을거리 정도의 성격을 띠고 있다. 수많은 속작들이 그러하며, 공안소설(公案小說), 협의소설(俠義小說), 색정소설, 재자가인 소설 등도 천편일률적인 구성과 상투적인 이야기의 전개를 특징으로 하는 통속적인 성격을 띠고 있다.

또한 16세기 이후 중국 소설이 창작되고 출판되고 소비되었던 것은 중국 전체의 상황이 아니라 당시 사회·경제·문화적으로 가장 선진적인 지역이었던 양주(揚州), 소주(蘇州), 남경(南京), 항주(杭州) 등 강남 지방의 주요 도시에 한정되어 있었다. 이런 점을 고려할 때 다음과 같이 말할 수 있다. 즉 16세기 이후 중국 사회에서 개인의식의 성장을 보여 주는 다양한 현상들이 나타나고 18세기 『홍루몽』에서와 같이 만개(滿開)한 개인의식을 발견할 수 있지만, 그것은 제한적이고 불연속적인 성장의 형태를 띠고 있었다. 16세기 이후 중국이 근대로 향해 가는 과정에서 정치·사회적인 구조의 근본적인 변화가 없는 상황에서 그리고 지역적으로 제한되고 동시성이 결여된 상황에서 집단의 구속과 통제를 벗어나려는 개인의 몸부림은 이처럼 불연속적이면서 점진적인 형태를 띠고 나타났던 것이다. 『홍루몽』에서 그려지고 있는 개인이 사회에 적응하지 못하고 결국 출가하여 사회를 떠나는 결말은, 서구 사회에서 개인이 전반적인 사회 변혁의 동력이었다는 점을 감안할 때 매우 상징적인 암시를 보여 준다.

중국 사회가 근대로 이행해 가는 과정에서 보여 주는 이와 같은 독특한 특징은 『홍루몽』과 같은 하나의 전형이 될 만한 위대한 작품이 나왔으면서도, 왜 그 이후의 소설 작품에서 지속적으로 계승되지 못하고 다시 개인에서 사회와 국가로 회귀하게 되었는가에 대한 하나의 대답을 제공해 줄 수도 있을 것이다.

필자가 보기에 소설 작품에서 개인에 대한 관심이 불연속적인 형태를 띠고 나타나는 것은 전통 시기 소설에서만 발견되는 현상만은 아닌 듯하다. 왜냐하면 5.4 근대 문학이 성립된 이후에도 이와 같은 상황이 크게 달라지는 것처럼 보이지 않기 때문이다. 진평원(陳平原)은 근대 소설을 상징하는 두 지표로 노신(魯迅, 1881-1936)의 『납함(吶喊)』과 욱달부(郁達夫, 1896-1945)의 『침륜(沈淪)』을 거론한 바 있다.[1] 「광인일기(狂人日記)」와 같은 노신의 소설을 통해서 발견되는 것이 전근대의 부조리를 깨달은 각성된 자아의 모습이라면, 욱달부의 소설을 통해 발견되는 것은 외부적 현실보다는 끊임없이 자기만의 내면세계로 침잠하는 자아의 모습이라고 할 수 있다. 그렇지만 근대 문학 전체를 놓고 볼 때 욱달부는 노신에 비해 작은 비중을 차지하고 있을 뿐이며, 욱달부와 같이 사회보다는 개인에 관심을 두고 있는 작가도 지극히 소수에 불과한 것이 사실이다. 그리고 앞으로 더 구체적인 논의가 필요하겠지만 현대 중국 사회에서도 이런 현상은 여전히 지속되고 있는 듯이 보인다. 그렇지만 여기에서 한 가지 언급하고 싶은 것은 이런 현상이 서구와는 다른 중국 사회의 하나의 특징으로 지적될 수는 있지만, 이를 근거로 중국이 서구에 비해 열등하다는 논리로 비약되어서는 안 된다는 점이다.

마지막으로 중국 사회가 근대로 이행해 가는 시기에 나온 주요 소설 작품에 나타난 개인에 대한 인식의 변화를 고찰하고 있는 필자의 논의를 통해, 전통과 근대를 전적으로 단절된 시각에서 보려는 인식이 어느 정도 수정되고, 서로 간의 거리를 좁혀 소통하고 대화할 수 있는 여지를 마련해 주는 계기가 되기를 기대해 본다.

1 진평원 지음, 이종민 옮김, 『중국소설서사학』, 도서출판 살림, 1994, 24쪽.

참고문헌

1. 작품 원전류

羅貫中 著, 劉世德·鄭銘 點校, 『三國志演義』 1-3, 中華書局, 1995.

鄧選深 選注, 『歷代名人日記選』, 花城出版社, 1984.

蘭陵笑笑生 著, 淸 張道深 評, 『金瓶梅』, 齊魯書社, 1991.

葉紹袁 著, 冀 勒 輯校, 『午夢堂集』 上下, 中華書局 , 1998.

宋凝 編注, 『閑書四種』, 崇文書局, 2004.

施耐庵·羅貫中 著, 『水滸傳』, 人民文學出版社, 1990.

吳承恩 著, 徐少知 校, 周中明·朱彤 注, 『西遊記校注』 1-3, 里仁書局, 1996.

張岱, 『陶庵夢憶·西湖夢尋』, 作家出版社, 1995.

張岱 著, 屠友祥 校注, 『陶庵夢憶』, 上海遠東出版社, 1996.

曹雪芹 著, 『紅樓夢』上中下, 中華書局, 1998.

曹雪芹 著, 鄧遂夫 校訂, 『脂硯齋重評石頭記』(甲戌校本), 作家出版社, 2000.

曹雪芹·高鶚 著, 其庸 等 校注, 『紅樓夢校注』 1-3, 里仁書局, 1984.

陳文新 譯注, 『日記四種』, 崇文書局, 2004.

淸 鄭板橋, 『板橋家書』, 學林出版社, 2002.

陳慶浩, 『新編石頭記脂硯齋評語輯校』, 中國友誼出版公司, 1987.

浦安迪[Andrew H. Plaks] 編釋, 『紅樓夢批語偏全』, 北京大學出版社, 2003.

黃霖·韓同文 選注, 『中國歷代小說論著選』 上下, 江西人民出版社, 2000.

나관중 지음, 김구용 옮김, 『삼국지연의』 1-10, 솔, 2003.

소소생 지음, 강태권 옮김, 『완역금병매』 1-10, 솔, 2002.

소소생 지음, 박수진·박정양 옮김, 『금병매』 1-6, 청년사, 1993.

시내암 지음, 연변대학수호전번역조 옮김, 『수호전』 1-7, 청년사, 1990.

沈復 지음, 지영재 옮김, 『浮生六記』, 을유문화사, 1999.

오승은 지음, 서울대 서유기 번역 연구회 옮김, 『西遊記』 1-10, 솔 출판사, 2004.

원굉도 지음, 심경호 등 역주, 『역주원중랑집』 1－10, 소명출판, 2004.

2. 단행본류

가라타니 고진 지음, 박유하 옮김, 『일본근대문학의 기원』, 민음사, 1997.
가와이 코오조오 지음, 심경호 옮김, 『중국의 자전문학』, 소명출판, 2002.
김진곤 편역, 『이야기 소설 Novel』, 예문서원, 2001.
노드롭 프라이 지음, 임철규 옮김, 『비평의 해부』, 한길사, 1982.
노신 지음, 조관희 옮김, 『중국소설사』, 소명출판, 2004.
라하르트 반 뒬멘 지음, 최윤영 옮김, 『개인의 발견』, 현실문화연구, 2005.
로이드 E. 이스트만 지음, 이승휘 옮김, 『중국 사회의 지속과 변화』, 돌베개, 1999.
로제 샤르티에·굴리엘모 카발로 엮음, 이종삼 옮김, 『읽는다는 것의 역사』, 한국출판마케팅연구소, 2006.
루샤오펑 지음, 조미원·박계화·손수영 옮김, 『역사에서 허구로』, 도서출판 길, 1997.
리차드 니스벳 지음, 최인철 옮김, 『생각의 지도』, 김영사, 2004.
마에다 아이 지음, 유은경·이원희 옮김, 『일본 근대 독자의 성립』, 이룸, 2003.
문희경, 『고전영문학의 흐름』, 고려대학교출판부, 2000.
미조구치 유조 지음, 김용천 옮김, 『중국 전근대 사상의 굴절과 전개』, 동과 서, 1999.
미조구치 유조 지음, 정태섭·김용천 옮김, 『중국의 공과 사』, 도서출판 신서원, 2004.
미조구치 유조 외 지음, 동국대동양사연구실 옮김, 『중국의 예치 시스템』, 청계, 2001.
미하일 바흐친 지음, 전승희 외 옮김, 『장편소설과 민중언어』, 창작과비평사, 1988.
민두기, 『中國史 時代區分論』, 창작과비평사, 1984.
方正耀 지음, 홍상훈 옮김, 『중국소설비평사략』, 을유문화사, 1994.
부효항 지음, 이용진 옮김, 『中國戲曲理論史』, 중문, 1999.
벤저민 엘먼 지음, 양휘웅 옮김, 『성리학에서 고증학으로』, 예문서원, 2004.
서경호, 『중국 문학의 발생과 그 변화의 궤적』, 문학과지성사, 2003.
서경호, 『중국소설사』, 서울대학교출판부, 2004.
송철규, 『중국고전이야기』, 소나무, 2000.
수잔 나퀸·하이블린 S. 로스키 지음, 정철웅 옮김, 『18세기 중국사회』, 신서원, 1998.
스티븐 컨 지음, 박성관 옮김, 『시간과 공간의 문화사 1880－1918』, 휴머니스트, 2004.
시마다 겐지 지음, 김석근·이근우 옮김, 『주자학과 양명학』, 까치, 1986.
아론 구레비치 지음, 이현주 옮김, 『개인주의의 등장』, 새물결, 2002.
알랭 로랑 지음, 김용민 옮김, 『개인주의의 역사』, 한길사, 2001.

알베르토 망구엘 지음, 정명진 옮김, 『독서의 역사』, 세종서적, 2000.
양국영 지음, 김형찬 외 옮김, 『陽明學』, 예문서원, 1994.
여영시 지음, 정인재 옮김, 『중국근세종교윤리와 상인정신』, 대한교과서주식회사, 1993.
오다 스스무 지음, 김은주 옮김, 『동양의 광기를 찾아서』, 르네상스, 2004.
우정권, 『한국근대 고백소설의 형성과 서사 양식』, 소명출판, 2004.
우홍 지음, 서성 옮김, 『그림 속의 그림』, 이산, 1999.
윌리엄 시어도어 드 배리 지음, 표정훈 옮김, 『중국의 자유 전통』, 이산, 1998.
월터 J. 옹 지음, 이기우 · 임명진 옮김, 『구술문화와 문자문화』, 문예출판사, 1995.
이나미 리츠코 지음, 김석희 옮김, 『중국의 은자들』, 한길사, 2002.
이완 아트 지음, 전철민 옮김, 『소설의 발생』, 열린책들, 1988.
이완 아트 지음, 이시연 · 강유나 옮김, 『근대 개인주의 신화』, 문학동네, 2004.
이혜경, 『천하관과 근대화론: 양계초를 중심으로』, 문학과지성사, 2002.
장롱시 지음, 백승도 등 옮김, 『도와 로고스』, 강, 1997.
장준석 지음, 『중국 회화사론』, 학연문화사, 2002.
장징 지음, 이용주 옮김, 『사랑의 중국 문명사: 잡종 문화 중국 읽기』, 이학사, 2004.
조남현, 『한국 현대소설 유형론 연구』, 집문당, 1999.
조너선 스펜스 지음, 이준갑 옮김, 『반역의 책: 옹정제와 사상통제』, 이산, 2004.
조동일, 『소설의 사회사비교론』, 지식산업사, 2002.
존 헨더슨 지음, 문중양 역주, 『중국의 우주론과 청대의 과학혁명』, 소명출판, 2004.
주훈초 지음, 중국학연구회 옮김, 『중국문학비평사』, 이론과실천, 1992.
진동원 지음, 최수경 · 송정화 옮김, 『중국, 여성, 그리고 역사』, 도서출판 박이정, 2005.
진평원 지음, 이종민 옮김, 『중국소설서사학』, 도서출판 살림, 1994.
진평원 지음, 이보경 · 박자영 옮김, 『중국소설사: 이론과 실천』, 이룸, 2004.
차상원, 『중국고전문학비평사』, 범학도서, 1975.
천정환, 『근대의 책읽기』, 푸른역사, 2003.
티모시 브룩 지음, 이정 · 강인황 옮김, 『쾌락의 혼돈』, 이산, 2005.
페르디난드 테니스 지음, 김대환 등 옮김, 『공동사회와 이익사회』, 대한교과서, 1963.
필립 르죈 지음, 윤진 옮김, 『자서전의 규약』, 문학과지성사, 1998.
Stephen Owen, 鄭學勤 譯, 『追憶: 中國古典文學中的往事再現』, 三聯書店, 2004.
姜其煌, 『歐美紅學』, 大象出版社, 2005.
姜濤, 『古代散文文體概論』, 山西人民出版社, 1990.
辜美高 · 黃霖 主編, 『明代小說面面觀』, 學林出版社, 2002.

郭英德,『明淸傳奇史』, 江蘇古籍出版社, 2001.
梅新林,『紅樓夢哲學精神』, 學林出版社, 1995.
孟昭連·寧宗一,『中國小說藝術史』, 浙江古籍出版社, 2003.
方明光,『『紅樓夢』『金瓶梅』比較論稿』, 湖北教育出版社, 2003.
北京大中文系,『中國小說史』, 人民文學出版社, 1978.
徐君惠,『從金瓶梅到紅樓夢』, 廣西人民出版社, 1987.
石鍾揚,『性格的運命－中國古典小說審美論』, 安徽教育出版社, 1998.
石昌渝,『中國小說源流論』, 三聯書店, 1994.
沈天佑,『金瓶梅紅樓夢縱橫談』, 北京大學出版社, 1990.
余英時,『紅樓夢的兩個世界』, 上海社會科學院出版社, 2002.
裔錦聲,『紅樓夢: 愛的寓言』, 北京大學出版社, 2000.
吳建國,『雅俗之間的徘徊－16至18世紀文化思潮與通俗文學創作』, 岳麓書社, 1999.
王國維 等,『紅樓夢藝術論』, 里仁書局, 1984.
王國維,『紅樓夢評論』, 岳麓書社, 1999.
王德威,『想象中國的方法』, 三聯書店, 1998.
王英志,『性靈派研究』, 遼寧大學出版社, 1998.
袁世碩,『文學史學的明淸小說研究』, 齊魯書社, 1999.
袁震宇·劉明今,『明代文學批評史』, 上海古籍出版社, 1991.
劉上生,『走近曹雪芹－紅樓夢心理新詮』, 湖南師範大學出版社, 1997.
兪平伯,『紅樓夢辨』, 岳麓書社, 1999.
李瑞良,『中國古代圖書流通史』, 上海人民出版社, 2000.
李忠明,『17世紀中國通俗小說編年史』, 安徽大學出版社, 2003.
李悔吾,『中國小說史漫稿』, 湖北教育出版社, 1995.
章培恒·駱玉明 主編,『中國文學史』, 復旦大學出版社, 1996.
張世君,『紅樓夢的空間敍事』, 中國社會科學出版社, 1999.
張紹勛,『中國印刷史話』, 商務印書館, 1997.
張隆華·曾仲珊,『中國古代語文敎育史』, 四川敎育出版社, 2000.
田秉鍔,『『金瓶梅』人性論』, 學林出版社, 1996.
齊裕焜 主編,『中國古代小說演變史』, 敦煌文藝出版社, 1990.
趙樹功,『中國尺牘文學史』, 河北人民出版社, 1999.
周群,『儒釋道與晚明文學思潮』, 上海書店出版社, 2000.
周思源,『紅樓夢創作方法論』, 文化藝術出版社, 1998.

周汝昌,『紅樓夢新證』, 人民文學出版社, 1976.

周汝昌,『紅樓小講』, 北京出版社, 2002.

朱一玄 編,『紅樓夢資料滙編』, 南開大學出版社, 2001.

朱一玄·劉毓忱 編,『西遊記資料滙編』, 南開大學出版社, 2002.

陳東有,『人慾的解放－明淸社會經濟變遷與大衆審美』, 江西高校出版社, 1996.

陳萬益 編撰,『性靈之性－明淸小品』, 臺北: 時報文化, 1998.

陳永正,『市井風情: 三言二拍的世界』, 中華書局, 1988.

陳油昭,『世情寫眞金瓶梅』, 汕頭大學出版社, 1997.

陳左高,『中國日記史略』, 上海飜譯出版公司, 1990.

陳平原,『中國散文小說史』, 上海人民出版社, 2004.

秦淮夢,『紅樓夢本事編年新探』, 中國文聯出版社, 2002.

蔡元培,『石頭記索隱』, 岳麓書社, 1999.

夏志淸,『中國古典小說導論』, 安徽文藝出版社, 1988.

何澤翰,『儒林外史人物本事考略』, 上海古典文學出版社, 1957.

向楷,『世情小說史』, 浙江古籍出版社, 1998.

胡士瑩,『話本小說概論』, 丹靑圖書有限公司, 1983.

胡元翎,『李漁小說戲曲研究』, 中華書局, 2004.

胡益民,『張岱研究』, 安徽敎育出版社, 2004.

黃强,『李漁研究』, 浙江古籍出版社, 1996.

黃克武·張哲嘉 主編,『公與私: 近代中國個體與群體之重建』, 中央研究院近代史研究所, 2000.

黃霖·楊紅彬,『明代小說』, 安徽敎育出版社, 2001.

黃鎭偉,『坊刻本』, 江蘇古籍出版社, 2002.

侯忠義·王汝梅 編,『金瓶梅資料滙編』, 北京大學出版社, 1985.

Axthelm, Peter M., *The Modern Confession Novel*, New Haven and London: Yale Univ. Press, 1965.

Chi, Xiao, *The Chinese Garden as Lyric Enclave: A Generic Study of the Story of the Stone*, Ann Arbor: Center for Chinese Studies the Univ. of Michigan, 2001.

Chia, Lucille, *Printing for Profit: The Commercial Publishers of Jianyang, Fujian (11th-17th Centuries)*, Cambridge: Harvard Univ. Press, 2002.

De Bary, William Theodore (ed.), *The Unfolding of Neo-Confucionism: Proceedings*, New York: Columbia Univ. Press, 1975.

De Bary, William Theodore and the Conference on Ming Thought, *Self and Society in*

Ming Thought, New York and London: Columbia Univ. Press, 1970.

Doody, Terrence, *Confession and Community in the Novel*, Baton Rouge: Louisiana State Univ. Press, 1980.

Edwards, Louise P., *Men and Women in Qing China: Gender in the Red Chamber Dream*, Leiden and New York: E. J. Brill, 1994.

Epstein, Maram, *Competing Discourses: Orthodoxy, Authenticity, and Engendered Meanings in Late Imperial Chinese Fiction*, Cambridge and London: Harvard Univ. Press, 2001.

Folkenflik, Robert (ed.), *The Culture of Autobiography: Constructions of Self-Representation*, Stanford: Stanford Univ. Press, 1993.

Hegel, Robert E. and Richard C. Hessney (eds.), *Expression of Self in Chinese Literature*, New York: Columbia Univ. Press, 1985.

Hegel, Robert E., *Reading Illustrated Fiction in Late Imperial China*, Stanford: Stanford Univ. Press, 1998.

Huang, Martin W., *Literati and Self-Re/Presentation: Autobiographical Sensibility in the Eighteenth-Century Chinese Novel*, Stanford: Stanford Univ. Press, 1995.

Leavis, Q. D., *Fiction and the Reading Public*, Penguin Books, 1979.

Levy, Dore J., *Ideal and Actual in The Story of the Stone*, New York: Columbia Univ. Press, 1999.

Li, Wai-yee, *Enchantment and Disenchantment: Love and Illusion in Chinese Literature*, Princeton: Princeton Univ. Press, 1993.

Mckeon, Michael, *The Origins of the English Novel 1660-1740*, Baltimore: Johns Hopkins Univ. Press, 1987.

Miller, Lucien, *Masks of Fiction in Dream fo the Red Chamber: Myths, Mimesis, and Persona*, Tuscon: Univ. of Arizona Press, 1975.

Plaks, Andrew H., *Archetype and Allegory in the Dream of the Red Chamber*, Princeton: Princeton Univ. Press, 1976.

Plaks, Andrew H., *The Four Masterworks of the Ming Novel*, Princeton: Princeton Univ. Press, 1987.

Roddy, Stephen J., *Literati Identity and its Fictional Representations in Late Imperial China*, Stanford: Stanford Univ. Press, 1998.

Smith, Les W., *Confession in the Novel*, Madison: Fairleigh Dickinson Univ. Press, 1996.

Smith, Paul Jakov and Richard von Glabn (eds.), *The Song-Yuan-Ming Transition in Chinese History*, Cambridge: Harvard Univ. Press, 2003.

Spence, Jonathan D., *Ts'ao Yin and the K'ang-hsi Emperor: Bondservant and Master*, New Haven and London: Yale Univ. Press, 1966.

Sturrock, John, *The Language of Autobiography: Studies in the First Person Singular*, Cambridge: Cambridge Univ. Press, 1993.

Vinograd, Richard, *Boundaries of the Self Chinese Portraits, 1600-1900*, Cambridge and New York: Cambridge Univ. Press, 1992.

Wu, Pei-yi, *The Confucian's Progress: Autobiographical Writings in Traditional China*, Princeton: Princeton Univ. Press, 1990.

Yu, Anthony C. *Rereading the Stone: Desire and the Making of Fiction in Dream of the Red Chamber*, Princeton: Princeton Univ. Press, 1997.

3. 논문류

강경구,「세 명의 광인-욱달부, 노신, 심종문의 소설을 중심으로」,『중국어문학』 제28집, 1996.

강태권,「금병매연구」, 연세대 박사학위논문, 1992.

강태권,「『금병매』 속의 기녀 연구」,『중어중문학』 제18집, 1996.

高旼喜,「'紅樓夢'의 現實批判的 意義 연구」, 고려대 박사학위논문, 1990.

高旼喜,「『紅樓夢』에 대한 페미니즘적 고찰」,『中國語文論叢』 제12집, 1997.

高旼喜,「『紅樓夢』에 반영된 18세기 중엽의 중국」,『中國語文論叢』 제16집, 1999.

권혁찬,「중국고전 소설은 여성차별적인가?-섹슈얼리티와 젠더에 중점을 둔 최근 북미학자들의 중국고전소설연구 동향에 대한 소고」,『한중 고전소설의 비교연구』(제63회 한국중국소설학회 정기학술발표회논문집), 2005.

권희정,「『금병매』에 나타난 성문화 연구」, 동국대 석사학위논문, 1999.

김대영,「浮生六記硏究」, 연세대 석사학위논문, 1989.

김소정,「'三言'의 愛情觀 硏究」, 부산대 석사학위논문, 2001.

김영덕,「『紅樓夢』에 대한『金瓶梅』의 영향 관계에 대하여」,『人文論叢』 제3집, 영남대 인문과학연구소, 1991.

김원동,「三言 愛情故事의 作品 分析: 愛情으로서의 欲求와 現實의 갈등면」, 서울대 석사학위논문, 1986.

김원동,「명말 葉紹袁,『午夢堂集』, 그리고 기억」,『중국어문학지』 제13집, 2003.

김원중, 「'시언지'설의 경학적 토대에 관한 검토」, 『중국어문학』 제35집, 2000.
김재민, 「論張竹坡對『金瓶梅』的批評」, 復旦大學 석사학위논문, 1996.
김정기, 「『水滸傳』人物之形象研究」, 『東方學』 제5집, 1999.
김진곤, 「중국 백화 단편소설에 나타나는 여성상에 대한 일 고찰」, 『중어중문학』 제27집, 2000.
김하림, 「魯迅과 金台俊의 小說史 연구」, 『中國語文論叢』 제22집, 2002.
김혜진, 「원굉도의 유기문 연구」, 서울대 석사학위논문, 2005.
나선희, 「『서유기』연구 - 싸움의 구조를 중심으로」, 서울대 석사학위논문, 1992.
나선희, 「서유기연구」, 서울대 박사학위논문, 2001.
남덕현, 「金聖嘆의 『水滸傳』인물비평 小考」, 『중국학』 제15집, 2000.
마틴 황 지음, 이지원 옮김, 「욕망의 감성화: 명청 문학 작품에 나타나는 정 예찬론에 대해서」, 『중국소설연구회보』 제50호, 2002.
마틴 황 지음, 홍주연 옮김, 「탈역사화와 상호텍스트화: 중국 전통 소설 발전에서의 '선례의 불안'」, 『중국소설연구회보』 제52호, 2002.
문경자, 「루소의 자전적 글쓰기와 진실의 문제」, 서울대 박사학위논문, 1998.
문성재, 「명말 희곡의 출판과 유통 - 강남지역의 독서시장을 중심으로」, 『중국문학』 제41집, 2004.
박소현, 「텍스트의 생산과 인쇄, 그리고 독서 관습의 관계에 관하여 - 包公 이야기를 중심으로」, 『중국소설논총』 제21집, 2005.
박재범, 「곽말약, 욱달부의 신변소설과 일본의 사소설(1)」, 『중국어문논총』 제8집, 1995.
박춘영, 「『西遊記』의 成書過程과 主要 人物形象 研究」, 숭실대 박사학위논문, 2005.
방영인, 「『拍案驚奇』 研究: 主題別 分析을 中心으로」, 단국대 석사학위논문, 1989.
백광준, 「변화의 시대, 변화의 글쓰기 - 明代 隆慶, 萬曆 年間의 八股文」, 『중국문학』 제45집, 2005.
송태명, 「원굉도 척독 연구」, 고려대 박사학위논문, 2001.
신지영, 「元雜劇 水滸戲와 小說 『水滸傳』 비교 연구」, 『中國文學』 제30집, 1998.
심정수, 「젠더(Gender)의 관점에서 본 '金瓶梅': 賢母良妻 이미지를 중심으로」, 이화여대 석사학위논문, 2004.
안대회, 「조선후기 소품문의 성행과 글쓰기의 변모」, 『한국한문학연구』 제28집, 2001.
양숙평, 「『고금소설』中的女性形象與女性觀」, 이화여대 석사학위논문, 2002.
유상석, 「李漁의 『十二樓』 研究」, 한양대 석사학위논문, 1997.
이계주, 「가보옥 - 『홍루몽』의 비극적 전형」, 『중어중문학』 제23집, 1998.

이광보, 「『홍루몽』의 주제와 사상 연구」, 고려대 박사학위논문, 2002.

이등연, 「주요 중국문학비평사의 소설비평론 서술관점 분석」, 『中語中文學』 제26집, 2000.

이등연, 「주요 중국문학사의 소설 장르 서술관점 분석: 초기 중국문학사 二種의 경우」, 『中國語文論叢』 제15집, 1998.

이무진, 「『금병매』서술의 의도적 결함」, 『중국학논총』 제13집, 2000.

이무진, 「『金瓶梅』의 兩面性 考察」, 고려대 석사학위논문, 1997.

이민경, 「反曹操현상 및 그 원인 연구: 『三國志』에서 『三國演義』에 이르기까지」, 부산대 석사학위논문, 2005.

이범학, 「송대 주자학의 성립과 발전」, 『강좌중국사』 Ⅲ, 지식산업사, 1989.

이성현, 「홍루몽의 색은적 독법 연구」, 서울대 석사학위논문, 2002.

이소영, 「전통시기 중국의 서면어와 글쓰기의 상관성 연구」, 서울대 박사학위논문, 2005.

이우일, 「30년대 공안파와 소품문논쟁」, 『중국현대문학연구』 제3 · 4합집, 1995.

이제우, 「'晩明小品' 창작의 이론 배경과 실천, 『중어중문학』 제33집, 2003.

이제우, 「晩明小品關係 主要著述 版本攷」, 『중국학연구』 제9집, 1994.

이제우, 「명 · 청 · 현대 '小品' 語詞의 개념과 語義의 변천」, 『중국학연구』 제10집, 1995.

이종민, 「근대 중국의 시대인식과 문학적 사유－양계초, 왕국유, 노신, 욱달부를 중심으로」, 서울대 박사학위논문, 1998.

이지원, 「金瓶梅의 여성 재현 연구－개인 욕망의 발현 양상을 중심으로」, 서울대 석사학위논문, 2003.

이철수, 「『三國演義』, 『水滸傳』的敍事藝術: 以中國古典小說評點與西方現代敍事學理論 爲參照系」, 北京大學 박사학위논문, 1999.

이현정, 「明中期文人戲曲 연구」, 서울대 석사학위논문, 2005.

임주현, 「李漁의 話本小說硏究」, 숙명여대 석사학위논문, 1998.

장태진, 「水滸傳 人物 硏究: 주요 등장 인물의 행동양식을 중심으로」, 단국대 석사학위논문, 1984.

정경자, 「『홍루몽』에 나타난 페미니즘적 경향」, 숙명여대 석사학위논문, 2003.

정영호, 「『홍루몽』과 『경화연』의 여성 형상 비교 연구」, 『중국소설논총』 제9집, 1999.

정재량, 「『성세인연전』연구」, 성균관대 석사학위논문, 1997.

정재량, 「『성세인연전』 인물 연구」, 『중국학논총』 제8집, 1999.

조관희, 「『수호전』에 나타난 '義'와 '忠'의 갈등구조에 대한 연구」, 연세대 석사학위논문, 1986.

조관희,「『儒林外史』에 나타난 淸代 知識人의 近代意識과 그 한계」,『中國語文論叢』 제11집, 1996.
조관희,「魯迅의 中國小說史學에 대한 비판적 검토-그의 『中國小說史略』을 중심으로」,『중국소설논총』 제6집, 1997.
조관희,「중국소설의 본질과 중국소설사의 유형론의 기술에 대하여」,『중국어문학논집』 제9집, 1997.
조관희,「『儒林外史』 硏究」, 연세대 박사학위논문, 1998.
조관희,「새로운 중국소설사 기술을 위한 이론적 탐색」,『중국어문학논집』 제15집, 2000.
조미원,「『금병매사화』의 현실인식-욕망과 윤리의 대립 세계를 중심으로」, 연세대 석사학위논문, 1993.
조미원,「미국의 홍루몽 연구 개황」,『중국어문학논총』 제23호, 2003.
조미원,「『紅樓夢』에 나타난 情의 서사화 양상 연구」, 연세대 박사학위논문, 2004.
조병한,「18세기 揚州 紳商 문화와 鄭板橋의 문화비판-揚州八怪의 성격과 관련하여」,『계명사학』 제4집, 1993.
진경호 지음, 최용철 옮김,「紅樓夢硏究簡論」,『中國語文論叢』 제3집, 1990.
진영,「明淸世情小說的呈現性描寫硏究」,『中國語文學誌』 제8집, 2000.
진평원 지음, 오순방 공역,「魯迅의 中國小說類型 硏究」,『中國語文論譯叢刊』 제3집, 1999.
蔡禹錫,「『紅樓夢』의 王熙鳳形象 硏究」, 한국외대 박사학위논문, 1997.
최병규,「中國紅學硏究의 動向把握」,『中語中文學』 제29집, 2001.
최수경,「淸代 才子佳人小說의 연구」, 고려대 박사학위논문, 2001.
최용철,「紅樓夢의 女性尊重 意識 硏究」,『亞細亞女性硏究』 제35집, 1996.
최용철,「紅樓夢에 대한 金甁梅의 영향 연구」,『중국학보』 제32집, 1992.
최일의,「원매 시학이론 연구」, 서울대 박사학위논문, 1995.
최형섭,「馮夢龍 話本小說 硏究」, 서울대 석사학위논문, 1996.
최형섭,「자전적 소설로서 『홍루몽』의 성격과 의미」,『중국문학』 제43집, 2005.
한혜경,「소설평점의 기능에 관한 고찰」,『중국어문학지』 제2집, 1995.
한혜경,「『홍루몽』에 대한 페미니즘적 조명」,『성평등연구』 제3집, 1999.
한혜경,「『홍루몽』의 서술자」,『中語中文學』 제30집, 2002.
한혜경,「『홍루몽』의 서사구조에 대한 고찰」,『中語中文學』 제32집, 2003.
한혜경,「『홍루몽』의 다의적 연구양상에 관한 고찰」,『중국소설논총』 제20집, 2004.
허경인,「金聖嘆 『水滸傳』평점 연구」,『中國文學硏究』 제10집, 1992.
홍상훈,「전통 시기 중국의 서사론에 관한 연구」, 서울대 박사학위논문, 1999.

홍상훈, 「전통 시기 강남지역에서 독서 시장의 형성과 변천」, 『중국문학』 제41집, 2004.

Chen Yuanyuan, 「『靑邱野談』과 『三言』의 女性人物 比較硏究」, 서울대 석사학위논문, 2005.

Tina Lu(Review), 이지원 옮김, 「경합하는 담론들: 청대 소설에서의 정과 진, 그리고 생성된 의미들」, 『중국소설회보』 제52호, 2002.

葛永海, 「營构生命之幻－『紅樓夢』與『金甁梅』夢幻描寫之比較」, 『紅樓夢學刊』 2000年 第2期.

姜光斗, 「『午夢堂集』的文學成就」, 『南通師範學院學報(哲學社會科學版)』 第17卷 第2期, 2001.

耿瑛, 「近年出版的評書綜述及思考」, 『中國圖書評論』 1988年 第4期.

高辛勇, 「從文際關系看紅樓夢」, 『紅樓夢硏究集刊』 第14輯, 上海古籍出版社, 1989.

曲沐, 「胡適與脂硯齋－紅學七十年反思之一」, 『紅樓夢學刊』 1997年 增刊(總第75輯), 1997.

孔刃非, 「『西遊記』人物形象塑造的心理學成因」, 『明淸小說硏究』 1997年 第3期.

郭興良, 「『紅樓夢』對『金甁梅』的繼承與超越」, 『曲靖師範學院學報』 1992年 第4期.

歐陽健, 「脂批性質辨析」, 『貴州大學學報(社會科學版)』 1994年 第3期.

單良, 「時論『西遊記』中沙僧形象的塑造」, 『中山大學學報(社會科學版)』 1998年 第3期.

陶劍平, 「論紅樓夢的結構藝術」, 『紅樓夢學刊』 1997年 增刊(總第75輯), 1997.

同林·利民, 「對立互補趨于融通－『列朝詩集小傳』『靜志居詩話』對讀三則」, 『南通師專 學報(社會科學版)』 12卷 第1期, 1996.

杜景華, 「痛苦的自我尋找－賈寶玉的人生探索歷程」, 『紅樓夢學刊』 1997年 增刊(總第 75輯), 1997.

梅節·馬力, 「從敍述手法看石頭在紅樓夢中的作俑」, 『紅學耦耕集』, 文化藝術出版社, 2000.

潘冬梅, 「文本·作者·性別－淺議『列朝詩集·閏集』香奩部分的編選與時代, 『中國 文學硏究』 2005年 第2期, 湖南師範大學文學院, 2005.

伏滌修, 「『紅樓夢』與『金甁梅』不同的'情''淫'觀」, 『鹽城師範學院學報(人文社會科學版)』 2002年 第3期.

孫康宜(Kang-i Sun Chang), 「典範詩人王漁洋」, 『晩明與晩淸: 歷史傳承與文化創新』, 湖北敎育出版社, 2004.

時晴, 「從『水滸傳』·『金甁梅』·『紅樓夢』看中國封建社會市場經濟的消長」, 『無錫敎育學院學報』 2000年 第2期.

艾皓德, 「紅樓夢的情心理學」, 『紅樓夢學刊』 1997年 增刊(總第75輯), 1997.

楊明, 「言志與緣情辨」, 『중국 시가의 傳統과 變容』(고려대학교 개교 100주년 기념 국제 학술 대회), 2005.

楊正潤, 「中國自傳: 現代性的發生」, 『荊門職業技術學院學報』 第18卷 第2期, 2003.

余珍珠,「懺悔與超脫: 紅樓夢中的自我書寫」,『紅樓夢學刊』1997年 增刊(總第75輯), 1997.

呂海春,「長眠者的自畵像－中國古代自撰類墓誌銘的歷史變遷及其文化意義」,『中國古籍與文化』1999年 3期.

汪道倫,「情根, 大旨談情, 情不情」,『紅樓夢學刊』1997年 增刊(總第75輯), 1997.

王立新,「從『水滸傳』到『金瓶梅』－試論西門慶形象的衍變」,『重慶師院學報(哲學社會科 學版)』2002年 第1期.

王富鵬,「一種特殊的性格類型」,『紅樓夢學刊』1999年 第2期.

王心劍,「從『西遊記』人物設計上看主旨」,『西安石油學院學報(社會科學版)』11(3), 2002.

王靖宇,「紅樓夢反復描述的技巧」,『紅樓夢硏究集刊』第14輯, 上海古籍出版社, 1989.

王進駒,「論脂硯齋評語對紅樓夢'自譬'創作特徵的揭示」,『紅樓夢學刊』2003年 第1輯, 2003.

王秋雁,「試論憶語體散文的性情合一」,『四川師範學院學報』5, 2000.

王秋雁,「淺析憶語體散文中的女性形象」,『新疆石油敎育學院學報』6(5), 2002年 第1期.

王平,「論古今自敍傳小說的演變」,『文學評論』2004年 第5期.

王海燕,「『陶庵夢憶』主旨新說」,『山東大學學報(社會科學版)』1998年 第3期.

李劍鋒,「儒家和道家在自我設計中的分野與合流－兼論賈寶玉的自我追求與幻滅」,『濟南大學學報』4(4), 1994.

李艶梅,「三國演義與紅樓夢的性別文化－從行動場域的角度談起」,『紅樓夢學刊』1997年 增刊(總第75輯), 1997.

李志梅,「『西遊記』中的唐僧－一個鷄肋人物的再剖析」,『運城學院學報』21(2), 2003.

李眞瑜,「文學世家的聯姻與文學的發展－以明淸時期吳江葉沈兩家爲例」,『中洲學刊』第2期 總第140期, 北京師範大學文學院, 2004.

李昌鉉,「李綠園與岐路燈硏究」, 中國 蘇州大學 博士學位論文, 1999.

李滙群,「論憶語散文寫情的突破」,『蘇州大學學報』3, 2004.

張健,「從格調優先到性情優先－錢謙益與明淸之際詩學走向」,『晩明與晩淸: 歷史傳 承與文 化創新』, 湖北敎育出版社, 2004.

張敬,「詩詞在中國古典小說戱曲中的應用」,『中外文學』3卷 第11期, 1974.

蔣方才,「論評書與小說的關係及區別」,『湖南師範大學社會科學學報』1999年 第5期 第28卷.

蔣方才,「論評書與小說的關係及區別」,『湖南師範大學社會科學學報』1999年 第5期 第28卷.

張俊,「試論『紅樓夢』與『金瓶梅』」,『北京師範大學學報(社會科學版)』1981年 第3期.

丁淦,「略論脂評的藝術價値」,『紅樓夢學刊』1995年 第2輯.

曹萌,「李贄對明末及淸代自傳體小說的影響」,『首都師範大學學報』2003年 第4期.

朱學群,「迷失在成年社會門檻之前的賈寶玉－對于『紅樓夢』的一個主題學和文體學的 硏究」,

『紅樓夢學刊』1991年 第1期.
陳伯安,「『金瓶梅』的遭遇」,『語文教學與硏究』2003年 10期.
陳炳藻,「關于紅樓夢後四十回」,『紅樓夢學刊』2002年 第3輯.
倉修良·陳仰光,「年譜散論」,『史學史硏究』2001年 第2期, 浙江大學 歷史系.
蔡琮,「毛澤東論『金瓶梅』及對其硏究的意義」,『毛澤東思想論壇』1994年 2期.
蔡相宗·李榮昌,「從佛敎唯識宗看『西遊記』人物形象塑造」,『佛敎文化』2002年 1期.
鄒振環,「日記文獻的分類與史料價値」,『古代中國－傳統與變革』第一輯, 復旦大學 出版社, 2005.
馮巧英,「論『西遊記』心性說的主題」,『西遊記文化學刊』1, 東方出版社, 1998.
夏咸淳,「論張岱及其『陶庵夢憶』『西湖夢尋』」,『天府新論』(上海社會科學院分院文學所) 2000年 2期.
郝延霖,「脂硯齋論評者和作者讀者的關系」,『紅樓夢學刊』1997年 增刊(總第75輯), 1997.
韓軍,「紅樓夢中頑石補天的象徵意義」,『紅樓夢學刊』2000年 第1輯.
許明煌,「淺談『紅樓夢』與『金瓶梅』情節設置的相關性」,『黎明職業大學學報』2004年 第4期.
胡勝,「論百回本『西遊記』的藝術形象創新－以孫悟空與猪八戒形象的藝術演進爲例」,『廣州大學學報(社會科學版)』3(12), 2004.
黃立新,「淸初才子佳人小說與紅樓夢」,『紅樓夢硏究集刊』第10輯, 上海古籍出版社, 1983.
黃謨軍,「『金瓶梅』與『紅樓夢』比較」,『贛南師範學院學報』1999年 第5期.
曦鐘,「"深得『金瓶』壺奧"－略談曹雪芹對『金瓶梅』的藝術借鑒」,『求是學刊』1982年 第4期.
Chiu, Kuei-fen, "Writing and Rewriting in the Chinese Long Vernacular Hsiao-shuo", *Tamkang Review*, 21(1), 1990.
Kao, Karl S. Y., "Aspects of Derivation in Chinese Narrative", *CLEAR*, 7, 1985.
Kao, Yu-kung, "Lyric Vision in Chinese Narrative Tradition: A Reading of Hongloumeng and Julinwaishi", *Chinese Narrative: Critical and Theoretical Essays* (ed. by Andrew H. Plaks), Princeton: Princeton Univ. Press, 1977.
Hegel, Robert E., "Niche Marketing for Late Imperial Fiction", *Printing and Book Culture in Late Imperial China* (ed. by Cynthia J. Brokaw and Kai-wing Chow), Berkeley, L.A., and London: Univ. of California Press, 2005.
Hsia, C. T., "Review: Archetype and Allegory in the Dream of the Red Chamber by Andrew H. Plaks(1976)", *HJAS(Harvard Journal of Asiatic Studies)*, 39(1), 1979.
Huang, Martin W., "Dehistoricization and Intertextualization: The Anxiety of Precedents in the Traditional Chinese Novel", *CLEAR*, 12, 1990.

Huang, Martin W., "Notes towards a Poetics of Charaterization in the Traditional Chinese Novel: Hung-lou meng as Paradigm", *Tamkang Review*, 21(1), 1990.

Huang, Martin W., "Author(ity) and Reader in Traditional Chinese Xiaoshuo Commentary", *CLEAR*, 16, 1994.

McLaren, Anne E., "Constructing New Reading Publics in Late Ming China", *Printing and Book Culture in Late Imperial China* (ed. by Cynthia J. Brokaw and Kai-wing Chow), Berkeley, L.A., and London: Univ. of California Press, 2005.

McMahon, R. Keith, "Shews and Jealousy in Seventeenth and Eighteenth Century Vernacular Fiction", *The Power of Culture: Studies in Chinese Cultural History* (ed. by Willard Peterson, Andrew H. Plaks, Ying shih Yu), Hong Kong: The Chinese University Press, 1987.

Owen, Stephen, "The Self's Perfect Mirror: Poetry as Autobiography", *The Vitality of the Lyric Voice: Shih Poetry from the Late Han to the T'ang* (ed. by Shuen-fu Lin and Stephen Owen), Princeton: Princeton Univ. Press, 1986.

Plaks, Andew H., "Allegory in Hsi-yu chi and Hung-lou Meng", *Chinese Narrative: Critical and Theoretical Essays* (ed. by Andrew H. Plaks), Princeton: Princeton Univ. Press, 1977.

Plaks, Andew H., "The Problem of Incest in Jin Ping Mei and Hongloumeng", *Paradoxes of Traditional Chinese Literature* (ed. by Eva Hung), Hong Kong: The Chinese University Press, 1994.

Průšek, Jaroslav, "A Confrontation of Traditional Oriental Literature with Modern European Literature in the Context of the Chinese Literary Revolution", *Archiv Orientani*, 32(3), 1964.

Průšek, Jaroslav, "The Realistic and Lyric Elements in the Chinese Medieval Story", *Chinese History and Literature*, Dordrocht: Reidel, 1970.

Průšek, Jaroslav, "Realty and Art in Chinese Literature", *The Lyrical and the Epic: Studies of Modern Chinese Literature*, Bloomington: Indiana Univ. Press, 1980.

Průšek, Jaroslav, "Subjectivism and Individualism in Modern Chinese Literature", *The Lyrical and the Epic: Studies of Modern Chinese Literature*, Bloomington: Indiana Univ. Press, 1980.

Wagner, Marsha L., "Maids and Servants in Dream of the Red Chamer: Individuality and the Social Order", *Expressions of Self in Chinese Literature* (ed. by Roert E. Hegel and

Richard C. Hessney), New York: Columbia Univ. Press, 1985.

Wong, Kam-ming, "Point of View, Norms, and Structure: Hung-lou Meng Lyrical Fiction", *Chinese Narrative: Critical and Theoretical Essays* (ed. by Andrew H. Plaks), Princeton: Princeton Univ. Press, 1977.

Wu, Pei-yi, "Self-Examination and Confession of Sins in Traditional China", *HJAS*, 39(1), 1979.

Yu, Anthony C., "History, Fiction and the Reading of Chinese Narrative", *CLEAR(Chinese Literature, Essays, Articles, Reviews)*, 10, 1988.

찾아보기

ㅁ

ㅂ

ㅅ

발간사

다가오는 미래가 아시아의 시대가 될 것이라는 인식은 이제 우리에게 그리 새롭지는 않습니다. 그렇다면 우리에게 주어진 과제는 한국인과 한국 사회는 어떤 존재로서 아시아의 시대를 살아가고자 하는가 하는 질문을 통해 우리와 남의 모습을 상상하고, 우리와 남의 관계에 대한 그림을 그리고, 그것들을 실천하는 일일 것입니다.

그러나 아시아의 시대가 온다고 해서 아시아 사람들이 저절로 잘살게 되는 것도, 아시아가 저절로 평화롭고 정이 넘치는 공동체가 되는 것도 아닐 것입니다. 그러므로 우리는 아시아 지역을 살아가는 사람들이 어떤 공동체를 만들어 가고 싶은가, 아시아 공동체가 잘 되면 인류에게 무슨 도움이 되는 것인가 하는 질문을 해야 하지 않을까 싶습니다. 오히려 아시아의 시대가 왔다고 생각하기 시작한 지난 20여 년 간 아시아 내부의 갈등과 적대, 민족주의와 인종차별 등은 더 심해지고 있다는 착각이 듭니다. 그것을 착각이라고 생각하는 까닭은 외양으로 보면 그렇게 보이지만, 실제 내부에서 일어나는 현상을 찬찬히 살펴보면, 아시아 내부의 상호이해와 교류가 느리지만 거대한 규모로 일어나고 있다고 믿기 때문입니다. 지표면에서 보면 날씨 변화도 심하고 지진도 자주 일어나지만, 땅속 깊은 곳에서 아시아의 시대를 만들어 가는 지하수의 물줄기가 형성되고 있는 것 아닌가 싶습니다.

20세기 유럽과 미국이 축적한 자연과학과 인문·사회과학 등 근대의 학문적 지식은 인류 문명의 새로운 길을 열었고, 인류의 행복과 안정에 커다란 기여를 했습니다. 물론 제국주의 지배와 전쟁, 차별과 빈곤을 동시에 가져다주기도 했습니다. 아시아의 세기는 서양의 근대를 넘어서서 새로운 '근대 이후'를 만들어 나가는 일이어야 합니다.

지식의 생산과 공유, 인재 양성을 책임지고 있는 대학이라는 공간에서 아시아에 대한 어떤 지식을 생산하고, 아시아에 대해 무엇을 어떻게 가르칠 것인가 하는 문제의식이야말로 서울대학교 아시아연구소에 주어진 책무일 것입니다. 서울대학교 아시아연구소는 2009년 9월 출범한 이래 지역과 주제의 결합에 기초한 아시아 연구의 세계적 허브 구축을 목표로 아시아 연구 기반 구축과 우수 연구활동 지원 등의 다양한 학술 활동을 진행해 왔습니다. 특별히 아시아에 대한 지식 생산의 기반을 다지는 작업으로서, 우수한 기초 연구 활성화를 위해 노력해 왔습니다.

서울대학교 아시아연구소총서는 바로 이러한 학문적 노력의 결실입니다. 앞으로도 서울대학교 아시아연구소는 국내외 연구자들의 우수한 연구를 지원하여 그 결과물을 지속적으로 발간해 나갈 것입니다. 이러한 아시아연구소총서가 아시아의 시대를 열어 가는 데 필요한 기반을 만드는 중요한 지적 자산이 되기를 기대합니다. 이를 바탕으로 아시아 시대를 만들어 가는 지하수를 실증적으로 드러내고, 아시아 내부의 상호 이해와 교류를 넓혀 갈 수 있길 바랍니다.

서울대학교 아시아연구소